福建省年鉴精品工程

High Quality Project of Fujian Yearbook

漳州年鉴

2024

中共漳州市委党史和地方志研究室 编

方志出版社

Publishing House of Local Records

图书在版编目（CIP）数据

漳州年鉴．2024 / 中共漳州市委党史和地方志研究室编．-- 北京：方志出版社，2024.11.--ISBN 978-7-5144-6375-0

Ⅰ. Z525.73

中国国家版本馆 CIP 数据核字第 2024L2X129 号

责任编辑：王娜
责任校对：张玉霞
责任印制：梅中英
出 版 者：方志出版社
地　　址：北京市朝阳区潘家园东里 9 号（国家方志馆 4 层）
邮　　编：100021
网　　址：http://www.zgfzcb.cn
发　　行：方志出版社图书营销中心（010-67110500）
印　　刷：福建大通印业科技股份有限公司
开　　本：889 毫米 ×1194 毫米 1/16
印　　张：24.25 印张　插页：2.25 印张　地图：1 幅
字　　数：663 千字
版　　次：2024 年 11 月第 1 版
印　　次：2024 年 11 月第 1 次印刷
定　　价：280.00 元

《漳州年鉴（2024）》编纂委员会

《漳州年鉴（2024）》编辑部

编辑说明

一、《漳州年鉴》是由中共漳州市委、漳州市人民政府主办，中共漳州市委党史和地方志研究室编纂的年度资料性文献。《漳州年鉴》首卷出版于2000年12月，2024年卷为第23卷。

二、《漳州年鉴》以马克思列宁主义、毛泽东思想、邓小平理论、“三个代表”重要思想、科学发展观、习近平新时代中国特色社会主义思想为指导，坚持辩证唯物主义和历史唯物主义的立场、观点和方法，旨在全面、系统、准确地反映漳州市自然、政治、经济、文化、社会、生态等方面的基本情况，为读者了解和研究漳州市提供资料。

三、《漳州年鉴（2024）》主要记载2023年度漳州市的基本情况、发展变化及年度大事要闻。记述时限为2023年1月1日至12月31日，部分内容为完整保存资料，记述时限适当上溯或下延。

四、《漳州年鉴（2024）》采用分类编辑法，主体内容分为类目、分目、条目三个层次。以不同字体、字号标识，条目统一用黑体字加【】表示。在《漳州年鉴（2023）》的框架基础上，对部分类目名称、排列顺序、所辖分目做了适当调整。新增时代楷模“漳州110”、海峡两岸现代农业博览会•海峡两岸花卉博览会、漳台融合、海洋与渔业等类目，拆分卫生体育类目为卫生健康和体育两个类目，拆分文化旅游类目为文化和旅游业两个类目。全书设41个类目，分别为专文、大事记、市情概貌、时代楷模“漳州110”、海峡两岸现代农业博览会•海峡两岸花卉博览会、中国共产党漳州市委员会、漳州市人民代表大会、漳州市人民政府、中国人民政治协商会议漳州市委员会、纪检监察、民主党派 工商联、群众团体、法治、军事、漳台融合、外事 侨务 港澳事务、经济管理、农业、工业、海洋与渔业、商贸服务业、金融业、旅游业、对外及对台港澳经济贸易、开发区、口岸管理、交通、邮政 通信、城市建设与管理、乡村振兴、生态环境、教育、科学技术、文化、卫生健康、体育、社会生活、应急管理、县区概览、人物、荣誉、附录。

五、《漳州年鉴（2024）》所收录的资料，除少数转载公开出版的报纸杂志外，主要由漳州市党政军机关、群众团体、企事业单位提供。因统计口径的原因，数据与市统计局公布略有差异的，使用时以统计部门公布的为准。部分数据由于四舍五入等原因导致分项数与合计数不一致，不再一一说明。

六、《漳州年鉴（2024）》中，“党”特指中国共产党，其他党派名称用全称或规范简称。全市指漳州市。市直属各单位和相关单位名称根据有关文件规定使用规范简称。供稿单位署名按党政机构改革后确定的新名称。

七、《漳州年鉴（2024）》中，数字用法、标点符号用法分别采用国家标准《出版物上数字用法》（GB/15835—2011）、《标点符号用法》（GB/15834—2011）。计量单位采用国家技术监督局1993年12月发布的《量和单位》系列国家标准。

漳州市地图

比例尺 1：780 000

编制单位：福建省地图出版社　截至时间：2023年12月　审图号：漳S〔2024〕014号

城市名片

全国文明城市

全国双拥模范城

全国科技进步先进市

全国绿化模范城市

全国黑臭水体治理示范城市

全国海绵城市建设示范城市

全国园林绿化先进城市

全国社会信用体系建设示范区

国家历史文化名城

国家卫生城市

国家森林城市

国家园林城市

国家级跨境电商综合试验区

国家节水型城市

国家现代农业示范区

中国优秀旅游城市

中国特色魅力城市

中国钟表名城

中国温泉之城

中国罐头之都

中国食品名城

中国十大“心仪之城”

中国百强城市

中国水仙花之乡

中国女排娘家

中国菇都

中国食用菌罐头出口核心区

海峡两岸农业合作实验区

数知漳州 2023

- 户籍人口：524.86 万人
- 地区生产总值：5728.43 亿元
- 第一产业增加值：599.34 亿元
- 第二产业增加值：2694.45 亿元
- 第三产业增加值：2434.64 亿元
- 农林牧渔业总产值：1117.88 亿元
- 规模以上工业企业营业收入：5310.14 亿元
- 固定资产投资：比上年增长 8.1%
- 社会消费品零售总额：2080.09 亿元
- 一般公共预算总收入：407.8 亿元
- 一般公共预算支出：521.77 亿元
- 城镇居民人均可支配收入：48736 元
- 城镇居民人均消费支出：32831 元
- 农村居民人均可支配收入：27788 元
- 农村居民人均消费支出：18977 元

图为漳浦县杜浔镇万亩连片良田航拍图（詹照宇 2023 年 7 月 3 日摄）

学习贯彻习近平新时代中国特色社会主义思想主题教育

2023年，漳州市委强化整体谋划，持续跟进学习贯彻习近平总书记关于主题教育系列重要讲话和重要指示批示精神，引领带动全市开展专题研讨、宣传引导、调查研究和检视整改。其中，专题研讨4.23万次、专题党课1.51万场次，信息报道1.4万条。经验做法在中央学习贯彻习近平新时代中国特色社会主义思想主题教育领导小组办公室《简报》刊发。

2023年9月15日，漳州市学习贯彻习近平新时代中国特色社会主义思想主题教育工作会议在漳州宾馆召开，对全市主题教育工作进行动员部署。图为会议现场　　（林忠 摄）

2023年10月17日，漳州市委常委会学习贯彻习近平新时代中国特色社会主义思想主题教育第二次读书班到福建省委党校开展现场教学。图为读书班在福建省委党校习近平新时代中国特色社会主义思想主题教室聆听讲解 （游斐渊 摄）

2023年10月23日，漳州市“传承红色基因 讲好漳州故事”主题演讲比赛在福建谷文昌干部学院举行。图为演讲比赛现场 （严 洁 摄）

产业发展项目建设

2023年6月18日，在漳州开发区招银港区内，岸边集装箱起重机开展集装箱船装卸作业

（漳州开发区 供图）

2023 年，漳州市开展“产业发展项目建设提升年”活动，全方位推进高质量发展，地区生产总值 5728.43 亿元，比上年增长 5.9%，增速位居全省第二；规模以上工业增加值 1603.54 亿元，比上年增长 5.6%；固定资产投资 1956.78 亿元，比上年增长 8.1%。

2023年，中沙古雷乙烯、古雷炼化一体化一期、福化鲁华碳五碳九等项目落地古雷石化园区。图为古雷炼化一体化项目厂区　　（詹照宇　2023年7月2日摄）

2023年9月16日，漳州核电1号机组外穹顶封顶。图为漳州核电1号机组俯瞰图　（马海滨　摄）

2023年6月8日，联盛浆纸（漳州）有限公司年产390万吨林浆纸一体化项目一期工程竣工投产。图为公司厂区航拍图　（漳浦县　供图）

2023年4月28日，重建后的漳州芗江酒店开业。图为漳州芗江酒店全景

（漳州市文旅康养集团 供图）

2023年，漳州台商投资区推进黑臭水体整治工作。图为治理后的洪岱港

（林华伟 2023年11月20日摄）

乡村振兴

2023 年，漳州市开展乡村振兴“十镇百村”行动，将农业基础好、农村现代化程度高的“十”个乡镇、“百”个村列为乡村振兴重点乡镇、重点村，在投入保障、项目安排、业务指导等方面给予支持，建设宜居宜业和美乡村。漳州市农村居民人均可支配收入 27788 元，比上年增长 7.7%，增幅位居全省第一。

2023年，云霄县东厦镇荷中村发挥农民专业合作社带动作用，发展秋葵特色产业，加快富民强村步伐。图为荷中村村民在采收秋葵

（徐荫圈 2023年11月6日摄）

2023年，长泰区岩溪镇石铭村青年王艺蓉返乡创业带领全村致富。图为王艺蓉（左）为客户介绍七指毛桃　（王雅鹏　2023年11月5日摄）

2023年，诏安县四都镇西梧村以乡村治理为切入点，推动乡村振兴。图为西梧村全景　（张旭　2023年11月20日摄）

2023年4月2日，云霄县莆美镇山美村村民驾驶插秧机进行秧苗移植作业　　（游斐渊　摄）

2023年，南靖县和溪镇迎新村打造美丽乡村，发展乡村亲子游。图为孩子们在体验农耕乐趣
（游斐渊　2023年10月8日摄）

为民办实事

2023年7月1日，漳州市区九龙公园完成升级改造后开放。图为九龙公园全景　（陈逸帆 摄）

2023年，漳浦台湾农民创业园探索海峡两岸融合发展新路，优化营商环境。图为漳浦台湾农民创业园一隅

（沈昊鹏 2023年11月12日摄）

2023年12月24日，台商林永通（左）在其创办的福建德霸食品机械有限公司车间检查产品并指导工人组装设备 （黄子君 摄）

2023年9月19日，台湾雾峰林家后裔到漳州参访交流。图为林家后裔到漳州古城参观许地山文学艺术馆　（黄子君 摄）

2023年12月23日，漳州市第二届闽台美食文化节在漳州高新区三馆广场开幕。图为宾客在美食文化节长街宴上合影留念　（李 林 摄）

“漳州110”

“漳州 110”是漳州市公安局巡特警支队直属大队的简称，其前身是成立于 1986 年的漳州市公安局芗城分局治安巡逻中队。1990 年，“漳州 110”在全国率先建立 110 报警服务台和快速反应机制，开创警务改革先河。1993 年，该中队扩编为漳州市公安局芗城分局巡逻警察大队。1996 年 8 月，公安部在漳州召开现场会总结推广其先进经验，推动全国各地开通 110 报警服务台。1997 年 11 月，“漳州 110”被国务院授予“人民的 110”称号。2021 年 1 月 10 日，“漳州 110”被中共中央宣传部授予“时代楷模”称号。习近平总书记在福建工作期间，曾多次到“漳州 110”考察指导，并赞誉其为“人民的保护神”。从成立起至 2023 年，“漳州 110”历经 8 次警务改革，实现风险防控、立体巡防、接警处警、办案办事全链条“再快一秒”，第一时间为群众解决急难愁盼问题，最大限度保护人民群众安全。

1993年11月26日，漳州市公安局芗城分局巡逻警察大队成立大会召开。图为成立大会现场

1995年1月1日，“漳州110”开展元旦迎新年踩街宣传活动。图为“漳州110”警用摩托车队在市区主街道宣传

1996年5月20日，全省公安机关学习“漳州110”先进经验现场会在漳州召开

1997年11月26日，“漳州110”被国务院授予“人民的110”称号。图为1997年12月28日，福建省委、省政府领导为“人民的110”揭牌

2021年1月，中共中央宣传部授予福建省“漳州110”“时代楷模”称号。图为授牌仪式现场

2021年1月10日，在漳州古城北广场举行的“漳州110”社会服务联动宣传日上，“漳州110”特警为青少年展示武器装备 （李林 摄）

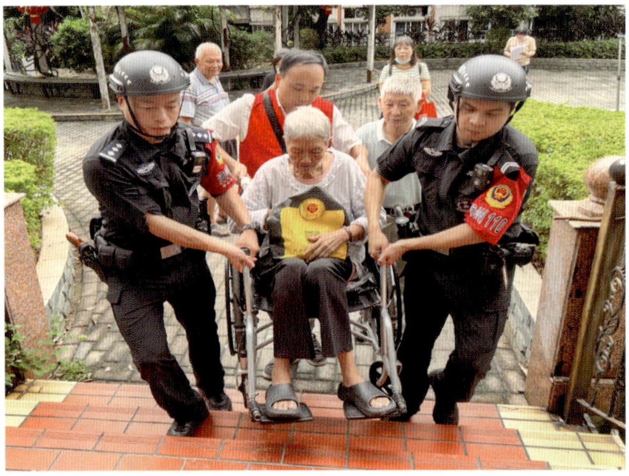

2023年10月21日，“漳州110”民警护送行动不便老人回家

2023年10月24日，“漳州110”开展进校园共建活动。图为“漳州110”民警为学生普及安全知识

2023年，漳州市公安局打造“漳州110”忠诚馆、原址馆、传承馆3个展馆，建设“漳州110”警民园、廉政园、丰碑园3个主题公园。上图为2023年8月28日开馆的“漳州110”原址馆，下图为2023年12月28日建成的“漳州110”警民园

（“漳州110”所有图片均由漳州市公安局供图）

中国—菲律宾经贸创新发展示范园区建设

2023年，国务院批复同意在福建省漳州市设立中国—菲律宾经贸创新发展示范园区。园区总规划面积266.73平方千米，以诏安工业园区、东山经济技术开发区、漳州招商局经济技术开发区、常山华侨经济开发区和古雷港经济开发区5个园区为依托，构建“一园、五片区、多基地（中心）”的空间布局。年内，新设立菲资企业4家，合同菲资5284万美元，实际使用菲资490万美元；对菲律宾进出口55.1亿元，比上年增长40.5%。

2023年8月17日，在中国—菲律宾经贸创新发展示范园区建设推进会暨招商大会召开之际，漳州市在人民剧场举办文艺演出欢迎与会嘉宾。图为文艺演出现场　　（陈逸帆　摄）

2023年8月18日，中国—菲律宾经贸创新发展示范园区建设推进会暨招商大会在漳州宾馆举行。图为大会会场　（陈逸帆　摄）

2023年8月18日，出席中国—菲律宾经贸创新发展示范园区建设推进会暨招商大会的嘉宾在漳州宾馆开展经贸合作洽谈　（林　忠　摄）

2023年9月8日，漳州市在第23届中国国际投资贸易洽谈会设立中国—菲律宾经贸创新发展示范园区展览专区，展示漳州与菲律宾经贸合作成果　（游斐渊　摄）

2023年12月28日，菲律宾福建总商会、菲律宾漳州总商会等多家商会代表到中国—菲律宾经贸创新发展示范园区诏安片区考察。图为商会代表在诏安工业园区听取介绍 （李南轩 摄）

2023年9月26日，位于中国—菲律宾经贸创新发展示范园区的东山港区城垵作业区2号泊位投产运营。图为土耳其籍轮船“埃汉”号靠泊城垵作业区2号泊位 （东山融媒体中心 供图）

目 录

专文

大事记

市情概貌

时代楷模“漳州110”

海峡两岸现代农业博览会·海峡两岸花卉博览会

中国共产党漳州市委员会

漳州市人民代表大会

漳州市人民政府

中国人民政治协商会议漳州市委员会

纪检监察

民主党派　工商联

群众团体

法治

军 事

漳台融合

外事　侨务　港澳事务

经济管理

农业

工 业

海洋与渔业

商贸服务业

金融业

旅游业

对外及对台港澳经济贸易

开发区

口岸管理

交 通

邮政 通信

城市建设与管理

乡村振兴

生态环境

教育

科学技术

文化

卫生健康

体 育

社会生活

应急管理

县区概览

人物 荣誉

附 录

专 文

漳州市开展学习贯彻习近平新时代中国特色社会主义思想主题教育纪实

2023年，在中央第七巡回指导组、省委第二巡回督导组指导下，漳州市聚焦目标任务，组织部署，推动108个县处级以上参学单位带着感情学、带着问题查、带着责任干，推动学习贯彻习近平新时代中国特色社会主义思想主题教育走深走实。

一、做法成效

党中央和省委对第二批主题教育作出部署后，漳州市委闻令而动、对标对表，坚决扛起政治责任、主体责任、领导责任，做到高站位谋划、高标准推进、高质量落实。市委书记王进足认真履行第一责任人责任，始终把主题教育放在心上、抓在手里，既抓总体部署，又抓直接推动，主持召开5次市委常委会会议暨主题教育领导小组会议，及时跟进学习贯彻习近平总书记关于主题教育系列重要讲话和重要指示批示精神，定期听取主题教育进展情况汇报，研究提出具体贯彻意见。市委常委班子成员坚持以身作则、率先垂范，带头讲专题党课、上思政课，带头调查研究、推动发展、检视整改，切实发挥示范带动作用，推动全市1.2万个基层党组织、26.8万名党员学起来、查起来、改起来，主题教育在走深走实中取得良好成效。

（一）突出主题主线，持续凝心铸魂，推动理论学习往深里走、往实里走、往心里走。坚持把“学思想”作为主题教育的首要任务贯穿始终，在学好用好中央指定教材的基础上，用好用活漳州优势资源，深挖理论和实践“富矿”，着力做好深化、内化、转化文章。一是以上率下学促深化。市委常委班子坚持“第一议题”制度，通过个人自学、集中学习、研讨交流、现场教学、同步开展中心工作等形式，持续推进学习，引领带动理论学习深入开展。召开13次理论学习中心组学习会、举办3期读书班，围绕《习近平著作选读》《论党的自我革命》等学习材料开展专题研讨，示范带动县处级以上参学单位开展读书班407次、党委（党组）理论学习中心组学习1235次、专题研讨821次，讲专题党课1184场次；县处级以下参学单位开展专题研讨46121次，讲专题党课15404场次。二是追根溯源学促内化。围绕省委“循足迹、悟思想、铸忠魂、担使命”行动，精选《闽山闽水物华新——习近平福建足迹》等10本特色教材，打造福建谷文昌干部学院等7个特色实践点和向东渠事迹展示馆等10个特色教育基地，推出“牢记嘱托明方向，奋力有为谋发展——学习贯彻习近平总书记在福建工作期间到漳调研的重要指示精神”等14门特色学习课程，以纪念漳州体育训练基地成立50周年、举办海峡两岸花卉博览会为契机，开展系列特色实践活动，引导党员干部把书本学、实践学、现场学贯通起来，自觉从党的创新理论“源头活水”中深刻感悟真理力量。比如，深入开展“沿着总书记的足迹——漳州‘四下基层’主题采访”活动，策划推出“县（区）委书记谈传承弘扬‘四下基层’优良传统”专题访谈，精心摄制《沿着习近平总书记的足迹砥砺前行》等21个特色教学视频，引导全市党员干部牢记习近平总书记的殷切嘱托，原汁原味讲好漳州故事。三是创新载体学促转化。发挥女排精神和谷文昌、“漳州110”、向东渠先进事迹等独特资源优势，用好习近平新时代中国特色社会主义思想研究中心漳州实践基地、谷文昌纪念馆现场教学点、漳州市党风廉政教育基地等特色载体，通过“沉浸式”“故事式”宣传宣讲，把新思想讲活讲透，把党的路线方针政策讲清楚讲明白，推动党的创新理论“入耳”又“入心”。比如，开展“学谷公、建新功”“龙江风格谱新曲·扬帆龙海振雄风”等主题宣传教育活动，举办“传承红色基因、讲好漳州故事”主题演讲比赛、“学习身边榜样，凝聚青春力量”示范宣讲活动、“重温红色经典、再忆峥嵘岁月”主题朗诵会、“‘福小宣’在漳州”优秀宣讲作品评选暨基层巡讲活动，不断增强理论学习的实效性和感染力。

（二）突出问题导向，坚持靶向发力，推动调查研究广泛深入、科学高效、精准破题。把解决问题、推动工作作为调查研究的出发点和落脚点，大力传承弘扬“四下基层”优良传统，市委常委班子充分发挥示范带动作用，主动认领课题深入基层调研，引领各级领导干部大兴调查研究。一是科学精准选题。制定出台《关于在全市大兴调查研究的实施方案》，确定加强生态市建设、探索漳台融合发展新路等14个方面调研内容，市领导各牵头开展一个市级重点课题，带头开展调研，带动全市广大党员干部深入基层发现问题、研究问题、解决问题，县处级以上参学单位共确定各类调研课题1184个，深入开展调研8803次，形成调研报告1184份，现场研究解决问题4149个。二是坚持“穿透”调研。出台《关于深化运用“四下基层”制度的工作方案》，召开全市深化运用“四下基层”制度走好新时代党的群众路线暨“真抓实干、转变作风”推进会，围绕当前发展存在问题和未来发展方向，采取“线上+线下”相结合的方式，推动党员干部沉到一线，切实把情况摸清、把问题找准、把对策提实。深入开展“问需于民、问计于民、问效于民”“爱我漳州、助我漳州、兴我漳州”建言献策线上调研等各类活动3569场次，鼓励引导社会各界和广大群众积极建言献策，广泛汇集民意民智，提高科学民主决策水平，收集群众意见建议12751条，提出改进工作的办法举措5869条。三是用好案例剖析。坚持正面引领和反面剖析相结合，市委常委班子筛选“学习弘扬新时代‘漳州110’先进事迹”和“工程项目建设领域腐败”等典型案例进行剖析，示范推动全市参学单位确定典型案例288个（其中正面案例149个、反面案例139个），以点带面推动整体提升。漳州市“工程项目建设领域腐败”典型案例解剖式调研经验做法，在中央主题教育办《简报》刊发。四是注重成果转化。建立调研成果交流会制度，对调研情况进行梳理分析、交流研讨，共举办调研成果交流会203场，及时把调研成果转化为实际工作举措。选编一批调研成果供主题教育参加单位学习借鉴。比如，市委书记王进足领题调研《打赢漳州县域经济“突围战”的战略思考》，与漳州部署推动县域经济高质量发展高度契合，并运用到实际工作中，着力推动漳州县域经济全面突围、精准攻坚。

（三）突出真抓实干，服务中心大局，推动经济社会发展质量更优、成色更足、效果更好。把主题教育与推动中心工作紧密结合起来，将主题教育激发出来的热情转化为攻坚克难、推动发展的具体行动，以高质量发展成效检验主题教育成果。一是实干苦干促发展。坚持主题教育与推动高质量发展两手抓、两促进，深化“深学争优、敢为争先、实干争效”行动，相继召开全市县域经济高质量发展分析会、招商引资工作推进会、一季一主题现场推进会、“企业家日”活动暨优化营商环境大会、乡镇党委书记“话发展”座谈会、市委工作务虚会，成功举办海峡两岸花卉博览会等重要活动，为全市经济社会发展锚定方向。2023年1—11月，8项月度主要经济指标中，漳州有7项增幅位居全省前三，入选2023年先进制造业百强市。二是用心用情解民忧。紧盯教育医疗等民生所需、一老一小等民生所急、品质生活等民生所好，深入实施45项为民办实事项目，努力让群众赚钱有岗位、幼儿有托位、教育有学位、病老有床位、居所有餐位、寿终有园位。常态化开展“党旗在一线高高飘扬”“我为群众办实事”“千名干部挂千企”等活动，推动全市2159名挂钩干部入企走访服务18530家次，帮助解决问题1354个。推动领导干部信访接待下基层制度化、常态化，市委书记王进足带头深入基层接访群众，示范带动市县两级党政领导班子接待群众来访2662人次。践行新时代“枫桥经验”，及时帮助群众解事结、化心结，主题教育开展以来，全市梳理227件群众反映强烈的信访积案交办给责任单位限时办结，并推动第三批中央交办的359件“治重化积”任务全部化解，工作成效居全省前列。三是敢为善为优作风。开展“产业发展项目建设提升年”活动和“七比一看”竞赛，深化落实激励干部担当作为18条措施，对竞赛表现突出的干部专项提拔使用或晋升职级，营造担当作为、干事创业的浓厚氛围。深入开展干部作风突出问题专项整治，以及一线看作风、多维识干部专项行动，建好用好干部业绩档案，激励广大干部真出业绩、出真业绩。深入开展学习身边榜样活动，评选新时代漳州担当者，挖掘选树100名先进典型，在全市营造学习榜样、争做榜样的浓厚氛围。

（四）突出刀刃向内，发扬斗争精神，推动检视整改深挖细查、真改实改、标本兼治。把抓实检视问题及整改整治作为衡量主题教育成效的重要标准，把抓实建章立制作为巩固深化主题教育成效的重要途径，坚持边学习、边对照、边检视、边整改，发扬刀刃向内的自我革命精神，让群众切实感受到真解决问题、解决真问题的实际成效。一是深入查找问题。严格对照中央提出的6个方面突出问题，采取自己找、上级点、互相帮、群众提、网上征等方式，广泛查找检视，认真研究梳理，形成精准有效的问题清单。截至目前，已梳理形成市级问题清单30个、县级问题清单132个，全市各级各单位（含基层党组织）共检视查摆问题2220个，全部完成销号；制定整改措施4539条，全部完成整改。二是坚持真改实改。建立每周一调度、两周一更新、每月一报送工作机制，实行清单化管理，开展联动式、交叉式督导检查，加快整改整治进度。及时总结提炼整改整治经验做法，累计收集汇编可借鉴、可推广的各类典型案例204个。三是及时建章立制。坚持把当下改与长久立结合起来，及时以制度形式把主题教育中的好经验、好做法固定下来，着力补短板、堵漏洞，推动实现整改一个问题、规范一个领域的效果。针对检视整改问题，出台《关于建立领导干部业绩档案的实施办法（试行）》《漳州市工程建设项目中介服务平台管理办法》《关于进一步促进民营经济高质量发展近期若干举措》《关于强化党建引领村（社区）乡贤促进会健康发展助力乡村振兴的若干措施》、《关于进一步壮大村务工作者队伍力量助力乡村振兴的意见（试行）》等相关制度机制 332 项。

（五）突出责任落实，强化统筹协调，推动主题教育有力有序、纵深推进、取得实效。按照党中央决策部署和省委工作要求，发挥市委主题教育领导小组办公室作用，压实责任、狠抓落实，推动主题教育高质量、高标准开展，确保主题教育方向不偏、标准不降、力度不减。一是加强组织领导。市委主题教育领导小组及其办公室坚持履职尽责，加强总体谋划、政策指导和统筹调度，严格落实一周一调度、一月一盘点机制，定期召开工作例会，确保全市主题教育有力有序推进、高质高效开展。下发 25 份文件、12 份工作提示提醒，对具体问题进行答疑释惑、部署推进。二是加强分类指导。漳州市委印发《关于深入开展学习贯彻习近平新时代中国特色社会主义思想主题教育的实施方案》，坚持分层级、分类别、分领域精准施策，制定下发市县机关，乡镇（街道）、村（社区），非公有制经济组织和社会组织，市县公立医院，学校等 5 个领域细化工作方案，组建团员和青年主题教育专项引导小组，指导推动全市各级团支部扎实开展主题教育，确保学有方向、干有遵循。三是加强宣传引导。统筹新闻宣传、社会宣传、网络宣传、理论宣传等工作，建立新闻通气会、线索共享汇总、万屏联动等机制，在各媒体平台开设专题专栏，通过微信公众号、短视频、图文、海报等融媒体宣传方式，加强融合传播，利用 LED、大喇叭、宣传展板等公共领域宣传载体，构建线上线下 + 内宣外宣学习宣传矩阵，迅速掀起主题教育宣传热潮。推出《出路在创新》《关键在人才》《根基在教育》等系列评论言论，邀请各级媒体宣传报道漳州市主题教育进展成效和好经验、好做法。截至 2023 年年底，中央主题教育办《简报》刊发漳州市经验做法 5 条，省委主题教育办《简报》刊发漳州市经验做法 16 条，《省委主题教育宣传报道周分析》刊发漳州市宣传工作亮点 7 篇，并有 8 篇“四下基层”实践案例入选全省案例汇编。各级新闻媒体累计报道漳州市相关信息 20428 条，其中，中央级媒体 250 条、省级媒体 2079 条，被“学习强国”学习平台采用 9 条，条数居全省设区市前列。

二、主要特点

漳州市开展主题教育的做法成效，主要有以下四个方面特点：

（一）坚持把学思想贯穿始终。坚持理论学习打头阵，注重以学为基，强化以上率下，突出丰富载体，着力深学争优，推动以学铸魂、以学增智、以学正风、以学促干。特别是注重将学习贯彻习近平总书记在福建工作期间 17 次到漳州调研重要指示精神有机融入主题教育，引导广大党员干部牢记嘱托、感恩奋进，常态化、长效化推动习近平总书记重要指示精神入心入脑、落地落实。

（二）坚持把问题导向贯穿始终。坚持把问题导向贯穿理论学习、调查研究、推动发展、检视整改、建章立制全过程，实行“精准、可量化”的问题清单，明确、可到人的责任清单，具体、可操作的措施清单，盯紧、可追溯的时间清单等四单工作法，整改整治专班划分监测责任片区，每日跟进问题销号、措施完成情况，及时督促各参学单位对照四单加快整改进展，真正把问题清单变成成效清单。

（三）坚持把为民造福贯穿始终。始终把为民办实事作为重要内容，把“四下基层”作为重要抓手，把人民群众满意不满意作为评判主题教育成效的根本标准，推动广大党员干部深入基层、深入一线、深入群众，用脚步丈量民情，用真心倾听民声，不断解决群众“急难愁盼”问题，真正让党员干部受教育、人民群众得实惠。

（四）坚持把推动发展贯穿始终。把主题教育与全市中心工作有机融合、一体推进，将举办市委常委会读书班与推进县域经济、海洋经济高质量发展等工作有机结合起来，将产业发展项目建设提升年活动和“七比一看”竞赛有机融入主题教育，引导广大党员干部把开展主题教育的实际成果，转化为推动漳州发展的生动实践，体现到推动经济回升向好的成效上，体现到厚植为民情怀、增进民生福祉的举措中，实现以主题教育助推高质量发展。

三、存在问题

主题教育开展以来，漳州市虽然取得良好成效，但也存在问题和不足，与党中央要求、群众期待相比仍有一些差距。主要体现在：

（一）理论学习还存在短板。有的党员干部学习还不够深入，学用结合的深度、成果转化的效果还不够好；有的党员干部有时忙于工作，理论学习缺乏主动性，存在以业务学习代替理论学习的现象；有的党员干部在学习成效转化运用上发力不够，没有真正做到学以致用、知行合一。

（二）调研实效还不够彰显。有的党员干部没有真正俯下身子、放下架子、迈开步子，真正沉下心，带着问题到基层了解实际情况，导致调查研究不深不细、情况掌握不够具体、解决措施不够有效；有的党员干部调研报告质量不够高，调研成果的运用还不够及时有效，成果转化效果还不够彰显。

（三）检视整改还有待巩固。个别单位和党员干部对问题检视整改力度、深度还有差距，有的问题查找不够深入，有的整改落实措施还不够具体，操作性还不强，缺乏针对性和实效性；有的问题查找还没有真正做到举一反三，有的虽然完成问题整改，但还需持续用力、持续巩固、久久为功。

四、经验启示

（一）必须始终用党的创新理论武装头脑，切实筑牢信仰之基、补足精神之钙、把稳思想之舵。用党的创新理论武装全党是党的思想建设的根本任务。党的十八大以来，历次党内集中教育，都是以思想教育、理论武装打头。在开展主题教育中，广大党员干部受到了一次全面深刻的政治教育、思想淬炼、精神洗礼，政治能力得到进一步提升、政治品格得到进一步锤炼、政治意识得到进一步增强。实践证明，理论上坚定清醒是思想政治上坚定清醒的前提。只有坚持用党的创新理论统一思想、统一意志、统一行动，把握好习近平新时代中国特色社会主义思想的世界观和方法论，才能凝聚起团结奋进新征程的强大力量。必须始终坚持把学习贯彻习近平新时代中国特色社会主义思想作为首要政治任务，全面学习领会科学体系、核心要义、实践要求，做到在思想上认同核心、在政治上围绕核心、在组织上服从核心、在行动上维护核心，坚定不移做“两个确立”（确立习近平同志党中央的核心、全党的核心地位，确立习近平新时代中国特色社会主义思想的指导地位）忠诚拥护者、“两个维护”（坚决维护习近平总书记党中央的核心、全党的核心地位，坚决维护以习近平同志为核心的党中央权威和集中统一领导）示范引领者。

（二）必须始终把人民放在心中最高位置，做到紧紧依靠人民、不断造福人民、牢牢植根人民。坚持人民至上是习近平新时代中国特色社会主义思想的根本立场观点方法。在开展主题教育中，广大党员干部积极践行“四下基层”等优良作风，深入农村、社区、企业等基层一线，围绕群众急难愁盼问题开展调查研究、摸清社情民意，用心用情为群众办实事、解难题，改进了工作，赢得了认可。实践证明，人民是我们强党兴国的根本所在，人民利益是我们党一切工作的根本出发点和落脚点。只有紧紧依靠人民、一切为了人民，持续提升群众的获得感、幸福感、安全感，才能使最广大人民紧密团结在一起，不断创造中华民族新的历史辉煌。必须始终坚持全心全意为人民服务的根本宗旨，树牢群众观点，贯彻群众路线，推动幼有所育、学有所教、劳有所得、病有所医、老有所养、住有所居、弱有所扶不断取得新成效，让人民真正得到实惠，人民生活真正得到改善，人民权益真正得到保障。

（三）必须牢牢把握高质量发展这个首要任务，进一步发扬斗争精神、提升能力本领、展现担当作为。高质量发展是全面建设社会主义现代化国家的首要任务，是做好新时代经济工作的根本要求。在开展主题教育中，广大党员干部坚持主题教育与推动高质量发展“两手抓、两促进”，找准职责定位，找准制约高质量发展的短板弱项，把学习和调研落实到完成中央决策部署和省、市工作要求中去，奋力争优、争先、争效，形成推进高质量发展的强大合力。实践证明，全方位推动高质量发展一线是干部干事创业的主战场，只有坚持学思用贯通、知信行统一，在实践中增长解决问题的新本领，增强工作的科学性、预见性、主动性，才能开创中国式现代化建设的新局面。必须深刻理解、准确把握习近平总书记关于高质量发展的重要论述，把学习理论同推动中心工作结合起来，提升想干事、能干事、干成事的能力本领，提振干事创业的精气神，在学思践悟、真信笃行中不断打开工作新局面。

（四）必须始终保持勇于自我革命的精神，把严的基调、严的措施、严的氛围长期坚持下去。勇于自我革命，从严管党治党，是我们党最鲜明的品格。在开展主题教育中，广大党员干部聚焦习近平总书记、党中央关心关注的问题，聚焦全面从严治党中的问题，深刻检视剖析、深挖思想根源、深入整改落实，取得了扎实成效。实践证明，勇于自我革命是共产党人的政治使命。只有正视问题的自觉和刀刃向内的勇气，坚持严的基调、严的措施、严的氛围推动全面从严治党，才能达到自我净化、自我完善、自我革新、自我提高的效果。必须坚持发扬钉钉子精神，进一步强化作风建设，一以贯之推进干部作风“五不”（包括履职不担当、工作不碰硬、落实不见效、能力不适应、内心不敬畏等）问题专项整治，以及股长做派、科长天大突出问题整治，持续向理想信念不牢、党性原则不强、能力作风不硬、为民服务态度不优等行为动真刀、下实手，以党的自我革命引领社会革命，坚持不懈把全面从严治党向纵深推进。

（漳州市委组织部）

漳州市推进产业发展项目建设提升年活动

2023 年，漳州市推进产业发展项目建设提升年活动，深入开展“七比一看”（比项目招商、比征地拆迁与耕地保护、比工业提升、比项目提升、比争取资金、比乡村振兴与生态建设、比新增“四上”企业，看高质量发展成效）竞赛，引导和推动各级各部门坚持把抓经济工作的重心放到推进产业发展和项目建设上，坚持把参与“七比一看”竞赛作为全方位推进高质量发展的主抓手、比拼经济建设的主赛场、激励干部担当作为的主阵地，推进漳州市经济发展。2023 年，全市地区生产总值比上年增长 5.9%、固定资产投资比上年增长 8.1%，均居全省第二。

一、高站位组织筹划，确保责任落实落细

2023 年，漳州市坚持把“七比一看”竞赛活动作为落实省委、省政府工作部署和推动高质量发展的主抓手，高位谋划、强力推进。一方面，强化组织推进。成立以市委主要领导为组长、市政府主要领导为副组长的领导小组，把制定好活动方案作为开展好竞赛的重要前提，在制定竞赛考评方案过程中，市委市政府主要领导亲自谋划部署，定方向、划重点，市分管领导具体

负责，各竞赛分管市领导审核把关，相关职能部门齐思广义，确保方案制定更具指导性、针对性和时效性。春节后上班第一天，市委、市政府召开全市动员大会，对“七比一看”竞赛活动进行专题部署，引导和推动各级各部门坚持把抓经济工作的重心放到推进产业发展和项目建设上，把参与竞赛作为全方位推进高质量发展的主抓手、比拼经济建设的主赛场、激励干部担当作为的主阵地。另一方面，强化分工协作。根据竞赛活动内容，及时调整充实活动领导小组，下设“一办八组”（办公室，比项目招商工作组、比征地拆迁与耕地保护工作组、比工业提升工作组、比项目提升工作组、比争取资金工作组、比乡村振兴与生态工作建设组、比新增“四上”企业工作组、看高质量发展成效工作组），由分管市领导担任8个竞赛工作组组长，各竞赛牵头单位负责具体推进实施；各县区健全组织机构，明确责任分工。抽调发改、统计、自然资源等业务骨干充实到活动办，每月定点定时对“七比一看”竞赛进行统一集中核算，确保数据及时准确公布。

二、高标准树立导向，确保竞赛有序有效

一是突出目标导向。2023年，漳州市对各县(区)、开发区(投资区）以及市直部门设置差异化的细化任务。各地各部门紧盯目标任务，找准自己在赛道中的定位、排位，实时跟踪监测，及时调整调度，全力确保稳字当头、稳中求进、稳中快进。“七比”方面，各个竞赛主要任务均考虑县区实际情况，实行分档分类考评，在比房屋征迁中，将11个县(区）分为3个档次，5个开发区（投资区）分为2个档次。“一看”方面，县区重点考核13项主要经济指标，以考核指标增速为主，并适当对体量大的县区在增量分值上予以倾斜，以调动其积极性。二是突出问题导向。在竞赛活动中，注重围绕上级考核事项、聚焦工作主线和经济社会发展薄弱环节，通过竞赛倒逼各项工作提升。针对推动全市高质量发展，设置看县域经济高质量发展，考核人均地区生产总值、人均地方一般公共预算收入、规模工业战略性新兴产业增加值占规模工业增加值比重、亩均产值、亩均税收、地方级税性收入、新获批土地（含用海）等7项县域经济指标完成情况，让推动县域经济发展有目标、有抓手。针对部分县区空气质量全省排名长期靠后问题，在比乡村振兴和生态建设中，设置空气质量综合指数排名附加分，打好大气质量翻身仗、扭转长期落后局面。三是突出结果导向。把竞赛考评与纪律监督、绩效考评、干部任用联动起来，对活动中成绩优异、贡献突出的5个集体、108名干部进行表彰，对考评结果靠前单位安排适当的干部提拔或晋升职级推荐名额，提振干部干事创业精气神。

三、高质量制定细则，确保考核精细精准

一是优化竞赛项目。经过认真研究、深入论证、反复沟通，广泛汇聚各方意见后，制定考评方案。在比工业提升竞赛中，增加民企产业项目对接、规模工业减产面、低效用地改造提升等3项考评内容，取消清理闲置厂房、比产业提升等考评内容，促进考评细则完善。二是突出工作重点。将产业发展、项目建设、招商引资、征地拆迁、乡村振兴、生态环境建设、新增新上企业、县域经济发展、中菲“两国双园”工作等事关经济发展的重点工作列入竞赛考评，特别加强主要经济指标和国内生产总值21项支撑指标竞赛考核，提高国内生产总值及其相关指标的分值权重，确保取得实效。坚持突出工业、突破工业，“七比一看”竞赛中工业相关分值占考评总分比重达25.5%，突出考核规模工业产值、工业园区标准化建设、工业用地标准地供应等内容，覆盖事关工业发展的主要方面、关键环节，进一步强化工业的压舱石作用。三是注重质量效益。注重同步推动质的有效提升和量的合理增长。在比项目招商竞赛中，

落实全市提升招商实效（一季一主题）现场推进会精神，完善亩均效益招商项目后续监管制度，对交地即开工重大项目给予加分；在比项目提升竞赛中，新增考核看入库项目质量、库存余量占年度投资比重，提升入库项目质量和规模；注重考核策划项目转化率、开工率。一看经济指标方面，对县区既考核地区生产总值、地方财政收入等总量指标，又注重考核规模工业战略性新兴产业增加值占比、亩均产值、亩均税收、地方级税性收入等质量指标，提升县域经济发展质量。一看产业发展方面，在考核产业存量的基础上，突出产业发展增量，设置“重大工业项目签约落地”附加分，推动各地当年签约、当年开工一批实实在在的重大工业项目，进一步强化工业在地区生产总值中的作用。

四、高要求健全机制，确保任务抓牢抓实

2023年，漳州市聚焦提升年主题，按照落图、列表、建库要求，健全抓落实的工作机制，实行每月一监测一通报、每季一推进一点评、年终一总评一约谈机制，完善全市拉练检查、“一季一主题”现场推进活动、决策督查、指标有3项位于全市后三且低于全省水平的进行表态发言、记功嘉奖等工作机制，推动各竞赛牵头部门落实落细各项竞赛任务。一方面，列明项目表。对“七比一看”各项竞赛，各地各部门都形成“两单一表”，系统梳理项目的关键环节，明确项目推进的具体工作目标、任务内容、时间节点，“一图一表”来抓好落实。比如“比争取资金”，列出具体的资金列表，确保有抓手、不落空；对一看主要经济指标，分行业、分县区、分月（季）度列出列表，强化跟踪落实。另一方面，健全数据库。在经济运行上，把职责范围内的主要经济指标、先行指标、关联指标等动态数据收集汇聚起来，建立数据库和数据模型；在项目运作上，建立健全项目库、要素库、融资库，确保要素保障及时到位；在新增“四上”企业上，搭建好准“四上”企业库、储备库、种子库等。注重以数字赋能“七比一看”竞赛，推进资源信息共建共享和动态更新，真正用数据说话、用数据决策、用数据管理、用数据创新，有效保障产业发展和项目建设蹄疾步稳、提速提效。

（陈若蓉）

“‘福小宣’在漳州”：让党音入民心

“‘福小宣’在漳州”是引导广大群众从思想源头和实践起点感悟习近平新时代中国特色社会主义思想伟力的理论宣讲名片，也是新时代践行“四下基层”、打通党的创新理论进基层“最后一公里”的具体抓手和重要途径。

一、有关背景

漳州市委宣传部、市委讲师团将“四下基层”（宣传党的路线、方针、政策下基层，调查研究下基层，信访接待下基层，现场办公下基层）作为开展主题教育的特色资源和重要抓手，围绕“宣传党的路线、方针、政策下基层”，组建‘福小宣’在漳州”宣讲队伍，进机关、进企业、进社区、进校园、进两新组织、进网站，让乡音传党音、党音入民心，焕发出更加强大的实践伟力。

二、具体做法

一是着眼重大主题，精心谋划部署。党的二十大召开后，第一时间把“‘福小宣’在漳州”宣讲活动列入全市学习贯彻党的二十大精神主题宣传教育活动的重要内容进行部署，同步启动16个县（区）的“福小宣”宣讲活动，全市上下持续掀起“福小宣”宣讲活动热潮。

二是着眼加快推进，加强示范引导。举办“‘福小宣’在漳州”示范宣讲活动，邀请南靖“土楼

红妹子”“稻花香”“侨之音”和“东山歌册”4支历届省级特色宣讲队，采取以说唱为主、辅以快板、越南竹杆舞、现代舞等方式开展宣讲；邀请新时代宣讲师讲“向东渠”精神、剪纸艺术家现场剪纸送“福”、“兰谷花开”宣讲队讲返乡大学生投身乡村振兴故事，并组织全媒体对活动节目持续推送，引起强烈反响。

三是着眼传统文化，打造特色品牌。专题研究“‘福小宣’在漳州”宣讲品牌建设，深入挖掘漳州的闽南文化、侨台文化、客家文化等资源禀赋，有力推进“一镇一品”创建活动，做大品牌、做出特色，先后涌现龙海区“讲古寮”、长泰区“7080”、漳浦县“照金浦”、云霄县“云潮”、诏安县“老兵宣讲团”、东山县“铜山红”、南靖县“兰谷花开”、华安县“福满北溪”、平和“柚妹子”等一大批特色宣讲团队。

四是着眼创新方式，推进常态长效。组织“践悟新思想 踔厉新征程”“‘福小宣’在漳州”优秀宣讲作品评选活动，以赛为媒、以赛代培、以赛带讲，开创理论宣讲新局面。诏安县开展“文化使者”评选活动，古雷开发区举办“学思想 强党性 重实践 建新功”主题宣讲比赛；各地还组织宣讲小分队，深入社科普及基地、历史文化场馆等阵地开展宣讲，打造常下乡、常在乡、常惠乡的“福小宣”。

2023年12月14日，“‘福小宣’在漳州”优秀宣讲作品巡回宣讲漳浦专场在漳浦县委党校大礼堂举行。图为宣讲活动现场表演
（王大鹏 摄）

三、主要成效

一是宣讲队伍更加整合壮大。构建以党员领导干部、新时代宣讲师、乡村讲师团、思政教师队伍为主体，科特派、文艺骨干等各行业专业人员为补充的宣讲队伍，形成“领导干部讲政策、专家学者讲理论、行业精英讲故事”的宣讲模式，打造更加亲民的宣讲队伍，让群众坐得住、听得懂、记得牢。漳州市组建各类“‘福小宣’在漳州”特色宣讲队伍252支，开展各种形式的主题宣讲1万多场次，受众达40多万人次。

二是宣讲内容更加入脑入心。围绕学习宣传贯彻党的创新理论，发挥习近平总书记在福建工作期间17次到漳州调研指导留下的宝贵思想财富、精神财富和实践成果，从小切口入手、用小故事阐释，精心打磨《漳州“110”以快制快 守护百姓》《“梅”好生活助力乡村振兴》等优秀理论宣讲作品16部，让新思想微宣讲更加适口对味。精心准备学习贯彻习近平新时代中国特色社会主义思想主题教育市级优质宣讲课程67个，推出点单式服务，让群众掌握主动权，让理论宣讲与群众零距离。征集评选人文景观、移风易俗、文明旅游、预防网络诈骗等小而精宣讲短视频26个，通过抖音号、视频号等广泛传播，点击率10万+，更好满足人民群众美好精神文化生活需要。

三是宣讲阵地更加巩固拓展。依托新时代文明实践中心（所、站），设立16个县级、

133 个乡镇（街道）、2065 个村（社区）固定讲台，使理论宣讲阵地全覆盖。坚持把群众的零星时间转化为宣讲的黄金时段，到广场戏台、农家小院、田间地头，打造群众身边、便民快捷的流动课堂。采用短视频、公益广告等传播形式，将党的创新理论从指尖传递到群众心间。截至 2023 年 8 月底，各类理论宣讲微视频，线上线下直播收看 100 多万人次；宣讲动态通过主流媒体网端号、学习强国平台集中推送，累计阅读量 500 多万人次。

四是宣讲形式更加灵活多样。将理论微宣讲与本土文化元素、文艺表演形式相结合，打造一批既能讲出温度又能演出热度的宣讲队。“土楼红妹子”通过“理论 + 文艺 + 互动”等形式开展面对面宣讲，获评省级理论进基层示范点和示范项目。“稻花香”宣讲队采用情景剧、唱跳等形式传播党的创新理论，先后获评全省基层理论宣讲先进集体。“东山歌册”采取老歌新唱打造传播党的创新理论的新载体，“侨之音”用中越双语民谣把党对侨民的恩情传颂到千家万户，均获评全省基层特色宣讲团。

四、经验启示

“‘福小宣’在漳州”是宣传党的路线、方针、政策下基层，不断推进新时代宣讲工作深化创新的积极探索，对于牢牢掌握意识形态领域主导权和话语权，不断开创基层理论宣讲事业新局面具有重要意义。

一是让党的创新理论“飞入寻常百姓家”必须把宣讲平台搭建起来。基层理论宣讲的对象是人民群众，人民群众在哪里，价值引导工作重点就要在哪里。注重利用报、刊、台、网、微、端、屏等全媒体平台，构建多层次、多渠道的传播新格局。充分发挥新时代文明实践中心（站、所）、党员活动室、文化大舞台等传统阵地资源，打造理论宣讲示范点。深化部门跨界合作，实现人才队伍、讲稿视频、平台阵地等共享互通，形成上下联动协调、层层部署落实的工作格局。

二是让党的创新理论“飞入寻常百姓家”必须把宣讲形式搞活起来。群众喜闻乐见什么方式，就用什么方式，用真心实意换群众称心如意。注重采取互动式、体验式、对谈式宣讲，精准把握受众需求，选好找准与普通百姓生活息息相关的切入点，让理论宣讲有意义、有意思。融合相关群众文化活动和民俗节庆活动，通过“理论宣讲 + 文艺汇演”、“理论宣讲 + 志愿服务”等途径，让群众想听、爱听、乐听。

三是让党的创新理论“飞入寻常百姓家”必须把宣讲队伍建强起来。宣讲就是要做人的思想政治工作，理论宣讲工作者要能够贴近基层、走进群众。注重发动先进典型、返乡青年、在村乡贤以及老干部、老教师等积极参与理论宣讲，让身边人讲身边事，增强宣讲的吸引力、影响力、感召力。针对孤寡老人、留守儿童、外来务工人员、灵活就业人员等群体，组建“百姓宣讲团”，在一对一、点对点的理论宣讲中，加强人文关怀和心理疏导。依托党校、高校等教育资源，常态化举办业务进修、比赛展演、考察交流，不断提升宣讲队伍的素质能力。

四是让党创新理论“飞入寻常百姓家”必须把宣讲机制健全起来。建立顺畅高效、机动灵活的工作机制是做好宣讲工作的重要保障。注重建立健全宣讲员优进平下机制，对表现突出的，在职称评定、保险医疗、交通出行等方面给予激励，形成人人参与、人人宣讲的浓厚氛围。用好调查研究这个传家宝，了解掌握群众实际需求，打通群众“点菜”、宣讲团体“配菜”、宣讲员“送菜”的“菜单式”工作链条。切实把理论宣讲工作纳入党委（党组）落实意识形态工作责任制考核，推动理论宣讲工作常态化、规范化、制度化开展。

（漳州市委宣传部）

责任编辑：江细珍

大事记

1月

1日 《漳州市城乡居民基本医疗保险实施办法》实施。

2日 政协第十四届漳州市委员会第二次会议在漳州宾馆开幕。

3日 漳州市第十七届人民代表大会第二次会议在漳州市人民剧场开幕。市长王进足代表市政府向大会作政府工作报告。大会开设第二会场，列席人员以视频形式在第二会场参加全体会议。

5日 漳州圆山大道竣工通车。圆山大道位于漳州高新区圆山新城内，西起廊前大道，途经西环城路、国道324（九龙大道）、龙江南路、龙祥南路，东至厦漳同城大道的象镇互通立交，北与漳州市新城市中心区隔江相望，南与漳州市火车站比邻，全长18.9千米，道路等级为城市主干路兼一级公路。

10日 漳州市公安局在漳州高新区举行基础设施暨“漳州110”基地建设项目开工仪式。该项目位于漳州高新区（颜厝）经济产业园片区，总用地面积11.67万平方米，建筑面积12.3万平方米，总投资10亿元。

19日 国务院发布《关于同意设立中国—菲律宾经贸创新发展示范园区的批复》，同意在福建省漳州市设立中国—菲律宾经贸创新发展示范园区。漳州园区建设以诏安工业园区、东山经济技术开发区、漳州招商局经济技术开发区、常山华侨经济开发区和古雷港经济开发区5个园区为依托，构建“一园、五片区、多基地（中心）”的空间布局，总规划面积266.73平方千米。

19日 漳州明成食品有限公司上榜第五批国家林业重点龙头企业名单。

28日 福建省首家蓝碳司法服务协同中心在东山县行政服务中心揭牌成立。

29日 经中共中央台办、国务院台办批准，漳州市东山关帝庙、云霄开漳圣王文化祖地设立“海峡两岸交流基地”。

2月

3日 中共漳州市纪委十二届三次全会召开。

4日 三峡集团漳浦六鳌海上风电场二期项目开工建设。

9日 华安县入选自然资源部公布的首批全国自然资源节约集约示范县（市）名单，福建省有8个县（市）入选，华安县为全市唯一入选的县区。

10日 漳州市有8人（组）上榜2022年度“福建好人榜”。其中，4人上榜敬业奉献类“福建好人”，分别为留守山区小学40余载的杨伟林，“反诈急先锋”黄俊杰，扎根山区25年的独臂教师梁木山，坚守战斗一线至生命最后一刻的人民警察蔡桂泉；4组上榜见义勇为类“福建好人”，分别为无惧危险跳入水中救起3名游客的田伟达，常年守护九龙江畔、救起多名落水群众的郑松海，跳河勇救2名溺水孩子的“硬核大叔”蔡苹春，齐心协力救起溺水女童的李松武、卢金镇、林建光。

16日　漳州市清洁能源产业发展促进会成立，福建漳龙产业投资集团有限公司当选会长单位。促进会有会员单位79家及个人会员16名，涵盖核电、风电、光伏、抽水蓄能、储能、电力等清洁能源行业。

24日　人物传记纪录片《百年巨匠——林语堂》在林语堂纪念馆开机。纪录片由中国文学艺术界联合会、中央广播电视总台、中国艺术研究院、中国文学艺术基金会等单位联合摄制。

3月

1日　漳州古城入选第二批国家级旅游休闲街区。

1日　漳州成为2023年八闽电影巡展主宾城市。

4日　漳州市检察院未成年检察“水仙花”团队获评第八批全国学雷锋活动示范点和岗位学雷锋标兵，是漳州市首个全国学雷锋活动示范点。

6日　漳浦县佛昙镇东坂村（河豚）入选第十二批全国“一村一品”示范村镇；诏安县太平镇（青梅）、平和县小溪镇（琯溪蜜柚）分别入选全国乡村特色产业产值超十亿元镇；漳浦县佛昙镇东坂村（河豚）、云霄县下河乡下河村（杨桃）、漳州高新区靖圆办郑店村（食用菌）分别入选2022年全国乡村特色产业产值超亿元村。

7日　省委国安办与谷文昌干部学院在东山县签订共建“福建省国家安全教育基地（谷文昌干部学院）”合作协议。

8—10日　“走进省级数字乡村试点县”网络媒体漳州公益行活动举行。近40家中央媒体、省市媒体及自媒体的大V代表、门户网站代表深入长泰、南靖、平和等地，利用全媒体展示漳州数字乡村建设。

14日　漳州市八尺门退堤还海工程（一至三期）竣工并通过验收。八尺门海域历时13年完成生态修复。

18—20日　第三届中国跨境电商交易会在福州海峡国际会展中心举行，漳州市涉及家具、钟表、电子、食品等产业的22家优质企业参展。

22日　九龙江西溪获评第二届“最美家乡河”，为福建省唯一入选河流。

24日　《漳州市国土空间总体规划（2021—2035年）》通过专家评审。

25日　香港漳州同乡总会在香港举行第九届理监事会暨第二届漳州市港区政协委员联谊会就职典礼。

27日　第五届“行走中国·海外华文媒体漳州行”主题参访活动在长泰区启动。17个国家22家海外华文媒体代表开启探寻“花样漳州”之旅。

27—28日　“寻访海丝印记　读懂中华文明”国际人文交流活动之“行走福建”参访团到漳州寻访海丝文化遗存。

28日　漳州市22家企业上榜福建省2023年第三批创新型中小企业名单。

4月

2日　中沙古雷乙烯项目前期工程开工，总投资11亿元。

7日　国家闽台特色作物种质资源圃（漳州）获农业农村部种业管理司授牌第一批国家农作物种质资源库（圃）。

7日　漳州市残疾人联合会第七次代表大会在漳州宾馆召开。

20日　第二届漳州数字经济高峰论坛在漳州跨境电商孵化园举行。

20—21日　漳州市委宣传部、市委乡村振兴办联合组织开展漳州市乡村振兴“十镇百村”主题采访活动。

22日　第二届中国冻干食品产业峰会暨项目对接会在漳州召开。全国各地100多家企业的200

多名代表参会。

24日　“中非青年乡村振兴快乐跑”活动在华安县举办。30名非洲留学生、50名闽南师范大学学生、10名漳州职业技术学院学生和当地村民共计百人参与活动。

25日　福厦漳高铁接触网工程送电。

26日　共青团漳州市第十八次代表大会在漳州宾馆召开。大会听取并审议通过共青团漳州市第十七届委员会工作报告，选举产生共青团漳州市第十八届委员会和新一届团市委领导班子。张宸珲当选共青团漳州市第十八届委员会书记，刘书佳、陈婉儿、刘壮壮（挂职）、戴小凤（兼职）、董帝辉（兼职）当选副书记。

26日　华安坪山柚、华安铁观音、东山芦笋、浮宫杨梅、天宝香蕉、漳州水仙花等漳州地理标志产品信息被收录到《中国地理标志产品英文宣传册》。

27日　漳州市东环城路全线试通车运营。漳州市东环城路主线全长8.24千米，路基宽60米，项目总投资44.56亿元，主线设计速度80千米/时，采用双向六车道。

5月

4日　漳州市芗剧（歌仔戏）传承保护中心创排的芗剧现代戏《华侨女英雄李林》在福建广电大剧院演出。

6日　由福建省农业农村厅和漳州市人民政府共同主办的漳州市特色现代农业招商推介暨项目签约大会在漳州宾馆举行。漳州80个项目签约，总投资118.5亿元。

10—11日　省政协主席滕佳材带队到漳州，就推动解决市县政协“两个薄弱”问题开展调研。

10—14日　2023年中国品牌博览会在上海世博展览馆举行。漳州市组织7个知名品牌参展，“花样漳州”作为福建展馆的三个地方特色板块之一展出。

13日　“漳州三角梅”注册为国家地理标志证明商标，是继“漳州水仙花”“南靖兰花”后，漳州市第三个林业行业国家地理标志证明商标。

16日　市委书记张国旺、市长王进足、市政协主席吴文团等市领导，到漳州体训基地看望慰问第49次到漳州集训的中国女排。

19日　漳州甲骨文（漳州）技术人才双创基地、漳州圆山创业园上榜国家级科技企业孵化器名单。

23—24日　省长赵龙到诏安县、云霄县、龙海区调研。

25日　漳州中国女排精神展示馆开馆。该馆位于漳州市中国女排娘家基地，占地面积1300平方米，总建筑面积2580.7平方米。内设3个展厅，展陈面积2000平方米，展线600米，把中国女排的世界性和漳州中国女排娘家的唯一性相结合，再现中国女排40多年的光辉历史和拼搏之路，以及漳州与中国女排同呼吸、共命运、心连心的特殊感情。

31日　第十五届海峡百姓论坛·漳州分论坛举行。此次漳州分论坛以“谜艺为媒　情系两岸”为主题，涵盖学术研讨、灯谜活动等一系列丰富活动。

6月

1日　首届漳州市地摊经济文化节暨乡村振兴特色产品展示会在五洲商业街主广场启动。

2日　漳州市召开国家自然资源督察反馈问题整改工作推进会。

7日　太阳海缆（东山）有限公司的第一条海底电缆生产线试生产。

8—10日　省委书记周祖翼到漳州市实地调研流域生态环境保护、河长制落实和绿色发展等情况。

16—18日　第四届中国食品名城（漳州）食品交易会暨第三届龙海国际休闲食品博览会在龙海区食品博览园举行。设置展位数总数522个，交易会参展企业

439家。全国各地采购商和经销商代表、参展企业代表以及专家学者2万多人参加，8000名专业采购商、经销商参会洽谈。会议期间举行招商引资签约仪式，招引项目35个，总投资额126亿元。

20日 漳州市首个“蓝碳司法助力乡村振兴示范基地”在东山县前楼镇下西坑村启用，标志“生态检察+碳汇认购”的替代性修复方式得以实践。

21日 弘扬“龙江风格”60周年系列活动在龙江文化生态园启动。

25日 厦门地铁6号线漳州（角美）延伸段轨道首件工程完成施工并通过验收。

29日 2023年中国城市夜间经济发展峰会（西安站）召开，发布《2023年中国城市夜间经济发展报告》，漳州入选“中国夜间经济繁荣度TOP100城市”名单。

30日 第十五届海峡论坛•第三十二届海峡两岸（福建东山）关帝文化旅游节开幕式暨东山关帝文化纪录片发布仪式在东山岛举行。

7月

1日 漳州市公安局主战中心举行揭牌仪式。

3日 漳州市召开迎接省委2023年全面从严治党主体责任落实情况检查动员部署会。

6日 “漳州市中心城区地下管线普查更新与信息化管理”项目获国家地理信息产业最高级别工程奖项“2023地理信息产业优秀工程”银奖。

8日 八闽（漳州）不夜城综合体项目举行开工奠基仪式。项目位于漳州市芗城区，由省旅发集团在权属漳州华侨饭店原有地块上扩大面积规划重建。项目规划总用地1.8万平方米，总建筑面积11.2万平方米，总投资12.9亿元，按照五星级酒店标准设计建设酒店客房、SOHO、高端办公、休闲娱乐等业态。

13日 由中国驻菲律宾大使馆和漳州市人民政府共同主办，菲华各界联合会、菲律宾漳州总商会共同承办的中国（漳州）—菲律宾经贸合作交流会暨中国（漳州）—菲律宾经贸创新发展合作园区启动仪式在马尼拉举行。

21日 商务部复函福建省人民政府，同意东山经济技术开发区更名为东山湾古雷经济技术开发区。

21日 漳州市印发“亩均论英雄”结果运用实施办法，对每年度“亩均论英雄”评价划分出的A类企业（优先发展）、B类企业（提升发展）、C类企业（调控发展）、D类企业（落后整治）、E类企业（倒逼建设）等五类企业进行分类施策，实行资源要素差别化、市场化配置。

21日 2022年度漳州市“亩均论英雄”标杆企业名单公布，共有80家企业入选。

27日 省长赵龙到漳州实地检查指导防抗第5号台风“杜苏芮”工作，看望坚守一线的干部群众和官兵。

8月

1日 全市领导干部会议在漳州宾馆召开。省委决定：王进足任中共漳州市委书记；张国旺不再兼任中共漳州市委书记、常委、委员职务；魏东任中共漳州市委委员、常委、副书记。

2日 漳州市十七届人大常委会第十五次会议召开。会议决定任命魏东为漳州市人民政府副市长，代理漳州市人民政府市长职务。

7日 漳州市入选全国第四批社会信用体系建设示范区。

11日 第十五届福建音乐舞蹈节决赛（舞蹈赛场）在漳州市人民剧场举行。全省共有20支队伍进入决赛，其中，漳州2支队伍进入决赛。

12日 “第三届阳明学在福建（漳州）论坛”在漳州宾馆开幕。

16日 2023年福建省首届开海文化季漳州（东山）分会场启动暨东山开渔仪式举行，宣告为期三个半月的伏季休渔期结束。全市3187艘伏休渔船结束休渔，开始出海作业。

18日　中国—菲律宾经贸创新发展示范园区建设推进会暨招商大会在漳州宾馆举行。大会举行项目签约活动，落实可望签约经贸项目37个，投资贸易额394.6亿元。

18日　漳州市合琦靶材科技有限公司和福建容钠新能源科技有限公司分别获第十二届中国创新创业大赛（福建赛区）成长企业组和初创企业组大赛一等奖。此届大赛共有674家企业报名，84家企业获89个奖项。

21日　根据《农业农村部办公厅、国务院台湾事务办公室秘书局关于印发台湾农民创业园2022年度建设发展第三方评价结果的通知》，在全国28个台湾农民创业园2022年度建设发展第三方评价结果中，漳浦台湾农民创业园以得分第1名成绩入选优秀等级。

24日　漳州市乡村振兴政银企对接会在漳州宾馆召开。9家金融机构分别与有关涉农经营主体进行授信签约，授信额度近20亿元。

25—28日　“花样漳州　相约金秋”省外百家旅行服务商踩线活动在漳州市举行。长三角一体化旅游联盟，OTA（在线旅行社）旅行商代表，广东、江西旅行社负责人等百余名代表参加。

28日　东山岛南门湾—马銮湾段入选第二批12个美丽海湾优秀案例。

29日　中共漳州市委十二届五次全会在漳州宾馆召开。全会听取和讨论王进足受市委常委会委托作的工作报告，审议《中共漳州市委　漳州市人民政府关于进一步促进民营经济高质量发展的实施意见》。

29日　漳州市第十七届人民代表大会第三次会议在漳州宾馆召开。补选魏东为漳州市人民政府市长。

9月

4日　漳州市92人获“福建省优秀教师”“福建省优秀教育工作者”称号。

5日　第11号台风“海葵”在东山沿海登陆。

8日　第二十三届中国国际投资贸易洽谈会福建省重大项目集中签约仪式在厦门国际会展中心举行，漳州市5个项目参加签约，总投资55.6亿元。

11日　漳州市住建局等4部门联合发布《关于优化个人住房贷款中住房套数认定标准的通知》，即日起在漳州市范围内实施“认房不认贷”政策，居民家庭（包括借款人、配偶及未成年子女）在漳州市购买商品住房申请贷款时，家庭成员在新购商品住房属地无成套住房的，不论是否已利用贷款购买过住房，银行业金融机构均按首套住房执行住房信贷政策。

15日　漳州市召开学习贯彻习近平新时代中国特色社会主义思想主题教育工作会议，学习贯彻习近平总书记关于主题教育重要讲话和重要指示批示精神，贯彻落实中央、福建省主题教育第一批总结暨第二批部署会议精神，对全市主题教育进行动员部署。

16日　全省公安机关传承弘扬新时代“漳州110”精神现场会在漳州召开。

17日　漳州市委常委会学习贯彻习近平新时代中国特色社会主义思想主题教育第一次读书班在漳州宾馆开班。

19日　漳州台胞台企权益保护法治宣传基地（福建特色检察展示平台）在漳州台商投资区两岸青年创业基地启用。

20日　漳州九龙江集团有限公司等7家企业上榜“2023中国企业500强”“2023中国制造业企业500强”“2023中国服务业企业500强”。

22日　漳州市“风吹稻浪谷飘香　农耕野趣享自然”之旅线路入选全国乡村旅游精品线路。

25日　中国（福建）—菲律宾经贸创新发展示范园区暨经贸合作推介会在马尼拉举办。漳州市市长魏东在会上推介中国—菲律宾经贸创新发展示范园区。

28日　由漳州市人民政府和福建省广播影视集团共同主办的“月是故乡明——2023海峡两岸（漳州）中秋晚会”举行。晚会以漳州高新区三馆广场为主会场，内容由舞台综合表演艺术串联而成；以漳州古城北广场为分会场，内容以本地民俗集锦为主。

29日　厦门地铁6号线漳州（角美）延伸段全线贯通。

10月

2日　中国女排前主教练陈忠和与2003年女排世界杯、2004年雅典奥运会部分冠军球员参观漳州中国女排精神展示馆。

7日　16岁的漳州籍中国体操运动员邱祺缘在比利时安特卫普举行的2023年体操世界锦标赛女子高低杠比赛中夺得冠军。

9日　一道新能源电池片生产项目（一期）开工，项目总投资64亿元，一期投资32亿元，占地面积40公顷，生产10GW（吉瓦）高效N型电池片。

13—15日　省委书记周祖翼到漳州市云霄县、诏安县，深入调研生态建设、乡村振兴、民营经济发展、传统文化保护等情况，指导推进第二批主题教育。

17—19日　漳州市委常委会学习贯彻习近平新时代中国特色社会主义思想主题教育第二次读书班举行。读书班到省委党校开展现场教学。

17—20日　按照省委第二巡回督导组要求，由漳州市委主题教育办牵头，督导组成员与市信访局相关负责人分别率队，分五组深入全市各县（区）开展信访接待下基层专项督查。

24日　片仔癀药业、圆山水仙花发展、农好康数字科技、儒兰生物科技、开漳印象食品、平和东湖农产品和金旺旺食品7家企业获全国首批55份地理标志产品品牌证明书。

26日　漳龙集团发行5亿美元境外蓝色债券，成为全国首家发行境外蓝色债券的非金融地方国有企业。

27日　漳州市华安县上榜第七批生态文明建设示范区。

31日至11月1日　省长赵龙到漳州市长泰区、平和县调研。

11月

1日　2022年度漳州市优秀企业家名单揭晓。46名为漳州市经济社会发展做出突出贡献的优秀企业家上榜。

1日　漳州市聘任85名营商环境监督员。监督员实行聘任制，每届任期5年，原则上不超过2届。

1日　海洋牧场“半潜式深水网箱”下海仪式在诏安县举行。漳州首批大型深水养殖网箱在诏安湾外6号海域下海布设。

1—3日　漳州市委主题教育办开展“沿着总书记的足迹——漳州‘四下基层’主题采访”活动。

2—7日　25家海外华文媒体代表参与“行走中国·第六届海外华文媒体漳州行”活动，到漳州市常山华侨经济开发区、诏安县、东山县、古雷开发区、漳州开发区等地，实地参访重点项目。

4日　第三届世界闽籍华侨华人社团联谊大会暨福建省海外联谊会第六届理事大会的海外参会代表到漳州开展经贸考察交流。

11日　漳州台商投资区闽台产业推介暨特色产品专展活动在北京福建大厦举办。

14日　“全国百城百媒看漳州”采访活动暨中国广播电影电视报刊协会第六届三次会员代表大会在漳州宾馆启动。

15日　漳州市十七届人大常委会举行第十八次会议。首次对市人大常委会任命的国家机关工作人员开展履职评议。

16日　“福建土楼活化利用”专题展览在巴黎建筑与遗产城博物馆展厅开幕。此次展览展出漳州7座活化利用试点土楼的成果模型，涉及的土楼分别为平和县的宾阳楼、寨河旧楼，南靖县的翠美楼、进士楼、诗德楼以及华安县的昇平楼、丰楼。

17日　漳州市艺术馆、东山县潮剧传承保护中心创排的节目

《家风》获第四届“华东六省一市现代地方小戏大赛”金奖。

18日　2023年豪瑞（Holcim）可持续建筑大奖赛颁奖典礼在意大利威尼斯举行。由漳州市文旅局牵头组织，著名青年设计师徐甜甜及其团队设计的参赛作品《福建土楼活化利用》获亚太地区唯一金奖。

21日　漳州市委常委会学习贯彻习近平新时代中国特色社会主义思想主题教育第三次读书班到东山县开展现场教学。

22日　中央第一生态环境保护督察组进驻福建，开展为期1个月的生态环境保护督察。

25日　全国首个“村气排”——2023年中国·长泰乡村气排球公开赛在长泰文体中心体育场开幕。全国15个省份、101支代表队的910名运动员展开230场比赛，赛事持续至27日。

25日　漳州市长泰区上榜第一批123个全国县域商业“领跑县”。

30日　2023年海峡两岸现代农业博览会·海峡两岸花卉博览会花卉展区在东南花都开展。

30日　漳州市首批3张林业数字碳票在海峡两岸林业产业招商大会暨项目签约仪式上发放。南靖县荆江发展有限公司、漳州向隆建材有限公司、兴业银行漳州分行等企业与相关县区达成116.65万元的林业碳汇交易。

12月

2日　漳州市委书记王进足、市长魏东带队到龙海区、漳浦县、诏安县，督导推进中央生态环境保护督察典型案例通报问题立行立改工作。

3日　省长赵龙到漳州现场督导典型案例通报问题整改工作。

4日　“践悟新思想 踔厉新征程”“‘福小宣’在漳州”优秀宣讲作品基层巡回宣讲活动启动，并在龙文区举行首场宣讲。

6日　漳州市商务局选送申报的农村直播电商个人典型案例《杨滨平：热爱推介漳州农特产品的“助农领头杨”》入选2023农村直播电商案例优秀成果。

8日　漳州市海水养殖碳汇核算成果上线仪式在福州举行。漳龙集团权属企业漳龙碳资产经营有限公司与海峡资源环境交易中心签订海水养殖碳汇产品上线合同。

9日　第八届漳州市三角梅展在中山公园、漳州古城开展，共展出100余种新优品种三角梅、逾3.5万盆花卉。

11日　漳州市第五次全国经济普查工作推进会召开。

12日　芗剧现代戏《烽火侨魂》在漳州人民剧场上演。

15日　北京协和医院帮扶指导漳州市医院签约仪式在芗江酒店举行。

15日　漳州市政府与市检察院建立府检联动机制，并举行第一次联席会议。

16日　福建省漳州体育训练基地成立50周年暨弘扬女排精神座谈会在漳州宾馆举行。

16日　公立医院改革与高质量发展大会暨福建省漳州市医院建院135周年学术交流会在漳州市医院总部院区开幕。

16—17日　第二届月港海丝文化学术研讨会暨2023年度福建省闽南文化研究会年会在龙海区举行，来自海峡两岸的200余名专家学者参加。

17日　龙海区月港海丝馆新馆开馆。

20日　漳州虎伯寮国家级自然保护区、漳江口红树林国家级自然保护区、龙海九龙江口红树林省级自然保护区入选全国首批789处陆生野生动物重要栖息地名录。

29日　中国共产党漳州市第十二届委员会第六次全体会议在漳州宾馆召开。全会听取和讨论王进足受市委常委会委托作的工作报告。

30日　三宝集团1780毫米热轧特殊钢卷板项目竣工投产仪式举行。该项目总投资43亿元，是福建省第一条配置短流程全连轧宽幅热轧特殊钢生产线。

（江细珍）

责任编辑：蔡婉玲

市情概貌

·自然环境·

【位置】　漳州市地处福建省东南部，位于台湾海峡西岸。陆域南北长187千米，东西宽127千米，位于北纬23°33′至25°12′、东经116°54′至118°15′。东邻厦门市、东北与厦门市同安区、泉州市安溪县接壤，北与龙岩市漳平、新罗、永定等市（区）毗邻，西与广东省梅州市大埔县、潮州市饶平县交界，为闽、粤、赣的交通要冲，是福建省南部地区重要城市。

【面积】　漳州市行政辖区全部陆域和海域面积2万平方千米，其中陆地面积1.29万平方千米，海域面积0.71万平方千米（漳州市国土空间规划范围）。

【地质地貌】　漳州市位于西太平洋边缘构造带，戴云山西南坡和博平岭南坡。境内中生代地层发育，母岩种类较多，主要有花岗岩、流纹岩、玄武岩、凝灰岩、砂岩、石灰岩、石英岩等，其中以花岗岩、流纹岩分布最广。境内受燕山运动和晚期新华夏分构造以及新构造运动的影响，产生大量断裂层，构成复杂多样的地貌组合。主要地貌类型分为中山、低山、丘陵、平原4种，以中山为主，中部为低山丘陵，其间多河谷盆地。最高峰大芹山主峰海拔1545米。九龙江为境内第一大河、福建第二大河。九龙江下游孕育福建最大的冲积平原——漳州平原。

（方　欣）

【气候】　2023年，漳州市总体呈气温高雨水少，气象干旱阶段性发展，极端天气频发，气象灾害总体较重，年景较差。年平均气温22.4℃，比常年偏高0.6℃。年平均日照时数1876.5小时，比常年偏少9.6小时，呈冬春季正常到偏多、夏秋季正常到偏少的分布特征。10月日照时数较常年同期偏少59.3小时，为全年偏少最多的月份。龙海区夏季日照时数为历史同期最少。

【主要气象灾害】　2023年，漳州市主要灾害性天气有高温、暴雨、台风等。

高　温　2023年，漳州市受副热带高压影响，7月5—16日，出现持续性高温天气，全市各县区超过35℃高温日数为1~12天，其中，芗城区、龙海区、长泰区和南靖县高温日数达12天，漳浦县、华安县同期高温日数历史排名第二，其余县区均排名第一。极端最高气温出现在7月14日，10个国家气象观测站观测最高温度全部超过35.0℃，其中9个国家气象观测站观测最高温度超过37.0℃，以平和县国家气象观测站观测39.5℃为最高。

暴　雨　2023年，漳州市极端降雨频繁。8月19—20日全市出现以短时强降水为主的强对流天气过程。受台风“苏拉”影响，9月1日，漳州市大部分县区出现大雨到暴雨，中部县区大暴雨，局部特大暴雨。强降水落区主要位于平和、南靖、漳浦和龙海。最大小时雨量为龙海区隆教畲族乡63.6毫米。受台风“海葵”影响，9月4—7日，漳州市出现大暴雨，部分县区特大暴雨，以龙海区港尾镇的436毫米为最大。

台 风 2023年，漳州市受台风影响时间偏晚，影响个数为4个（其中登陆台风1个），影响台风个数正常，影响程度偏重。分别是2305号台风“杜苏芮”（超强台风级）、2309号台风“苏拉”（超强台风级）、2311号台风“海葵”（超强台风级，登陆台风）、2314号台风“小犬”（超强台风级）。

强对流 2023年，漳州市经历7次强对流天气。首场强对流天气发生在3月23日，接近常年。3月连续三天出现3次冰雹天气，历史少见，其中3月23日全市5个县（区）出现冰雹。

【水文】 2023年，漳州市平均年降水量1427.7毫米，比常年偏少171.1毫米。秋季降水偏多，冬季降水偏少。全市最大降水量的县份为云霄县，降水量为1746.9毫米；最小降水量的县份为漳浦县，降水量为1292.3毫米。

（陈锦鹏）

表 1　　2023 年漳州市行政分区年降水量表

分区类别	芗城区	龙文区	龙海区	长泰区	漳浦县	云霄县	东山县	诏安县	平和县
年降水量（毫米）	1341	1344	1565	1611	1465	1427	1049	1497	1515
折合水量（亿立方米）	3.49	1.67	14.91	14.50	29.18	13.39	2.72	19.07	35.07
与上年比较（%）	–8.7	–4.9	20.5	1.7	0.1	–14.9	–8.8	–19.0	–10.8
与多年平均比较（%）	–14.3	–9.0	4.7	–2.6	2.1	–13.3	–15.1	–6.3	–16.5

分区类别	南靖县	华安县	台商投资区	漳州开发区	常山开发区	古雷开发区	漳州高新区	全市
年降水量（毫米）	1647	1678	1531	1603	1685	1048	1448	1526.2
折合水量（亿立方米）	30.43	21.42	2.49	0.90	1.94	1.36	3.55	196.07
与上年比较（%）	–6.3	–5.5	25.4	27.4	–6.8	–23.0	3.1	–5.8
与多年平均比较（%）	–8.5	–2.0	8.9	15.1	2.6	–24.7	–11.1	–6.8

·资源·

【土地资源】 截至2023年年底，漳州市耕地面积7.50万公顷，林地面积65.81万公顷，园地面积29.14万公顷，草地面积0.82万公顷，湿地面积2.29万公顷，城镇村及工矿用地面积10.47万公顷，交通运输用地面积1.93万公顷，水工建筑用地面积0.19万公顷，水域用地面积7.28万公顷，其他用地面积3.49万公顷。

（方　欣）

【矿产资源】 截至2023年年底，漳州市探明资源储量的矿产39种，包括能源矿产1种，金属矿产13种，非金属矿产24种，水气矿产1种。全市持证矿山53个，其中地热12个，矿泉水2个，建筑用石料21个（包括机制砂12个），饰面用花岗岩5个，铜矿1个，天然石英砂3个，水泥标准砂1个，华安玉2个，脉石英1个，叶腊石2个，高岭土3个。

（吴承钢）

【生物资源】 **动物资源** 漳州市境内野生动物主要有兽类、鸟类、水生动物类和其他野生动物。其中，兽类主要有哺乳纲的猫科、灵猫科、猪科、牛科、鹿科、鲮鲤科等14科27种。鸟类主要有鸟纲的鸭科、秧鸡科、雉科、夜鹰科等。鱼类主要有软骨鱼纲鱼类的虎鲨科、须鲨科、鲸鲨科、真鲨科、双髻鲨科、扁鲨科等6科22种。

植物资源 漳州市除盛产大米、花生、烟叶、茶叶、水果、蔬菜、花卉、药材和其他特产，其中水果有枇杷、杨梅、荔枝、龙眼等47种330多个品种；蔬菜有35种108个品种；花卉有水仙、红梅、腊梅、山茶等1200多个品种；药材有金线莲、金银花、天门冬等200多个品种；其他草本、木本、藤本植物有1000多个品种。

【森林资源】 2023年，漳州市森林覆盖率45.18%、森林蓄积量5322.85万立方米，是全省最大花卉苗木生产基地、全省最大短周期工业原料林基地。

（胡　为）

【海洋资源】 漳州市海岸线长715千米，海域面积1.86万平方千米，有143个岛屿。海湾主要有隆教湾、白塘湾、湖前湾、后蔡湾、前湖湾、将军湾、大澳湾、浮头湾、东山湾、诏安湾、苏尖湾（乌礁湾）、宫前湾等。港湾主要有佛昙港（包括鸿儒港、前亭港）、旧镇港（港口外为浮头湾）、前港（马銮湾）、后港、宫口港（宫口湾）等。漳州有海水鱼类687、虾类60种、头足类26种、贝类180种、水藻类200多种。

（沈　悦）

表2　　2023年漳州市行政分区水资源总量表

单位：亿立方米

分区类别	芗城区	龙文区	龙海区	长泰区	漳浦县	云霄县	东山县	诏安县	平和县
地表水资源量	1.60	0.77	6.41	7.25	13.13	6.56	1.00	8.20	16.13
地下水资源量	0.48	0.23	1.94	1.94	3.81	1.71	0.29	2.21	4.96
地下水与地表水不重复量	0.10	0.09	0.07	0.00	0.08	0.06	0.04	0.03	0.00
水资源总量	1.70	0.86	6.48	7.25	13.21	6.62	1.04	8.23	16.13

续表 2

分区类别	南靖县	华安县	台商投资区	漳州开发区	常山开发区	古雷开发区	漳州高新区	全市
地表水资源量	16.74	11.14	1.07	0.39	0.95	0.57	1.74	93.65
地下水资源量	4.70	3.59	0.33	0.11	0.26	0.17	0.45	27.18
地下水与地表水不重复量	0.00	0.00	0.03	0.01	0.01	0.02	0.03	0.56
水资源总量	16.74	11.14	1.10	0.40	0.96	0.59	1.77	94.21

·建置沿革·

【秦至南朝时期建置】 漳州地域仅以东山县和芗城区发现的人类化石为据，约20万年前已有人类在这里活动。秦始皇二十五年（公元前222年），漳州境域纳入秦中央版图。

秦亡，汉完成统一大业后，漳州境域大体上以梁山山脉为界，北属闽越国，南属南海国。南海国亡后划归南越国。汉又灭南越国，漳州境域南属南海郡揭阳县。始元二年（前85年），在闽越地置冶县，梁山山脉以北属冶县，隶属会稽郡。至此，漳州境域属“封邦建国”制政权的局面才宣告结束。

晋义熙九年（413年），梁山以南析东官郡地立义安郡，辖5县。漳州境域梁山以北属晋安郡晋安县，以南属义安郡绥安县。

南朝梁武帝时（6世纪前半期），析晋安郡地置南安郡，同时在九龙江冲积平原及北溪下游地区置龙溪县，在西溪流域置兰水县。

【隋唐时期建置】 隋统一中国后，兰水、绥安于开皇十二年（592年）并入龙溪。至此，漳州境域才结束分属两郡的局面。唐垂拱二年（686年）建置漳州，辖漳浦、怀恩2县。州治设漳浦漳江之滨中营屯所（今云霄县西林村境），后迁李澳川（今漳浦县城），属岭南道。唐开元二十九年（741年），怀恩并入漳浦县，析泉州龙溪县来属，时为漳州建州后首次扩大辖地。唐大历十二年（777年），析汀州龙岩县来属，为建州后第二次扩大辖地。唐贞元二年（786年）州治迁龙溪（今漳州城区）。

【宋元时期建置】 宋太平兴国三年（978年），漳州被纳入宋王朝的政治版图。宋太平兴国五年（980年），划泉州长泰县入漳州，时漳州属福建路，下辖龙溪、漳浦、龙岩、长泰4县。元至治二年（1322年），从龙溪、漳浦、龙岩3县析地置南胜县。元至正十六年（1356年），南胜县改称南靖县。元末，漳州辖龙溪、漳浦、长泰、龙岩和南靖5县。

【明清时期建置】 明代漳州增设漳平、平和、诏安、海澄、宁洋5县，辖龙溪、漳浦、龙岩、长泰、南靖、漳平、平和、诏安、海澄、宁洋10县。清雍正十二年（1734年），升龙岩县为直隶州，析漳平、宁洋归之。乾隆八年（1743年），裁龙溪柳营司，设石码厅。嘉庆三年（1798年）立云霄为厅。

【民国时期建置】 1912年，漳州府属福建西路。翌年3月，改云霄厅为云霄县。1916年，立东山县。1928年，置华安县。1934年7月，福建实行督察专员制，全省划为10个行政督察区，漳属除华安外9县属第六行政督察区；华安县划入第七行政督察区。1935年10月，全省改为7个行政督察区，漳属除华安外均属第五行政督察区，华安县属第六行政督察区。1938年1月，第五行政督察专员公署由漳浦移驻龙溪。1946年，全省划分为9个行政督察区，第五行政督察区辖龙溪、漳浦、诏安、海澄、云霄、长泰、东山7县，南靖、平和2县划属第六行政督察区。1947年，全省行政督察区及辖县重新调整，第五行政督察区辖龙溪、漳浦、长泰、南靖、平和、诏安、海澄、云霄、东山、华安10县，专员公署驻龙溪。

【中华人民共和国成立后建置】

1949年10月1日，中华人民共和国成立后，原第五行政督察区改为第六行政督察区，设第六行政督察专员公署。1950年3月，改第六行政督察区为漳州行政督察区（简称漳州专区）。1950年9月，改称龙溪区，漳州专区、龙溪区均辖10个县。1951年，析龙溪县城关一区、二区置漳州市（县级）。1955年3月，改龙溪区为龙溪专区，成立龙溪专员公署。1960年8月，龙溪、海澄两县合并为龙海县。1985年5月，撤销地区建制，漳州市升为地级市，辖龙海、漳浦、云霄、东山、诏安、南靖、平和、长泰、华安9个县和芗城区（原漳州市）。1993年5月，撤销龙海县，设市辖龙海市（县级）。1996年5月，设市辖龙文区。2021年1月，国务院批复同意龙海、长泰撤市（县）设区，至此，漳州市辖有四区七县，分别为芗城区、龙文区、龙海区、长泰区和漳浦县、云霄县、东山县、诏安县、平和县、南靖县、华安县。

（漳州市委史志研究室）

·区划 人口·

【行政区划】 2023年，漳州市无县级行政区划、乡镇级行政区划调整。截至2023年年底，全市有123个乡镇（街道），2092个村（居）。

【地名管理】 2023年，漳州市民政局审核并报市政府批准，命名市辖区道路18条，更名道路1条。年内，宣传贯彻《地名备案公告管理办法（试行）》，施行地名命名备案公告，建立漳州市地名工作专家库，开展“乡村著名行动”，审核上报地名信息735条。

（陈小燕）

【人口】 截至2023年年底，漳州市常住人口506.3万人，比上年末减少0.5万人，其中，城镇常住人口325.0万人，城镇化率64.2%。全年出生人口3.6万人，出生率7.11‰；自然增长率–0.59‰。年末户籍人口数524.86万人，比上年末减少2.35万人。

（漳州市统计局）

·人文历史·

【历史名人】 唐总章二年（669年）陈政奉命率军入闽戍边，陈元光随援入闽，平定“獠乱”。垂拱二年（686年），建置漳州，陈元光为首任刺史。建州后，漳州人才俊杰始见记载，并逐代增加，尤其是宋代朱熹知漳、明代王阳明巡抚汀漳，对漳州的文化历史产生深远影响。自唐元和十一年（816年）龙溪县周匡物第一位进士及第开始，至清代，漳州进士及第977人，其中状元1人，为长泰林震；一榜考中进士9名以上的共有15榜。有漳浦蔡世远、蔡新“叔侄两帝师”，长泰戴氏“一门九进士”，明代漳州籍兵部尚书戴燿、工部尚书朱天球、礼部尚书林士章、户部左侍郎卢维祯、户部右侍郎石应岳同朝为官，被誉为“五星聚奎”。

漳州有非凡贡献的名人诸多。唐代有著名高僧义中被唐宣宗敕封为“广济大师”。宋代有吴夲医术高明，医德高

表 3　2023 年漳州市行政区划一览表

县（区）	乡、村单位数（个）						乡级行政单位名称	
	乡、镇、街道	镇人民政府	街道办事处	乡人民政府	社区、居委会、村：社区、居委会	社区、居委会、村：村民委员会	镇人民政府及街道办事处	乡人民政府
总计	123	85	15	23	536	1556	—	—
芗城区	10	2	8	0	143	28	天宝镇、浦南镇、东铺头街道、西桥街道、新桥街道、巷口街道、南坑街道、通北街道、芝山街道、石亭街道	—
龙文区	7	1	6	0	72	12	郭坑镇、步文街道、碧湖街道、蓝田街道、朝阳街道、景山街道、东岳街道	—
龙海区	14	11	1	2	32	165	海澄镇、角美镇、白水镇、浮宫镇、程溪镇、港尾镇、九湖镇、颜厝镇、榜山镇、紫泥镇、东园镇、石码街道	东泗乡、隆教畲族乡
长泰区	5	4	0	1	30	58	武安镇、岩溪镇、陈巷镇、枋洋镇	坂里乡
漳浦县	21	17	0	4	52	216	绥安镇、旧镇镇、佛昙镇、赤湖镇、杜浔镇、霞美镇、官浔镇、石榴镇、盘陀镇、长桥镇、前亭镇、马坪镇、深土镇、六鳌镇、沙西镇、古雷镇、大南坂镇	南浦乡、赤土乡、赤岭畲族乡、湖西畲族乡
云霄县	9	6	0	3	40	158	云陵镇、陈岱镇、东厦镇、莆美镇、列屿镇、火田镇	下河乡、马铺乡、和平乡
诏安县	15	10	0	5	36	217	南诏镇、四都镇、梅岭镇、桥东镇、深桥镇、太平镇、霞葛镇、官陂镇、西潭镇、秀篆镇	金星乡、白洋乡、建设乡、红星乡、梅洲乡
东山县	7	7	0	0	25	61	西埔镇、樟塘镇、康美镇、杏陈镇、陈城镇、前楼镇、铜陵镇	—
平和县	15	10	0	5	22	240	小溪镇、文峰镇、山格镇、南胜镇、坂仔镇、安厚镇、大溪镇、霞寨镇、芦溪镇、九峰镇	五寨乡、国强乡、崎岭乡、长乐乡、秀峰乡
南靖县	11	11	0	0	20	165	山城镇、靖城镇、龙山镇、和溪镇、奎洋镇、南坑镇、船场镇、丰田镇、书洋镇、梅林镇	—
华安县	9	6	0	3	12	91	华丰镇、丰山镇、沙建镇、新圩镇、仙都镇、高安镇	湖林乡、高车乡、马坑乡

续表 3

县（区）	乡、村单位数（个）						乡级行政单位名称	
	乡、镇、街道				社区、居委会、村		镇人民政府及街道办事处	乡人民政府
		镇人民政府	街道办事处	乡人民政府	社区、居委会	村民委员会		
漳州开发区	—	—	—	—	6	0	—	—
常山开发区	—	—	—	—	2	4	—	—
古雷开发区	—	—	—	—	20	49	—	—
漳州台商投资区	—	—	—	—	18	31	—	—
漳州高新区	—	—	—	—	6	61	—	—

尚，著有《吴夲本草》一书，被朝廷追封为大道真人、保生大帝；有伏阙上书、力主抗战的高登；有奏罢苛捐杂税的颜师鲁、颜颐仲；有著名理学家龙溪人陈淳，所著《北溪字义》《北溪大全集》是阐释程朱理学的重要著作。

明代科举登第者空前，其中明隆庆四年（1570年）最多，一榜有16人为漳州籍。有出使敌国、不辱使命的林弼、潘荣，有被誉为“海上方志”《东西洋考》的作者张燮。诏安县吴朴所著《渡海方程》于明嘉靖十六年（1537年）行世，比欧洲第一本印刷水路簿《意大利口岸簿》仅迟7年。“一代完人”黄道周，奋勇抗清，视死如归，一生著述100多种，在邺山书院讲学时“四方学者环江门而来听者千艘”。

清代涌现收台、治台能吏猛将，有献计收台的黄梧，有参与统一台湾、剖腹血战到底的蓝理，治理台湾的蓝廷珍、蓝鼎元。数学家、水利专家庄亨阳所著《庄氏算学》，融合中西数学知识，成为当时从事水利工程建设的实用手册。清嘉庆年间，沈锦洲、谢颖苏等9名画家以不同的风格，形成诏安画派。

近代以来，有最早投身漳州革命活动的朱积垒、王占春、李金发等革命先烈，有在抗战前线英勇捐躯的李林、苏精诚、高捷成等民族英雄，有在革命战火中成长为龙江骄子的彭冲、苏静、王德、李兆炳等开国功勋，有被习近平总书记称赞为“县委书记的好榜样”、入选“100位新中国成立以来感动中国人物”谷文昌，有带领中国女排夺得2003年世界杯冠军、2004年雅典奥运会金牌的陈忠和等，有奋斗在一线、建设新漳州，为祖国经济建设和社会发展作贡献的时代英模等。与此同时，还有大作家林语堂、散文家许地山、诗人杨骚、天文学家戴文赛、中国速记法创始人蔡锡勇等名人。

【历史文化名镇名村】 漳州市是国家历史文化名城。截至2023年年底，全市有中国历史文化名镇2个，即平和县九峰镇、南靖县梅林镇；中国历史文化名村6个，即龙海区的东园镇埭尾村，平和县的霞寨镇钟腾村，南靖县的书洋镇田螺坑村、塔下村、石桥村、河坑村。省级历史文化名镇2个，省级历史文化名村16个。

【漳州三宝】 水仙花、片仔癀、八宝印泥被誉为“漳州三宝”。

水仙花 别名雅蒜，又名冰仙、凌波仙子、雪中花、姚女花、金盏银台、玉玲珑、宜春水仙花等，为蒜科水仙属，宿根草本植物。在中国栽培有1000多年的历史。唐、宋时期漳州名人已有吟咏水仙花的诗句，亦有盆养水仙花习惯。据水仙花主要产地漳州高新区九湖镇蔡坂村《张氏族谱》记载，明景泰年间（1450—1457年），该村在外任官的张光惠从外地携带水仙花回乡种植，后繁衍培植。水仙花鳞茎肥大，花繁箭多，香味浓郁，靠一盆清水或一盆土便能正常生长开花。经过精雕细刻的艺术加工，即可塑造各种形态逼真的水仙盆景，被称为“花中珍品”“凌波仙子”。1984年10月26日，漳州市第八届人民代表大会常务委员会第二十四次会议通过将水仙花定为漳州市花。1986年，水仙花被评为全国传统十大名花之一。

片仔癀 原名八宝丹，有400多年的制作历史。明嘉靖年间（1522—1566年），一位御医隐退，辗转到漳州东门外璞山岩寺出家为僧，将随带的宫廷秘方炼制成中成药，名为八宝丹，专治跌打损伤，消炎止痛，疗效独特，口服、外敷均可。该药初为寺僧练武受伤时自用，兼为附近民众治伤，渐在社会上享誉。该药处方与制法，由寺僧代代内传（秘不外传），成为璞山岩寺的传家宝。至清末，传至寺僧修文手中，开始在市面出售。后修文徒弟延侯和尚还俗，娶馨苑茶庄李珠为妻，在茶庄兼制八宝丹出售。该丹初为丸状，一般炎症只用一小片即能消肿，民间遂称“片仔癀”（癀，漳州话是指病灶发炎而红、肿、痛等症状）。中华人民共和国成立后，片仔癀归漳州制药厂生产。1993年，以漳州市制药厂为核心企业成立漳州片仔癀集团公司。1999年12月，以漳州片仔癀集团公司为主要发起人，联合其他法人单位共同发起设立漳州片仔癀药业股份有限公司，负责生产片仔癀。片仔癀炮制时，用料上乘，选材严格，工艺独特；在古老的工艺基础上应用现代科学技术，现今制出的片仔癀，对清热解毒、消炎止痛有奇效，对于烟酒过度、肝火上升引起的各种不适以及急慢性肝炎更有独特疗效。1984年，片仔癀获国家金质奖。1990年前后，片仔癀在国际上被誉为“安家至宝”“神州妙药”“中国特效抗菌素”。

八宝印泥 有300多年的历史，冬不凝固，夏不吐油，用于印章，有“文房五宝之誉”，是中国第二批中华老字号。相传，清康熙十二年（1673年），漳州源丰药材行的老板魏长安用珍珠、玛瑙、麝香、琥珀、珊瑚、猴枣、冰片和艾绒等八样珍稀材料，调以蓖麻油、磦银朱，研制成医治刀伤、烫伤、疯狗咬伤的药品——八宝药膏。由于其制作成本昂贵，问津者少，一直鲜为世人知晓。之后，魏氏将八宝药膏作为印泥钤盖在自己制作的书画上，发现光彩艳丽，令人耳目一新。遂继续研制改进，将八宝药膏转产为八宝印泥。清乾隆十一年（1746年），汀漳龙道尹侯嗣达特地为八宝印泥取号“丽华斋”，并作为贡品送入清廷内宫。从此，八宝印泥声誉大振，其产品等级一直沿用皇家惯例，分为特级贡品、一级贡品、贡品、极品、珍品和上品六大品系。清末，龙溪知县曹木章曾出示告示，禁止假冒魏氏丽华斋八宝印泥。清光绪三十年（1904年）六月，清廷颁布《商标注册试办章程》，魏氏丽华斋八宝印泥注册“钜鹿牌”。此后，漳州仿效魏氏继续生产八宝印泥的有数十家。1935年，漳州成立印泥同业公会，由丽华斋经理王钦明任主席委员，漳州八宝印泥行业一时鼎盛。1956年，分散的小作坊生产组织在漳州文教日用品厂内设立专业车间，生产独具特色的漳州八宝印泥。1982年，福建省人民政府拨专款兴建八宝印泥大楼，使文教日用品厂的生产逐步转向以生产八宝印泥为主的专业厂。2019年11月，国家级非物质文化遗产代表性项目保护单位名单公布，漳州市八宝印泥厂获漳州八宝印泥项目保护单位资格。

【华人华侨】 漳州是福建重点侨乡。截至2023年年底，漳州市有海外侨胞110多万人，分布在世界近70个国家和地区，其中亚洲占90%以上。归侨侨眷约30万人。越来越多的侨胞利用自身资源和平台优势协助和参与引进外资、人才、项目、技术等。

【台胞】 漳州是台胞主要祖籍地。截至2023年年底，台湾2300多万人口中，祖籍漳州的台胞占比超过40%。连战、江丙坤、林丰正、萧万长等台湾地区政要祖籍地都在漳州。台湾冠漳籍地名的有216个、254处，如漳州寮、云霄厝等。漳州现保存1000多册的台胞祖谱、306处涉台文物（数量位居福建省首位）、千余座台胞祖祠和大量的台胞祖居祖墓。

（陈婉儿 赵文秀）

·民族 宗教·

【民族】 漳州市是一个多民族散居城市，人口中汉族占绝大多数，另有46个少数民族，分布在11个县（区）、5个开发区（投资区）。全市有民族乡3个、民族村33个、农场作业区3个，民族村以外的民族自然村有22个。截至2023年年底，全市少数民族人口7.72万人，占全市总人口的1.46%。其中，畲族为漳州世居少数民族，常住人口6.67万人。

【宗教】 漳州市主要有佛教、道教、天主教、基督教四大宗教。2023年，全市依法登记管理的宗教活动场所494处，信教群众44.2万人。

（李燕华 洪婉琳）

·经济和社会发展·

【概况】 2023年，漳州市地区生产总值5728.43亿元，比上年增长5.9%。全年人均地区生产总值11.31万元，比上年增长6.0%。固定资产投资比上年增长8.1%。社会消费品零售总额2080.09亿元，比上年增长9.2%。实际使用外资（商务部口径）4.06亿美元，比上年增长2.4%。全年一般公共预算总收入407.8亿元，比上年增长19.6%。其中，地方一般公共预算收入279.3亿元，比上年增长11.5%。地方一般公共预算支出521.77亿元，比上年增长4.0%。全年财政用于民生支出416.85亿元，比上年增长5.7%，占公共财政支出比重为79.9%。居民人均可支配收入3.87万元，比上年增长6.1%。居民人均消费支出2.62万元，比上年增长6.7%。居民恩格尔系数为34.9%。

【三次产业】 2023年，漳州市三次产业之间的比例由上年的10.5∶47.6∶41.9调整为10.5∶47.0∶42.5。漳州市农林牧渔业总产值1117.88亿元，比上年增长5.5%。全部工业增加值比上年增长4.0%，规模以上工业增加值比上年增长5.6%。批发和零售业增加值523.42亿元，比上年增长11.3%。规模以上服务业企业营业收入比上年增长13.8%。

【社会保障】 截至2023年年底，漳州市参加职工基本养老保险人数165.56万人，比上年末增加14.88万人。参加失业保险人数60.1万人，比上年增加3.74万人。参加工伤保险人数93.65万人，比上年增加0.47万人。职工基本医疗参保人数85.09万人，比上年增加2.34万人。年末全市共有1.53万人享受城市最低生活保障，8.85万人享受农村最低生活保障。全年临时救助3.13万人次。年末全市养老机构床位数增至3.68万张。全年销售社会福利彩票4.39亿元。

【社会事业】 截至2023年年底，漳州市拥有省级企业重点实验室12个，省级企业工程技术研究中心25个，省级科技企业孵化器6个，产业技术公共服务平台1个。高新技术企业882家。有效专利4.70万件，比上年增长8.5%。新建、改扩建学校70所，新聘教师1913人。全市有公共图书馆12个，文化馆13个，博物馆14个。公共图书馆图书总藏量279.09万册。各级各类医疗卫生机构4056个，卫生机构床位3.05万张。年末有卫生技术人员3.50万人。举办赛事活动347项次参与总人数17万人次，获国内最高水平比赛奖牌12枚，其中，金牌4枚、银牌5枚、铜牌3枚。

（漳州市统计局）

·精神文明建设·

【概况】 截至2023年年底，漳州市有全国文明村镇21个、全国文明校园3所、全国文明单位30个、省级文明村镇115个、省级文明单位（社区、景区）236个，省级文明校园54所。

【道德典范评选】 2023年，漳州市申报、审核道德模范、身边好人等帮扶等级，确定各类文明典范25人。年内，获评第八届福建省道德模范1名，获评第八届漳州市道德模范11名。上榜“中国好人”3人/组，上榜“福建好人”8人/组。获评2023年感动福建十大人物1名，获2023年感动福建十大人物提名奖1名。

【文明城市创建】 2023年，漳州市委文明办召开创建全国文明城市工作部署会等会议。推动老旧小区、文明出行、文明养宠、公厕管理、公益广告维护5个方面作为创城重点被列入2023年市委决策督查。打造3批35类266个创城精品示范点，组织拍摄325个创城点位的宣传展示。全国文明城市成绩91.74分，在全国112个地级市中排第69名，比上年前进39名。

【文明村镇创建】 2023年，漳州市委文明办开展对组织各县（区）、开发区（投资区）248个市级文明村镇参评对象进行参评资格初审、复审以及届期总评材料申报的审核、实地测评、问卷调查工作。受福建省委文明办委托，组织开展对162个省级文明村镇参评对象材料申报进行审核。

【文明单位创建】 2023年，漳州市委文明办组织开展市级文明单位（非公组织单位、社区、风景旅游区）总评工作，并受福建省委文明办委托，组织省级文明单位（非公有制组织单位、社区、风景旅游区）总评材料审核工作，开展业务培训4次。“漳州110”事迹展览馆（忠诚馆）、漳州市长泰区新时代文明实践中心、漳浦县大南坂蔡新故居家风馆3个场馆被福建省委文明办确认为第二批“存正心、守正道、养正气”新风正气福建“名片”宣传教育示范点。

【文明校园创建】 2023年，漳州市委文明办做好第三届全国、省级、市级文明校园创建总评工作，完成203所市级文明校园材料审核、实地考察、问卷调查。开展省级以上文明校园风采宣传展示，组织漳州第一中学分校、漳州芗城中学等20所学校展示文明校园创建的经验和做法。

【乡风文明建设】 2023年，漳州市委文明办推选出移风易俗“好村（居）”“好带头人”“好事例”等移风易俗“三好”典型36个。开展移风易俗“三好”典型事迹分享交流会200余场次，参与5000余人次。开展“农村移风易俗主题宣传月”活动，编印《漳州市乡风文明宣传册》，依托新时代文明实践中心（所、站）开展移风易俗宣传教育活动2000多场次，受教育群众近3万人次。

【新时代文明实践工作】 2023年，漳州市委文明办开展文明实践示范点培育，对评估成绩靠前的55个示范中心（所、站）给予建设资金奖励140万元。确定市级首批45个提质培优文明实践单

2023 年 5 月 16 日，漳州市委文明办联合漳州开发区凌波社区开展新时代文明实践中心志愿服务进社区活动。图为活动中志愿者现场表演

（漳州开发区 供图）

位，指导6个省级提质培优文明实践单位开展“循迹再奋进”新时代文明实践提质培优工作，补助建设资金12万元。开展文明实践季度评估，对季度评估平均成绩排名前6名的县（区）和排名前3名的开发区（投资区）给予建设资金奖励，下拨奖励资金45万元。协调208家市直市级以上文明单位（含培育对象）与各县（区）新时代文明实践中心和实践所开展结对共建活动。指导省级试点华安县落实省级文明实践讲习班制度，补助建设资金3万元。开展市级讲习班试点工作，确定龙海区、长泰区、云霄县、东山县为首批新时代文明实践讲习班市级试点县（区）。

【未成年人思想道德建设】 2023年，漳州市委文明办开展“童心向党”系列教育活动等主题活动。组织“新时代好少年”推选宣传，入选漳州市“新时代好少年”19名，入选福建省“新时代好少年”2名。推进全市296家省级以上文明单位、文明校园与135所乡村学校少年宫结对共建。组织乡村学校少年宫年度考评，确定1所乡村学校少年宫市级示范站点和一批优秀乡村学校少年宫。指导漳州市校外未成年人心理健康辅导中心常态化开展心理辅导和咨询服务，为全市学生家长提供心理咨询服务600余人次，下县入校进社区举办心理健康教育活动、讲座35场，受益师生家长8600余人次。

【学雷锋志愿服务活动】 2023年，漳州市实名注册志愿者超87万名，注册登记志愿服务团体超7000个，开展志愿服务项目超11万个，服务时长超1600万小时，培育全国学雷锋志愿服务“4个100”（100个最美志愿者、100个最佳志愿服务组织、100个最佳志愿服务项目、100个最美志愿服务社区）5个、福建省学雷锋志愿服务“五个最美”（最美志愿者、最佳志愿服务组织、最佳志愿服务项目、最美志愿服务社区和最美志愿服务工作者）先进典型63个，认定福建省五星级志愿者40名、漳州市四星志愿者123名、漳州市三星志愿者132名，35个志愿服务项目获福建省志愿服务项目大赛奖项。

（陈婉儿 赵文秀）

责任编辑：江细珍

时代楷模“漳州110”

·综述·

【“漳州110”起源】 “漳州110”是漳州市公安局巡特警支队直属大队的简称。1985年5月1日，漳州市公安局安装第一部110盗警电话。1986年10月，漳州市公安局芗城分局治安巡逻中队成立（“漳州110”前身）。1990年8月1日，漳州市公安局将设置在芗城分局刑警中队的“110”盗警电话移到治安巡逻中队，改名“110报警台”，正式向社会开通，全天候接受群众的报警。12月，漳州市公安局为“110报警台”增设服务功能，在全国首创“110报警服务台”和快速反应机制，开启维护治安与服务群众并重先河。

【“漳州110”发展历程】 从1990年8月1日成立至2023年，“漳州110”从最初的7个人、3支枪、1辆三轮摩托车，发展为1个党总支、7个党支部、240多名警力。“漳州110”始终秉持初心使命，倾力践行为人民服务，成为全国公安机关金字招牌。1997年11月，国务院授予“漳州110”“人民的110”称号。2020年7月，经党中央批准，国务院批复，2021年起，将每年1月10日设立为“中国人民警察节”。2021年1月10日，“漳州110”被中共中央宣传部授予“时代楷模”称号。习近平总书记在福建工作期间，曾多次到“漳州110”视察指导，并称其为“人民的保护神”。

【“漳州110”先进事迹推广】 1996年8月，公安部在漳州召开全国公安机关城市“110报警服务台”建设工作现场会，全面总结推广“漳州110”先进经验，推动全国各地开通“110报警服务台”。2019年1月，公安部作出《关于新时代“漳州110”坚持“以人民为中心 做人民的保护神”先进事迹的通报》，号召在全国公安机关学习、宣传、总结、推广新时代“漳州110”的做法和经验。2023年7月，漳州市委印发《关于深化学习弘扬新时代“漳州110”先进事迹的通知》，号召全市党员干部以“漳州110”为榜样，引领推动“漳州110”服务理念向全社会各行各业延伸。9月，福建省公安厅在漳州召开全省公安机关传承弘扬新时代“漳州110”精神现场会，全面学习推广新时代“漳州110”精神及警务创新经验。

【新时代“漳州110”先进事迹“十个一”活动】 2023年，漳州市公安局联合市委宣传部制定《关于学习宣传新时代“漳州110”先进事迹的实施方案》，以“十个一”（开展一次学习活动、掀起一轮主题宣传、完善编制一本书、设计一版文创产品、打造一批宣传阵地、推出一个专题汇报片、制作一系列宣传片、搭建一个学术研究平台、开展一次研究成果展示、组织一轮事迹巡回展示）活动，激发各行各业比学赶超、昂扬奋进动力。

【“漳州110”警务队命名】 2023年，漳州市公安局融合“漳州110”在政治建设、为民服务、打击违法犯罪等方面“忠、亲、快、锐、智、勇、义、灵”8个特征，为8个勤务中队命名、授牌、启用旗帜，完善荣誉体系。

【“漳州110”先进事迹巡展“六进”活动】 2023年，漳州市委宣传部、漳州市公安局联合印发《关于开展全市学习弘扬新时代“漳州110”先进事迹巡展“六进”活动的通知》，在漳州古城启动首场漳州市学习弘扬新时代“漳州110”先进事迹巡展。巡展主要展示“漳州110”自建队以来，始终牢记习近平总书记“人民的保护神”的殷切嘱托，对党忠诚、服务人民、执法公正、纪律严明，不断改革发展警务机制及工作成果。

【“漳州110”理论研究】 2023年8月，漳州市公安局与厦门大学联合成立厦门大学新时代“漳州110”研究中心，打通理论研究与警务实践直联通道。成立学术委员会，制定外部研究课题11个、内部研究课题15个。邀请中国人民公安大学、福建警察学院及漳州地区高校等单位专家学者参与“漳州110”理论研究，形成理论研究成果138篇，编印《新时代“漳州110”研究论文选编》2册。撰写的《新时代“漳州110”与推进公安工作现代化的实践与思考》作为福建省唯一优秀论文代表，入选《2023年中国警学论文集》，并在中国警学论坛作交流发言。

【“三馆三园四中心”打造】 2023年，漳州市公安局打造“漳州110”品牌阵地，分别打造“漳州110”忠诚馆、原址馆、传承馆3个展馆，建设“漳州110”警民园、廉政园、丰碑园3个主题公园，成立“漳州110”主战中心、新时代“漳州110”研究中心、“漳州110”训练中心和“漳州110”干部培训中心4个中心。

（黄青平）

·机制改革·

【概况】 “漳州110”从成立以来至2023年，历经8次警务改革，实现风险防控、立体巡防、接警处警、办案办事全链条“再快一秒”。2023年，漳州市公安局在“四警四化”警务机制的基础上，进一步推动110警务改革，以融入“市县主战，派出所主防”公安改革新方向为牵引，创新探索“高水平预警预防、高效率快接快处、高质量办案办事、高标准严管严治”警务新模式。全年接处警5分钟到场率和非违法类警情现场调处率均保持在90%以上，群众满意率始终保持100%。通过漳州市公安局指挥情报中心、主战中心实时调度，现行违法犯罪嫌疑人员抓获率74.22%，追赃挽损率75.05%，挽回群众损失980多万元。

【警务机制改革】 2023年，漳州市公安局出台《关于学习弘扬新时代“漳州110”先进事迹 奋力推进漳州公安工作现代化意见》，在全省率先成立市县两级主战中心、主防中心，探索实行“主战四合”新机制。加强指挥情报中心、主战中心、主防中心融合协作，构建接、巡、处一体化的“漳州110”队伍。建立职能科学、事权清晰、指挥顺畅、运行高效的漳州现代警务体系，推动将“漳州110”经验融入公安工作和队伍建设全过程、各方面，引领带动事前、事中、事后全链条“再快一秒”。

【勤务模式改革】 2023年，漳州市公安局建立“漳州110”主战中心、主防中心，搭建智慧社区警务平台“漳州智安”终端，研发实战平台、智慧警务平台。探索建立“无人机+侦查打击”“无人机+安保维稳”等“无人机+”勤务模式，提升打击防范工作能力。依托指挥情报中心、主战中心、主防中心“三位一体”联合指挥体系，以大数据为支撑，打通现场处置与后台指挥视频链，围绕打击、防范、管理、服务等创新勤务模式，构建“一警一群”信息实时共享，实行派警同步分析研判、处警同步破案挽损，构建起信息在线共享、指挥集成统一、行动快速精确的“情指行”一体化作战体系。

【巡防机制改革】　2023年，漳州公安机关建设以“漳州110”为龙头的市级、以“县级110”为骨干的县级、以“派出所主防”为牵引的乡镇级、以“社区（乡村）110”为支撑的村级“四级”巡防体系，以及点、线、面结合的全域巡防模式。调整“漳州110”梯队网格，设置布警点、规划必巡线、加密巡查社会面，全面建设重点单位、重点部位最小应急单元，构建“全域110”。与曙光救援队、蓝天救援队联动，实现警情驱动、全时指挥、即时合成、联合作战。

【“智慧街面巡防”系统投入使用】　2023年，漳州市公安局“智慧街面巡防”系统投入使用，为社会巡逻力量配备5G定位对讲机。在紧急情况下，最小应急单元发起SOS求助，周边1千米范围内所有巡防力量会自动组成一个临时组群进行通信，确保1分钟自救的同时，做到3分钟互救、5分钟民警到场的要求。指挥中心、派出所综合指挥室可在图上调用其他巡防力量、监控资源、无人机等支援现场。

【主战中心成立】　2023年，漳州市公安局成立市县两级主战中心，构建“1+2+N”主战体系，建立职能整合、深度耦合、手段配合、上下联合的新机制，将主战中心打造成主导侦查、支撑破案、反哺防控的智能中枢。主战中心成立后，与“漳州110”路面梯队建立点对点快速反应协调作战机制，实现现案侦破“再快一秒”。截至2023年年底，“漳州110”共通过主战中心指令抓获各类违法嫌疑人1300多人，现行抓获率99.9%。

【“漳州110”队伍体系改革】

2023年11月8日，漳州市公安局举行“漳州110”体系调整暨八中队命名仪式，将市公安局指挥情报中心指挥调度大队纳入“漳州110”队伍体系，编为“漳州110”八中队。活动举行“漳州110”八中队揭牌仪式，为“漳州110”八中队队员代表授红袖标。改革后，将接、巡、处队伍一体纳入“漳州110”队伍管理体系，在业务上成为连接指挥情报中心、主战中心、主防中心、警种部门、派出所和“漳州110”的纽带。

（黄青平）

·为民服务·

【概况】　2023年，“漳州110”聚焦防范化解重大风险和人民群众急难愁盼问题，实施预防警务、主动预警，坚持网格化、全天候巡防接处警模式，构建巡防机制。在市区主城区保持16个梯队32名警力在街面巡逻接处警，县城区由巡特警反恐大队承担全天候接处警和巡逻防控任务。

【违法犯罪预防】　2023年，“漳州110”建立“两抢一盗”预警与110勤务联动响应机制，每日会商研判辖区警情、社情、舆情，研判、分析违法犯罪热点可能发生的地区、时间段，调整警力部署，预防违法犯罪行为，把可能影响群众安全的隐患消除在事发之前。

【护学岗勤务】　2023年，“漳州110”到市区芗城第二实验小学等24个校园开展护学。全年出动警力1.9万多人次开展护学岗勤务，出警14.4多万分钟。

【“社区（乡村）110”】　2023年，“社区（乡村）110”按照常态、动态、应急三种勤务模式，负责乡村（社区）常规巡防。探索建立民警直管重要村居和机关单位、学校医院、商超集市常驻保安力量参与的末端巡防、应急支援“防控支点”，应对各类紧急突发事件。

【“民生110”】 2023年，漳州市整合除“110、120、119”等紧急求助电话之外的政务专线，实行“12345”一号受理。拓展“12345”服务平台覆盖职能部门，扩大到60个，受理范围更宽广。全面开通网站、邮件、传真、短信等线上线下受理渠道，接受群众咨询、投诉、建议、求助等。

【“民间110”】 2023年，漳州继续在“芗里芗亲”APP设置“我要巡逻”“我来协作”“群防任务”“社会求助”“违法举报”“隐患排查”“车辆违章随手拍”“APP自助挪车”“自助开锁”“轻微交通事故快处”“线索征集”“招聘信息”等十个志愿者服务和便民服务项目。综治单位、村（居）委会和民警通过APP，随时发布“社会求助”“群防任务”等任务，志愿者自主选择感兴趣或者符合自身特长的服务任务，“抢单”接受并完成任务。截至2023年年底，“芗里芗亲”APP注册志愿者30多万名，建立平安志愿者队伍7900多支，出动1400多万人次。

【“反诈110”】 2023年，漳州市成立反诈骗中心，以报警快、分析快、查询快、止付快、封堵快、抓捕快“六快”为目标，整合公安、银行、电信资源，研发建设漳州市反诈骗指挥信息系统，实现工作指令以电子网格化形式推送，建立涉案账户“双轮止付”和涉案号码“双向封停”机制，实现精准预警防范、精准高效打击、快速止付资金，取得打击电信诈骗犯罪“两升两降”（破案数、查处违法犯罪人员数上升，立案数、群众损失数下降）成效。

【“交通110”】 2023年，“交通110”（交警特勤机动队）共完成等级警卫6次，大型活动安保120次，派出警力1273人次参加“芗城区郊区交通整治行动”等7个专项整治行动，参战防汛抗台4场次，处置轻微交通事故625起，查处提醒违法停车3.39万起，安排护学警力1000多人次，指挥交通车流量4万多辆，护送师生及家长安全过马路人流量30多万人次。

（黄青平）

2023年12月6日，“漳州110”在芗城第二实验小学建元校区开展护学行动。图为“漳州110”民警护送小学生安全离校

（王雅萍 摄）

·队伍建设·

【概况】 2023年，漳州市公安局在全市公安机关实施“化风工程”（深化全市公安队伍纪律作风建设，解决队伍在遵规守纪、工作作风、执法办案、规范管理等方面存在的突出问题，预防减少违纪违法问题发生，推动化风

成俗），以“一月一主题”（宣传发动月、政治纪律月、内务条令月、廉洁自律月、六项规定月、保密工作月、枪支安全月、回头对照月、建章立制月、总结提高月）逐月开展执行“六项规定”（《公安部关于严禁违规宴请饮酒的规定》）、保密安全、遵守内务条令等专项教育整顿，健全完善钉钉视频督察检查、驻点督导等工作机制。坚持把纪律和规矩挺在前面，对队伍违法违纪线索“零容忍”快核快处，做到队伍问题早发现、早干预，预防队伍违纪违法行为，队伍隐患从排查到治理形成工作闭环。从“漳州110”成立至2023年年底，50批次584位民警无违纪违法行为，114人次立功受奖。

【从严治警】 2023年，漳州市公安局组织“漳州110”新入队民警到驻军某部开展封闭式集训，培养过硬素质，扣好从警第一粒扣子。发挥考评正向激励作用，每月定期召开集体整训会，总结分析问题，部署明确方向。每次上岗前组织进行岗前交接仪式，提振队伍士气。

【文化育警】 2023年，漳州市公安局打造“漳州110”“三馆三园四中心”品牌集群，发布“漳州110”特色文创产品，推出“漳州110”研学攻略，拍摄发布原创歌曲，推出系列海报，

2023年9月1日，“漳州110”廉政园建成。图为廉政园中《说情者止步》雕塑

（漳州市公安局 供图）

组织开展文化活动，推动公安文化建设。

【素质强警】 2023年，漳州市公安局注重政治引领，以“四个铁一般”为强警标准，外树形象、内强素质，增强“漳州110”队伍整体素质和凝聚力、战斗力。制定23类警情处置预案，常态化开展警情模拟演练，提高应急处突能力和现场处置水平。定期举行队列会操，强化令行禁止的纪律作风。

【“线上+线下”监督模式探索】 2023年，漳州市公安局探索监督模式。线上，重点监督休息时间内人员动向情况，以钉钉视频连线的形式为主，微信实时定位共享为辅，全天候全时段抽查未在岗人员是否存在违规饮酒现象，以及人员所处的实时位置等，动态掌握人员情况。线下，以检查在岗人员为主，不定时紧急集合休息人员为辅，重点检查上岗人员是否存在饮酒、隔夜酒等现象，督导检查在岗人员警风警纪、内务卫生是否落实到位。建立“分班制”制度，由各班子实时了解掌握人员思想动态。

【“警营+家庭”监督模式探索】

2023年，漳州市公安局以中队为单位组建家属微信群，传达上级要求和工作重点，争取民警辅警家属支持。发放“提示卡”“倡议书”“承诺书”，倡导民警辅警家属携手立家规、严家教、树家风，共树清廉家风、共创廉洁家庭、共筑拒腐防变堤坝。

（黄青平）

责任编辑：江细珍

海峡两岸现代农业博览会·海峡两岸花卉博览会

·花博会发展历程·

【花博会举办缘起】 1998年11月4日，时任福建省委副书记的习近平到漳浦县马口的漳州花卉批发市场调研，要求漳浦发挥地处海峡两岸花卉博览会主会场的优势，为生态省建设提供适合福建种植的优质苗木。11月6日，福建省政府作出举办海峡两岸（福建漳州）花卉博览会决定，提出由漳州市负责承办花卉博览会，推动闽台农业合作再上新台阶。

【首届花博会举办】 1999年1月18日至2月6日，由福建省人民政府主办、漳州市人民政府承办、省内其他地（市）和省直有关部门协办的首届海峡两岸（福建漳州）花卉博览会在漳州闽南花卉批发市场（漳浦马口）举行。应邀参展的台港澳企业82家、1100多人。世界花卉协会亚洲区分区、新加坡花卉协会、大陆台商花卉业者联谊会、台湾中华兰艺协会、台湾盆景艺术协会参会。11个国家和地区、国内21个省（市）超过20万人参展、参观、考察。参展花卉和农产品交易额8860多万元，其中现货交易额2680万元，期货交易额6180万元。签约经贸项目74个，合同外资2.17亿美元，其中漳州市项目35个，总投资1.92亿美元，合同利用外资1.33亿美元。中央、省、市和海外新闻单位50多家、200多名记者报道花博会的实况、漳州的现代农业、招商引资、基础设施等成果。

1999年1月18日，首届海峡两岸（福建漳州）花卉博览会在漳浦马口举行。图为首届花博会全景 （漳州市农业农村局 供图）

【花博会发展】 自1999年开始，漳州市连续每年11月18日承办海峡两岸花卉博览会，开创两岸花卉直接交流的先河。2004年，福建省政府与国台办、国家林业局共同主办花博会，漳州市政府、福建省林业厅、台办、农办等单位承办，展会规格提升为全国性博览会。2005年，花博会由原来的区域性花事活动发展为全国性花事经贸盛会，合作范围由花卉产业拓展至整个农业领域。此后，中国蘑菇节、台湾馆和闽台农业合作成果展相继加入，展馆面积扩大到3万平方米。2009年，花博会拓展增加海峡两岸现代农业博览会，由国台办、农业部、国家林业局、福建省政府主办，漳州市政府、福建省林业厅、台办、农办等单位承办，于每年11月18—22日在漳州市举办。2020年起，受新冠疫情影响，农博会·花博会停办3年。2023年，厦门、漳州两地同步举办农博会·花博会。

【历届花博会特色】 2000年11月18日，第二届花博会举行。与首届相比，增加中华盆花发展协会、台商花卉业者联谊会、新加坡花商公会和中国花卉报社参与联办，实现两岸花商共同办会。第二届花博会除主会场外，增设芗城花卉与装饰园、龙文园艺观赏园、龙海百花园、南靖国兰园4个分会场。2005年，第七届花博会新增农业合作洽谈会，由花卉产业合作，拓展到整个农业领域的合作。2009年，海峡两岸花卉博览会拓展提升为海峡两岸现代农业博览会，突出现代农业主题，涵盖种植养殖、涉农加工、商贸流通、观光旅游、论坛研讨、文化创意等相关产业，办会规模、档次提升。2012年，“农博会·花博会”涵盖展览、会议、节庆、赛事等领域，涉及农林牧渔、农副加工、科技推广、商贸流通、观光旅游、论坛研讨、动漫艺术、文化创意等相关产业。2014年，“农博会·花博会”利用“漳州味——水仙花乡”电子商务平台，办好“网上花博会”，增设生态渔业展区、茶业展销区、现代农业展示区、根雕艺术馆、天然奇石馆、茶艺表演馆、书画艺术馆等。2016年，“农博会·花博会”突出“海峡”“海丝”“漳州味”特色。2017年，“农博会·花博会”举办“生态+漳州味食品”产业对接等一系列配套活动。2018年，“农博会·花博会”新增绿色品牌农业展区、漳州驻村扶贫特色展区和“花样漳州”旅游展区。2019年，“农博会·花博会”新增农业产业化龙头企业展区和老区苏区奔小康展区等。

【历届花博会成果】 2020年以前，花博会举办21届，累计1.8万多家企业参展（其中台湾企业3400多家），展示农林牧渔产品及其加工品8.9万种，签订购销订单超过294亿元，签约投资项目446亿美元，参观参展人数超过900万人次。漳州市累计批办台资农业项目1385个，合同利用台资22.2亿美元，引进台湾农业良种超2000种、先进农业加工设备近万台、农业种养加工技术近千项。花博会获评“改革开放以来30个最受关注展会”“全国十佳品牌展会”，被业界评为中国南方最大的农业展会。

（张　葭）

·展会展销·

【概况】 2023年11月30日至12月2日，2023年海峡两岸现代农业博览会·海峡两岸花卉博览会（简称博览会）在漳州、厦门举办，其中，在漳州设置花卉展区。博览会以“花开两岸·合作双赢”为宗旨，以“两岸农情·融合发展”为主题，突出对台特色，宣传海峡两岸花卉产业发展成果。采用线上线下结合的方式办展。

【参展参会】 2023年，漳州展区面向包括台湾地区在内的全国花企招展，有701家企业参展（其中台湾参展商147家），600多名客商、专家学者参会（其中台湾企业72家，台湾客商、专家学者近300人）。海峡两岸20多个专业门类、4000多个品种的2万盆（件）奇花异草参展，8.3万人次参观。

【展会签约】 2023年，漳州展区展会实现销售额9300万元，意向签约投资项目42个、总投资超200亿元。其中，12个项目投资超亿元，漳州地区林业地票、林票开发合作项目预投资70亿元，漳州金美林业造林项目预投资30亿元，高新区福见花木廊乡村振兴项目投资6.4亿元，漳州华夏生物康复疗养中心建设项目投资6亿元。

【漳州好物节直播带货】 2023年11月30日至12月2日，“花开两岸——漳州好物节”直播带货活动开展。活动期间，组织互联网营销师培训，线下培训100名学员，线上1000多人参加。活动以“直播推介+人才培训+资源对接”的形式，邀请网红大V和百位产地商家甄选漳州市优质花卉绿植产品进行“线上+线下”展示。在线推介漳州水仙花、兰花、三角梅、绿植盆栽等近20种特色产品，吸引上万人围观。果苗哥果苗超市、高宅漳州水仙、浮山王子三角梅、花起点盆栽等8家漳州本土企业在展会现场开设直播间，展销自家花卉苗木等产品。展会期间，“花开两岸——好物节”线上活动、“两岸花博会”小程序及花博会带货直播销售超40万单，销售额超1000万元。“花开两岸 漳州好物节”抖音APP官方话题点击量超1500万次，中央广播电视总台、新华网、人民网等40多家海内外媒体100多名记者到会采访报道，刊播有关新闻报道300多篇（条）。

【种养加一体化现代农业产业园推介】 2023年11月30日，漳州市种养加一体化现代农业产业园招商推介活动在东南花都举行。省、市有关部门领导以及签约企业和客商代表参加活动。漳州市农业农村局作园区规划建设招商推介，漳浦县政府作石榴填鸭产业园规划建设招商推介，诏安县政府作南方肉牛产业园规划建设招商推介，引导各类资本为园区项目和企业提供信贷和融资支持。现场签约21个项目，投资总额130多亿元。

【林业产业项目推介】 2023年11月30日，漳州展区推介福建漳龙木业科技有限公司的绿色建材家居产业园、福建省农村信用社联合社办事处的林业金融产品以及阳光财险总公司的商业林木全生命周期保险3个项目，涉及园区入驻、金融信贷、林业保险等方面。

【“绿色低碳，零碳花博”授牌】 2023年11月30日，福建省林业局和漳州市分别向龙海区、南靖县、漳浦县人民政府颁发首批林业数字碳票以及向自愿购买林业碳汇的企业代表颁发纪念牌。海峡资源环境交易中心向漳州市林业局授予“绿色低碳，零碳花博”牌匾。

（张 葮）

2023年11月30日，海峡两岸现代农业博览会·海峡两岸花卉博览会在漳州东南花都开展。图为展区内天鹅造型花卉

（漳州东南花都有限公司 供图）

·展区设置·

【概况】 2023年，博览会花卉展区设在漳州东南花都花博园，设精品花卉展区、海峡两

岸精品花卉展区、电商新业态体验展区、南方特色林业精品展区和花卉造景区，总面积2.3万平方米。

【精品花卉展区】 2023年，博览会花卉展区1号展馆设置精品花卉展区，面积8000平方米，以艺术造景特装展示为主，展示水仙花、国兰、洋兰、三角梅、多肉植物等漳州市特色花卉精品，包括2020年以来漳州市获国家新品种权证书的79个新品种。设国兰展区、花境、鲜切花展区、台湾农民创业园展区、水仙花精品馆、新品种展区、三角梅展区、漳州盆景展区、主造景区、漳州市精品花卉展区、沙漠玫瑰、虎尾兰、扬基园艺、沙生植物展区、绿雕、花坛造景展区16个展区。

【海峡两岸精品花卉展区】 2023年，博览会花卉展区2号展馆设置海峡两岸精品花卉展区，面积8000平方米，由台湾地区花卉企业、全国台湾农民创业园花卉企业及国际、国内大型花卉企业参展，集中展示海峡两岸名、特、优精品花卉产品、花卉新品种等产业链产品。馆内设有花卉协会泛南联盟十省一市（福建、湖北、江西、广东、广西、四川、海南、湖南、贵州、云南、深圳）展区、福建精品花卉展区、两岸插花花艺展区、沙生植物造景区、观赏石展区、盆器展区等18个展区。

2023年11月30日，海峡两岸现代农业博览会•海峡两岸花卉博览会在漳州东南花都开展。图为漳浦台湾农民创业园展区 （赵文娟 摄）

【电商新业态体验展区】 2023年，博览会花卉展区3号展馆设电商新业态体验展区，面积900平方米，以“花开两岸——好物节”为主题，邀请直播平台官方小二（抖音电商、淘宝直播、小红书）、展商推介参展好物。其中，培训区550平方米，容纳180人培训；体验区50平方米；官方直播间80平方米；直播带货区220平方米。

【南方特色林业精品展区】 2023年，博览会花卉展区3号展馆设有南方特色林业精品展区，面积1100平方米，分为展示区和展销区。展示区以“我从山中来 走进千万家”为主题，结合漳州林下经济的特色产业类型，设置林下中草药活体、林下种植养殖产品、笋竹加工产品、木材加工产品、中草药观赏产品和林浆纸一体化等7个展区，展示灵芝、金线莲、铁皮石斛、巴戟天、黄精、砂仁、五指毛桃、牛大力、黄花倒水莲、清明茶、蜂蜜、笋竹等初级加工产品和生态景观盆栽等产品。展销区展出林下经济相关企业展示展销绿色产品和生态产品。

【花卉造景区】 2023年，博览会设置花卉造景区，面积5000平方米，主要展示大型花卉苗木盆景、大型花卉造景，以三角梅为造型，根据不同主题，创作孔雀开屏、月亮、满载而归、天使翅膀等诸多造型。

（张葭 陈瑾君）

责任编辑：江细珍

中国共产党漳州市委员会

·综述·

【思想政治建设】 2023年，中国共产党漳州市委员会（简称漳州市委）召开市委常委会会议、理论学习中心组学习会等，跟进学习贯彻习近平总书记重要讲话重要指示批示精神，对161件习近平总书记重要讲话重要指示批示开展贯彻落实情况“回头看”。开展教育培训，完成对1296名领导干部集中轮训，办好办强福建谷文昌干部学院，开展11项重大课题研究，推动更好学习领会党的二十大精神。强化决策督查，开展23轮25个专题督查，推动党中央决策部署和省委工作要求落地落实。

【学习贯彻习近平新时代中国特色社会主义思想主题教育】 2023年，漳州市委强化整体谋划，跟进学习贯彻习近平总书记关于主题教育系列重要讲话和重要指示批示精神，引领带动全市开展专题研讨4.23万次、专题党课1.51万场次。开展宣传引导，累计报道信息1.4万条。汇编形成习近平同志“东山足迹”等学习材料。设立10个特色教育基地、39个现场教学点，组织开展专题学习等系列特色实践活动，做好党的创新理论深化内化转化工作。开展“问需于民、问计于民、问效于民”等调查研究，开展典型案例解剖式调研的经验做法在中央学习贯彻习近平新时代中国特色社会主义思想主题教育领导小组办公室《简报》刊发。开展检视整改，检视查摆问题2220个，确定专项整治项目269个。

【政策制定与实施】 2023年，漳州市委落实落细《关于深入学习宣传贯彻党的二十大精神加快建设现代化滨海城市的决定》，出台《工程建设项目中介服务平台管理办法》等制度机制332项。制定出台巩固拓展经济向好势头42条等一揽子政策措施，开展“七比一看”竞赛（比项目招商、比征地拆迁和耕地保护、比工业提升、比项目提升、比争取资金、比乡村振兴与生态建设、比新增“四上”企业；看高质量发展的成效），实施千百亿产业培育行动计划、高新技术企业“双倍增”行动、“万才聚漳”行动计划等，推动经济运行平稳发展，13项主要经济指标中，12项位居全省前三、4项位居全省第一，其中，地区生产总值5728.43亿元，比上年增长5.9%，位居全省第二。

【改革深化】 2023年，漳州市开展“漳州110”警务机制、机关效能等重点领域改革，持续扩大对外开放。中沙（福建）产业合作区完成总体方案编制，中菲经贸创新发展示范园区获国务院批复设立并进入实质性建设阶段，形成合作项目38个、总投资

449.5亿元。开展“漳州味·世界行”等活动，组织53场境外重点展会，全市进出口总额增速比全省高出1.8个百分点。

【漳台融合】 2023年，漳州市推进漳台教育、医疗、文化、经贸、产业等五大板块融合，举办海峡两岸花博会等活动，举办对台交流活动240场，完成10个“我为台胞办实事活动”事项，漳台融合全域全方位推进。对台招商推介活动34场，批办台资企业项目98个、实际使用台资2.2亿美元，13个台资项目被列入省重点技术改造项目库，台企贷款投放占比居全省第一。漳浦台湾农民创业园和南靖兰花产业园分别在2023年全国台湾农民创业园评比、全省产业园评比中排名第一，对台“小三通”（福建省与金门、马祖之间进行小规模的通商、通航和通邮）货运量96.47万吨，排名全省第一。漳州古城、长泰龙人古琴研究院等4家获批国家级海峡两岸交流基地

【社会民生】 2023年，漳州市全面完成45项为民办实事项目，全市民生支出占比达79.9%。加快中心城区15个重点片区建设，实施城市建设品质提升项目927个，创新“一网统管”加强城市治理，打造宜居、韧性、智慧城市。实施“蓝天、碧水、碧海、净土”四大工程行动计划，建设149个生态环境领域重大工程，I~II类水质比例比上年提升20%。

【全面从严治党】 2023年，漳州市委抓好省委全面从严治党主体责任检查移交问题整改，开展全市主体责任检查，对市县两级259个党组织开展巡察监督。巩固工程项目招标投标、粮食购销等突出问题专项整治成果。开展“一线看作风、多维识干部”专项行动等。深化干部作风“五不”（履职不担当、工作不碰硬、落实不见效、能力不适应、内心不敬畏）问题专项整治，聚焦“股长做派”“科长天大”等问题，严肃查处“四风”（形式主义、官僚主义、享乐主义、奢靡之风）问题216起315人。深化整治权力集中、资金密集、资源富集领域的腐败，立案1150件，给予党纪政务处分1159人。

（卢建兴）

·重要会议·

【概况】 2023年，中国共产党漳州市第十二届委员会召开全体会议2次，市委书记王进足受市委常委会委托作工作报告。召开市委常委会会议46次。

【中国共产党漳州市第十二届委员会第五次全体会议】 2023年8月29日，中国共产党漳州市第十二届委员会召开第五次全体会议。全会由市委常委会主持，市委书记王进足讲话。全会听取和讨论王进足受市委常委会委托作的工作报告，审议《中共漳州市委 漳州市人民政府关于进一步促进民营经济高质量发展的实施意见》。

全会肯定市委十二届四次全会以来市委常委会的工作。全会明确目标安排，到2027年，实现漳州市民营经济质的有效提升和量的合理增长，民营企业综合实力显著提升，民营企业创新能力显著提升，民营经济社会贡献显著提升。

【中国共产党漳州市第十二届委员会第六次全体会议】 2023年12月29日，中国共产党漳州市第十二届委员会召开第六次全体会议。全会由市委常委会主持，市委书记王进足讲话。全会听取和讨论王进足受市委常委会委托作的工作报告。全会强调，做足重点文章，秉持“两岸一家亲”理念，以通促融，推动应通尽通，不断提升漳台经贸合作畅通、基础设施联通、能源资源互通、行业标准共通水平；以惠促融，增进台胞福祉，为台胞提供同等待遇和便利措施，让台胞愿意来、留得住、融得进、发展好；以情促融，深化交流交往，继续发挥宗亲、乡亲、姻亲、民间信仰及历史文化等纽带作用，密切人文

2023年12月29日，中国共产党漳州市第十二届委员会第六次全体会议在漳州宾馆召开　　（游斐渊　摄）

交流，促进心灵契合。做深重点领域，突出教育共融，高位嫁接优质教育资源，为台胞子女就学创造更好条件；突出医疗共享，深入挖掘两岸中医药文化根源，推动两岸中医药领域交流合作；突出文化共情，充分发挥台胞主要祖籍地优势，着力建设世界闽南文化交流中心；突出经贸共赢，探索漳台贸易合作新模式，实现互惠互利；突出产业共促，紧盯石油化工、装备制造、现代农业等合作优势产业，强化产业链招商，提高产业合作的精准性和实效性。做精重点区域，支持漳州台商投资区、古雷开发区、东山县立足自身优势，率先开展融合实践；推进其他县区找准载体、协同增效，实现全地域推进。全会要求，全市各级各部门要统揽各方要素，扛牢使命责任，突出实干实效，推动漳台融合发展向更广领域、更高程度、更深层次迈进。站位大局，提高政治判断力、政治领悟力、政治执行力，切实把党的领导落实到工作全过程各方面。健全机制，强化“一盘棋”意识，加强上下协调、部门联动，集中精力落细落实。凝聚合力，加强政策宣传解读，畅通台胞意见反馈渠道，营造良好社会氛围。

【市委常委会会议】　2023年，漳州市委常委会召开常委会会议46次，讨论的主要议题有学习习近平总书记相关重要讲话重要指示精神，研究《漳州市乡村振兴“十镇百村”试点示范三年行动工作方案（送审稿）》、研究2023年市级重点项目等。

【漳州市学习贯彻习近平新时代中国特色社会主义思想主题教育工作会议】　2023年9月15日，漳州市学习贯彻习近平新时代中国特色社会主义思想主题教育工作会议召开，深入学习贯彻习近平总书记关于主题教育重要讲话和重要指示批示精神，贯彻落实中央、全省主题教育第一批总结暨第二批部署会议精神，对全市主题教育进行动员部署。

【市委经济工作会议】　2023年12月29日，中共漳州市委召开经济工作会议。会议总结2023年全市经济工作，分析形势，部署2024年经济工作。会议指出，深刻领会、深入贯彻中央和省委经济工作会议精神，紧密结合漳州实际，遵循规律谋发展，把握要求定方向，复盘对标找目标，聚焦重点抓落实，切实把中央和省委部署要求全面贯彻到2024年经济工作中。会议强调，聚焦中心、聚力重点，切实把“增效年”活动融入到2024年经济工作中，系统做好“经济增长、发展增效、特色增显、弱项增强”。

（卢建兴）

·组织工作·

【概况】　2023年，漳州市委组织部做好选干部配班子、建队伍聚人才、抓基层夯基础各项工作，组建一线督查组147个，开展督查1143次，实施“万才聚漳”行动，新组建党组织191个，成立各级乡贤促进会1890个。截至2023年年底，全市有党员26.8万名、基层党组织1.29万个。

【干部教育培训】 2023年，漳州市委组织部把学习贯彻习近平新时代中国特色社会主义思想作为党员干部教育培训的主课、首课、必修课，推动理论教育和党性教育课程占全部课程比重超70%。举办招商引资、应急管理、法治能力、基层治理等12个市级专题培训班次。

【干部队伍建设】 2023年，漳州市委组织部下派新一批376名试用期满公务员到基层锻炼，抽调市直单位164名年轻干部挂职锻炼。对在“产业发展项目建设提升年”活动和“七比一看”竞赛中表现突出的5个集体和107个先进个人给予记功嘉奖，提拔使用、晋升职级一批优秀干部。完善干部考核评价体系，分层级全面建立领导干部业绩档案，启动“新时代漳州担当者”先进典型选树工作。

【干部管理监督】 2023年，漳州市委组织部开展“一线看作风、多维识干部”专项行动，相关经验做法入选《福建改革创新实践指导手册》案例。深化干部作风“五不”问题专项整治，市、县两级组织部门组建147个一线督查组，开展督查1143次，追责问责661人次。

【公务员招考】 2023年，漳州市委组织部做好公务员“四级联考”〔在全省（区、市）公务员招考过程中，将省、市、县、乡四个层级的公务员招考纳入统一管理，由省级公务员主管部门统一编制录用计划、统一确定考试时间、统一命制考试试题、统一组织笔试面试体检考察、统一进行审批等〕，招录公务员570人。

【初任公务员培训】 2023年，漳州市委组织部分级分类抓好履职能力培训，组织全市452名新录用公务员分基层治理、综合管理、行政执法3个领域开展新录用公务员初任培训。

【公务员管理】 2023年，漳州市委组织部拓展实践锻炼机制，选派新一批376名试用期满的新录用公务员到基层锻炼一年，参与村级组织换届、疫情防控、项目征地拆迁、矛盾调处、防抗台风等具体工作，深入践行“四下基层”（信访接待下基层、现场办公下基层、调查研究下基层、宣传党的方针政策下基层），推动自我提升与促进乡村振兴同频共振。相关经验做法分别在《福建改革情况》2023年第2期、《福建支部生活》专刊刊发。

【“万才聚漳”行动】 2023年，漳州市委组织部先后举办产学研对接会、赴外双招双引等活动，发布人才项目成果100项，签约科技人才项目106个。举办闽西南第六届人才交流大会暨“人才漳州月”活动，组织13支引才小队、赴21座城市53所高校引进人才，签订科技人才项目协议69份。引进国内外知名高校毕业生78名，推进名医入漳，设立省级以上名医工作室121家。2023年，漳州排名中国城市人才吸引力排名第90位。

【基层党建】 2023年，漳州市委组织部开展达标创星活动，评选确定四星级以上农村党组织716个。出台激励村干部担当作为十条措施，开展村干部适岗能力考核评估，举办履职比武、党建拉练评选，相关经验做法在人民网、《中国组织人事报》刊发。推动村集体经济发展壮大，推行跨村联建、村党支部领办合作社等做法，全市175个村集体经济收入100万元以上。创建好厝边小区、微笑小区，组建小区党支部654个，打造小区党群服务中心372个。创建“红色物业”示范社区（小区），建立物业服务企业党组织80个，组建红色物业队210支。全市2.6万名在职党员到社区（小区）报到，为居民群众办实事1.1万件。

【企业党建】 2023年，漳州市委组织部开展“党建强企”联合行动、“千名干部挂千企”帮扶活动，立足千百亿产业发展布局，建立石油化工、食品加工等7个产业链党建联合体，做好“党企新时空·政企直通车”平台服务，帮助企业解决问题1700余件。推动漳州蓝田经济开发区—《红色领航强园兴企》、长泰经济开发区—《三链兴泰益企同行》2个园区党建品牌入选全国百佳园区党建品牌案例。

【村（社区）乡贤促进会工作】

2023年，漳州市委组织部印发《关于强化党建引领村（社区）乡贤促进会健康发展助力乡村振兴的若干措施》，从健全机制、规范运行、发挥作用、工作保障等方面，提出20条具体举措，吸纳10.3万名乡贤，助力乡村工作振兴。

【“人才漳州月”活动启动】

2023年11月9日，闽西南协同发展区第六届人才交流大会暨2023年“人才漳州月”启动仪式在漳州举行。活动以“万才聚漳 智创未来”为主题，漳州、厦门、龙岩、三明、泉州等地人力资源和社会保障部门、省内外知名高校、科研院所代表，以及漳州市委人才工作领导小组有关成员单位、重点企事业单位、各县（区）委组织部、开发区（投资区）党委（党工委）、市属国有企业负责人参加活动。现场签订科技人才合作项目14个。

（庄师章）

2023年11月9日，闽西南协同发展区第六届人才交流大会暨2023年“人才漳州月”启动仪式在芗江酒店举行

（漳州人才发展集团 供图）

·宣传思想文化工作·

【概况】 2023年，漳州市委宣传部履行举旗帜、聚民心、育新人、兴文化、展形象的任务，做好各项工作。圣杯屿元代沉船考古、东山县古厝活化利用等6项工作获中央部委、福建省委省政府领导批示；漳州市人民检察院未成年人检察“水仙花”团队被中共中央宣传部命名为全国学雷锋活动示范点。

【重大主题宣传报道】 2023年，漳州市委宣传部组织开设“学习贯彻习近平新时代中国特色社会主义思想主题教育”“学思想、强党性、重实践、建新功”等专题专栏，做好主题教育宣传报道。做好“深学争优、敢为争先、实干争效”行动、“产业发展项目建设提升年”活动、“七比一看”竞赛等中心工作宣传报道，策划开展“稳经济 促发展”等主题新闻发布会21场。举办漳州市首届网络文明大会暨第四届网络文化节、第二届短视频创作大赛等28场网上主题宣传活动，累计推出相关网上宣传报道（短视频）阅读量超10万人次465条、超100万人次109条。“海上漳州·拥抱蔚蓝”话题阅读量超1.3亿人次。健全完善“万屏联动”社会宣传工作新机制，推动设置户外固定版面宣传载体1000多个，制作公共领域宣传载体近30万个，“报台网端微屏声”循环宣传1000多万次。

【意识形态工作】 2023年，漳州市委宣传部加强意识形态工作力量配备，设立市委宣传部意识形态工作科。按照市委巡察工作安排对25家市直单位党组织的意识形态工作开展专项检查。持续强化各类意识形态阵地建设和管理，持续强化对讲坛、论坛、报告会、研讨会以及公共领域宣传载体等的监管，龙文区碧湖街道获评2023年全国“扫黄打非”进基层示范点，网信普法工作经验做法入选全国案例。

【社会主义核心价值观建设】 2023年，漳州市委宣传部弘扬中国女排精神和谷文昌、“漳州110”先进事迹，开展漳州市弘扬新时代女排精神“六进”（进机关、进企业、进社区、进校园、进农村、进网络）、学习弘扬新时代“漳州110”先进事迹巡回展等活动，开展“礼赞向东渠、建功新云霄”主题宣传、弘扬“龙江风格”60周年等系列活动。健全完善爱国主义教育基地建设管理使用制度和全民国防

2023年12月28日，第二届福建“福”文化嘉年华活动在漳州古城北广场启动。图为启动仪式上文艺表演 （沈昊鹏 摄）

教育工作制度机制，推进“漳州110”事迹展览馆等爱国主义教育基地规范化管理，开展国防教育主题实践活动。全面实施创建文明城市综合测评督查机制，创新设立创建全国文明城市指挥管理平台和文明漳州平台，打造35类266个创城精品示范点。2022年度文明城市测评成绩在全国112个地级市中排名第69位。投入200万元重点培育100家市级示范新时代文明实践中心（所、站），组织208家市直单位与中心（所、站）开展结对共建，推动中心（所、站）科学化、规范化、制度化建设。举办雷锋精神耀漳州 纪念“3·5”学雷锋日60周年志愿服务系列活动，开展各类志愿服务活动9万场，参与志愿服务队伍1600支，服务群众60万人次。“小木偶大世界”志愿服务项目获福建省新时代文明实践志愿服务项目大赛金奖，漳州市互联网新闻中心、诏安县新时代文明实践中心获评全国维护青少年权益岗创建单位。

【文化强市建设】 2023年，漳州市实施“用闽南文化点亮千年漳州古城”行动计划，拓展漳州闽南书院、平和县阳明文化展示中心、许地山文化馆等文化阵地。举办“中国旅游日”福建主会场活动、“文化和自然遗产日”福建非遗宣传展示主会场活动暨漳州闽南文化周、融晴文化艺术展、第二届福建“福”文化嘉年华活动等省级重大文化活动，举办三浦并臻“开漳大吉福满金浦”新春嘉年华系列活动、福建土楼（南靖）申遗成功15周年等文化活动。制定出台

《关于进一步加强海洋文化建设的实施意见》，策划形成32个海洋文化重点建设项目。深入开展2023年市级“三下乡”集中服务、“我们的中国梦”文化进万家等系列活动。芗城林语堂文学创作基地等8家单位成为第二批福建省新时代特色文艺示范基地。《红星照耀时》等6部文艺精品在福建省第十届百花文艺奖评选中获奖。

【“‘福小宣’在漳州”基层巡讲】 2023年，漳州市策划“‘福小宣’在漳州”优秀宣讲作品评选暨基层巡讲活动，组建252支“‘福小宣’在漳州”宣讲小分队开展各类宣讲1万多场次。南靖县“习语靖听”特色宣讲品牌项目获“省级理论进基层示范点”称号，云霄县“‘福小宣’•云潮”宣讲团被授予“2023年福建省基层特色宣讲团”称号，《“‘福小宣’在漳州”：让党音入民心》入选全省践行“四下基层”实践案例。

【第六届海外华文媒体漳州行主题采访】 2023年11月3日，“滨海漳州 牵手世界”——行走中国•第六届海外华文媒体漳州行主题采访活动在漳州古城北广场启动。美国、加拿大、阿根廷、巴西、埃及、印度尼西亚、菲律宾等17个国家25家海外华文媒体代表参加，活动为期6天。启动仪式后，海外华文媒体代表参访漳州古城、参加中菲经贸创新发展示范园区海外媒体推介会和闽南文化海外传播（漳州）交流会；到东山县、诏安县、云霄县、常山开发区、古雷开发区、漳州开发区等地参与“中菲经贸创新发展示范园区建设”主题采访活动。

（魏晓颖）

·统一战线工作·

【概况】 2023年，漳州市委统战部创新实施政党协商、和谐稳定、民企发展、同根聚力、队伍建设、品牌打造等六大提升行动，推进各地区、各领域、各项统战工作协调创新发展。助力中菲经贸创新发展示范园区建设推进会暨招商大会召开，落实可望签约经贸项目10多个，投资贸易额100多亿元。筹集公益捐赠等7000万元，帮助2244名乡村学子完成学业。“爱乡爱企促发展 同心同行兴万村”行动入选市直机关体制机制创新“十佳案例”。

【民主党派统战工作】 2023年，漳州市委统战部推进“同心建言”行动，提出提案196件，反映社情民意信息1293件，其中被采纳955件。召开纪念中共中央发布“五一口号”75周年座谈会，支持开展“凝心铸魂强根基、团结奋进新征程”主题教育。策划实施7场民主党派基层组织与行政村共建“同心村”行动。协办团结报社2023年度新闻舆论工作表彰会，与团结报社结成战略合作伙伴。支持8个民主党派开展社会服务211次，受惠群众2.46万人次，累计捐款捐物折合人民币204.9万元。在漳州市社会主义学院举办民主党派新成员培训班等培训班3个，培训学员119名。

【台港澳人士统战工作】

2023年，漳州市委统战部推进香港漳州同乡总会及8个县（区）分会换届，成立旅港角美同乡会。引导港澳乡亲回乡参访3300多人次，设立古城台胞会客厅、“同心•会客厅”、广兆先生事迹展示馆等台港澳交流基地，东山关帝庙、云霄开漳圣王文化祖地、漳州古城、长泰龙人古琴研究院获批国家级海峡两岸交流基地，开展对台交流各类团组247个，交流总人数1.24万人次。开展“迁台记忆”档案文献征集工作，征集各类资料近3000件。

【民营经济统战工作】 2023年，漳州市委统战部建立完善市领导挂钩联系重点商（协）会和民营企业制度。全市首家省级民营经济人士理想信念教育基地揭牌，举办民营经济人士培训班16

期。合肥、杭州、上饶等21家漳州异地商会和所属商会成立或换届。出台漳州市《进一步加强民营经济代表人士队伍建设计划（2023—2027年）》《促进年轻一代民营企业家健康成长的若干措施》，开展“清廉商会”“法润商企”法律服务、“百城万企”民企高校促就业行动。围绕推进乡村全面振兴，引导统战成员发起设立漳州市水仙花教育发展基金会，实施“兴村”项目215个，完成投资经营帮扶项目资金21亿元。

【党外知识分子和新的社会阶层人士统战工作】 2023年，漳州市委统战部新确认无党派代表人士51名。开展无党派人士“双走访”工作调研，深入11个县（区）及有关单位走访36名无党派代表人士。揭牌成立海归专家乡村振兴工作站、漳州市知联会妇女联合会暨古城会客厅、漳州市新的社会阶层人士法律志愿服务室（团）和公益志愿服务团。

【归侨侨眷服务】 2023年，漳州市委统战部向20多个国家88位海外侨领寄送新春祝福包，接待100多个社团、30多位国家侨商侨领、海外乡亲，组织侨商回乡投资恳谈会29场，落实归侨优待政策，向3个困难华侨农场拨付补助资金309.71万元，核准219名困难归侨职工申请困难企业归侨职工生活补贴资金25.58万元，办理高考“三侨生”（报考普通高校入学考试的考生本人为归侨学生、归侨子女，或华侨在国内的子女）身份证明23件。完成全市华侨历史建筑摸底工作，在全省率先建立华侨归侨身份确认信息数据库。

【“寻美漳州”活动开展】 2023年4月7日，漳州市新的社会阶层人士联谊会网络人士分会同步举办“凝聚新力量·筑梦新时代”——2023年“寻美中国”主题活动分会场线下活动，组织各县区新的社会阶层人士联谊会会员以不同形式组织收看视频直播。“寻美漳州”活动话题总阅读量3亿人次，获评“漳州市十大网络公益项目”“寻美中国”市级贡献单位。

（张志荣）

·机构编制管理·

【概况】 2023年，漳州市委编办做好市、县（区）机构改革方案的审核与报批工作，下放15个领域执法权限。规范管理机构编制资源，加强重点领域和重要部门的机构编制保障。探索建立多部门协作配合机制，建立情况通报、信息共享、线索移送、整改反馈“四项机制”。

【重点领域体制改革】 2023年，漳州市委编办完成国防动员体制改革，调整优化市政府驻外机构职责及归口管理部门。推进疾病预防控制体系改革，完成市、县两级疾控中心和卫生监督所整合。深化开发区管理体制改革，调整优化开发区所属事业单位设置。开展城市管理领域综合行政执法机构执法效能评估，整合优化生态环境等7个领域综合执法机构职责和力量，形成市级行政执法体制改革初步思路。

【基层管理体制改革】 2023年，漳州市下放涵盖城管等15个领域执法权限1556项，全部签订赋权确认书。指导长泰区、华安县分别做好“综合查一次”改革试点和第三批乡镇区联合执法试点。开展乡镇机构挂牌清理试点，规范乡镇（街道）机构设置。

【编制资源配置优化】 2023年，漳州市委编办按照标准足额核定市属公办学校教育编制，健全完善教育编制周转池制度，缓解中心城区和较大县教育领域编制缺口问题。建立教育编制周转制度，统筹调配700余名周转编制用于保障教育所需，缓解因城镇化进程导致城区教师缺编问题。提供300余名编制用于保障高层次人才、优选生等各类人才引进。加强燃气安全监管、人才服务、院前急救、知识产权保护、烈士纪念设施保护等领域和重要部位的机构编制保障。

【机构编制协同监督检查】 2023年，漳州市委编办探索建立多部门协作配合机制，联合市纪委监委、市委组织部等八部门印发《关于建立健全机构编制监督检查协作配合工作机制的通知》，建立情况通报、信息共享、线索移送、整改反馈“四项机制”，实行机构编制问题整改市、县（区）同步联动，督促县（区）开展自查。

（高艺惠）

·机关党建·

【概况】 2023年，漳州市委市直机关工委（简称漳州市直机关工委）下辖66个机关党委（直属党委），26个基层党委，30个党总支，1039个党支部，党员1.88万名。在主题教育开展期间，向各级党组织配发《习近平著作选读》第一卷、第二卷等8种主题教育重点学习书目6万余册。完善“六型”（政治型、学习型、服务型、效能型、创新型、清廉型）模范机关创建工作体系，构建起区域联动、部门联建、全面覆盖的机关党建工作格局。《漳州战役1932》《铮铮誓言》2部专题片分别获福建省党员教育电视片观摩交流活动二等奖、三等奖。

【机关基层组织建设】 2023年，漳州市直机关工委完善“机关工委示范培训、部门党组督促学习、机关党委兜底培训”工作体系，组织专职党务干部到浙江大学参加履职能力提升培训班学习。年内，培训党务干部、新党员发展对象、青年党员4600多人次。组织开展“领导带头学，每周讲一课”学习平台党建品牌现场观摩会，在市直机关推广使用该学习平台。组织召开市直机关基层党支部深化“达标创星”活动推进会，修订完善《市直机关基层党支部达标创星基本标准》。

【机关党组织薄弱环节整改】 2023年，漳州市直机关工委重点对民主生活会相互批评等环节进行督导检查，组织6个检查组到60家单位现场督导年度民主生活会。开展“机关联社区、党建促融合”行动，持续拓展“党建创品牌，工委在行动”主题活动，打造《强化党建引领，点燃红色引擎，打造社会治理服务漳州模式》等党建特色品牌。

【机关党建与业务工作融合发展】 2023年，漳州市直机关工委下发《聚焦党建领航发展，加强党建与业务工作深度融合工作指引》，引导市直机关党组织在产业发展、项目建设、“七比一看”竞赛等工作领域开展党建领航各类活动。参与打造市直机关大院“水仙学堂”品牌建设，开展漳州市直机关青年干部赴厦考察交流活动，学习先进地方在党建领航、组织建设、政府管理、城市建设、营商环境、企业管理等方面的做法。

【机关党建主体责任落实】 2023年，漳州市直机关工委开展市属国企、学校党委2023年度落实全面从严治党主体责任情况检查，查找问题77个、反馈整改意见38条；完善《市直机关党建工作“六比六看”考核内容及办法》，将28个未设机关党委（直属党委）且参加市委、市政府年终绩效考核的市直单位所属基层党组织（非挂靠）纳入考评范围。

【“我在乡间有亩田”党员志愿服务活动】 2023年，漳州市开展“我在乡间有亩田”党员志愿服务活动，动员全市广大机关党员干部推动抛荒地复耕复种、调整农业种植结构。截至2023年年底，65家市直单位和182家县直单位，1.3万多名党员、干部及社会人士参与活动，认领土地面积166.67公顷（2500多亩），开展主题党日农事体验活动200多场次。

【市直机关党建创新与实践成果汇展】 2023年12月27日，“学深悟透新思想，实干担当建新功”——漳州市直机关党建创新与实践成果汇展在漳州市城市展示馆启动。汇展分为建设政治型、学习型、服务型、效能型、堡垒型、清廉型6个板块，展示推介36个市直机关党建优秀案例，集中反映市直机关党建与业务工作融合发展的经验和做法。

（崔　炜）

·巡察工作·

【概况】　2023年，漳州市委巡察办配合保障省委巡视组对6个县（区）开展巡视，统筹市县巡察组开展联动监督，跟进省委巡视反馈问题整改，推动巡视巡察同频共振。修订十二届市委巡察工作规划，实现对县级巡察工作指导督导全覆盖，设立漳州市巡察服务中心，完成2轮市委巡察、1轮交叉巡察和1轮提级巡察，全市巡察党组织259个，发现问题5678个。

【重点领域巡察】　2023年，漳州市委巡察办综合运用“常规+专项”“提级+交叉”“巡审联动”等方式，在全省率先对全市医疗卫生系统开展“一域一巡”（漳州市委在国资国企领域开展的一种巡察方式），对乡村振兴领域涉及的75个党组织开展“四级联动”巡察，探索对市属国企所辖重点权属企业党组织延伸巡察。

【巡察整改】　2023年，漳州市健全市纪委监委、市委组织部、市委宣传部、市委巡察办和巡察组“五方联审”整改监督格局，建立巡察组深度参与整改机制，灵活运用“回头看”、回访调研、专项督查等方式，巩固中央巡视福建、福建省委巡视漳州整改成果。

【巡察机制建设】　2023年，漳州市委巡察办建立问题线索会商研判机制，梳理巡察问题线索，强化全程跟进、动态跟踪等，提升市委巡察、交叉巡察整改工作成效。

（林春祥）

·改革全面深化·

【概况】　2023年，漳州市在重点领域和关键环节推出一批改革举措，推进9个大类186项改革任务，17件重点深化提升和突破的改革事项成效显著。中菲“两国双园”获国务院批复，全国首创林业数字碳票，农村集体“三资”（在集体所有制下，农村集体所有的货币资金、资产和资源）管理“四定一督”机制（定底价、定年限、定程序、定约束条款，纪检监察干部全过程监督）、“5G+智慧急救”模式等改革创新做法得到国家领导人批示肯定，医养结合工作、圣杯屿元代沉船遗址发掘等入选全国典型案例。

【经济体制机制改革】　2023年，漳州市实施“千百亿产业培育行动计划”，创新构建“亩均论英雄”综合评价体系，实施工业数字化转型三年行动，漳州入围2023年全国先进制造业百强市。深化国资国企改革，九龙江集团首次跻身中国企业500强。深化政务服务改革，构建以信用为基础的新型监管机制，创建全国第四批社会信用体系建设示范区。融入“海丝”核心区建设，完善外贸发展政策体系，漳州市首次上榜中国外贸百强城市。

【区域协调发展机制改革】

2023年，漳州市主动融入闽西南协同发展区建设，培育漳州台商投资区、漳州开发区、长泰区3个漳厦同城化先行区，泉州—厦门—漳州城际轨道（R1线）建设规划获国家发展改革委批复。试行“清单管理+兜底管理”市区两级公共设施管理模式。推进山海协同、港产城融合发展，古雷港区、诏安港区公路基础设施和集疏运体系逐步完善。实施“大城关”发展战略，龙海区、长泰区、芗城区入选2023年度福建省城市发展“十优区”，东山县、漳浦县、华安县入选福建省经济发展“十佳县”。

【民主法制领域改革】 2023年，漳州市探索“一事一法”式立法。出台《漳州市农用地土壤污染防治办法》，《漳州市城市文明养犬若干规定》通过初审。完善市政协班子领导下沉县区联系指导政协工作机制，建立市政协委员联系服务界别群众、市政协专门委员会联系界别工作等制度。开展乡镇（街道）“一支队伍管执法”改革试点。优化相对集中行政许可权改革，南靖县、平和县、漳州高新区、漳州台商投资区、古雷开发区试点稳步推进。出台市、县（区）两级法院召开府院联席会议的实施方案，推行“积案清理”漳州模式。

【文化社会事业改革】 2023年，漳州市在全省率先设立就业夜市、就业驿站。健全劳动关系协商协调机制，在全省首创“局长调解工作室”。出台优化生育政策促进人口长期均衡发展实施方案。校园青春护航信箱经验做法获全国政协副主席沈跃跃批示肯定，医养结合试点工作入选全国典型经验，漳州市公租房在线申请审核获评公共数据应用十佳优秀案例。推进“海丝映月——海上丝绸之路主题文化展览馆”提升工程。与北京协和医院、中国中医科学院望京医院等开展合作共建，家庭医生签约服务工作入选2023年全国基层卫生综合改革典型案例。

【生态文明体制改革】 2023年，漳州市出台“十四五”节能减排综合工作实施方案、减污降碳协同增效实施方案，蓝田开发区获评国家级绿色园区，古雷开发区入选“绿色化工园区名录”。出台主要流域水质提升整治方案，九龙江西溪入选全国“最美家乡河”。在全国率先开展林业数字碳票、海水养殖碳汇核算。完善蓝碳司法保护与生态治理机制，出台专项改革实施方案。

【社会治理体系改革】 2023年，漳州市推进国防动员体制改革，建立市县乡村退役军人四级服务保障体系。在全省率先成立社会治理研究中心，研发漳州市社会治理智治平台，被确定为“全国市域社会治理现代化试点合格城市”。深化“漳州110”警务改革，建成市、县、乡镇、村居提升渔船智慧管理系统，“海上漳州”平台在全省试点推广。在全省率先出台《漳州市应急救援消防力量联调联战工作机制》，建立厦漳泉区域应急处置协作机制。建立预售资金和开发贷资金联动监管机制，创新“债转股”“信托计划持股”等模式，一盘一策推进保交楼项目处置。

【党的建设制度改革】 2023年，漳州市健全“第一议题”制度，跟进学习贯彻习近平总书记重要讲话重要指示批示精神。出台建立领导干部业绩档案实施办法（试行），构建年轻干部全链条培养选拔机制。建立市委巡察问题线索会商研判机制，在全省首创“四定一督”工作机制。

【“三同步三推进”机制创新】

2023年，漳州市“三同步三推进”（网信学法与用法同步，推进“普法队伍”提升“普法素养”；网络执法与普法同步，推进“普法课堂”融入“执法活动”；网上说案与说法同步，推进“身边案例”警醒“身边群众”）机制做法入选全国网信系统普法优秀案例。漳州市委网信办创新建立学法与用法、执法与普法、说案与说法的“三同步三推进”工作机制，组织遴选11家网络安全技术支撑单位，聘请6名律师作为法律顾问，构建形成更加专业化的网络普法宣教团队。围绕《中华人民共和国网络安全法》等内容开展线上线下专题学习活动731场次，开设漳州《净网说法》网信普法宣传专题专栏，推出一批“典型案例”普法推文，多篇稿件被“中国互联网联合辟谣平台”“福建省互联网辟谣平台”等选用刊发，全网阅读量2000多万人次。

（黄力军　黄芳霏　林伟创）

·政策研究·

【概况】 2023年，漳州市委政策研究室（简称漳州市委政研室）聚焦经济社会发展热点难点问题，组织开展16个市重点课题调研和20个市直部门重点课题调研，形成一批调研成果。其中，6篇被省委政策研究室《调研文稿》《调研内参》采用刊发。

【经济发展研究】 2023年，漳州市委政研室围绕开展“产业发展项目建设提升年”活动，组织开展漳州县域经济高质量发展、创建中沙（福建）产业合作区、做强做优做大国资国企、提升产业招商实效、“亩均论英雄”工作等专题研究，探索推动经济高质量发展、构建现代产业体系。

【生态环境建设研究】 2023年，漳州市委政研室聚焦贯彻落实习近平生态文明思想，组织开展九龙江流域（漳州段）水质提升、漳州市推进海水养殖碳汇工作、推进重点海湾综合治理等专题研究，提出如何提升水质、推进海湾建设等对策。

【民生事业发展研究】 2023年，漳州市委政研室组织开展漳州市分级诊疗制度建设专题研究，走访全市各级各类医疗机构，调研分级诊疗、家庭医生签约等工作，总结经验、分析问题、提出对策。组织开展优化中心城区教育资源布局专题研究，从扩大学位供给、提升教育教学质量等方面，提出对策。

【城市建设研究】 2023年，漳州市委政研室组织开展加快推进高新区“三大片区”（靖圆“一智一药”产业园、南湖“双创”产业园、站前总部经济产业园）开发建设专题研究，总结建设成效，分析困难与挑战，提出推进开发建设的思路和举措。

【社会治理研究】 2023年，漳州市委政研室组织开展“数智赋能”基层网格化社会治理专题研究，从持续跟进治理需求、提升平台效能、完善机制建设等方面，提出发展思路。组织开展新时代“漳州110”警务机制创新发展专题研究，从预警预防、快接快处、办案办事、严管严治等方面，提出构建现代警务新模式的思路举措。组织开展提升城市住宅小区服务管理水平专题研究，分析漳州市住宅小区物业管理问题短板，提出对策建议。

（卢建兴）

·老干部工作·

【概况】 截至2023年年底，漳州市有离休干部188人，其中市直单位94人、县（区）94人；行政部门63人，事业单位48人，企业77人；80~89岁14人，90岁以上174人。全市“5·12”（1949年10月1日至1950年5月12日期间参加工作）退休干部122人，其中市直单位36人、县（区）86人。

【离退休干部党建工作】 2023年，漳州市委老干部局举办全市“五融五助”（融入组织建设，助力基层党建；融入红色血脉，助力精神传承；融入基层治理，助力安全稳定；融入文化宣传，助力老有所乐；融入帮教帮扶，助力关心关爱）工作现场观摩会，选定新一批社区（14个）作为示范点。年内，漳州市委老干部局在党员人数较多的单位或区域单独组建离退休干部党组织19个，在较为成熟的兴趣组织中新成立临时（兼合式）党支部14个。开展省级示范党支部创建和市级达标创星工作，创立“省级示范党支部”26个、省级“六好”示范党支部15个、市级“先进党支部”39个。举办市直离退休干部党支部书记培训班，组织67名离退休干部党支部书记到华安县、长泰区等参观党建示范点，县（区）同步开展离退休干部党组织（书记）骨干培训，举办“银龄正能量大讲堂”、主题宣讲、离退休干部党支部书记班等116场次，受众4.8万人次。

2023年10月21日，漳州市委老干部局组织举办“学思想 强党性 听党话 跟党走”主题活动暨“我们的节日—重阳”文艺演出。图为演出现场
（漳州市委老干部局 供图）

【离退休干部作用发挥】 2023年，漳州市委老干部局制定印发《关于扎实做好银发人才库建设工作的通知》，入库银发人才1385人。成立银发工作室13个、银发志愿服务队45支。组织开展送爱心、送科技、送法律、送文化、送医疗“五送”服务下基层活动50多场次，相关情况被《中国老年报》《福建老年报》等媒体报道。开展“话传统、谈复兴、聚力量”主题调研活动，组织离退休干部党员畅谈学习贯彻习近平新时代中国特色社会主义思想体会，形成意见建议74份。组织拍摄《小区里的红管家——戴丽云》等6部微视频，获评福建省“学示范 做先锋 跟党走”主题微视频展优秀微视频；举办书法大赛、老年文艺进社区等各类文体活动63场。

【离退休干部服务】 2023年，漳州市委老干部局开展省内外易地慰问，到11个省市走访离休干部及遗偶48人，收集问题和意见8条，协调相关单位分步化解。集中开展“四上门”（送学上门、送温暖上门、问计上门、问效上门）走访慰问活动，市、县两级老干部工作部门联动全覆盖走访离退休干部702人，收集老干部反映问题意见52条，处理解决37条，协调相关单位并向老干部解释反馈15条。年内，漳州市委老干部局开展集中走访调研特困离休干部活动，分类整理出离休干部住危房、医护负担重、子女残疾、子女下岗、隔代接济五类问题，建立“一人一策”特困台账，有针对性解决问题。

（刘君雍）

【关心下一代工作】 2023年，漳州市各级关心下一代工作委员会（简称漳州市关工委）实施“五老”（老干部、老战士、老专家、老教师、老模范等离退休人员）关爱工程等，开展基层建设奋进年活动。全年开展各种教育活动1800场，开展青少年法治宣传教育800场，受教育青少年10.3万余人。组织“五老”宣讲员、报告员参与红色文化主题教育宣讲活动1500多人次，开展元月送温暖活动，走访慰问困境家庭青少年4000余人、农村留守儿童以及进城务工人员子女1200多人，赠送180余万元慰问金和一批慰问品。开展金秋助学活动，全市各级关工委参与颁发的助学金1300余万元，资助困难学生4800余人，漳州市关工委单独发放的助学金170多万元，助学1200余人。关爱帮教“五失”（失足、失管、失学、失业、失亲）青少年，帮教失足青少年580人，转化失足青少年322人。设立家长学校900多个，参与家教工作家教员5000余人，开展家庭教育讲座500余场，4万余名家长参与学习。新设立“种子工程”（通过培训和技术支持，帮助农村青年带头创业致富的项目）示范点26个。开展“程子工程”培训90余场，参加农户4000多人次。调研文章《实施种子工程 助力乡村振兴》获福建省关心下一代理论文章二等奖。

（方金龙）

【“黄道周书法奖”第四届老年大学学员书法大赛举行】 2023年10月11日，漳州市委老干部局、市文联、市老年教育协会、市书法家协会和市老年大学联合举行全市离退休干部“学思想、强党性、听党话、跟党走”主题活动暨“黄道周书法奖”第四届老年大学学员书法大赛。此次大赛收到参赛作品187幅，最终入选作品90幅，其中，最佳作品10幅、优秀作品20幅。

（刘君雍）

·党校工作·

【概况】 2023年，漳州市委党校（福建谷文昌干部学院）承办各类培训班290期18667人，其中主体班25期1876人，承接外培班次265期16791人，外培班次培训期数比上年增长54.97%，培训人数比上年增长38.22%。年内，漳州市委党校（福建谷文昌干部学院）与福建省委国安办共建“福建省安全教育基地（谷文昌干部学院）”。

【课程体系建设】 2023年，漳州市委党校（福建谷文昌干部学院）加强主课学科建设，理论教育和党性教育课程占全部课程比重超70%，设置课程112门，学员课评优秀率平均95%以上。邀请中央党校在漳州挂职专家学者每2~3个月开展1次精品课程评审。新增精品专题课程10门、新开发案例式课程3门。推荐10门课程到市委办牵头主办的“水仙学堂”授课，选送30门主题教育系列课程到市直各单位和各县区授课。

【谷文昌先进事迹弘扬】 2023年，漳州市委党校（福建谷文昌干部学院）完成《学习弘扬谷文昌先进事迹 做坚持实事求是的表率》《新时代对台工作的行动指南》《走近谷文昌》等专题授课任务。举办“谷文昌先进事迹”观摩活动，筹建“谷文昌先进事迹资料库”，在校园内建设谷文昌先进事迹文化走廊，在主体班学员推出“不朽的赞歌”谷文昌主题情景演出。在谷文昌诞辰108周年之际，承办“丹青翰墨颂谷公”书画展，邀请全国各地书画家创作，展出其中108幅艺术作品。

【合作交流成果】 2023年，漳州市委党校（福建谷文昌干部学院）签约合作单位14家，挂牌单位14家，举办中央党校第三届国家治理现代化论坛、团结报社2023年度新闻舆论工作表彰会等活动。

【现场教学精品路线打造】 2023年，漳州市委党校（福建谷文昌干部学院）实施全市现场教学“五个一”（吟诵一首革命诗歌、讲述一个红色故事、分享一个榜样人物、宣讲一段青年文字、畅谈一段读书感悟）提升计划，各县（区）按照“五个一”标准提升，形成谷文昌先进事迹、漳州红色文化、生态文明建设等6条教学体验路线，

2023年9月6日，漳州市委党校2023年秋季学期开学典礼在福建谷文昌干部学院举行 （陈逸帆 摄）

打造55个现场教学点，对7个县（区）的现场教学点授予“教学与科研基地”牌子。

【课题申报】 2023年，漳州市委党校（福建谷文昌干部学院）获省、市各类社科课题立项59项，其中省级课题9项，市社科课题15项，获评优质课题35项。鼓励教师多渠道参与省、市有关单位主办的课题调研、科研攻关，市委党校教师参与撰写的中央党校高端智库课题获中央领导批示。

【科研资政】 2023年，漳州市委党校（福建谷文昌干部学院）开展学员“金点子”献计献策活动，指导学员完成资政调研论文36篇，征集学员“金点子”469条，4篇咨政文稿获福建省社会主义学院主要领导批示肯定。

【学术交流】 2023年，漳州市委党校（福建谷文昌干部学院）聚焦市委、市政府中心工作，推动形成一系列研究成果。《实事求是的典范——谷文昌》发表在《学习时报》，4篇调研文章入选中央党校（国家行政学院）第三届国家治理现代化论坛“初心引领下的县域治理现代化”研讨会。

【《谷文昌年谱》出版发行】

2023年8月，福建谷文昌干部学院、漳州市委党校、东山县委、县政府会同河南省林州市委、市政府联合编撰的《谷文昌年谱》由中共中央党校出版社出版发行。该书是首次详细记述谷文昌先进事迹的编年体著作。全书分7个章节，记述谷文昌1915年到1981年的生平、经历和实践活动等。

【“传承红色基因 讲好漳州故事”主题演讲比赛举行】

2023年10月23日，漳州市“传承红色基因 讲好漳州故事”主题演讲比赛在福建谷文昌干部学院举行。各县（区）、开发区（投资区）和市直相关单位10名选手进入决赛。活动评出一等奖1名、二等奖3名、三等奖6名。

（吴苇雅）

·党史和地方志工作·

【概况】 2023年，中共漳州市委党史和地方志研究室（简称漳州市委史志研究室）完成中央党史和文献研究宣传专项引导资金项目“漳州战役研究”文稿撰写和重要红色档案资料收集工作，主办的闽南（漳州）革命历史展览开展。年内，成立漳州市党史方志专家库（第一批），30人入选。原史志书库从100平方米扩容至340平方米，升级打造150平方米的史志文献馆，整理陈列2万余套（册）。

【史志编研】 2023年，漳州市委史志研究室出版印刷《漳州名镇名村》《漳州红色故事读本》《中共漳州市委执政纪要•2022》等书籍，编印《漳州史志》4期。长泰区出版《长泰历代文献辑刊》，漳浦县完成《漳浦红色故事（第二版）》出版和《缉斋诗文稿》点校。

【年鉴编纂与出版】 2023年，漳州市、县（区）两级地方综合年鉴继续坚持一年一鉴、公开出版，截至12月，《漳州年鉴（2023）》公开出版。此卷年鉴设35个类目，全书60.4万字，记载2022年漳州市政治、经济、社会、文化发展等方面的基本情况。《漳州年鉴（2022）》获评福建省一等年鉴。推进县（区）年鉴编纂工作，《长泰年鉴（2022）》入选福建省年鉴精品工程，为漳州市县（区）首部入选，获评第九届全国地方志优秀成果（年鉴类）一等奖；《龙海年鉴（2022）》获评福建省三等年鉴。

【史志资政】 2023年，漳州市委史志研究室将资政、资商、资业作为史志工作的立足点，深入基层一线调研，组织和指导全市史志系统撰写《毛泽东在漳州战役中的调查研究》等史志文章、调研报告11篇，其中，《毛泽东与漳州不解情缘》等5篇文章刊登在省级刊物。

【史志宣传】 2023年，漳州市委史志研究室围绕重大节日、重大事件、重点工作，抓好史志宣教工作。全市史志系统举办和参与“平和暴动”95周年暨传承红色文化系列活动、弘扬“龙江风格”60周年系列活动、纪念东山保卫战胜利70周年研讨会等，被全国10多家主流媒体宣传报道。市委史志研究室开展“学习贯彻党的二十大精神”“毛泽东率领红军攻克漳州的主要历程和历史意义”等品牌课程宣讲22场，听众2193人次；在“学习强国”学习平台刊发文章41篇，点击量75万人次；“漳州党史方志”公众号发布128期，图文441篇。全市史志系统拍摄影片（微视频）、剧目10部，其中，市委史志研究室与市直多部门共同制作的芗剧现代戏《华侨女英雄李林》在福建广电大剧院演出。

【史志审核】 2023年，漳州市委史志研究室为中央广播电视总台《红色烙印》系列专题片、福建广电相关影片等提供史料及专业意见，审核涉及地方史志的书稿、连环画、展陈大纲等46件次51.26万字。联合市委宣传部、市文旅局、市民政局、市退役军人事务局共同印发《关于进一步加强涉及党史展陈与讲解内容审核工作的通知》，根据相关部门的职能对其审核范围进行详细分工，规范全市涉及党史展陈与讲解内容的审核与备案的相关流程和手续。

2023 年 5 月 18 日，中国女排参观闽南（漳州）革命历史展览

（严 洁 摄）

【闽南（漳州）革命历史展览开展】 2023年3月16日，漳州市委史志研究室主办的闽南（漳州）革命历史展览在漳州市龙文区江滨路原碧湖生态展示馆二楼开展。此展览设千年古邑风雷动、土地革命创苏区、三年苦斗杜鹃红、芗江潮涌救国难、红旗不倒迎解放、百废俱兴万象兴、改革开放闯新路、踔厉奋发新时代8个部分。截至2023年年底，接待观众1.2万人次，其中团体观众400批次、1.19万人次。展览获省委党史方志办主要领导批示肯定1次，《闽南日报》专题报道2次。

【史志书籍“六进”活动】 2023年，漳州市委史志研究室开展党史和地方志书籍“六进”（进机关、进社区、进农村、进学校、进企业、进军营）活动。其中，进机关13场，进校园3场，进企业5场，进军营1场，赠送《漳州市志（1991—2007）》《漳州市情简明读本》等史志书籍3915本（套）。

（林 倩）

·档案工作·

【概况】 2023年，漳州市档案馆（局）推进档案规范化建设，在全省率先实现所辖11个县（区）党委办室务会成员（副主任）、档案局局长、档案馆馆长“三位一体”全覆盖。开通电话查档、“漳州通”APP查档、漳州档案信息网咨询预约查档功能。接收政府主动公开信息材料3000条，接待查档512人次，利用档案3208卷（件）次。其中全国档案查询利用服务平台提供查档服务19次，收到社会各界送来锦旗5面、感谢信3封。

【依法治档】 2023年，漳州市档案馆（局）梳理发布市档案局22项权责清单。推动全市档案系统建设全省一体化大融合行政执法平台，对备案档案服务机构的企业诚信经营情况、档案安全、数字化加工等内容开展执法检查；根据“双随机”工作要求，对21家市直机关单位、国有企业档案工作开展检查指导。

【档案归集】 2023年，漳州市档案馆（局）完成市直2022—2023年文书档案2444件、声像档案233件、照片1183张档案归集进馆。征集36家市直单位声像档案1191件。开展各县区农村土地确权档案归集进馆，完成4个县区档案进馆工作。

【档案服务】 2023年，漳州市档案馆（局）对厦门港东山5000吨级对台客货码头等省级重点工程项目档案验收；紧扣“漳州印象”主线，推进“档说漳州展示馆”、实物档案陈列室和特藏室筹建工作。龙海区开展福建省农林场改制试点单位程溪农场改制档案指导服务；长泰区下发“乡村振兴特色馆”创建工作方案，跟踪落实湖珠村史馆布展和崇正书院修缮工作；云霄县为《国家记忆》之《江南红旗渠——向东渠》纪录片摄制组提供档案史料；华安县开展铁路外移、抽水蓄能水利项目档案指导。

【档案资源体系建设】 2023年，漳州市档案馆（局）制定2023年开放审核工作方案，试行人工智能技术审核开放档案卷宗，完成馆藏1991—1998年8.5万条档案开放审核初审。制订2023年市直单位档案接收计划表，完成32家市直单位8038卷15454件档案进馆验收。开展20万卷房屋产权登记档案移交进馆工作，完成首批15万卷档案搬迁进馆。

【档案数字化建设】 2023年，漳州市档案馆（局）协助漳州市公路事业发展中心档案室创建省级数字档案室，启动档案数字化二期项目建设；指导市城建档案馆创建数字档案馆。漳浦、龙文、长泰、南靖、芗城、云霄、东山7个县（区）档案馆档案数字化率80%，符合国家级标准要求。

【档案编研】 2023年，漳州市档案馆（局）编印《洪椰子笔记摘编（1955年）》（上、下）、《风雨彩虹 铿锵玫瑰——中国女排档案资料汇编》（上、中、下）、《漳州市档案馆馆藏档案实物集锦》《县（区）档案馆馆藏“两岸信函”档案汇编》《寻章觅漳——图说漳州侨汇》8本书籍；依托漳州市文联主办的《闽南风》，编研出版“档案漳州”专刊。

【档案宣传与办展】 2023年，漳州市档案馆（局）举办“6•9”国际档案日宣传周系列活动，“知档守法”档案普法视频宣传等活动。撰写的《漳州市档案馆暖心服务解民困》《发挥“党管档案”优势构建档案法治生态》等101篇文稿被《中国档案报》《中国档案》《福建档案信息》等省级以上媒体平台采用。发挥档案资源联动优势，举办“信仰的力量——中国共产党人的家国情怀”档案文献展、“绽放记忆之美”侨批档案入选《世界记忆名录》十周年展等主题档案展览，接待参观151批次2592人。推进档案故事专题片和挂钩村乡愁记忆专题片拍摄工作，播出《姜谅：廉洁勤政知府惠民事迹留存》《追忆峥嵘岁月 学习向东渠先进事迹》等10集专题片。

【档案安全保管】 2023年，漳州市档案馆（局）联合消防部门推进各县区档案局列入消防安全委员会工作。市档案局和全市11个县（区）档案局均列入当地消防安全委员会成员单位，市档案馆和全市11个县（区）档案馆均列入当地消防安全重点单位。做好实体档案、数字档案、保密应急等重点领域的安全维护工作，构建人防、物防、技防三位一体的安全防范体系。

【“迁台记忆”档案征集】

2023年，漳州市档案馆（局）面向社会征集“迁台记忆”档案资料517件，其中漳州与金门交流交往中赠送的锦旗等实物档案171件、涉台票据档案18件、两岸家书档案234件、海峡两岸连氏家族系列丛书11册。龙文区征集台北市长蒋万安题词1幅、历届“海峡两岸（漳州）中华武术大家练”照片132张；漳浦县征集涉台实物档案6件，“台湾宗亲林丰正回乡访亲”系列照片17张，数字化副本近300件；云霄县征集一批涉及迁台族群等相关实物档案20件；诏安县征集涉台实物资料8件、书籍27本、照片1061张。

2023年，漳州市档案馆征集到1927—1953年269件成套成系列侨汇档案文献。图为部分侨汇票据　（林秋琳 2023年10月19日摄）

【涉侨档案征集】 2023年，漳州市档案馆（局）征集到1927—1953年269件成套成系列侨汇档案文献，涉及陈嘉庚、胡文虎、蔡廷楷、林文庆、黄奕住、高捷成等诸多历史名人相关汇票，记录180多家漳州各地信局、银庄、侨栈、商号等信息。漳浦县、诏安县、南靖县征集到侨批60余件。

【地方特色档案征集与抢救】

2023年，漳州市档案馆（局）向中国第一历史档案馆征集漳州地方历史奏折档案19件，征集龙海区石码镇一处房产自明崇祯十年（1637年）至1952年共41件成套成系列房产档案复制件进馆；申请省级抢救保护经费，组织开展对清同治戊辰年（1868年）92册《福建通志》的修复、翻译和点校工作；实施清康熙二十六年（1687年）至1992年市区珍贵房产档案抢救保护项目。长泰区征集到红色档案60多件，参加南昌起义吴国珍档案51件；平和县征集到林广兆、龚克昌个人资料198件。

（刘舜全）

责任编辑：林　倩

漳州市人民代表大会

·综述·

【人大代表构成】 截至2023年年底，漳州市第十七届人民代表大会共有代表402名，其中，男性293名，女性109名；党员258名，非党员144名；公务员140名，国企负责人16名，非公有制经济人士62名，事业单位负责人19名，工人14名，农民62名，专业技术人员62名，其他基层代表8名，其他方面代表8名，部队11名。连任146名。

【代表履职】 2023年，漳州市人民代表大会及其常务委员会（简称漳州市人大及其常委会）坚持党的领导、人民当家作主、依法治国有机统一，推进全过程人民民主，全年召开10次常委会会议，听取审议28项专项工作报告，开展1次专题询问，颁布实施2部地方性法规，审议3部地方性法规草案，组织12部法律法规执法检查和34项专题视察调研，选举漳州市的省十四届人大代表67名，完成漳州市十七届人大二次会议、漳州市十七届人大三次会议确定的目标任务。

【重大决策部署贯彻落实】 2023年，漳州市人大及其常委会把政治理论学习放在首位，坚持第一议题学习习近平总书记重要讲话重要指示批示精神，开展学习贯彻习近平新时代中国特色社会主义思想主题教育。向市委请示报告重大事项、重点工作、重要会议、重要活动29次、77项。依法任免国家机关工作人员68人次，坚持党管意识形态不动摇，落实意识形态工作责任制。紧扣“产业发展项目建设提升年”活动、“七比一看”竞赛，全方位、多角度履职尽责、发挥作用，监督检查基层治理、乡村振兴、城市更新、中心城区闲置土地处置、高新技术企业培育、安全生产等工作。

【漳州作品首获中国人大新闻奖】 2023年，漳州市人大常委会研究室和漳州电视台针对市、区两级人大代表关注的地摊经济带来部分社会乱象的现状，展开调查采访，联合制作电视评论《若要“摊”不“难”关键要有这“手”》，推动并示范引导地摊经济规范、有序、文明地发展。2023年11月27日，该作品获第31届中国人大新闻奖三等奖，为漳州第一件获该奖项的作品。

（黄凌宇）

·重要会议·

【概况】 2023年，漳州市人大及其常委会召开人民代表大会会议2次、人大常委会会议10次，表决通过《漳州市人大常委会关于国家机关工作人员任前法律知识考试的规定》等文件、有关人事任职等事项。

【市第十七届人民代表大会第二次会议】 2023年1月3—4日，漳州市第十七届人民代表大会第二次会议在市人民剧场召开，实到代表314人。会议听取和审议漳州市人民政府工作报告；审查和批准漳州市2022年国民经济和社会发展计划执行情况及2023年国民经济和社会发展计划草案的报告，批准漳州市2023年国民经济和社会发展计划；审查和批准漳州市2022年预算执行情况及2023年预算草案的报告，批准漳州市2023年市级预算；听取和审议漳州市人民代表大会常务委员会主任李东河所作的漳州市人民代表大会常务委员会工作报告；听取和审议漳州市中级人民法院院长吴元祥所作的漳州市中级人民法院工作报告；听取和审议漳州市人民检察院检察长江莉所作的漳州市人民检察院工作报告；审议并表决通过《漳州市人民代表大会议事规则》。会议选举产生67名漳州市出席省第十四届人民代表大会的代表。

2023年1月3日，漳州市第十七届人民代表大会第二次会议在漳州市人民剧场开幕 （方铭志 摄）

【市第十七届人民代表大会第三次会议】 2023年8月29日，漳州市第十七届人民代表大会第三次会议在漳州宾馆召开，实到代表383人。会议补选魏东为漳州市人民政府市长。

【市十七届人大常委会会议】

2023年，漳州市人大及其常委会共召开10次常委会会议，即市十七届人大常委会第十一次会议至第二十次会议。

2023年2月28日，漳州市十七届人大常委会第十一次会议召开。会议表决通过《漳州市人大常委会关于国家机关工作人员任前法律知识考试的规定》《漳州市人大常委会关于对依法任命的国家机关工作人员进行履职评议的规定》《漳州市人民代表大会常务委员会关于设立“漳州企业家日”的决定》。会议听取和审议漳州市人大常委会法工委关于2022年规范性文件备案审查工作情况的报告。会议还表决通过有关人事任免事项。

2023年4月26日，漳州市十七届人大常委会第十二次会议召开。会议表决通过漳州市人大常委会关于《漳州市国土空间总体规划（2021—2035）（草案）》的决议。会议表决通过漳州市人大常委会关于批准漳州市本级2023年提前批新增政府债务限额管理、部分专项债券资金用途调整及相应预算调整方案的决议，听取漳州市政府关于《中华人民共和国水土保持法》及《福建省水土保持条例》实施情况的报告、关于2021年度市级预算执行和其他财政收支查出问题后续整改落实情况的报告（书面），听取和审议漳州市人大常委会执法检查组关于检查《中华人民共和国水土保持法》和《福建省水土保持条例》实施情况的报告、漳州市政府关于2022年漳州市政府债务管理情况的报告。会议还表决通过有关人事任免事项。

2023年5月31日，漳州市

十七届人大常委会第十三次会议召开。会议表决通过有关人事任职事项。

2023年6月30日，漳州市十七届人大常委会第十四次会议召开。会议表决通过《漳州市农用地土壤污染防治办法》、漳州市人大常委会关于批准2022年漳州市本级财政决算的决议、漳州市人大常委会关于批准漳州市本级2023年第二批新增政府债务限额管理及新增政府债券资金安排使用预算调整方案的决议，听取漳州市政府关于检查《宗教事务条例》及《福建省宗教事务条例》实施情况的报告，听取和审议漳州市公安局关于开展精细化管理营造良好道路交通出行环境工作情况的报告、漳州市政府关于漳州市社会应急救援力量建设情况的报告、漳州市人大常委会执法检查组关于检查《宗教事务条例》及《福建省宗教事务条例》实施情况的报告、漳州市政府关于2022年度漳州市级预算执行和其他财政收支情况的审计工作报告（含产业发展优惠政策落实情况跟踪审计）。会议表决通过有关人事任免事项。

2023年8月2日，漳州市十七届人大常委会第十五次会议召开。会议表决通过有关人事任免事项。

2023年8月28日，漳州市十七届人大常委会第十六次会议召开。会议听取和审议代表资格审查委员会关于漳州市十七届人大代表变动情况和补选代表的代表资格审查报告，并通过关于代表变动情况和补选代表资格审查情况的公告；审议通过《漳州市人民代表大会常务委员会关于召开漳州市第十七届人民代表大会第三次会议的决定》，以及将提交漳州市十七届人大三次会议决定的有关事项。会议听取和审议漳州市政府关于《中华人民共和国未成年人保护法》和《福建省实施〈中华人民共和国未成年人保护法〉办法》实施情况的报告、关于漳州市2023年上半年国民经济和社会发展计划执行情况与下半年工作意见的报告、关于漳州市2023年上半年预算执行情况和下半年工作意见的报告、关于2022年度市属金融类企业国有资产管理情况的报告、关于2022年度国有资产管理情况的综合报告（书面）、关于《漳州市城市文明养犬若干规定（草案）》（初审）的报告。会议表决通过有关人事任免事项。

2023年10月31日，漳州市十七届人大常委会第十七次会议召开。会议听取漳州市政府关于漳州市十七届人大二次会议代表建议办理情况的报告，听取和审议漳州市政府关于传承中华优秀传统文化加强古厝古建筑保护利用工作情况的报告、关于2023年全市环境状况和环境保护目标完成情况的报告、关于漳州市“十四五”规划《纲要》实施情况中期评估报告、关于2022年度漳州市级预算执行和其他财政收支审计查出问题整改落实情况的报告、关于产业发展优惠政策落实情况跟踪审计查出问题整改情况的报告、关于漳州市“9+5”产业集群发展状况的报告（书面）。听取和审议漳州市法院关于开展金融风险防范与金融审判工作情况的报告。会议表决通过《漳州市人民代表大会常务委员会关于加强经济工作监督的决定》，审议《漳州市海域养殖生态保护管理办法（草案）（初审）》。会议还表决通过漳州市人大常委会关于接受个别省人大代表辞职的决定，表决通过有关人事任免事项。

2023年11月15日，漳州市十七届人大常委会第十八次会议召开。会议对漳州市人大常委会任命的国家机关工作人员开展履职评议。会议听取和审议漳州市政府关于乡村振兴“十镇百村”行动推进情况的报告，就乡村振兴“十镇百村”行动推进情况开展专题询问。会议还表决通过有关人事任免事项。

2023年12月6日，漳州市十七届人大常委会第十九次会议召开。会议表决通过《漳州市人民代表大会常务委员会关于召开漳州市第十七届人民代表大会第四次会议的决定》。

2023年12月29日，漳州市

十七届人大常委会第二十次会议召开。听取和审议漳州市政府关于漳州市2023年部分主要经济指标调整的报告、关于2023年漳州市本级收支预算调整草案的报告。会议还表决通过漳州市人大常委会关于接受2名省人大代表辞职的决定，补选2名省十四届人大代表，表决通过有关人事任免事项。

（黄凌宇）

·人大立法·

【概况】　2023年，漳州市人大常委会颁布实施《漳州市政务服务条例》《漳州市农用地土壤污染防治办法》2部法规，完成《漳州市市区内河管理规定》《漳州市城市公共停车管理规定》2部法规立法后评估，通过《漳州市海域养殖生态保护管理办法》《漳州市城市文明养犬若干规定》2部法规草案初审，开展护工队伍管理、适老化改造、涉台文物古迹保护管理等立法调研，备案审查规范化建设取得成效。

【立法工作机制优化】　2023年，漳州市人大常委会践行全过程人民民主，发挥基层立法联系点、立法研究服务基地功能，健全公民有序参与立法机制，立法工作队伍专业化水平提升。配合福建省人大常委会开展“迁台记忆”档案文献保护、野生动物保护、气候资源保护与利用、水利工程管理、机关效能建设工作、献血条例、统计条例等立法调研，为后续立法提供意见建议。指导漳州市司法局创新涉台公共法律服务工作，推动长泰区山重村发挥作为福建省首个两岸同名同宗村交流基地优势，在漳州设立福建省人大常委会侨台民宗基层联系点。

【备案审查】　2023年，漳州市人大常委会做好规范性文件备案审查工作，对17件规范性文件进行备案审查，做到有件必备、有备必审、有错必纠，在全省率先实现市、县（区）两级人大常委会听取审议备案审查工作报告、使用信息平台开展备案审查“两个全覆盖”，经验做法被《人民政坛》专版刊发。

（黄凌宇）

·人大监督·

【概况】　2023年，漳州市人大常委会围绕经济提质增效、生态环境保护、增进民生福祉、促进和谐稳定等重点领域，听取审议28项专项工作报告，开展12部法律法规执法检查、1次专题询问、34项专题视察调研，开展依法监督。

【财经工作监督】　2023年，漳州市人大常委会听取审议国民经济和社会发展计划执行情况、“十四五”规划纲要实施情况中期评估、“9+5”产业集群发展状况等报告，专题调研县域经济和民营经济高质量发展、中心城区闲置土地处置、高新技术企业培育等，跟踪督促建筑业发展。作出关于加强经济工作监督的决定，上线运行人大预算联网监督系统，听取审议预算执行、预算调整等报告，审查批准漳州市本级决算、新增政府债务限额及债券资金、预算调整方案。开展地方政府债务审查监督，督促债券资金项目建设。听取审议国有资产管理情况综合报告和市属金融类企业国有资产管理情况报告，促进国有资产保值增值。听取审议审计工作、审计查出问题整改落实情况报告，跟踪监督183个审计发现问题整改落实。作出关于设立漳州企业家日的决定。

【生态环境保护监督】　2023年，漳州市人大常委会审议年度环境状况和环境保护目标完成情况报告。围绕九龙江流域生态环境保护，开展一次执法检查、组织一次人大代表集中视察、发出一封保护“母亲河”倡议书、汇编一本适用法律法规案例，市、县（区）两级人大联动监督。跟踪监督九龙江流域（漳州段）山水林田湖草沙一体化保护和修复

2023年6月15日，漳州市人大常委会组织召开市县人大监督落实九龙江流域生态环境保护相关法规推进会　（方铭志 摄）

工程，资金审计查出问题的整改落实；联合厦门市、龙岩市人大协同监督推动九龙江流域水生态环境共治。开展水土保持“一法一例”实施情况执法检查，推动全市水土流失面积、强度双下降。督查漳州市区内河综合治理。成立人大工作专班，一线督导全国文明城市创建，推动207个问题完成整改。听取审议国土空间总体规划编制情况报告，督促制定完善规划管控措施。

【社会民生监督】　2023年，漳州市人大常委会开展乡村全面振兴视察调研、专题询问，支持政府抓重点、补短板、强弱项、固优势，全面落实乡村振兴“十镇百村”行动目标任务。跟踪督促教育“双减”政策落实，专题调研耕地保护、安全生产、被征地农民社会保障、居家社区养老服务和中心城区防汛排涝、城市更新、健身场地供给优化等情况，提出有针对性、建设性的意见建议，督促相关工作改进。听取审议传承中华优秀传统文化加强古厝古建筑保护利用情况报告，推动市文旅局建立文化遗产保护相关机制，编制完成历史文化街区、名镇、名村和传统村落的保护规划。开展专题调研，推动政府落实普惠托育补助资金，建设一批具有标杆引领作用的普惠托育示范点；开展未成年人保护“一法一办法”执法检查，督促一体推进家庭、学校、社会、网络、政府、司法“六大保护”。与市政协联合调研，推动市医院与北京协和医院深化合作共建省级区域医疗中心。听取审议社会应急救援力量建设情况报告。督查户外广告和招牌设置管理、督查城镇燃气管理等法规贯彻实施情况。专题调研社区工作者队伍建设情况。检查《宗教事务条例》贯彻实施情况。专题调研涉侨纠纷多元化解工作，推动完善涉侨纠纷多元化解工作机制。

（黄凌宇）

·代表工作·

【概况】　2023年，漳州市人大常委会加强同人大代表、人大代表同人民群众的联系，为代表依法履职创造良好条件、提供服务保障，推动代表发挥模范和表率作用，凝聚思想共识、汇聚发展合力。漳州市十七届人大二次会议代表提出的107件建议，在规定时限内全部办理完毕，办复率和满意率均100%。

【代表建言献策】　2023年，漳州市人大常委会落实市委部署要求，组织全市五级人大代表开展“我为漳州发展献一策”活动。向全市代表发出征集通告，鼓励代表立足岗位下沉一线调研、提出高质量建议。开展面对面交流，市、县（区）两级人大联动召开30余场座谈会，与基层一线代表、企业家代表和各行业代表广泛座谈交流，深入听取意见建议。征集代表意见建议1066件（条），经过梳理归类，筛选出产业发展、中菲“两国双园”建设、社会治理、民生改善等十方面60件重点建议呈报市委。

【代表工作室建设】 2023年，漳州市人大常委会印发《关于加强全市乡镇（街道）人大代表工作室规范化建设的指导意见》，开展“代表工作室规范化建设提升年”活动。安排100万元专项资金，支持每个县（区）按照标准重点打造2~3个标准化工作室（联络站），以点带面示范推进全市453个代表工作室（联络站）建设。全市五级人大代表以工作室（联络站）为载体，常态化参加政治学习、了解基层情况、听取群众意见、开展述职等活动，市、县（区）人大常委会组成人员经常性走进工作室（联络站），联系代表、联系群众。代表工作室（联络站）相关经验在中国人大网、福建电视台等国家、省级重要媒体宣传推介。

【代表履职服务保障】 2023年，漳州市人大常委会组织两批160多名市人大代表开展履职培训。邀请126人次代表参加常委会会议和集中视察、专题调研、执法检查等活动。服务保障好第十四届全国人大台湾省代表团到漳州视察，开展调查研究，推动涉台政策法规落实，为促进两岸融合发展建言献策。常态化召开列席市人大常委会会议代表座谈会。完善代表履职档案，推进代表履职规范化、信息化建设。在“漳州人大”微信公众号开辟“代表风采”专栏，宣传优秀代表履职风采。

（黄凌宇）

2023年9月14日，龙文区人大常委会组织漳州市十七届人大代表(龙文团)开展生态环境保护集中视察。图为人大代表实地察看九龙江西溪(龙文段)湿地建设工程　（龙文区人大常委会 供图）

·人事任免·

【市十七届人大常委会第十一次会议人事任免事项】 2023年2月28日，漳州市十七届人大常委会第十一次会议决定接受崔为磊辞去漳州市人民政府副市长职务；免去阮明光的漳州市中级人民法院审判委员会委员、审判员职务。

【市十七届人大常委会第十二次会议人事任免事项】 2023年4月26日，漳州市十七届人大常委会第十二次会议决定任命张明东为漳州市住房和城乡建设局局长；决定免去谢宏坤的漳州市住房和城乡建设局局长、漳州市人民防空办公室主任职务；免去王瑛的漳州市中级人民法院审判委员会委员、审判员职务；接受孙志明辞去漳州市人民代表大会常务委员会委员职务的请求，免去孙志明的漳州市十七届人大财政经济委员会委员职务。

【市十七届人大常委会第十三次会议人事任职事项】 2023年5月31日，漳州市十七届人大常委会第十三次会议决定任命洪泰伟为漳州市人民政府副市长。

【市十七届人大常委会第十四次会议人事任免事项】 2023年6月30日，漳州市十七届人大常委会第十四次会议决定任命洪维椿为漳州市自然资源局局长，唐云珍为漳州市国防动员办公室主任；决定免去陈爱棋的漳州市自然资源局局长职务；免去袁五一的漳州市中级人民法院审判委员会委员、审判员职务，蔡松俊、王泽华的漳州市人民检察院检察委员会委员、检察员职务。

【市十七届人大常委会第十五次会议人事任免事项】 2023年8月2日，漳州市十七届人大常委会第十五次会议决定接受王进足辞去漳州市人民政府市长职务的请求；决定任命魏东为漳州市人民政府副市长、代理市长；决定任命远洋为漳州市海洋与渔业局局长；决定免去刘兆民的漳州市海洋与渔业局局长职务；免去林志辉的漳州市监察委员会委员职务。

【市十七届人大常委会第十六次会议人事任免事项】 2023年8月28日，漳州市十七届人大常委会第十六次会议决定任命陈琦为漳州市科学技术局局长，刘晖为漳州市文化和旅游局局长；决定免去林鹭的漳州市科学技术局局长职务，何金才的漳州市文化和旅游局局长职务；免去陈中坚的漳州市人民检察院检察委员会委员、检察员职务。

【市第十七届人民代表大会第三次会议人事任职事项】 2023年8月29日，漳州市第十七届人民代表大会第三次会议补选魏东为漳州市人民政府市长。

【市十七届人大常委会第十七次会议人事任免事项】 2023年10月31日，漳州市十七届人大常委会第十七次会议决定任命马涛涛为漳州市人民政府副市长（挂职）；免去刘英俊的漳州市人民检察院副检察长、检察委员会委员、检察员职务。

【市十七届人大常委会第十八次会议人事任免事项】 2023年11月15日，漳州市十七届人大常委会第十八次会议任命林忠明为漳州市中级人民法院审判员、审判委员会委员、副院长；决定林忠明代理漳州市中级人民法院院长职务；接受吴元祥辞去漳州市中级人民法院院长职务的请求。

【市十七届人大常委会第二十次会议人事任免事项】 2023年12月29日，漳州市十七届人大常委会第二十次会议决定任命张永金为漳州市发展和改革委员会主任，黄艺敏为漳州市民政局局长，张其扬为漳州市交通运输局局长，蔡加立为漳州市水利局局长，孙可为漳州市商务局局长，沈义勇为漳州市林业局局长；任命方云柏为漳州市监察委员会委员；决定接受胡栋良辞去漳州市人民政府副市长职务的请求；免去黄艺敏的漳州市人大常委会农村经济委员会主任、漳州市第十七届人民代表大会社会建设委员会副主任委员职务；决定免去蔡兴州的漳州市发展和改革委员会主任职务，曾建新的漳州市民政局局长职务，张永金的漳州市交通运输局局长职务，黄泽奇的漳州市水利局局长职务，林百荣的漳州市商务局局长职务，张其扬的漳州市林业局局长职务；接受朱志宏、庄跃庆、黄艺敏辞去漳州市人民代表大会常务委员会委员职务的请求；接受张国旺、胡栋良辞去福建省十四届人大代表职务的请求，按规定上报省人大常委会备案、公告；补选魏东、姜峰为福建省十四届人大代表，按规定上报省人大常委会备案、公告。

（黄凌宇）

责任编辑：林松英

漳州市人民政府

·综述·

【经济社会高质量发展】 2023年，漳州市实施“深学争优、敢为争先、实干争效”行动，开展“产业发展项目建设提升年”活动，推进经济社会高质量发展。全市地区生产总值5728.43亿元，比上年增长5.9%；一般公共预算总收入407.80亿元，比上年增长19.6%；城镇居民人均可支配收入48736元，比上年增长5.1%；农村居民人均可支配收入27788元，比上年增长7.7%。

【产业发展项目建设提升年】 2023年，漳州市开展“产业发展项目建设提升年”活动和“七比一看”（比项目招商、比征地拆迁与耕地保护、比工业提升、比项目提升、比争取资金、比乡村振兴与生态建设、比新增“四上”企业，看高质量发展成效）竞赛，出台《巩固拓展经济向好势头的一揽子政策措施》《漳州市稳外贸 稳外资 促消费激励措施》《促进工业高质量发展若干措施》等政策。年内，漳州市入围2023年全国先进制造业百强市，石英钟表产业集群入选首批国家中小企业特色产业集群。获中国鲍鱼种苗之都、中国蛤类种苗之都称号，漳州国家农业绿色发展先行区通过评估，漳浦县入选国家现代农业产业园创建名单。古雷炼化一体化二期项目通过国家发展改革委“储转规”评审，中沙古雷乙烯项目进入实体工程建设阶段，漳浦联盛林浆纸一体化一期、闽粤联网工程、东山一道新能源光伏组件、太阳海缆一期等一批项目投产投用。实施省级重点技改项目302个，数量位居全省第二。

【县域经济】 2023年，漳州市召开全市县域经济高质量发展分析会，推动各县（区）因地制宜发展“3+X”产业（以县域为主体，每个地方重点扶持发展3个特色主导产业，X个新兴特色产业）。龙海区、长泰区、芗城区入选2023年度福建省城市发展“十优区”，东山县、漳浦县、华安县入选福建经济发展“十佳县”。南靖县入选全国优势特色产业集群建设名单。

【民营经济】 2023年，漳州市出台《进一步促进民营经济高质量发展的实施意见》，开展“千名干部挂千企”帮扶活动，举办首个“漳州企业家日”系列活动，新注册市场主体13.04万户、总量超80万户。开展高新技术企业“双倍增”行动，新增国家专精特新“小巨人”企业3家、国家级科技企业孵化器2家。

【深化改革】 2023年，漳州市开展营商环境攻坚提升行动，率先在全省建成市级数字化营商环境督导平台，创建全国第四批社会信用体系建设示范区。推行“三即”（拿地即开工、验收即办证、竣工即投产）审批。深化“亩均论英雄”改革，盘活工业用地面积470.4万平方米、闲置厂房面积85万平方米。在全国率先开展林业数字碳票、海水养殖碳汇核算。漳州市创新生态环境技术调查官制度入选国家生态文明试验区改革成果案例。九龙江集团进入中国企业500强。

【开放合作】 2023年，漳州市首次上榜2022年中国外贸百强城市。中国—菲律宾经贸创新发展示范园区获国务院批复设立并进入实质性建设阶段，签约项目38个、总投资449亿元。中沙（福建）产业合作区完成总体方案编制。东山经济技术开发区更名为东山湾古雷经济技术开发区。东山关帝庙、云霄开漳圣王文化祖地、漳州古城、长泰龙人古琴研究院获批国家级海峡两岸交流基地。举办海丝国际中医药文化论坛、海峡两岸现代农业博览会·花卉博览会、关帝文化旅游节、开漳圣王文化节、海峡茶会等活动。

【乡村振兴】 2023年，漳州市开展乡村振兴“十镇百村”行动，新建乡镇生活污水配套管网176.6千米，整治裸房1.62万栋，新建农村公路430千米。成立乡贤促进会1754个，831个村推行乡村治理积分制，农村建设品质提升考核排名全省前列。全国首创农村集体资产资源交易过程“四定一督”（定底价、定年限、定流程、定约束条款，全过程监督）工作机制。

【社会事业】 2023年，漳州市在全省率先设立“就业夜市”，城镇新增就业人数超4万人。出台《关于促进漳州市教育高质量发展的若干措施》，成立漳州市水仙花教育发展基金会。在全省率先制定住院分娩医保报销倾斜待遇政策。漳州市医院、漳浦县医院被确定为省级区域医疗中心建设单位。中国女排精神展示馆开馆。举办弘扬女排精神座谈会。推动化解市区第二批不动产权办证历史遗留问题12563个、面积116万平方米。实施城市建设品质提升项目927个，九龙江流域（漳州段）山水林田湖草沙一体化保护和修复工程项目基本完成。

【名医入漳“圆山计划”】 2023年，漳州市谋划实施海峡两岸中医药产业融合发展“圆山计划”，定位建设“五个基地”和“一个目的地”，即建设海丝国际中医药论坛永久会址和海峡两岸中医药人才交流培训基地、名医名师聚集地与“师带徒”传承基地、中医名药名方与科研成果转化基地、生物制药基地、中药材交易基地和医疗医养医旅目的地，将漳州打造成中国南方医疗医药医养医旅名城。年内，漳州市启动名医入漳、名院进漳、名药兴漳、名企驻漳、名品聚漳五大工程，规划布局总面积1066.67公顷的“一智一药”（智能制造和生物医药）产业园，用于培育发展大医药大健康产业。海丝国家中医药文化论坛在漳州举办，北京协和医院、望京医院等与漳州市医院、中医院签订合作协议。

（朱圣平）

·重要会议·

【概况】 2023年，漳州市政府召开全体会议1次、常务会议21次。研究的主要议题有漳州市国道228线滨海旅游风景道建设实施方案、漳州市巩固拓展经济向好势头的一揽子政策措施、治理“餐桌污染”建设“食品放心工程”工作方案等。

【市政府全体会议】 2023年1月4日，漳州市政府第一次全体会议召开，对各级政府各部门进行工作动员部署。会议强调，咬定目标抓落实，确保完成全年各项目标任务；细化任务抓落实，全力办好要紧事，攻坚突破难办事，创新策划新生事；统筹兼顾抓落实，科学有序抓好工作落实；敢于斗争抓落实，不断巩固发展风清气正的良好政治生态。

【市政府常务会议】 2023年，漳州市政府召开常务会议21次。其中，第一次至第十二次由市长王进足主持，第十三次至第十四次由代市长魏东主持，第十五次至第二十一次由市长魏东主持。

第一次常务会议 2023年1月6日召开，研究漳州市国道228线滨海旅游风景道建设实施方案、漳州市加强金融支持实体经济高质量发展的若干措施、漳州市稳外贸稳外资促消费激励措施等事项。

第三次常务会议 2023年2月14日召开，研究加快推进国家知识产权强市建设试点城市工作的若干措施、设立“漳州市企业家日”等事项。

第五次常务会议 2023年3月17日召开，研究漳州市巩固拓展经济向好势头的一揽子政策措施等事项。

第六次常务会议 2023年4月4日召开，研究市政府2023年立法计划，审议漳州市国土空间总体规划（2021—2035年）编制等有关事宜。

第七次常务会议 2023年4月21日召开，听取2022年以来漳州市食品安全工作情况汇报，研究2023年全市治理“餐桌污染”建设“食品放心工程”工作方案等事宜。

第八次常务会议 2023年5月12日召开，传达贯彻全省文旅经济发展大会精神，强调立足漳州旅游资源，围绕“吃住行游购娱”六要素，进一步补齐服务市场短板、提升景区景点质量、拓展上下游产业链条，激发文旅消费潜力。听取重要民生商品保供稳价工作情况汇报，研究漳州市安全生产委员会工作规则等事宜。

第十次常务会议 2023年5月31日召开，传达省委书记周祖翼关于常态化开展习近平总书记重要指示批示贯彻落实情况“回头看”工作的批示精神，省长赵龙到漳调研讲话精神。研究工业数字化转型三年行动计划、推进工业数字化转型七条措施等事项。

第十一次常务会议 2023年6月20日召开，传达省委书记周祖翼到漳调研讲话精神。研究九龙江流域（漳州段）山水林田湖草沙一体化保护和修复工程项目等事项。

第十二次常务会议 2023年7月19日召开，研究漳州市加快数字经济产业发展若干措施、促进工业高质量发展若干措施等事宜。

第十三次常务会议 2023年8月9日召开，研究城镇燃气事故应急预案、建筑垃圾管理办法实施细则、建筑垃圾资源化利用实施方案等事项。

第十四次常务会议 2023年8月25日召开，专题研究市政府党组落实全面从严治党主体责任工作、市政府系统意识形态工作。研究漳州市鼓励企业入园进区增产增效的若干措施等事宜。

第十五次常务会议 2023年9月6日召开，研究工业投资项目“竣工即投产”改革实施方案、推进全生命周期健康管理高质量发展的指导意见等事项。

第十六次常务会议 2023年10月11日召开，研究全市城镇燃气安全专项整治工作、中心城区住宅低洼配电站房迁移改造实施方案等事宜。

第十七次常务会议 2023年10月23日召开，传达省委书记周祖翼到漳调研讲话精神。研究药品安全工作等事项。

第十八次常务会议 2023年11月9日召开，传达学习省长赵龙到漳调研讲话精神。研究知识产权工作等事项。

第十九次常务会议 2023年11月29日召开，听取第三轮中央生态环境保护督察边督边改工作情况、国务院安全生产和消防工作考核巡查延伸考核发现问题整改工作情况汇报。研究漳州市推动种业高质量发展六条措施、新型基础设施建设三年行动计划等事项。

第二十次常务会议 2023年12月15日召开，传达学习中央第一生态环境保护督察组组长陈润儿到漳调研谈话精神，传达学习

《福建省统计条例》等文件。研究其他事项。

第二十一次常务会议　2023年12月27日召开，传达学习省委十一届五次全会、省委经济工作会议及市委常委会（扩大）会议精神，按照市委部署要求，研究贯彻落实措施。通报2023年市政府党组落实全面从严治党主体责任工作情况。研究其他事项。

【漳州市知识产权保护和发展工作会议召开】　2023年12月5日，漳州市知识产权保护和发展工作会议召开。市长魏东主持会议并讲话。会议强调，把握科技自立自强，提高抓好知识产权保护的政治自觉；着眼漳州高质量发展，切实加快知识产权强市建设；压实各方责任，合力推动知识产权保护工作落地落细。

【漳州市安全生产工作视频会召开】　2023年12月6日，漳州市召开安全生产工作视频会。会议深入学习贯彻习近平总书记关于安全生产重要论述，学习贯彻全省会议精神，分析面临形势，对下阶段安全生产工作进行再部署、再推进、再落实。市长、市安委会主任魏东主持会议并讲话。会议要求全市绷紧安全之弦，抓好岁末年初安全生产工作；抓紧问题整改，做好国务院考核巡查组检查；盯紧重点领域，全域推进重大隐患排查整治；压紧各方责任，全方位织密安全生产防护网。

（朱圣平）

·为民办实事·

【概况】　2023年，漳州市完成45项为民办实事项目年度目标任务，涉及社会事业、公共服务、生态环保、交通建设等方面。

【社会事业项目】　2023年，漳州市实施婴幼儿照护服务普惠项目16个，新增普惠性托位1105个。住院分娩医保报销惠及2.11万人次。人均基本公共卫生服务项目政府补助标准提高到每人每年89元。完成市级三级医院、县级定点医院综合ICU（重症加强护理病房）床位和县级定点医院重症救治床位中综合ICU救治床位的改造任务。建成42个公益性生命公园，新增公益性墓位45342个。城乡居民基本养老保险基础养老金标准按要求调整提高，惠及78.73万名居民。摸排低收入群体7.3万户，完成每户增配“4个1”（1个漏电保护器、1个烟感报警器、1个灭火器、1个消防逃生面罩）。发放困难残疾人生活补贴9158万元，惠及62930人次，重度残疾人护理补贴1.03亿元，惠及8.38万人次。在龙海区、长泰区、东山县和漳州高新区新建或改造提升乡镇农贸市场16个。开工筹建保障性租赁住房1535套、棚户区改造6578套。提升改造主城区老旧小区1.5万户，改造更新燃气管道14.12千米。新建和改造提升绿道96.33千米。打造芗城区西桥街道为无障碍样板街道；完成9个公共安全保障提升工程；高素质农民培训1.86万人次。新增城镇就业4.03万人，城镇失业人员再就业1.19万人，就业困难人员就业2666人。全市在校生和毕业5年内在漳创业的全日制普通大中专毕业生创业项目，获省级资助16个、获市级资助42个。建成居家养老服务平台16个，为经济困难、特殊困难老年人等提供线下线上服务25万人次。将符合条件的社会散居孤儿、事实无人抚养儿童纳入保障范畴，2023年1月起按散居每人每月1400元、集中供养每人每月1800元的标准发放基本生活保障金，且12月起均提高标准300元。探访散居孤儿1763人次、事实无人抚养儿童1.34万人次。对符合条件并到定点康复机构进行康复的孤独症儿童，给予每人每年1.7万元康复救助（贫困的按2万元标准）。

【公共服务项目】　2023年，漳州市建成示范性长者食堂20个，开工建设嵌入式养老服务机构2个。提供HPV（人乳头瘤病毒）疫苗免费接种5.77万人次。在公共场所配置自动体外除颤器222

台，培训救护员2.62万人次。新开工建设智慧体育公园1个、完成续建2个，建成游泳健身场所2个、多功能运动场1个，在全市各地开展全民健身运动会300场次。市美术馆周末和重要节假日延时开放时间不少于2个小时，工作日错时延时新增时长累计1193.5小时。新建户外劳动者服务站点30个。建成5G站点配套项目4247个，实现乡镇5G信号全覆盖。芗城区、龙文区建成口袋公园22处，延伸拓展在龙海、长泰、漳浦等地建成口袋公园31处。在公共服务场所、老旧小区和机关、企事业单位等新建电动汽车公共充电桩（标准桩）698个，在主城区建成公共换电站60个并投入使用。

2023年，漳州市完成45件为民办实事项目。图为设置在龙文区国贸天成口袋公园内的风雨亭（李林 2023年9月24日摄）

【生态环保项目】 2023年，漳州市综合治理水土流失面积7633.33万平方米、河长56.19千米。实施村庄农村生活污水治理项目75个，新建生活污水处理站30座、污水收集管网598.17千米。新建生活垃圾分类屋（亭）200座。出动打捞船舶717艘次，参与打捞的人员11.3万人次，清理海漂垃圾2.05万吨。新建改造污水管网110.23千米。

【城乡统筹项目】 2023年，漳州市完成1个街区、6个名村（传统村落）保护利用提升工作。完成11个老旧小区供配电设施升级改造。建成常山开发区“零计划停电示范区”。新建、改造农村配电网台区750个，农村地区供电可靠率99.96%。建成投产长泰1000千伏特高压输变电、云霄核电500千伏送出等工程。启动建设农村水厂6处，铺设供水管网1008.73千米，受益人口26.58万人。推进主城区、城乡接合部和县中心区义务教育阶段公办学校扩容建设，项目开工20个，投入使用后预计新增学位1.1万个。完成中小学教室照明改造2514间；改造学校52所，并向社会开放体育场地；开工新建（改扩建）公办幼儿园项目9个，投入使用后预计新增学位2790个；从县级以上医院抽调227名高年资中级以上职称医师下基层服务，诊疗群众3.52万人次，开展业务培训3827人次；选派科技特派员1579人，挂钩服务271家企业和1479个行政村；新增“三品一标”（无公害农产品、绿色食品、有机农产品和农产品地理标志）产品认证30个，建成食品安全溯源示范农贸市场16个、“阳光小作坊”290家；印发实施2023年水仙花餐饮量化等级评定工作方案，完成餐饮单位评审1351家，其中三星级以上381家。

【交通建设项目】 2023年，漳州市完成道路交通安全隐患路段整治59处；按计划推进省道209线（联十一线）漳州长泰段公路二期工程PPP项目开工建设；建设和改造农村公路181.62千米，改造危病桥29座，完成村道安防工程112.4千米；完成北环城路等6条主城区道路改造提升，具备通车条件；在芗城区、龙文区人流密集场所增设15处风雨连廊；新增城市公共停车泊位2455个，建成路内智慧停车泊位3660个并投用；完成主城区水仙大街、胜利路、元光路、南昌路等人流密集、换乘率高的140座智慧公交电子站牌建设并投入使用。

（闽南日报社）

·政务服务·

【概况】 2023年，漳州市行政服务中心针对工程建设项目审批过程中出现的不规范行为和操作问题，打造后方围绕窗口转、窗口围绕企业转的穿透式服务，实现“一门进、一窗办、一章出”。全年市、县、乡（镇）、村（居）四级近6万审批服务事项中，70.89%实现“全程网办”；调阅电子证明材料超240万次，生成电子证照超110万本。“最多跑一趟”事项占比99.91%，“一趟不用跑”占比为80.42%。

【行政审批】 2023年，漳州市行政服务中心成立重点项目服务专班，完善重大项目“清单台账—全程催办—跟踪反馈”的全链条闭环落实机制和市、县两级实时联动工作机制，到古雷海泉化学、中沙古雷乙烯、万福产业园等现场，对审批中共性问题列出清单，形成解决方案。年内，专班组织设计方案联审联办联合踏勘204场，为项目业主协调解决问题361个，形成解决方案107个，涉及部门65个、4479人次。

【“一网好办”改革】 2023年，漳州市行政服务中心围绕企业从开办到注销、个人从出生到死亡全生命周期，联系相关部门，利用“漳州通”APP、政务大厅小程序等线上热点问题，提供证照到期提醒、关联证件推荐、关联事项推荐、免申即领服务4项具有漳州特色的“提醒办”服务项目，向群众推送证照到期、待办事项、政策文件等各类信息。推出企业相关生产、经营证照，个人相关居住证、护士执业证书等38类电子证照到期“提醒”，发出各类“提醒”超4.2万份。年内，对接公积金、医社保、入园入学办理等第三方服务，医保服务由原来的5项增加为22项，公积金服务由原来的4项增加为28项。承担全省“码上办”改革试点攻坚任务，将身份码、电子图书码、旅游全域码、场馆预约码、电子医保码等各类服务码统一集成到“水仙码”，方便群众使用。截至2023年年底，“漳州通”APP注册用户数超223万户，总访问量超5600万次，办件量超472万次。

【便民利企“妈妈式”服务】 2023年，漳州市行政服务中心通过与市公安局、市市场监管局、市交通运输局等部门进行数据共享，推出酒茶商行、餐饮、便利店、超市、药店、健身房、美容美发等17类企业的开办助手服务。开辟“政企直通车”专栏，建立市、县两级涉企部门纵向联动、横向协同的全市涉企综合服务网络。开设“民营企业综合服务区”，调配2名专职专岗工作人员，安排各窗口负责人或业务骨干轮流驻点，为企业提供相关政策咨询、业务办理等服务。

【“好差评”机制】 2023年，漳州市行政服务中心优化企业和群众评价渠道，通过全市统一政务服务信息系统，实现全市16个县（区）级政务服务中心和123个乡镇便民服务中心“好差评”机制全覆盖。核查“不满意”“非常不满意”评价，年内共处理群众咨询1000多次，诉求82件，均按时办结和答复。全市进驻福建省网上办事大厅事项数5.75万项（市直1884项），全流程网办事项比例70.37%，政务服务“好差评”共评价320.35万次，主动评价率99.96%，非常满意率99.98%，连续四年并列全省第一。

【工业项目“竣工即投产”改革】 2023年，漳州市行政服务中心与市工信局联合制定《漳州市工业投资项目“竣工即投产”改革实施方案》，将模拟办件和并联审批等工作模式应用在竣工验收阶段，打破项目审批“先验收，后装修，再投产”的传统模式，对基本具备竣工验收条件的项目，提前介入联合验收，缩短竣工与投产的时间差。全年服务竣工即投产项目41个，单个项目平均提前2～3个月实现投产，企业项目申报材料平均减少50%、办理时限平均缩减80%。

2023年9月，漳州市率先在企业登记领域探索引入“云公证”服务。图为工作人员通过“云公证”为企业办证

（漳州市市场监管局 供图）

【全省首推特殊群体“无感绿色通道”】 2023年，漳州市行政服务中心针对老弱病残等特殊群众的办证问题，与市卫健委、市残联等部门数据交换共享，在全省率先推出特殊群体“无感绿色通道”，在保护特殊群体个人隐私前提下，通过数据共享应用，精准识别取号人特殊身份，自动开通绿色通道。年内，服务1586人次。

【“企业登记＋云公证”服务】 2023年9月，漳州市率先在企业登记领域探索引入“云公证”服务，主要针对企业股东、高管等因身在外地无法签字、股权继承或股权转让需要委托办理、股东事务权利行使需要委托办理、相关登记材料需要声明确认、人员身份核验无法通过等特殊情形，并在内资企业设立、变更（备案）、注销等业务中先行实施。业务经办环节由2个精简为1个，平均办理时限由5个工作日以上压缩至1个工作日，服务效率比上年提升80%。

（方思谋）

·政务督查·

【概况】 2023年，漳州市人民政府督查室编发各类督查专报42期，完成省、市政府工作报告确定的主要工作任务及省、市为民办实事项目，市政府常务会议议定事项，市长批示和交办件，市长交办和议定事项，省市人大代表建议，政协委员提案，国务院“互联网+督查”平台留言问题线索核查办理等督查任务，开展或参与督查督办事项21个。

【领导批示件督查】 2023年，漳州市人民政府督查室办理市长批示件591件、书记批转市政府批示件78件。

【人大代表建议督查】 2023年，漳州市人民政府督查室承接办理漳州市人大代表建议144件，办复率100%，代表建议全部在规定时间内办理完毕，并及时给予答复，满意率（含基本满意）100%。

【政协委员提案督查】 2023年，漳州市人民政府督查室承接办理漳州市政协委员提案560件，办复率100%，全部在规定时间内办理完毕并答复，满意率（含基本满意）100%。

（朱圣平）

·机关效能建设·

【概况】 2023年，漳州市在省对市绩效考评中得分位居全省第三，列优秀等次。建立绩效考评、评先评优、记功嘉奖贯通机制，实施绩效考评专项奖励，对184名干部记功嘉奖，近千名干部年度考核由良好提升为优秀档次。

【效能督查】 2023年，漳州市效能办对重大项目推进、生态环境突出问题治理等43项重点工作进行效能专项跟踪督查，全年形成专报46份。实施效能问责45起，其中效能告诫5起、通报批评13起、诫勉教育27起。

【政务服务监管】 2023年，漳州市效能办制定出台全市政务服务效能监督方案，督促各级各部门执行落实漳州市《政务服务条例》和工程建设项目审批服务“五项制度”（一表申请、一窗受理、一章审批、超时默认、默认追责），实施“股长作派”“科长天大”问题专项整治，定期组织交叉检查、体验督查和视频巡查，全市政务服务非常满意率居全省首位。

【效能宣传】 2023年，漳州市效能办编印深化机关效能建设案例集、机关效能建设综合业务培训教材、“12345”热线工作应知应会手册。在《闽南日报》推出“提效能求实效，争一流促跨越”系列综合报道，在漳州电视台推出系列新闻报道，在漳州广播电台“效能建设热线”栏目每周安排一位市直单位领导上线回应群众关切，各新媒体微信公众号、新闻客户端同步推送。

【效能培训】 2023年8月21—23日，漳州市举办机关效能建设综合业务培训班，就提升效能综合、绩效管理、政府督查、效能督查等内容展开培训，200多名干部参加培训。

【“12345”便民热线“一季一主题”专项行动】 2023年，漳州市效能办以“集中破题、整治到位、形成长效”为目标，开展全市“12345”便民热线“一季一主题”专项行动，相关经验做法被省效能办专刊推广。

（李鹤鸣）

·人事人才工作·

【概况】 2023年，漳州市开展事业单位公开招聘25次、招考4262人。申报、认定省级高层次人才77人，市级高层次人才256人，引进工科类青年人才100人、研究生人才5人、主导产业技术人才281人、教育卫生青年人才19人、台湾优秀毕业生2人。建设院士工作站6家、博士后工作站9家、科技小院9家。新增博士后创新实践基地4家、国务院政府特殊津贴专家工作室3家、省级专家服务基地1家。

【事业人员职称评审】 2023年，漳州市推荐634名专业技术人员参加福建省人社厅各系列高级职称评审，其中正高级33人、副高级580人。组织各级各类职称评审会议15场，取得高级职称（福建省人社厅下放教育和卫生部分专业）1065人，取得中级职称1130人。下放县（区）中小学幼儿园一级教师评审权限，通过评审1119人；推进跨区域职称互认工作，办理军队转业和省外调入人员职称确认33人。

【事业人员工资福利】 2023年，漳州市人社局开展事业单位工作人员年度考核晋升薪档工资审批工作，审批市直事业单位344家、近1.2万人，事业人员月人均增资75元。

【事业人员评比管理】 2023年，漳州市人社局健全评比达标表彰管理制度，完善项目申报、审批和组织实施管理办法。年内，漳州市人社局推荐5个集体、4名个人申报6个国家级表彰项目，推荐50个集体、185名个人申报14个省级表彰项目。完成2

个当年度市级表彰项目，表彰集体55个、个人209名。

（刘璐　王丽萍）

【人才发展环境优化】　2023年，漳州市委组织部举办专家疗休养活动5场，举办国情省情研修班、企业家培训班30期。组建市人才一体化服务中心、设立台湾人才一站式服务窗口，发放人才卡875张、人才政策暖心包1634份，精选市区500套总价值9.4亿元的优质房源作为市级人才公寓，全年兑现各级人才补助资金1.2亿元。

（庄师章）

【职业技能培训】　2023年，漳州市人社局组织职业技能培训6.78万人次，发放培训补贴2154.06万元。推进马兰花创业培训，参训444人次。举办“提技能，促就业”系列公益培训班，培训内容涵盖互联网营销、食品检验等20个工种，开班29场次，培训1500人次。

【技能人才培养平台】　2023年，漳州市人社局推荐申报国家级高技能人才培训基地及国家级、省级技能大师工作室，新增省级技能大师工作室3家。

【技能评价】　2023年，漳州市新增取得职业技能等级证书2.28万人，其中新增高技能人才7558人（含技师及以上330人），比上年增长98%；完成15场24个项目职业技能竞赛；发放鉴定补贴6963人，补贴金额106.04万元；开展多元化技能评价，专项职业能力考核取证9876人。年内，选派17名选手参加中华人民共和国第二届职业技能大赛，获优胜奖项目4个。

【专家人才服务】　2023年，漳州市人社局组织42名专家人才参加市专家人才休假活动，组织47名市级以上高层次人才参加市高层次人才国情省情研修班，组织22名专家人才参加“我为漳州发展献一策”专家人才座谈会。选送27名中青年领军人才和急需紧缺专业人才参加访学进修。

（刘璐　王丽萍）

·数字漳州·

【概况】　2023年，漳州市发改委（大数据局）出台《漳州市加快数字经济产业发展若干措施》《新型基础设施建设三年行动计划（2023—2025年）》等文件。开展数字经济产业发展课题研究，梳理形成数字经济产业链布局图。培育漳州立达信电子、科华技术等17家省级“独角兽”、未来“独角兽”“瞪羚”创新企业，比上年增加9家。

【数字园区】　2023年，漳州市发改委（大数据局）围绕人工智能、物联网、大数据、5G应用及平台经济等新技术、新业态，扶持培育市级数字经济

2023年4月27日，第六届数字中国建设峰会在福州开幕。图为以“数字经济助力现代化滨海城市建设”为主题的漳州展馆

（游斐渊　摄）

专业园区14个。云霄云陵开发区和长泰立达信光电产业园成为全省规模较大的光电子产业集聚带。漳州跨境电商孵化园入驻阿里巴巴产业带、雨果跨境、汉连物流等跨境电商及配套服务商198家，涵盖母婴产品、钟表、家具家居等优势产业形态。招商局·芯云谷入驻华为技术、深圳壹家仓供应链科技等信息技术企业124家。高新区物联网产业园企业入驻率超94%，高新区甲骨文（漳州）入选国家级科技企业孵化器。

【数字峰会参会】 2023年，漳州市参加第六届数字中国建设峰会，签约引进中集智慧储能装备一期、泓光半导体二期等95个项目，总投资444亿元，入选集中签约项目6个、总投资29.5亿元，签约数量位居福建省前三。漳州视瑞特、智慧渔业等27个项目入选福建省数字经济重点项目，总投资123.7亿元，年度计划投资44.9亿元，项目数居全省第二。

【政务数据汇聚共享】 2023年，漳州市发改委（大数据局）汇总全市各部门2198项数据资源目录，向部门共享数据超5.5亿条、提供数据查询累计超7259万次。梳理登记证照6642类，为各部门业务系统提供证照共享调阅1378.1万次。全市自行发布“一件事”事项集成化办件率100%。梳理全市在使用政务类垂管系统业务事项、行业监管类垂管业务系统事项、统计调查类垂管系统业务事项超250个，梳理申请法律职业资格人员信息、财政会计行业管理系统等对接需求65项。入选省级数字技术创新应用场景案例91个，其中首创国内林业票证管理平台的相关改革经验获评2022年度福建省政府效能创新第二名。

【网络安全防护】 2023年，漳州市发改委（大数据局）建立网络安全预判预警机制，结合各类网络安全威胁情报库，实时监测网络中的威胁及脆弱性数据，形成预判处置、主动防御、协同响应等安全保障体系。接收日志1929亿条，分析威胁告警57.3万条，修复问题主机147台。配合市委网信办、市公安局开展多轮网络安全攻防演练，封禁高危IP地址254个，协助6个单位7套系统完成安全漏洞修复15次。通过漏洞扫描及蓝队评估加强网络安全自查，修复安全问题155个，涉及7家单位8套系统。

（江丙麟 陈若蓉）

·经济发展研究·

【概况】 2023年，漳州市人民政府发展研究中心到基层开展专题调研24次，召开座谈会40场次，走访群众400多人次，完成《决策参考》24期，编辑出版《漳州经济研究》5期。

【课题研究】 2023年，漳州市人民政府发展研究中心呈报《决策参考》24期。呈报的《关于浙江长兴县驻点招商的经验启示》和《关于再创福建省县域经济“十强”“十佳”“十优”县区新佳绩的建议》被市委、市政府采纳，把各县区驻点招商和争创福建省县域经济先进县区工作，纳入2023年产业发展项目建设提升年活动考评内容。

【机关刊物编辑出版】 2023年，漳州市人民政府发展研究中心围绕“加快建设现代化经济体系”“持续推动区域协调发展”“坚持深化改革，扩大开放”“全力提高人民生活品质”等主题，编辑出版《漳州经济研究》5期（其中一期为《月港专刊》），收录文稿49篇，约20万字。

【“十强”“十佳”“十优”争创】 2023年，漳州市人民政府发展研究中心对接福建省政府发展研究中心，协调指导各县区对标对表福建省县域经济实力“十强”“十佳”“十优”县区评价工作，争先创优。东山县、漳浦县、华安县获评福建省经济发展“十佳”县，芗城区、龙海区、长泰区获评福建省城市发展“十优”区。

【市政府顾问团工作】 2023年，漳州市人民政府发展研究中心做好顾问团的协调、联络、慰问等服务保障工作，对接联系市直各牵头单位和35位市政府顾问，收集涉及漳州发展的研究成果或意见建议呈送市领导参阅，在项目建设、规划修编、决策咨询、项目论证等方面提供专业支持22人次。

（曾　娟）

·信访工作·

【概况】 2023年，漳州市信访量2.56万件，其中来信7255件、来访3023件、网上信访1.53万件，及时受理率、按期答复率均100%。受理人民网领导留言板478件，及时受理率和按时办结率均为100%。落实首接首办责任，完善“最多投一次”阳光信访工作机制。全市求决类初信初访一次性化解率98.5%。年内，漳州市信访局完成两会、海峡两岸农博会·花博会等重要节会和重要政务经贸活动期间的信访安全保障工作，全市信访态势持续向好。

【“四门四访”落实】 2023年，漳州市开展领导干部“四门四访”（开门接访、登门遍访、专门约访、上门回访），全市各级领导干部接待群众来访2851人次。开展服务保障民营企业“四访四通”活动（“四访”即开门接访、进门约访、登门走访、上门回访；“四通”即诉求表达畅通、意见建议直通、困难问题沟通、矛盾积案疏通），全市信访系统搜集民营企业意见建议148条，推动解决各种困难事项153件。

【信访联席会议机制落实】

2023年，漳州市推进133个乡镇（街道）信访工作联席会议实体化运作、规范化运行。全市市县乡三级信访工作联席会议召开1567场次，排查矛盾隐患2032件次，研究协调解决重要事项772件，部署督导检查重要节点信访安全保障工作1011次。

【“治重化积”办理】 2023年，漳州市信访局强化领导挂钩包片实地督导，建立属地、部门“双包双挂”〔“双包”指信访主体部门重点逐案推动化解所包的“治重化积”件（治理重复信访，化解信访积案工作），实行清单管理、逐案销号；“双挂”指将信访问题的处理情况与相关部门的绩效考核挂钩〕化解信访事项制度和疑难复杂事项提级包案制度、“日梳理、周研判、旬调度、月通报”制度。对“治重化积”件实行全链条闭环管理、项目化推进、挂图作战，及时下发提醒函、督办函跟进，推动各级各部门加快化解。截至2023年年底，中央信访工作联席办、国家信访局交办漳州市的3批次1607件“治重化积”全部化解。

【信访评理】 2023年，漳州市信访局发挥全市2.16万个信访评理室、2.09万名评理员的作用，组织评理1699场次，化解信访事项1566件。云霄县谢鹏志信访工作志愿者评理室做法获全省推广。

（王志坚）

责任编辑：江细珍

中国人民政治协商会议漳州市委员会

·综述·

【政协委员构成】 截至2023年年底，漳州市第十四届政协委员有386名，来自32个界别。其中：中共界别17人，民革界别8人，民盟界别8人，民建界别6人，民进界别6人，农工党界别8人，致公党界别7人，九三学社界别5人，台盟界别5人，无党派人士界别7人，工商联界别30人，总工会界别7人，共青团、青联界别8人，妇联界别7人，侨联界别14人，台（金）联界别8人，科协界别5人，科技界别18人，教育界别20人，文艺界别14人，医卫界别18人，社会保障与社会福利界别8人，社科界别5人，经济界别24人，新闻出版界别4人，农林界别15人，体育界别3人，少数民族、宗教界别14人，特邀界别（一）43人，特邀界别（二）44人。

【政协年度工作开展】 2023年，中国人民政治协商会议漳州市委员会（简称漳州市政协）发挥政协重要阵地、重要平台、重要渠道作用，践行全过程人民民主。召开全体会议1次、常委会会议4次、主席会议11次。向漳州市委市政府提交建议案、视察调研报告8件。征集提案378件，审查立案318件。探索实践破解市县政协“两个薄弱”问题，该做法被《人民政协报》专题报道，被列入福建省政协党组主题教育正面典型案例。

【提案工作】 2023年，漳州市政协围绕事关全市经济发展大局和人民群众切身利益的热点难点问题，经漳州市政协主席会协商确定重点提案10件，立案提案318件、办复率100%，编报《重要提案摘报》20件。在漳州市政府和市政协有关领导联合督办、承办单位重点办理下，全部按时办复。

表4　　2023年漳州市政协重点提案一览表

序号	提案号	案由	提案者	承办单位
1	20231088	关于提升海峡两岸（福建东山）水产品加工集散基地建设水平的建议	台盟漳州市委会	东山县政府、漳州市海洋渔业局、市台港澳办
2	20231114	关于进一步提升漳州市城市公园功能品质的建议	民盟漳州市委会	漳州市住建局
3	20231105	关于加快榜山片区开发建设的建议	民革漳州市委会	漳州市自然资源局、市发改委、市住建局、市交通运输局，龙海区政府

续表 4

序号	提案号	案由	提案者	承办单位
4	20231002	关于提升漳州市建筑业发展水平的建议	黄佳生委员	漳州市住建局
5	20232060	关于推进漳州市分级诊疗制度落地落实的建议	农工党漳州市委会	漳州市卫健委、市医保局
6	20231009	关于将国道 228 沿线文化旅游资源融入漳州滨海旅游风景道建设的建议	市政协文化文史委	漳州市文旅局、市交通运输局，龙海区政府、漳浦县政府、云霄县政府、诏安县政府、东山县政府
7	20232065	关于做大做强漳州市体育产业的建议	致公党漳州市委会	漳州市体育局
8	20232104	关于有效促进漳州市高校毕业生就业的建议	九三学社漳州市委会	漳州市人社局、市教育局、市国资委
9	20231096	关于做大做强漳州市罐头食品产业的建议	民建漳州市委会	漳州市工信局、市商务局、市科技局、市发改委
10	20231064	关于进一步推动漳州市专精特新中小企业高质量发展的建议	民进漳州市委会	漳州市工信局、市科技局、市地方金融监管局、市人社局

【社情民意】 2023年，漳州市政协建立覆盖县区、部门、党派、界别的信息员队伍，报送社情民意信息1027件，被全国政协办公厅采用7件、省委办公厅采用9件、省政协办公厅采用189件，获省、市领导批示32件，“建设漳州市少年儿童图书馆”“在餐饮厨房加装专用烟道减少环境污染”等社情民意信息得到相关职能部门落实。

【市县（区）政协联动机制完善】 2023年，漳州市政协推动各县（区）党委建立支持政协履职制度机制，配齐配强县（区）政协秘书长，增设环境资源界别，整合共青团、青联界别。分批推动县（区）政协委员履职服务中心提级升格，实体化运作基层政协工作联络组、委员联系点，培育出龙海榜山委员联系点“轮值组长制”、芗城基层议事点“三单工作法”等特色典型。

（吴少军）

·重要会议·

【概况】 漳州市政协召开全体会议1次、常委会会议4次、主席会议11次。主要围绕“强化延链补链强链，推动漳州精细化工产业高质量发展”“挖掘弘扬祖地文化，助推开漳圣王文化园建设”等进行协商议政，通过有关事项。

【市政协十四届二次会议】

2023年1月2—3日，漳州市政协召开十四届二次会议。会议听取并讨论中共漳州市委书记张国旺的讲话，审议并通过十四届漳州市政协常委会工作报告和提案工作情况报告。会议期间，委员们列席漳州市十七届人大二次会议，听取并讨论市长王进足所作的漳州市政府工作报告，听取并讨论漳州市中级人民法院、漳州市人民检察院工作报告，以及漳州市2022年国民经济和社会发展计划执行情况及2023年国民经济和社会发展计划草案的报告，漳州市2022年预算执行情况及2023年预算草案的报告。

【市政协十四届常委会会议】

2023年，漳州市政协召开4次常委会会议，即十四届五次至第八次常委会会议。

2023年1月3日，漳州市政协十四届五次常委会会议召开。会议听取大会秘书处关于委员分组讨论情况的汇报；审议通过提案审查情况报告（草案）和大会决议（草案）。

2023年3月20日，漳州市政协十四届六次常委会会议召开。会议传达学习习近平总书记在全国两会期间的重要讲话精神，传达学习全国两会、全国政协十四届常委会第一次会议、福建省委常委会（扩大）会议、十三届福建省政协常委会第二次会议以及漳州市委常委会会议精神，研究部署漳州市政协贯彻落实意见。

2023年6月29日，漳州市政协十四届七次常委会会议召开。会议围绕“强化延链补链强链，推动漳州精细化工产业高质量发展”开展专题议政性协商，围绕“提升城市管理活力，促进城市消费”开展专题协商。会议审议通过《关于强化延链补链强链推动漳州精细化工产业高质量发展的建议案》和《关于提升城市管理活力促进城市消费的建议案》。会议审议通过有关人事事项，决定林进财任市政协经济委员会副主任（兼职），梁宣旗任市政协社会和法制委员会副主任（兼职），陈红任市政协台港澳侨联络委员会副主任（兼职），蓝碰金任市政协民族和宗教委员会副主任（兼职），许佳不再担任市政协社会和法制委员会副主任（兼职）。

2023年9月21日，漳州市政协十四届八次常委会会议召开。会议围绕“挖掘弘扬祖地文化，助推开漳圣王文化园建设”开展专题议政性协商，围绕“盘活漳州市中心城区闲置低效用地”开展专题协商。会议审议通过《关于盘活漳州市中心城区闲置低效用地的建议案》。会议审议通过有关人事事项，决定周小华不再担任十四届市政协副主席、委员职务。

（吴少军）

2023年1月2日，政协第十四届漳州市委员会第二次会议在漳州宾馆开幕 （漳州市政协办公室 供图）

·协商议政·

【概况】 2023年，漳州市政协围绕加快建设现代化滨海城市，谋划实施年度重点协商议题22项，形成常委会建议案4件；落实漳州市政协班子成员领题调研，形成调研报告16篇。《助推开漳圣王文化园建设》等重要协商成果，全部被部门采纳落实。

【漳州精细化工产业高质量发展协商】 2023年6月29日，漳州市政协举行专题议政性常委会会议，围绕“强化延链补链强链，推动漳州精细化工产业高质量发展”进行协商议政，就强化龙头引领，继续举全市之力推动古雷重大项目落地；强化协同联动，统筹推进化工园区申报工作；强化延链补链，做大做强精细化工产业集群；强化科研创新，加大精细化工人才培养力度；强化分类指导，促进园区外化工企业健康发展；强化安全监管，推进绿色智慧化工园区建设；强化精准施策，出台精细化工产业专项扶持政策”等方面提出建议。

【城市管理协商】 2023年6月29日，漳州市政协围绕“提升城市管理活力 促进城市消费”开展专题协商，就“改善消费条件，激发消费活力；创新消费场景，造浓消费氛围；优化城市管理，释放消费潜力；强化消费保障，增强消费信心”等提出建议。

【开漳圣王文化园建设协商】 2023年9月21日，漳州市政协举行专题议政性常委会会议，围绕“挖掘弘扬祖地文化，助推开漳圣王文化园建设”进行协商议政，提出“高起点规划建设开漳圣王文化园，打造全面展示弘扬开漳圣王文化的平台载体；依托开漳圣王文化园，构建开漳圣王文化联谊大平台；发挥开漳圣王文化园建设的带动效应等建议。此建议促使开漳圣王文化园转化为建设项目。

【盘活漳州市中心城区闲置低效用地协商】 2023年9月21日，漳州市政协围绕“盘活漳州市中心城区闲置低效用地”开展专题协商，提出“强化领导，提高盘活效率；创新举措，实现节约集约；加强保障，赋能土地增效；建章立制，提升监管水平”建议。此建议被市委、市政府采纳，漳州市被纳入自然资源部低效用地再开发试点城市。

（吴少军）

2023年6月29日，漳州市政协召开以“强化延链补链强链，推动漳州精细化工产业高质量发展”为主题的专题议政性常委会会议

（漳州市政协办公室 供图）

·调研视察·

【概况】 2023年，漳州市政协发挥民主监督职能，开展监督性视察和专题调研，推动相关工作。全年组织开展监督性视察14次、专题调研44次。

【专题视察】 2023年，漳州市政协组织部分省、市政协委员对各县（区）、开发区（投资区）落实漳州市委重点工作会精神情况开展专题视察，就“突出招商攻坚，进一步提升工业园区承载力；突出基金赋能，发挥基金在产业导入、基础设施建设中的引导作用；突出政策直达，进一步优化营商环境”等方面提出监督性意见。

【专题调研】 2023年，漳州市政协落实漳州市委点题交办任务，开展“漳州市医院恢复原名‘漳州协和医院’”“推动常山华侨经济开发区改革发展”等专题调研。《漳州市医院恢复原名“漳州协和医院”》调研报告引起关注。在福建省政协主席滕佳材的推动下，北京协和医院与漳州市医院建立帮扶指导关系，共建海峡远程医疗中心。

（吴少军）

·委员履职·

【概况】 2023年，漳州市政协开展“委员下基层、请您来协商”活动，其中选取72件社情民意信息和29件点题协商案

2023年8月25日，漳州市政协办公室、市政协提案委与漳州人民广播电台联合开办的“政协提案之声”第22期播出，介绍市政协提案整体办理情况（漳州人民广播电台 供图）

例，用于提供漳州市委、市政府决策参考。

【思想政治引领】 2023年，漳州市政协把加强思想政治引领、广泛凝聚共识贯穿履职各环节、融入工作全过程，加强主题宣传策划，播出《政协视点》5期、《提案之声》5期；对接全国、省、市主流媒体，开展“破解‘两个薄弱’问题”“委员履职风采”主题报道活动，被《人民政协报》《团结报》《政协天地》等媒体报道100多篇。

【点题协商】 2023年，漳州市政协按照“委员出题、对口协商、凝聚共识、促进发展”的总体思路，建立“点题协商”工作机制，组织对口协商座谈会193场次，委员和群众参加3518人次，交办点题协商报告126份，开展“加强医美行业监管”“加强社区物业管理”等协商督办。

【委员履职“服务为民”活动】 2023年，漳州市政协开展委员履职“服务为民”活动，鼓励支持委员面向社会提供服务。征集提案378件，审查立案318件，其中民生事项提案占比50%以上，“提升城市公园功能品质”等一批民生提案得到办理。

（吴少军）

·团结联谊·

【概况】 2023年，漳州市政协建立专委会联系界别工作制度、委员联系界别群众制度，开展界别活动35次，组织委员深入界别群众、基层一线开展政策宣讲、调研协商。首次邀请来自菲律宾、日本、巴西、阿根廷、柬埔寨的6名侨领，与漳州市代表委员一道参政议政。

【多党合作共事】 2023年，漳州市政协完善联动调研、联合监督、联络联谊等机制，支持各民主党派、工商联和无党派人士发表意见、提出建议，各党派团体提交大会发言9篇、提案79件，报送社情民意信息535件。联合各民主党派市委会一起开展“凝心铸魂强根基、团结奋进新征程”主题教育，把强化思想引领、广泛凝聚共识贯穿始终，巩固和发展最广泛的爱国统一战线，夯实团结奋斗的共同思想政治基础。

【华侨华人交流】 2023年，漳州市政协密切与海外华侨华人社团沟通联系，做好马来西亚考察团、“21世纪海上丝绸之路核心区建设”考察组、泰国文化经济协会“提升泰国农业技术合作”考察组到漳州考察工作，凝聚侨心侨力。做好菲律宾考察团到漳州考察工作，服务中菲“两国双园”建设。

（吴少军）

责任编辑：林松英

纪检监察

·综述·

【政治监督】　2023年，漳州市纪检监察机关发挥政治监督职能，运用“知、督、促”工作机制，聚焦党中央重大决策部署和省委“深学争优、敢为争先、实干争效”行动、全市“产业发展项目建设提升年”活动、“七比一看”（比项目招商、比征地拆迁与耕地保护、比工业提升、比项目提升、比争取资金、比乡村振兴与生态建设、比新增“四上”企业，看高质量发展成效）竞赛等工作，确定监督选题40项，建立监督清单、问题清单、整改清单、问责清单四项清单，运用看态度督站位、看措施督部署、看落实督行动、看效果督质量、看举一反三督标本兼治的“五看五督”工作法，完善“一月一会商”“一季一现场”机制，查处违反政治纪律问题38人。协助市委抓好全面从严治党主体责任落实情况检查，跟进监督省、市检查反馈问题清单整改和问责建议处置。建立逐级约谈制度，健全政治生态分析评价机制，对市政府34个组成部门政治生态开展分析研判，跟踪督促县（区、开发区）政治生态分析反馈问题整改。

【纪检监察体制改革】　2023年，漳州市纪检监察机关紧盯“关键少数”，综合运用谈心谈话、约谈提醒、履职报告、审计统计等方式，加强对各级“一把手”和领导班子成员监督。出台室地联系挂钩、室组五联动等工作机制，巩固提升9个建章立制和13个特色品牌项目，完成全市监察官等级首次确定工作，完善纪检监察干部“关键少数”与绝大多数一起管、“八小时”内外一起管、线上线下行为一起管等制度。全覆盖听取派驻机构、市属国企纪委（监察专员办）工作情况汇报，通过平时考核、业绩采集、述责述廉等方式，加强派驻机构负责人履职情况综合考评。

【纪检监察干部队伍建设】　2023年，漳州市纪检监察机关开展学习贯彻习近平新时代中国特色社会主义思想主题教育和纪检监察干部队伍教育整顿。落实“第一议题”制度，跟进学习贯彻习近平总书记重要讲话重要指示批示精神，建立“日学、周训、月活动”学习机制，举办读书班、“今天我主讲——我身边的榜样”主题活动等。统筹推进政治教育、党性教育和纪律警示教育，举办全系统政治教育与能力建设培训班，建立“师徒帮带”“送教下乡”机制，分层级开展全员培训。举办全市纪检监察系统基层工作大家谈首期视频展播交流会活动。全年举办专题培训班179期，培训纪检监察干部14725人次。

【审查调查标准化建设】　2023年，漳州市纪检监察机关推进审查调查标准化建设，建成全省首个市级集中外查点，深化“金牌审理”创建，举办首届全市纪检监察系统优秀审理人大赛，开展处分决定执行情况回头看，建立抓个案促逐案提升、抓基层促全市提升的双抓双提升机制。

（林春祥）

·重要会议·

【概况】 2023年，漳州市纪委监委召开全会1次、常委会会议41次。

【市纪委十二届三次全会】 2023年2月3日，中共漳州市纪委十二届三次全会在漳州宾馆召开。全会学习贯彻习近平新时代中国特色社会主义思想和党的二十大精神，落实二十届中央纪委二次全会和省纪委十一届三次全会、市委十二届四次全会部署，总结2022年纪检监察工作，研究部署2023年任务。全会通过《牢记使命担当，忠实履职尽责，为奋力把漳州打造成为福建高质量发展新的重要增长极提供坚强保障》工作报告。

【漳州市加强农村集体“三资”监管监督现场会】 2023年3月10日，漳州市加强农村集体“三资”（在集体所有制下，农村集体所有的货币资金、资产和资源）监管监督、助力乡村振兴工作现场会在东山县召开。会议强调，全市各级各有关部门提高政治站位，把做好农村集体“三资”监管监督作为一项重要政治任务，抓实抓细抓到位。聚焦重点任务，全面推行农村集体资产资源交易“四定一督”机制。加强统筹协调，强化组织领导，发挥属地党委政府主体责任、职能部门监管责任、纪检监察机关监督责任，形成农村集体“三资”监管监督工作合力。

2023年2月3日，中共漳州市纪委十二届三次全会在漳州宾馆召开

（游斐渊 摄）

【基层小微权力监督平台建设专题会】 2023年10月25日，漳州市纪委监委召开专题会，传达全省基层小微权力监督平台运行工作专题会议部署要求，对加强基层小微权力平台建设、深化乡村治理等工作进行再部署再落实。会上，云霄县纪委监委、漳州台商投资区角美镇纪委监察组交流平台运行管理的经验做法。

（林春祥）

·党风建设·

【概况】 2023年，漳州市纪检监察机关运用“一县一清单”“1+X”“室组地”联动监督等方式开展监督检查，会同职能部门就“快递收礼”“一桌餐”等老问题和新表现开展联动联查，查纠“四风”问题216起，批评教育帮助和处理315人，处分164人，通报典型案例30起。

【作风突出问题专项整治】 2023年，漳州市纪检监察机关开展干部作风“五不”（履职不担当、工作不碰硬、落实不见效、能力不适应、内心不敬畏）问题、“股长做派”“科长天大”作风突出问题专项整治，严肃查处态度傲慢、推诿扯皮、吃拿卡要等行为，集中整治“形象工程”，强化督导检查，加大问题线索直查快办、挂牌督办力度。

【点题整治】 2023年，漳州市纪检监察机关开展点题整治，“整治校外培训机构不规范”等8个项目和“整治肿瘤基因检测不规范”等5个新增项目被纳入2023年度省纪委监委点题整治项目。将“整治农村生活垃圾处理不及时、农村生活污水治理不到位”2个自选项目作为漳州市整治重点。全市推动排查整改问题7065个、解决群众诉求397个，查处群众身边腐败和作风问题235起、389人。

（林春祥）

·监督执纪·

【概况】 2023年，漳州市纪检监察机关坚持从严管理监督和鼓励担当作为相统一，严格纪律执行，把精准思维贯穿监督执纪执法全过程，精准发现问题、精准把握政策、精准作出处置，落实好“三个区分开来”（把干部在推进改革中因缺乏经验、先行先试出现的失误和错误，同明知故犯的违纪违法行为区分开来；把上级尚无明确限制的探索性试验中的失误和错误，同上级明令禁止后依然我行我素的违纪违法行为区分开来；把为推动发展的无意过失，同为谋取私利的违纪违法行为区分开来），推动纪法情理贯通融合。

【“四种形态”运用】 2023年，漳州市运用“四种形态”批评教育帮助和处理4146人次，第一至第四种形态分别占71.4%、19%、3%、6.6%。完善信访举报调查处理结果公开反馈、失实检举控告澄清、受处分人员回访教育等机制，为受到错告、诬告的42名干部澄清正名。

【“四定一督”工作机制推广】

2023年，漳州市纪检监察机关运用“微信群+小程序+管理后台”模式，推动全市所有村（社区）将小微权力运行全程“晒”在群众手中。探索建立定底价、定年限、定程序、定约束条款、全过程监督的“四定一督”工作机制，靶向纠治农村集体资产资源低价包、长期包、权力包、“冤大头”包等管理乱象。全市规范发包各类村级资产资源3786宗，整改问题合同6058份，带动村财增收4.09亿元，是上年全市农村集体经营性收入总和的2.5倍。全市反映“三资”领域问题信访件比上年下降50.5%，采用“四定一督”新发包的资产资源实现“零信访”“零举报”。“四定一督”工作机制做法在中央纪委国家监委网站、《中国纪检监察报》《福建日报》等媒体刊发，入选2023年福建省改革优秀案例，获全国政协副主席批示，在全省范围内推广。

（林春祥）

·反腐倡廉·

【概况】 2023年，漳州市纪检监察机关严肃查处国企、开发区、教育等权力集中、资金密集、资源富集领域腐败问题，配合开展医药领域腐败问题和不正之风集中整治，全市立案1150件，其中处级干部35件、科级干部143件，留置56人，党纪政务处分1159人，移送司法机关49人，追回出逃境外涉案人员1人。全市提出纪检监察建议107份，深化粮食购销、工程项目招标投标、校外供餐采购等领域突出问题专项整治，推动职能部门在全市推广工程项目网上中介服务平台和工程建设项目智慧监管平台。

【廉政宣传教育】 2023年，漳州市纪检监察机关加强新时代廉洁文化建设，编印市管干部违纪违法案件警示录等。漳浦两帝师

2023 年 5 月 9 日，漳州市“一路廉洁·成风化人”主题宣讲在市纪委监委机关举行。图为宣讲现场　　（漳州市纪委监委 供图）

廉政教育基地和王阳明廉政文化教育中心2个基地入选省直机关廉政教育点。坚持正面引导和反面警示相结合，拍摄《谨防“发展高地”变“腐败洼地”》《人前师德，人后失德》《“癀”梁梦醒》等警示教育片15部，召开全市领导干部和粮储、教育系统等警示教育大会。开展警示教育课程8228次、教育干部26.33万人次。

【漳州市党风廉政教育基地揭牌】 2023年11月10日，漳州市党风廉政教育基地揭牌仪式在龙文区举行。市委市政府领导为基地揭牌。基地布展面积1280平方米，通过数字技术、互动体验、影音视频、图文展板、实物展示等形式，将政治教育、纪法教育、警示教育、廉洁教育等融于一体，展示漳州市委贯彻党中央和省委要求，一体推进不敢腐、不能腐、不想腐的特色做法和经验。截至2023年年底，接待参观4848人次。

【文艺倡廉】 2023年，漳州市纪检监察机关创作展演廉政芗剧《一代相国蔡新》、潮剧《谷文昌》等传统戏曲，摄制《爱廉说》廉洁微视频。

【第三届“中国廉洁创新奖”特色创新项目】 2023年4月，漳州市纪委监委选送的《漳州市创新“五合”机制推进政治监督具体化常态化》获评第三届“中国廉洁创新奖”特色创新项目。漳州市纪委监委探索建立内容融合、方式契合、步骤结合、力量联合、运用闭合“五合”监督机制，分地域分领域分层级分阶段开展监督。在内容融合上，融合建立政治监督年度清单；在方式契合上，每年聚焦1~2个最突出的点开展专项监督，形成“接力式”监督模式；在步骤结合上，安排每个步骤进度，避免给基层增加负担；在力量联合上，整合派驻纪检监察组、市委巡察办、县区纪委等监督力量，形成监督合力；在运用闭合上，健全台账管理、跟踪销号、督查问责、整改“回头看”和结果运用等制度措施，形成监督闭环。

（林春祥）

责任编辑：张慧华

民主党派 工商联

·中国国民党革命委员会漳州市委员会·

【概况】 2023年，中国国民党革命委员会漳州市委员会（简称民革漳州市委会）下设龙海、芗城、龙文和闽南师范大学4个总支，市直支部12个，设三农委员会等8个专门委员会和漳州市中山画院。年内，发展新民革党员23人，截至2023年年底，全市有民革党员513人。民革漳州市委会被民革中央评为“2023年度全国祖统工作先进集体”，1名民革党员被民革中央评为“民革全国祖统工作先进个人”。

【组织建设】 2023年，民革漳州市委会落实《民革漳州市委会各基层组织基本工作制度》《民革漳州市委会各专门委员会管理与考核办法（试行）》等4项考评制度，与民革北京市朝阳区委会在京闽民革支部共建党员之家。

【思想建设】 2023年，民革漳州市委会以习近平新时代中国特色社会主义思想为指导，开展理论学习中心组学习，学习中共二十大精神、习近平总书记重要讲话和重要指示批示精神，结合“凝心铸魂强根基、团结奋进新征程”主题教育，动员督促各基层组织开展学习、研讨、宣讲、实践活动。

【参政议政】 2023年，民革漳州市委会在漳州市人大、政协两会期间，提交集体提案10件、政协委员个人提案15件。其中《关于加快榜山片区开发建设的建议》等2件提案被选为《重要提案摘报》，1件提案获评2023年度漳州市政协优秀提案。完成社情民意信息200余篇，其中被中共中央办公厅、全国政协、中共中央统战部、民革中央采用4件。

【调研协商】 2023年，民革漳州市委会完成17个调研课题的征集与撰写，其中，《推动建立蓝碳司法保护与生态治理机制的成效和做法》在《团结报》第一版刊登。《福建高质量建设两岸共同市场先行区域研究》获福建省委统战部主办的第十九届建言献策论坛优秀调研成果一等奖。年内，开展涉台调研8次，撰写涉台大会发言材料1篇、政协集体提案2件。

【社会服务】 2023年，民革漳州市委会开展“爱乡爱企促发展 同心同行兴万村”行动，发动民革党员各类公益活动18次，开展社会服务活动46次，筹集资金、物资折合人民币67.92万元用于社会服务，受惠群众近3000人次。

【涉台法律服务品牌创立】

2023年，民革漳州市委会与市中级人民法院、市司法局对接，推动签署“关于构建漳州市涉台司法服务一体化机制的合作备忘录”，组织律师进驻全省首家开展涉台法律援助的公共法律服务工作站，开展“同心携法 共创和谐”涉台法律服务。该工作经验在《团结报》刊登。

（蔡志鹏）

·中国民主同盟漳州市委员会·

【概况】 2023年，中国民主同盟漳州市委员会（简称民盟漳州市委会）发展新盟员26人。截至2023年年底，全市有民盟盟员801人。年内，被评为“民盟福建省反映社情民意信息工作先进单位”。

【组织建设】 2023年，民盟漳州市委会新增医疗卫生工作委员会、法制工作委员会，共有7个参政议政专委会。

【思想建设】 2023年，民盟漳州市委会开展“凝心铸魂强根基、团结奋进新征程”主题教育，把主题教育与学习贯彻中共二十大精神相结合、与学习贯彻民盟十三大精神相结合，开展集中学习交流、到红色教育基地开展现场教学活动、挖掘盟史珍贵史料、观看专题片等活动。

【参政议政】 2023年，民盟漳州市委会在漳州市人大、政协两会期间提交大会发言1件，提交集体提案10件，其中《关于进一步提升漳州市公园功能品质的建议》被漳州市政协评为2023年重点提案、优秀提案。年内，采编社情民意信息185条，其中获全国政协采用3条。

【调研协商】 2023年，民盟漳州市委会与闽南师范大学达成对台工作和矿产资源两项合作，调研报告《镍钴资源陷入“三重困境”亟待寻找出路》在全国两会期间被全国政协采用。《福建省涉台文物保护与利用》专题调研成果获福建省委统战部建言献策论坛二等奖。

【社会服务】 2023年，民盟漳州市委会在漳州城市职业学院、闽南师范大学附属中学等学校举办“应急救护知识”讲座、“心理健康服务”讲座、“音乐课堂”“硬笔书法”等“同心校园行”系列活动。在“爱乡爱企促发展，同心同行兴万村”同心行动中，民盟漳州市委会组织盟内骨干教师到长泰二中开展经验座谈、交流，推荐长泰区林溪村入选“福建省100条乡村振兴精品示范线路”。

【青盟计划】 2023年，民盟漳州市委会与共青团漳州市委合作，推出共建项目“青盟计划”。“青盟计划”整合民盟漳州市委会“同心校园行”社会服务活动和共青团漳州市委“双百双万”“流动少年宫”工程等品牌工作力量，在教育资源共享、助农增收、帮扶贫弱、政策扶持等方面开展全面合作。

（左建瑛）

·中国民主建国会漳州市委员会·

【概况】 2023年，中国民主建国会漳州市委员会（简称民建漳州市委会）设4个总支，25个支部，6个工作委员会，1个书画院。年内，发展新会员27人。截至2023年年底，全市有民建会员639人。

【组织建设】 2023年，民建漳州市委会选任参政议政、企业、妇女、青年、社会服务、老龄等工作委员会新一届班子成员，新挂牌民建“会员之家”4个，成立民建漳州市第九届委员会内部监督委员会，制定《民建漳州市第九届委员会内部监督委员会工作制度汇编》。

【思想建设】 2023年，民建漳州市委会推进“凝心铸魂强根基、团结奋进新征程”主题教育，开展支部联学、参观调研、培训、帮扶济困、助力乡村振兴等活动30余次，宣传报道各基层组织开展主题教育情况和优秀会员先进事迹35期，在市级以上媒体发表相关报道10余篇。

【参政议政】 2023年，民建漳州市委会在漳州市人大、政协两会期间，提交提案10件，其中2件被列入《重要提案摘报》。

【调研协商】 2023年，民建漳州市委会报送社情民意信息92篇，被采用87篇，其中，被全国政协采用1篇，被民建中央采用14篇。民建漳州市委会获“2022—2023年度全省民建反映社情民意信息工作先进单位一等奖”。提交的《关于设立每年11月1日为“漳州企业家日”的建议》经漳州市人大常委会第十一次会议表决通过，自2023年起，将每年11月1日设立为“漳州企业家日”。

【社会服务】 2023年，民建漳州市委会协助建成漳州首个市级地理标志展示馆，帮扶农户备案商标许可10件，变更规则（云霄枇杷）1件。向云霄县、龙文区捐赠幼儿园教学用品。年内，获“民建福建省委会2023年度社会服务工作先进单位二等奖”。

【龙江讲堂举办】 2023年，民建漳州市委会持续办好龙江讲堂，邀请会内外专家，举办题为《学习中共二十大，涵养好家风，凝聚“家”力量》《财税赋能企业并购重组与价值创造专题讲座》等讲座5场。

（郑艺松）

·中国民主促进会漳州市委员会·

【概况】 2023年，中国民主促进会漳州市委员会（简称民进漳州市委会）下设12个市直支部和4个总支。年内，发展新会员16人，截至2023年年底，全市有会员459人。民进漳州市委会被民进福建省委会评为2023年度参政议政工作先进集体。

【组织建设】 2023年，民进漳州市委会成立高新区支部，在经科总支新增1处“民进会员之家”。芗城总支、龙文总支、经科总支获评民进福建省基层组织建设先进集体，芗城总支和龙文总支获评民进福建省宣传思想工作先进集体。

【思想建设】 2023年，民进漳州市委会开展作风建设主题年活动和“凝心铸魂强根基、团结奋进新征程”主题教育，在微信公众号开设“主题教育进行时”专栏；开展中心组集中学习4次，举办主题教育学习交流会3场、主题教育读书班1期、主题教育宣讲会1场和“我身边的先进”宣讲报告会1场。组织会员参加民进福建省委会“坚守合作初心 团结奋进新征程”主题征文活动，获二等奖1名、获三等奖1名。

【参政议政】 2023年，民进漳州市委会在漳州市人大、政协两会期间，提交提案39件，其中，《关于进一步推动漳州市“专精特新”中小企业高质量发展的建议》《关于进一步优化漳州市中职软环境建设的建议》2件提案被列入《重要提案摘报》，《关于进一步推动漳州市“专精特新”中小企业高质量发展的建议》被列为漳州市政协年度重点提案并获年度优秀提案。188件次社情民意信息被各部门采用，其中1件被全国政协采用，1件被中共中央统战部采用，8件被民进中央采用。

【调研协商】 2023年，民进漳州市委会完成《关于前瞻布局福建省海洋渔业碳汇标准化落地的相关研究》《家事案件中人身安全保护令制度的实施困境与进路设计》《闽台宗亲文化交流存在的问题及对策》3篇民进福建省委会立项调研课题。年内，围绕“深入挖掘祖地文化资源，助推开漳圣王文化园建设”“强化延链补链强链推动漳州精细化工产业高质量发展”等漳州市政协常委会专题议政性协商课题开展调研，完成《深垦开漳圣王文化，凝练漳州特色名片》《筑牢漳州精细化工产业“高楼”》2篇调研报告。到漳浦县开展“前瞻布局福建省海洋渔业碳汇标准化落地”专题调研，到南靖县开展“培育发展休闲观光农业，推动乡村振兴战略实施”专题调研，到莆田市开展“构建特色产业与文旅融合发展新格局”调研。协助民进福建省委会社会和法制委员会课题组开展“促进有劳动力困难群体就业增收”民主监督调研。

【非遗文化传承“六进”活动】 2023年，民进漳州市委会开展非遗文化传承“六进”活动，邀请杨亚州、高少萍、郑明义等非遗传承名家，将木偶头雕刻、漳浦剪纸、灯谜、水仙花雕刻等非遗文化带进小学、中学、大学、社区、机关、军营。截至2023年年底，民进漳州市委在漳州市实验小学、漳州一中、闽南师范大学等学校、挂钩社区、驻漳部分军营开展非遗文化传承活动16场次。

【“古城讲古”公益讲座举办】 2023年，民进漳州市委会举办“古城讲古”系列讲座，邀请民进会员中的文史专家讲解漳州古城历史文化。截至2023年年底，举办《千年县治 百里弦歌——台胞、侨胞故里》《从“芳华里”说起》《茶说桥亭》《漳州儒学》《漳州宫保第》等多场专题讲座。

（张　斌）

·中国农工民主党漳州市委员会·

【概况】 2023年，中国农工民主党漳州市委员会（简称农工党漳州市委会）下设5个专委会、4个总支、30个支部。年内，发展新农工党党员34人。截至2023年年底，全市有农工党党员725人，其中高级、中级职称农工党党员占71%。10名农工党党员当选各级人大代表，34名农工党党员担任各级政协委员。

【组织建设】 2023年，农工党漳州市委会新成立支部1个，评选表彰星级支部12个、“星级专委会”4个，新成立“党员之家”1个，举办农工党骨干党员、农工党新党员培训班2期。

【思想建设】 2023年，农工党漳州市委会召开学习贯彻中共二十大精神宣讲会，开展领导班子进基层宣讲中共二十大精神6场次、理论学习活动27场次。开展“凝心铸魂强根基、团结奋进新征程”主题教育32场次。选送34件作品参加纪念“福建事变”90周年书画摄影展和征文活动。

【参政议政】 2023年，农工党漳州市委会在漳州市人大、政协两会期间，提出的《关于补齐基层农技队伍建设短板的建议》等2件提案被列入漳州市政协十四届二次会议《重要提案摘报》。《关于推进漳州市分级诊疗制度落地落实的建议》被列为2023年度漳州市政协重点提案进行督办。年内，编报社情民意信息专报件181件，其中被全国政协、中共中央统战部、农工党中央采用80件次，被农工党福建省委会评为社情民意信息工作标兵单位。

【调研协商】 2023年，农工党漳州市委会组织漳州市政协农工党界别委员小组到南靖县等地开展“提升漳州市县级医院综合能力”专题调研，组织课题组赴漳州古雷港经济开发区等地开展“提升水产种业发展水平”调研。《推进中国特色社会主义参政党基层组织履职能力建设的研究》获农工党中央2023年度理论征文优秀论文奖三等奖，《关于推动福建省水产种业高质量发展的建议》《关于构建完善的普惠托育服务体系的建议》《关于提升福建省居养社区养老服务水平的建议》3篇调研报告分别获农工党福建省委会2023年优秀调研论文一、二、三等奖。

【社会服务】 2023年，农工党漳州市委会发动党员捐款捐物折合人民币55万元。年内，开展“爱企爱乡促发展、同心同行兴万村”行动，到华安县仙都镇等地开展义诊活动10场次，服务群众1500多人次；安排市级医院农工党党员专家到帮扶卫生院定期坐诊69期，接诊患者3000多人次；为帮扶卫生院争取专项经费30万元。3名农工党党员分别参加援塞内加尔医疗队和援藏医疗队。

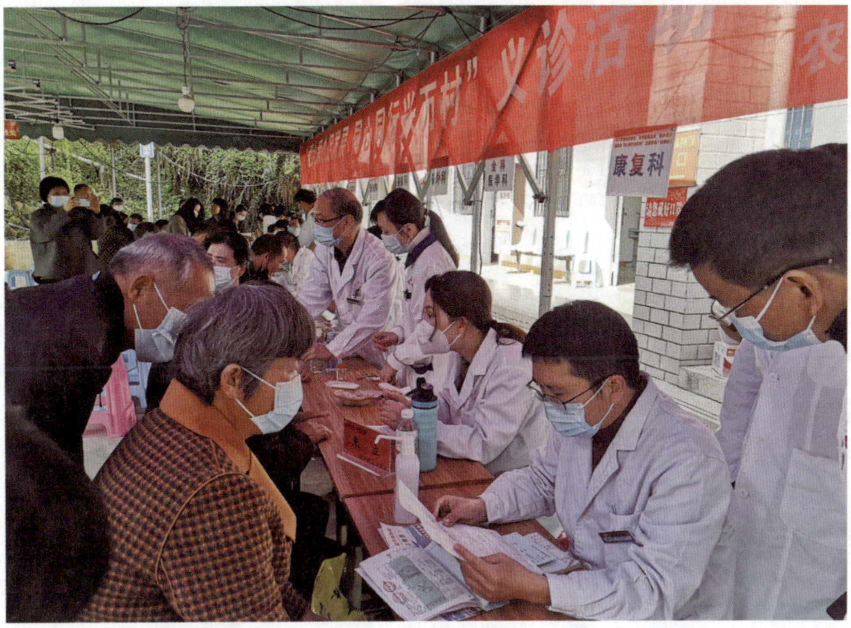

2023年3月4日，漳州市中医院农工党党员专家到华安县仙都镇开展中医药健康义诊活动（农工党漳州市委会 供图）

【大健康讲堂开设】 2023年，农工党漳州市委会创建“大健康讲堂”特色品牌，以讲座的形式向农工党员、群众分享中医养生、心理健康、疾病预防等方面的知识。通过联合举办卫生健康讲座、选派专家参与宣讲等方式，加强与漳州市委办、漳州市委统战部、漳州市发改委等部门互动，科普健康知识、宣传健康文化。

（张丽平）

·中国致公党漳州市委员会·

【概况】 2023年，中国致公党漳州市委员会（简称致公党漳州市委会）下设总支3个，支部27个，专门工作委员会7个。年内发展新致公党党员30人，截至2023年年底，全市有致公党党员625人。致公党漳州市委会获评致公党中央2018—2022年参政议政先进集体。

【组织建设】 2023年，致公党漳州市委会筹建成立高新区支部，表彰3个先进专委会、3个优秀专委会、10个先进支部、6个优秀支部和一批先进个人。

【思想建设】 2023年，致公党漳州市委会部署开展“凝心聚魂强根基、团结奋进新征程”主题教育，举办中共二十大精神辅导讲座，指导基层组织开展主题教育创建书香支部、特色支部、党员之家。发动致公党党员以演讲、制作精品课程等方式参与致公党省委会主题教育20多人次。

【参政议政】 2023年，致公党漳州市委会在漳州市人大、政协两会期间，提交大会发言1件；提交团体提案10件，2件提案入选漳州市政协十四届二次全会《重要提案摘报》；2件提案被列入重点提案和点题督办提案；2件提案获市政协2023年度优秀提案表彰。年内，编报社情民意信息252篇，其中被中央部门采用25件。2篇信息获评致公党中央2022年度参政议政优秀成果，3篇参政议政文章获评致公党福建省委会调研提案发言优秀成果，4篇获评漳州市政协反映社情民意好信息。

【调研协商】 2023年，致公党漳州市委会重点承接致公党省委会、漳州市社科联、市政协8项课题，其中《弘扬新时代福建精神，凝聚侨心侨力》获福建省统一战线十九届建言献策海峡论坛

2023年11月1日，致公党漳州市委会联合市政协台侨委组织市政协致公党界别委员开展“推动漳州市气象服务高质量发展”调研活动

（致公党漳州市委会 供图）

一等奖，获评致公党福建省委会调研提案发言优秀成果，刊发在福建社会科学院《学术评论》。《弘扬海外闽商精神，助力福建高质量发展》入选福建省委统战部《新时代闽商精神研究论文选编》。《弘扬开漳圣王文化，推进漳州市对外交流合作》在漳州市政协常委会上作重点发言。4篇课题成果入选福建省政协专题协商会书面发言材料。

【社会服务】 2023年，致公党漳州市委会指导龙文总支、芗城总支与龙文区郭坑镇口社村、芗城区天宝镇大寨村共建“同心村”，协调支持口社村、大寨村发展资金20万元。与诏安东沈小学、华安招坑村委会结对开展助学活动。发动基层组织开展捐资、义诊等社会服务25次，捐款捐物折合人民币11万元。

【海外联谊】 2023年，致公党漳州市委会接待到漳州调研的菲律宾中国洪门致公党总部等代表团，交流中菲“两国双园”项目及洪门遗址文化，菲律宾中国洪门总部代表团向云霄高溪庙捐赠人民币11万元。致公党员代表参加菲律宾中国洪门致公党总部、第五支部、宿务支部换届就职典礼并赠予贺信和贺匾。

（张梅燕）

·九三学社漳州市委员会·

【概况】 2023年，九三学社漳州市委员会（简称九三学社漳州市委会）有14个基层组织，其中市直支社8个，专属支社6个；另有专门（工作）委员会6个。新发展社员18人。截至2023年年底，全市有社员339人，其中高级职称173人，占51.03%；中级职称153人，占45.13%。

【组织建设】 2023年，九三学社漳州市委会在机关设立“九三之家”基础上建设文明书舍，在闽南水乡新设立九三学社漳州市委会社员之家。

【思想建设】 2023年，九三学社漳州市委会开展“凝心铸魂强根基、团结奋进新征程”主题教育，全年召开理论学习中心组学习会4次，学习贯彻习近平总书记重要讲话和重要指示批示精神。通过提前预习、班子领学、社员交流等形式，推动主题教育走深走实。

【参政议政】 2023年，九三学社漳州市委会在漳州市人大、政协两会期间，提交团体提案8件，委员个人提案15件，其中《关于进一步盘活存量资产，促进有效投资的建议》《关于有效促进漳州市高校毕业生就业的建议》入选2023年度优秀提案。年内撰写100多件社情民意信息，被采纳62件次，其中，被中共中央办公厅、全国政协、中共中央统战部采用2件。九三学社漳州市委会获福建省委会信息工作先进集体三等奖。

【调研协商】 2023年，九三学社漳州市委会与市政协文史委联合撰写《绳武楼保护开发调研报告》；与台盟漳州市委会赴东山县、云霄县联合开展“挖掘开漳圣王文化（对台）资源”调研，撰写《关于推广开漳圣王文化的调研报告》；开展漳州市工业战略性新兴产业科技成果引进转化专题调研，形成重要提案摘报《关于深化漳州市工业战略性新兴产业科技成果引进转化工作的建议》。

【社会服务】 2023年，九三学社漳州市委会落实“爱乡爱企促发展 同心同行兴万村”行动，与龙文区挂钩共建，到南靖县南坑镇和诏安县霞葛镇司下村开展服务，在郭坑镇组织建设漳州市首个海归专家乡村振兴工作站；联合芗城中医院到浦南镇吴浦村开展医疗义诊活动，为群众测量血压等。

【共建“同心村”揭牌仪式启动】 2023年12月14日，九三学社漳州市委会芗城支社与浦南镇松洲村举行共建“同心村”揭牌仪式暨“开漳圣迹·寻美浦南”摄影短视频大赛启动仪式，开展摄影短视频大赛、“开漳圣迹 文启松洲”书院文化大讲堂等“开漳圣迹”系列宣传活动，推广松洲书院文化品牌。

（王苑茹）

·台湾民主自治同盟漳州市委员会·

【概况】 2023年，台湾民主自治同盟漳州市委员会（简称台盟漳州市委会），下设7个支部。年内，发展盟员5人，截至2023年年底，全市有盟员122人。

【组织建设】 2023年，台盟漳州市委会在福建谷文昌干部学院举办“凝心铸魂强根基、团结奋进新征程”主题教育活动暨2023年骨干盟员培训班。台盟漳州市委会委员、各支部负责人、新盟员40余人参加培训。

【思想建设】 2023年，台盟漳州市委会开展“凝心铸魂强根基、团结奋进新征程”主题教育，把主题教育与学习贯彻中共二十大精神相结合、与学习贯彻台盟十一大精神相结合、与纪念中共中央发布“五一口号”75周年等相结合，开展集中学习交流、到红色教育基地开展现场教学活动、专题宣讲等活动，引导盟员坚定理想信念。

【参政议政】 2023年，台盟漳州市委会在漳州市人大、政协两会期间，提交大会发言1件、团体提案10件、人大建议案和委员个人提案14件，其中《关于提升海峡两岸（福建东山）水产品加工集散基地建设水平的建议》《关于进一步提升漳台民间信仰交流水平的建议》2篇被列为漳州市政协十四届二次全会《重要提案摘报》，6件提案被台盟福建省委会采用，《关于优化青少年心理健康教育的提案》入选台盟中央团体提案，被列为全国政协《重要提案摘报》。

【调研协商】 2023年，台盟漳州市委会报送社情民意信息165篇，其中《千亿级“睡眠经济”市场亟待规范与监管》被全国政协采用，《闽南文化对台影响受四方面掣肘》被中共中央统战部采用。

【对台联络】 2023年，台盟漳州市委会到莆田市参加第十五届海峡论坛——妈祖文化活动周开幕式活动，与来自台湾地区的台湾同胞交流；参加海峡论坛·第十四届海峡两岸船政文化研讨会，陪同台盟中央两岸经济交流委员会代表走访调研在漳州的台资企业。

【社会服务】 2023年，台盟漳州市委会联合有关单位到东山县杏陈镇前何村开展“凝心铸魂强根基、团结奋进新征程”主题教育暨义诊服务活动，受益人数200人。

【首届两岸少数民族乡土文化研习营承办】 2023年9月，台盟漳州市委会承办台盟中央两岸融合交流营(漳州分营)暨首届两岸少数民族乡土文化研习营，台湾地区及贵州省赫章县、漳州市近60名少数民族同胞参加此次活动。活动获中新网、人民政协网、台盟中央公众号、《福建日报》、新福建等16家央级、省级、市级媒体和10家政府网站、公众号报道。

（郑淑茵　叶建平）

·漳州市工商联(总商会)·

【概况】 2023年，漳州市工商联（总商会）下辖11个县（区）工商联（商会）。截至2023年年底，市工商联系统有会员2.18万个，其中：企业会员1.55万个，团体会员192个，个人会员6025个（包括原工商业者15名）。直属商会42家，其中行业商会15家，异地商会24家，综合性商会3家；异地漳州商会30家。年内，指导21家异地商会和所属商会成立或换届。漳州市工商联（总商会）获评“全国工商联2023年度调查点工作先进基层单位”“2022年民营企业劳动关系监测调查工作示范基层单位”。

【组织建设】 2023年7月24日，漳州市工商业联合会（总商会）十五届二次执委会议暨三次常委会会议召开，会议选举潘海鹰为漳州市工商联（总商会）第十五届执行委员会副主席、副会长，游海山为副会长，林华山、沈友祥为常委，陈显锋、洪亚鸿、陈玉安、张永刚、张浩波、吴枝华、苏和平、马兴旭、张森河为执委。12月，漳州市工商业联合会（总商会）召开十五届四次常委（扩大）会议，选举林毅为常委。第十五届执委会有执委186人，常委70人。年内，指导漳州市尤溪商会、漳州市上饶商会筹建，指导漳州市福州商会、漳州市川渝商会、漳州市江西商会、漳州市赣州商会、漳州市南平商会等换届，组建佛山市漳州商会、合肥市漳州商会、杭州市漳州商会。指导北京市漳州商会、福州市漳州商会、苏州市漳州商会、东莞市漳州商会等8家商会换届。落实联合惩戒措施，完善商会内控管理，强化监事会职能，相关经验做法《打造清廉商会样板 开创构建“亲”“清”政商关系新路径》在全国工商联《工商联改革情况》第18期刊发。

【思想建设】 2023年，漳州市工商联（总商会）开展学习贯彻习近平新时代中国特色社会主义思想主题教育，把握“学思想、强党性、重实践、建新功”总要求，开展主题教育读书班3次，查找整改问题7个、专项整治3个。组织民营企业家系统学习中共二十大精神，突出“机关+商会+民企”三方联动。

【参政议政】 2023年，漳州市工商联（总商会）在漳州市人大、政协两会期间，提交人大代表建议1件，政协提案9件。组织联络民营企业参与福建省2022年度企业经营者满意度评议。联合市政府办、市政府发展研究中心就“整治‘小鬼难缠’问题，优化营商环境”专题开展调研，发放调查问卷近200份，召开罐头企业、异地商会企业专场座谈会4场，收集各方面意见建议60条。

【调研协商】 2023年，漳州市工商联（总商会）开展各类调研活动15场次，撰写《关于助力优化营商环境的调研报告》等调研论文15篇。发动会员企业做好6次全国工商联民营企业调查，填报数据1500份次。组织企业参加中国—菲律宾经贸创新发展示范园区建设实施方案征求意见座谈会；配合省工商联开展“实施新时代民营经济强省战略推进民营企业创新转型”“发挥民营企业在恢复和扩大消费中的作用”调研；开展第七届世界闽商大会“民企签约项目回头看”专题调研。组织企业家代表与市领导座谈4场，向市委、市政府反馈民营企业发展中的意见建议19条。

【社会服务】 2023年，漳州市工商联（总商会）开展2022年度漳州市民营企业中级专业技术职务任职资格评审工作，217名从业人员获得非公中级专业技术职称任职资格，43人通过省工商联非公高级专业技术职务任职资格。与检察机关合作创新“检联益企”工作机制被漳州市营商办推广；与市中级人民法院建立“多元解纷平台”机制，参与调解合同纠纷案入选全国工商联“百佳商会调解典型案例”；与市司法局建立“法润商企”机制，落实万所联万会机制建设。《走出“律商”共建促发展之路》典型案例被评为“创新中国”工商联（商会）工作优秀案例。联合市人社局在漳州古城举办“就业夜市”招聘会，组织近300家民营企业参与“就业夜市”招聘，提供6000多个岗位，线上线下吸引超123万人次参与招聘活动，现场招聘视频被《焦点访谈》采用。联合市人社局、市教育局等部门开展“百城万企”民企高校促就业行动，在闽南师范大学、漳州职业技术学院开展专项招聘活动，帮助企业招聘员工近万名。组织开展“同心·光彩助学”暨“情系乡村·助学圆梦”乡村振兴主题助学活动，帮助乡村家庭经济困难学子2244人，捐赠助学助教总金额近2000万元。

2023年10月11日，漳州市工商联组织商会代表到漳州开发区芯云谷考察。图为商会代表听取芯云谷项目介绍

（漳州市工商联 供图）

【“万企兴万村”行动开展】

2023年，漳州市工商联（总商会）开展“万企兴万村”行动，参加民营企业165家，“兴村”项目总数215个、“兴村”总数282个，“兴村”投资经营类项目投资总额21亿元，捐款捐物总额折合7000万元，首批入选省级实验项目6个。年内，与市委统战部共同编印《同心共筑幸福路——“万企兴万村”漳州实践》书籍。

（林华鹏）

责任编辑：林松英

群众团体

·漳州市总工会·

【概况】 2023年，漳州市总工会推荐市委、市政府表彰漳州市劳动模范100名、市五一劳动奖状集体50个，推荐福建省劳动模范和先进工作者45名，全国五一劳动奖状1个，全国五一劳动奖章2个，工人先锋号3个。漳州“惠工汇”平台新增会员6万余人，连续两年被中华全国总工会评为互联网+工会普惠服务“最具影响力”平台。漳州市总工会被中华全国总工会评为“财务会计工作先进单位”。

【职工就业援助】 2023年，漳州市总工会开展“工会送岗 乐业漳州”就业援助行动，举办招聘会161场，服务企业2186家，提供就业岗位近4.5万个，达成就业意向2.3万人次。开展“工会主席直播带岗”直播活动3场，在线观看20万人次。

2023年3月26日，首届“厨神大比拼”暨2023年漳州市中式烹调师职工职业技能竞赛在漳州技师学院举行。图为技能竞赛笔试现场

（漳州市总工会 供图）

【职工技能提升】 2023年，漳州市总工会在漳州开放大学、漳州技师学院、漳州第一职业中专学校3所学校挂牌成立漳州市工匠学院，联合市人社局开展“匠心智造、星耀漳州”2023年漳州市职业技能竞赛系列活动，包含11项市级一类技能竞赛。年内，漳州市总工会开展中式烹调师、电工、物联网、茶艺师、快递员等行业职工职业技能竞赛23项。推动行业、企业自主开展技能评价，3家企业、8家院校自主开展技能认定。建设劳模和工匠人才创新工作室，新建省级工作室8家、市级工作室10家。开展市第十届“五小”（小发明、小创造、小革新、小设计、小建议）创新竞赛，征集

"五小"创新项目435项，比上年增加351项。

【惠企帮扶】 2023年，漳州市总工会落实小微企业工会经费返还政策，返还1.11万家企业工会经费3849.63万元。发动18.7万名职工参加职工医疗互助活动，4700余名职工领取补助635万元。开展"线上+线下"课程教育模式帮助职工学习技能，开设直播课45场，超百万人次观看。开展家政服务、物业服务等技能培训20场、近2300人次。

【职工合法权益维护】 2023年，漳州市总工会制定实施《劳动领域风险防控专项工作方案（修订稿）》《漳州市县（区）两级工会信访事项办理流程（试行）》。发出协商要约1080份，覆盖近3000家企业、27.5万名职工，选树4个集体协商示范点，全市建立工会的百人以上企业单独签订集体合同率动态保持在88%以上。下拨专项补助资金30万元，11个工业园区建立"园区枫桥"机制，调解劳动争议35例；开展新修改的《中华人民共和国工会法》宣讲21场次，覆盖职工2200人次。开展职业卫生宣传教育154次，发放职业病防治资料1.4万份，惠及职工3万人次，为2.1万名职工提供免费健康体检。各级工会筹集资金312万元购买防暑降温物品，慰问企业和工地613家、职工7.1万人次。开展安全生产警示教育活动125次，覆盖职工达25.28万人次。推荐省"安康杯"竞赛先进单位28个、先进班组15个。

【职工服务】 2023年，漳州市总工会投资200万元。新建户外劳动者服务站点30个，全市乡镇实现户外劳动者驿站全覆盖，市区主干道基本实现驿站"15分钟覆盖圈"。命名首批市级职工疗休养基地30家。投资815万元，开展职工疗休养活动117期，惠及职工6000名。新建"妈妈小屋"14家，下拨"课后服务·关爱行动"专项资金16万元，举办职工子女暑托班75期，举办青年职工交友活动17场。与市人社局等8个部门联合发文维护新就业形态劳动者权益，向全市平台企业发出《劳动法律监督提示函》，建设共享职工之家22家。

【工会驿站建设】 2023年，漳州市总工会构建工会驿站建设"三大效能、三级网络、三道关口"的"三个三"模式，打造"工会驿站"品牌，完成建设项目30个。建成工会驿站站点343个，其中获评全国最美站点14个、省级最美工会驿站26个、市级示范站点20个，受益户外劳动者5万余人次。

（穆帅星）

·中国共产主义青年团漳州市委员会·

【概况】 2023年，中国共产主义青年团漳州市委员会（简称漳州团市委）新发展团员1.31万名，新成立系统行业团工委4个，完成漳州团市委、市青年志愿者协会换届。推动数字共青团建设，全市9466个团组织和17.72万名团员在线报到。全市11个县（区）发布共青团改革案例29个。年内，漳州团市委乡村振兴领域人才培育"青盟计划"、对台交流工作、大学生实习"扬帆计划"等重点工作专报件获中央、省、市领导批示肯定13条次。"青春漳州"微信公众号获评2023年福建省"走好网上群众路线"十佳账号。

【青少年思想教育】 2023年，漳州团市委制作"青春能量站"地图，实地体验活动近1000场次。开展"我为青年办实事""我与青年面对面"活动，化解青年急难愁盼问题107项。发起"青年大学习"网上主题团课22期，覆盖青年170多万人次。优化"青春同声讲堂""红领巾大讲堂"等宣传教育平台，创作《学习正当时，漳州青年思享汇》等系列青少年网络文化产品。

【共青团服务乡村振兴】 2023年，漳州团市委吸纳

130余名农业专家，开展培训99场次，线下培训新农人8213人，线上点击量超352万余次。承办团中央乡村振兴青春建功行动片区交流会，在会上作经验交流，获团中央领导肯定。

【青年招商】 2023年，漳州团市委组建260余支省级重点项目青年突击队赴广东开展招商推介活动，成立漳州市第一家驻外青年招商联络处。组织40多名创业青年、青年企业家开展现场商业考察活动，达成意向入驻企业10余家。

【共青团助力文明城市创建】 2023年，漳州团市委创建国家级青年文明号集体8家、省级17家。组织近500名青年志愿者服务海峡两岸（漳州）中秋晚会、有福电影巡展、海峡两岸花卉博览会、美食节等活动，组建垃圾分类志愿服务队123支，开展垃圾分类宣传和主题实践活动118场次，参与青少年7199名。

【青年就业创业引领】 2023年，漳州团市委遴选青年人才（乡村振兴）优秀创业项目25个，分别给予资金支持10万元；推报101个项目参与国家级省级青年创业大赛，连续4年获“省青年创新创业大赛优秀组织奖”。开展“扬帆计划”，5503名大学生暑期到漳实习，在全省率先针对台湾大学生制定实习激励保障措施，吸引215名台湾大学生到漳州实习，工作经验在全省推广。

【青少年帮扶】 2023年，漳州团市委资助以困境青少年为主要服务对象的社工项目6个，深化青春护航信箱机制，收到涉及青少年心理健康、校园欺凌、亲子关系等有效线索52条。开展中高考心理减压活动20场，服务学生和家长3000余人次。

【希望公益品牌打造】 2023年，漳州团市委举办共青团“微心愿”爱心物资暨音乐教室捐赠活动，为特殊群体发放爱心物资130万元。发动社会爱心人士捐资31.8万元，援建平和县珊峰明欣希望小学。向漳州市阳光学校及云霄、平和等县乡村小学捐赠爱心课桌椅200余套。开展希望工程圆梦行动，发放助学金60余万元。开展青少年自护公益学堂13期、流动少年宫“送教下基层”志愿服务活动22场、暑期托管班4期，受益青少年6000余人。

【“在漳台湾青年说”系列访谈栏目获奖】 2023年7月20日，《在漳台湾青年说》获评福建省网络文明建设“十佳优秀案例”之“优秀产品类”奖项。2020年至2023年，“在漳台湾青年说”系列访谈栏目从不同角度讲述37位台湾青年在漳州追梦、筑梦、圆梦的青春故事，先后打造25期栏目，印刷出品同名合辑1500册，纸媒发行量近100万份，微信、视频传播累计获近百万级阅读浏览量。

（颜志凯 袁琪琪）

·漳州市妇女联合会·

【概况】 2023年，漳州市妇女联合会（简称漳州市妇联）开展家庭家教家风建设，维护妇女儿童合法权益。“福建省漳州市妇联：‘好厝边’巾帼志愿服务助力乡村振兴”工作案例入选全国妇女工作改革创新优秀案例。

【基层妇联组织建设】 2023年，漳州市妇联实施妇联组织提质扩面行动，在市税务系统、市卫健委系统、市知联会和市美发美容化妆品行业协会成立妇联组织。组织妇联改革建设特色项目展评活动，发掘“巧断家务事 当好娘家人——‘解忧姐姐’家事纠纷调解化解”等改革案例和“阿丹家妇女微家”等一批妇女微家建设工作品牌。《女性社会组织高质量发展怎么破？——以云霄县彩虹公益联合会培育为例》获福建省妇联2023年主题征文活动一等奖。

【巾帼宣讲】 2023年，漳州市妇联开展“学思践悟新思想 团结奋进新征程”“巾帼花开 福满漳州”“家教伴成长 福见千万家”等线上线下群众性主题宣传活动1200余场次，覆盖19万余人次。140余篇信息在《中国妇女报》《福建日报》《闽南日报》等媒体宣传推广，漳州市妇联入选2023年度《中国妇女报》宣传舆论阵地建设优秀榜。

【巾帼助力乡村振兴】 2023年，漳州市妇联开展“美家美户 洁净家园——‘好厝边’助力创城”等巾帼志愿服务活动万余场次。联合市城管局开展“垃圾分类 家家时尚”行动，联合市林长办开展“巾帼红守护生态绿”活动。“好厝边”做法专题刊发在《中国妇运》《八闽快讯》等，《福建省漳州市妇联：“好厝边”巾帼志愿服务助力乡村振兴》获评全国妇女工作改革创新优秀案例。东山顶街社区被授予全国巾帼志愿服务“十大优秀社区”称号。

【妇女儿童权益保障】 2023年，漳州市妇联实施宝妈就业和顶梁柱母亲帮扶行动，建立就业创业“一对一”陪跑式帮扶跟踪机制。举行就业夜市女性专场招聘会、春风送岗等招聘活动，获中央电视台《焦点访谈》播放。拓展春蕾安全员机制，实施“检律同行·法爱到家”行动和“益心为你”心理健康关爱公益行动。春蕾安全员队伍向律师、心理咨询师、家庭教育指导师等专业领域发展。推动漳州市委平安办出台《关于落实侵害未成年人案件强制报告制度工作的实施方案（试行）》，在“平安漳州e家”平台开通家暴、性侵、拐卖、欺凌等强制报告绿色通道。开展困境儿童安全关爱专项行动，设立漳州市春蕾安全员机制困境儿童帮扶资金，开设“法爱到家”——儿童性别安全主题课堂。“信访调处与诉讼执行并举，保障受害妇女财产权益和人身权益——漳州市古雷开发区卢某某涉法涉诉信访案”“春蕾安全员机制显作用 困境儿童受教育权得保障——漳州市芗城区保障儿童受教育权案”获评“2022年度福建省妇女儿童维权十大优秀案例”。《春蕾“童”行 检护未来》获第三届全国检察机关十佳文化品牌第一名。

【家庭家教家风建设】 2023年，漳州市妇联推荐全国“最美家庭”2户，省级“最美家庭”20户、“绿色家庭”20户，联动县（区）妇联开展“蹲下来、同阅读、共成长”亲子阅读系列活动，覆盖家庭6000多户。6月，与漳州城市职业学院共建漳州市家庭教育融合发展中心，开展“心葵向阳计划”，提供线下心理服务上万人次。

【社区家长学校标准化创建】 2023年，漳州市妇联依托

2023年3月8日，“巾帼花开 福满漳州”——党的二十大精神宣传暨漳州市纪念“三八”国际妇女节活动在漳州市艺术馆举行。图为南靖土楼红妹子表演音乐快板
（漳州市妇联 供图）

社区（村）党群服务中心、文明实践站（所）、儿童之家、妇女微家等建立社区（村）家长学校，全市实现村家长学校覆盖率超90%，社区家长学校覆盖率95%。制定社区家长学校建设标准，在15个社区（村）试点开展社区家长学校标准化建设。组建“社区（村）家庭教育互助组”“家庭教育帮帮团”等志愿服务队120多支，服务群众3.2万人次。开展家教基础课程、心理健康指导、个案辅导569场次；研发“漳州市社区家长学校空中课堂”，服务覆盖全市1963个社区（村）家长学校，线上服务家庭近30万人次。打造“一县一品”家教品牌，形成芗城区“开心行动”、龙海区“家校社携手共育护花开”、长泰区“泰家·佳”家教志愿联盟等家教工作品牌。芗城高校社区等24个社区（村）获评省级家教社协同育人试点社区（村）。

（何惠琛　陈晓娟）

·漳州市科学技术协会·

【概况】　2023年，漳州市科学技术协会（简称漳州市科协）制定《关于进一步加强和规范科技社团组织建设有关事项的通知》，激活学会3家、注销学会3家，新建省级学会服务站11家。年内，漳州市科协获福建省全国科普日活动优秀组织单位，3名优秀科技工作者分别获评省优秀科技工作者、最美科技工作者、最美女科技工作者。

【科技服务】　2023年，漳州市科协举办院士专家八闽行漳州行暨福州大学科技成果对接会等服务民营企业活动5场次，6名院士、73位专家参加，6家企业与院士团队签约合作项目，6家企业与福州大学签订合作框架协议，20多家企业与高校专家达成技术攻关或项目合作意向。推荐10家企业与中国工程科技发展战略福建研究院结为院企合作单位，征集并解决企业技术难题8个。出台《漳州市院士专家科创基地实施细则》，引进院士、学会和高校专家100多名，开设“奋进新征程、院士助力漳州新发展”系列专题宣传6期，设立课题研究资助项目15个。召开漳州市科协学术年会暨漳州市医学会乳腺病分会学术年会，参加人数1.3万人。

【科普服务】　2023年，漳州市科协举办“百名专家学者百场科普讲座”20多场次，开通漳州科协、漳州科技馆微信公众号。组织学生参加福建省青少年科技创新大赛，获省级奖项71个。开展各类科普活动57场次，其中，科普大篷车活动28场次，参与活动人数8.1万人次。

【科技助力乡村振兴】　2023年，漳州市新建龙海杨梅、南靖金线莲2家“科技小院”，承办全国科技小院现场观摩会，25个省、自治区、直辖市科协代表100余人到漳观摩，央视农业频道视频号、光明网、福建电视台等媒体宣传报道，将漳州水仙花、平和蜜柚、云霄杨桃等推向全国。组织科技小院责任专家与入住研究生团队举办农村专业技术培训讲座和送科技进农村等系列活动，开展乡村振兴专题培训2期123名。

【馆校结合助力“双减”】　2023年，漳州科技馆建立馆校结合机制，建立“军事科普小屋”1个、“馆校结合乡村校园科普基地”2个、基层学校共建馆校结合示范点8个，与漳州市实验小学合作流动科普驻点、与龙海区科协、平和县科协联合开展“馆校结合”科普活动12场，支持配备流动科普展品10件、各类主题科普书籍248册、科普资源包200余套。

【“奋进新征程、院士助力漳州新发展”系列专题宣传】　2023年，漳州市科协在漳州电视台开设“奋进新征程、院士助力新发展”电视专栏，播出6期，展示漳州市科协在优化创新生态、集聚创新资源、引入高层次人才、推进营商环境持续优化、以科技创新引领产业高质量发展的做法和成效。

【"建设科技小院、助力乡村振兴"获评优秀案例】 2023年，漳州市7家科技小院入驻专家21人，常驻学生25人，参与开展课题研究人员50人，其中毕业硕士研究生24人，在国内外期刊上发表学术论文33篇。平和蜜柚"科技小院"提出"减肥压酸，补镁增效"绿色提质增效技术，每公顷节约生产成本1.5万元，每年为农民节约蜜柚种植管理成本近10亿元。年内，漳州市科协"建设科技小院、助力乡村振兴"案例获评漳州市第六届机关机制体制创新优秀案例。

（王科军）

2023年9月25日，主题为"提升全民科学素质　助力科技自立自强"的2023年平和县全国科普日主场活动在平和县南胜中心小学举行。图为学生观看机器狗表演

（漳州市科协 供图）

·漳州市归国华侨联合会·

【概况】 2023年，漳州市有活动场所的基层侨联组织119家，省级侨胞之家58个，市级侨胞之家79个。芗城区新桥街道侨联侨胞之家、漳州台商投资区角美镇鸿渐村侨联侨胞之家获评"全国侨联系统侨胞之家典型选树单位"。漳州市归国华侨联合会（简称漳州市侨联）获评"福建省侨联系统先进集体"。

【参政议政】 2023年，漳州市侨联向漳州市政协十四届二次会议提交《关于建设漳州市华侨历史博物馆暨中菲历史文化交流中心的建议》。向福建省侨联闽侨智库推荐5名专家，组织闽侨智库专家开展侨乡调研活动，向福建省侨联报送侨情专报4篇，被录用3篇。

【侨力服务招商引资】 2023年，漳州市侨联举办联谊考察活动和招商引智推介会8场，接待侨胞、侨商200多人次。组织菲律宾漳州总商会考察团到常山华侨经济开发区、古雷开发区、东山县考察中菲"两国双园"园区建设。参与中国—菲律宾经贸创新发展示范园区建设推进会暨招商大会活动，做好18位闽籍、漳籍海外侨领、侨商服务工作。落实"地方侨联+高校侨联+校友会"工作机制，为马来西亚SPM（马来西亚教育文凭）考生到闽南师范大学预科班留学事宜牵线搭桥，与华侨大学漳州校友会、华侨大学南平校友会开展"校友经济""侨商经济"主题座谈。

【侨乡文化建设】 2023年，漳州市侨联开展福建省华侨文化交流基地申报认证工作，漳州古城、福建省龙人书院、漳州市科技职业学院被评为第一批"福建省华侨文化交流基地"。与市文旅局等部门联合主办第二届月港海丝文化学术研讨会等活动，组织海外侨胞观看闽南语原创音乐情景剧《朱熹陈淳与漳州龙文隔空对话》；组织漳籍海内外侨界学生参与"第二十三届世界华人

2023年2月4日，“2023侨家乐·福建省华侨美食风情文化节漳州常山华侨农场专场”活动在常山华侨农场举办。图为活动现场

（漳州市侨联 供图）

学生作文大赛”活动，24名学生获全国奖项。下拨侨联侨史馆建设补助资金41万元，用于芗城区侨史馆、长泰区侨史馆等5个侨史馆建设。开通“云上侨史馆”专栏，宣传全市侨史工作。

【联谊拓展】 2023年，漳州市侨联举办“2023年漳州市侨联新春茶话会”，做好新加坡、法国、英国、秘鲁等国家侨领联络工作，接待菲律宾漳州总商会、加拿大福建工商联合总会、马来西亚厦门总商会、马来西亚龙湖文化总会等海外侨团到县区交流。组织各县（区）侨联及11个海外侨团侨社和侨领开展网上短视频拜年，推送信息资讯120多条。参加欧洲福建侨团联合总会第三届交接庆典、第三届世界闽籍华侨华人社团联谊大会，拜访海外华侨华人社团厦门联络总部，向海外侨社团换届或庆典发出贺电14封。

【暖侨行动】 2023年，漳州市侨联下拨各县（区）省级贫困侨救助资金40多万元。在常山华侨农场举办“2023侨家乐·福建省华侨美食风情文化节漳州常山华侨农场专场”活动，吸引游客8万人次，活动营收总额400万元。开展助企招工，提供招聘岗位1000多个。开展“金秋助侨”活动，走访慰问困难归侨侨眷侨属20户、家庭困难学生10名。开展“宣传侨法、维护侨益、凝聚侨心、共促发展”系列宣传活动5次，处理群众来信来访来电6件。

【漳州市侨联维护侨益展示点揭牌】 2023年6月1日，漳州市侨联维护侨益展示点在龙文区郭坑镇侨史馆揭牌。郭坑镇侨史馆总建筑面积380平方米，包括维护侨益展示点、郭坑镇侨联侨胞之家等，展厅内展出漳州市落实依法维护侨益工作的相关政策文件、实例以及侨批、证件、照片、票据、瓷器等涉侨老物件300余件。

（吴炜祯）

·漳州市台湾同胞联谊会·

【概况】 2023年，漳州市台湾同胞联谊会（简称漳州市台联）对在台湾地区漳籍同乡会、宗亲会及其联系人基本情况进行摸底建档。截至2023年年底，在台湾地区漳籍同乡会12个、漳籍宗亲会6个。年内，漳州市首个台湾同胞联谊会客厅在漳州古城“漳州纶恩堂文博馆”揭牌。

【漳台文化交流】 2023年，漳州市台联举行“科举制度在台湾——台湾进士专题展”“迁台记忆图片展”。与平和县台联共同举办第九届“两岸情、心田缘”保生大帝文化节。与市金门联等单位共同主办第十五届海峡百姓论坛漳州分论坛。与团市委等单位共同承办第二十一届海峡青年论坛之闽台青年乡建乡创合作交流论坛暨第七届海峡两岸（漳州）青年交流周系列活动。其中，与漳州电视台共同举办“曲同调·两岸好声音”海峡两岸大型闽南语曲艺文化交流活动。与台盟漳州市委会共同打造对台交流品牌——台盟中央两岸融合发展交流营漳州分营暨首届少数民族乡土文化研习营。《关于设立两岸融合人才教育培训基地，为祖国统一做好人才储备的建议》《利用闽南文物资源，促进两岸文化交流》两篇调研报告分别获全国台联系统参政议政重点课题二、三等奖。

2023年5月31日，在台闽籍社团恳亲活动在平和县五寨乡埔坪村举行。图为参访宗亲参观埔坪村林氏宗祠　　（漳州市台联　供图）

【台胞台企服务】　2023年，漳州市台联协调推动乡建乡创台湾建筑师团队与漳州职业技术学院建工学院合作，做好对台交流基地提档升级和台胞之家联谊站申报工作。与市司法局联合开展“法润台企”公共法律服务。与福建省台联、漳州市委统战部共同主办福建省台联第十五期台胞青年电商研习营暨台胞食品加工实训营，普及电商直播平台基本知识和技能。争取省扶贫济困专项资金275.03万元，“两补”（困难台胞补助金和老龄台胞补助金）市级配套补助91.96万元。

【漳州市首个台湾同胞联谊会客厅揭牌】　2023年5月25日，福建省漳州市首个台湾同胞联谊会客厅揭牌仪式在漳州古城举行。漳州市台湾同胞联谊会古城会客厅设在漳州纶恩堂文博馆，由漳州市台联与同姓氏源流研究会许氏委员会共同成立。会客厅陈列先辈入闽肇漳、漳台姓氏渊源和迁台渡海等史料，展示开漳始祖、迁台先贤、政界要人、商界名流等人物事迹。

（吴　颖）

·漳州市文学艺术界联合会·

【概况】　2023年，漳州市文学艺术界联合会（简称漳州市文联）有文学艺术家协会14个，县（区）、开发区文联14个。年内，开展多项文化交流和文艺活动，组织参加第十一届中青年演员比赛，获金奖2枚、银奖5枚、铜奖10枚；组织参加福建省第十届百花文艺奖大赛，获一等奖、二等奖、三等奖各1个；组织参加第五届福建省曲艺丹桂奖，锦歌《唱尚书》，获节目二等奖；组织参加第十六届福建省戏剧水仙花比赛，获金奖2枚、银奖3枚、铜奖7枚；组织参加“八闽丹青奖”第三届福建省书法美术双年展评选，获金奖作品6个；组织参加“2022年度福建省广播电视艺术奖”评审活动，获一等奖1个、二等奖9个、三等奖8个。

【主题文艺活动】　2023年，漳州市文联举办“学习贯彻党的二十大·‘喜迎新春’书法作品展暨‘英才计划’青年书法人才作品展”，展出作品113件。举办“美术作品精品展”，展出作品100件。举办“漳州市九龙壁

（华安玉）专题精品展”，展出作品90件。举办“漳州110”主题书画、摄影、剪纸作品展，收集作品200余件，入选作品100件。举办海峡两岸（福建·漳州）融晴文化艺术展、“走进黄道周故里——国际摄影名家中国东山岛采风创作展”“木垒河畔·水仙花开——漳州·木垒两地美术、书法、摄影联展”，展出作品120余件。举办“墨香诏安”中国画作品展，入选作品140件。举办“黄道周奖”海内外书法篆刻作品展，展出作品211件。

【文艺之家】 2023年，漳州市文联扶持培育芗城林语堂文学创作基地等8个文艺创作基地，被福建省委宣传部、省文联授予“福建省新时代特色文艺示范基地”称号。截至2023年年底，全市有14个省级新时代特色文艺示范基地。与漳州高新区共同打造龙江岁月文艺交流中心，主办的“百花迎新——漳州市文联迎新年文艺会演”“‘九龙江两岸’——主题摄影艺术展”在龙江岁月文艺交流中心开展。

【文艺惠民】 2023年，漳州市文联组织书法家参加2023年漳州市文化科技卫生“三下乡”活动。开展“百名作家进校园”“高雅艺术进校园”书法主题活动、“2023八闽戏剧进校园”等系列活动。开展“舞福迎春进万家——‘福’舞蹈文化惠民系列活动”、新春写“福”接“福”活动。

【文艺人才队伍建设】 2023年，漳州市文联抓好14个市级文艺家协会换届工作。举办全市文艺骨干培训班，评选8个青年文艺人才文艺创作扶持项目，每个项目给予扶持资金5000元。

（林钰涵）

2023年12月27日，漳州市文联举行“百花迎新”迎新年文艺汇演。图为木偶表演

（漳州市文联 供图）

·中国国际贸易促进委员会漳州市委员会·

【概况】 2023年，中国国际贸易促进委员会漳州市委员会（简称漳州市贸促会）发挥“联通政企、融通内外、畅通供需”作用，开展招商引资，创建贸促会地标品牌。

【招商引资】 2023年，漳州市贸促会承办漳州市海洋产业招商推介会，吸引外国政要、驻华使节、国际组织、经贸机构、商协会和企业代表120余人参加。组织9家海洋产业企业代表及相关县（区）贸促会参加第二十二届世界商业领袖圆桌会议。承办漳州市在福州市举办的专场招商推介会，香港、澳门等经贸团体，吉林、山东、西藏、云南等地专业采购商以及漳州供应商共计100余人参加。会上，漳州市贸促会组织参会的57家采购商和48家供应商对接洽谈，20多家采购商、供应商达成初步合作意向，现场成交额398万美元，意向成交额832万美元。

【地理标志品牌创建】 2023年，漳州市贸促会成为福建省唯一获中国贸促会授权开展地标产品品牌评价业务的地级市贸促会，全市7家企业获首批地理标志产品品牌证明书，占全国首批55家企业的12.7%。

【参展参会】 2023年，漳州市贸促会组织505家企业参加境内外展会25场，国内展成交额8060万元、国（境）外展成交额9646万美元。

【贸促会对外交流合作】 2023年，漳州市贸促会组织企业到土耳其、波兰、澳大利亚、菲律宾等国（境）开展经贸对接活动，分别与波兰华沙商会和菲律宾卡加延德奥罗工商会签订合作备忘录。

（周佳生）

·漳州市残疾人联合会·

【概况】 2023年，漳州市残疾人联合会（简称漳州市残联）完成市、县、乡三级残联换届工作，其中5个开发区全部成立残联，为福建省唯一全部成立开发区残联的设区市。全市残联配备兼职副理事长9人，挂职副理事长6人，村（社区）残疾人联络员2074人。漳州市盲人协会实现社团法人注册登记。

【残疾人社会保障】 2023年，漳州市残联筛查困难残疾人3707人次，符合条件的628名困难残疾人全部纳入低保、特困供养或临时救助，未发生残疾人致贫返贫。年内，重度残疾人二级护理补贴由每人每月100元提高到每人每月107元。截至2023年年底，发放困难残疾人生活补贴9158万元、惠及6.29万人次。全市累计发放“一户多残”家庭生活补助250万元，惠及2890户残疾人家庭。落实重度困难残疾人基本医社保政府代缴和非重度困难残疾人基本医社保补贴制度，残疾人基本医疗保险和基本养老保险参保率均98%以上。投入资金358.25万元，惠及残疾人4.8万名。投入资金603.8万元，为2790名残疾人开展居家托养和机构托养服务。投入资金42万元，为23户农村困难残疾人家庭改善住房条件。

【残疾人就业创业】 2023年，漳州市残联发放各类就业奖补资金670万元，推动城镇残疾人新增就业968人，农村残疾人新增就业2052人，有就业意愿的应届残疾人毕业生就业率100%，零就业家庭实现动态清零。年内，举办残疾人招聘会107场次，537家次用人单位提供残疾人职位1555个。培训残疾人职业技能1640人次。开展访企拓岗促就业活动，走访用人单位100余家次，拓岗110个、发掘残疾人用工需求818名。全市机关事业单位安排残疾人就业199名，8家国有企业安排63名残疾人就业。首次在乡镇公务员招考中设立1个残疾人专门岗位。2名残疾人获评“福建省金牌工匠”，3名残疾人获评“漳州市技术能手”。

【残疾人康复服务】 2023年，漳州市残联提升康复服务水平，4.2万名残疾人得到基本康复服务，3024名残疾人得到辅助器具适配服务，基本康复服务率连续2年、辅具适配服务率连续3年保持100%。确定残疾儿童康复救助协议管理机构36家。对187名在训儿童开展康复效果公益性评估。该案例入选全国残疾人精准康复管理优秀案例。下属康复机构开展心理评估、咨询辅导、团队建设等定向服务1300余人次。面向全市各年龄段有听力检测需求人群提供听力检测服务200人次。

【残疾人公共服务】 2023年，漳州市残联将硕士和博士研究生纳入助学范畴，投入扶残助学资金437万元，惠及残疾学生3100多名，做法被省残联推广。投入528万元，对全市22个乡镇（街道）、1352户残疾人家庭实施无障碍改造。开展《中华人民共和国无障碍环境建设法》专题宣讲，组织公共无障碍环境建设督导。扩大

2023年，漳州代表团参加福建省第九届残运会暨第七届特殊奥运会。图为2023年5月20日，漳州运动员陈伟军（中）参加短跑比赛

（漳州市残联 供图）

“爱心同盟”队伍，专业化助残志愿服务队由20支增加到31支。

【残疾人竞技比赛】 2023年，漳州市残联组队参加福建省残疾人技能竞赛获总分第三名；参加第十六届世界夏季特奥会，获自由泳男女混合接力银牌；参加福建省第九届残疾人运动会暨第七届特殊奥林匹克运动会，残特奥会获金牌45枚、银牌43枚、铜牌33枚，金牌数居全省第三，奖牌数居全省第二。

【漳州市残疾人联合会第七次代表大会召开】 2023年4月7日，漳州市残疾人联合会第七次代表大会在漳州宾馆召开。各县（区）和市直有关单位的正式代表、特邀代表、列席代表180人参加代表大会。大会审议通过漳州市残联第六届主席团工作报告，选举产生新一届漳州市残联领导班子以及出席省残联第八次代表大会代表。林少金当选漳州市残联第七届主席团主席，汪清桦当选漳州市残联第七届执行理事会理事长。

（盛凌云）

·漳州市金门同胞联谊会·

【概况】 2023年，漳州市金门同胞联谊会（简称漳州市金门联）探索漳台职业教育合作，组织市金门联理事到金门参加“迎城隍”活动，举办金门历史文化专题讲座等文化讲座3场。

【金门同胞助力乡村振兴】 2023年，漳州市金门联促成台中建筑师公会及台湾创新建筑联合协会到漳州访问，举办“漳台共话乡村振兴发展战略下的乡村建设与规划”主题座谈研讨会。与市职教社、漳州职业技术学院等职业院校（学校）共同举办2023年漳台职教交流系列讲座，台湾建筑师林亦奇作首场讲座。邀请福建金门马祖地区建筑师公会到漳州开展乡村振兴项目，在第二十一届海峡青年论坛上，台湾周寿海建筑师事务所与诏安县建设乡建华社区月港村签约。

【文化交流】 2023年，漳州市金门联承办第十四届海峡两岸金门马祖青少年国学夏令营活动，台湾大学、台湾政治大学、台北大学等台湾地区18所高校及11所中学127名师生参加活动。年内，举办金门历史文化专题讲座3期。邀请台湾私立学校教育产业工会秘书长王宏男一行到漳州5所职业院校考察交流。

（柯秋红）

·漳州市红十字会·

【概况】 2023年，漳州市红十字会遴选培育10个志愿服务项目、3个青少年品牌计划，建成市红十字博爱驿站、3个救护站、3个生命教育体验教室。李艳春获评中国红十字会“会员之星”，游达明获评全国红十字志愿服务先进典型，赖悦宁获评福建省最美志愿服务工作者，漳州市红十字会获中国红十字会总会2023年红十字生命教育应急救护知识竞赛单位组织二等奖，连续三届获福建省红十字应急救护大赛团体二等奖。

【应急救护】 2023年，漳州市红十字会开展公共场所设置“AED（自动体外除颤器）+群众性应急救护”公益培训项目，全年培训救护员2.67万人，配置AED222台。谷文昌干部学院应急救护培训基地投入使用，举办应急救护师资交流活动。发挥蓝天、曙光救援队等志愿服务队作用，开展复训演练。与现代物流企业就参与红十字备灾救灾物资管理达成合作共识。

【人道救助】 2023年，漳州市“99公益日”网络筹资251.82万元用于人道事业，救助困难群众近2万人。连续22年开展“博爱送万家”困难群众慰问活动。在福建省设区市率先设立台胞应急救助基金。举办漳台红十字大学生人道之旅夏令营，设置“两岸红十字会（漳州）台胞交流中心”，对接新高雄、南投、金门等地红十字组织，协助做好台胞人道服务。南靖县、长泰区、漳浦县、龙海区红十字会获福建省红十字会“99公益日”优秀组织单位奖。福建省烟草公司漳州市公司获福建省红十字人道铜质奖章，福建两口子食品有限公司获漳州市红十字人道银质奖章，漳州市陈宇贸易有限公司、信泰人寿保险股份有限公司获漳州市红十字人道铜质奖章。

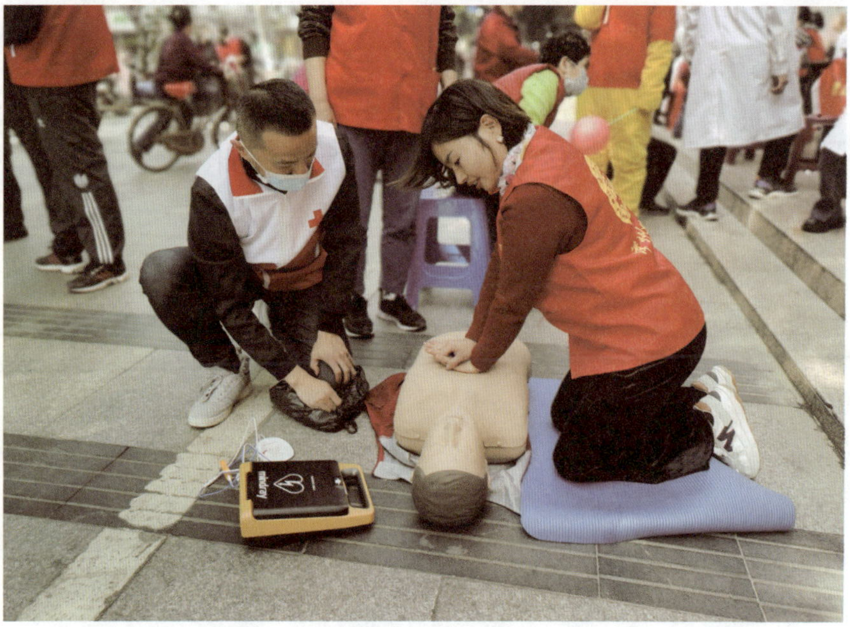

2023年3月15日，漳州市红十字会开展急救知识进社区科普活动。图为志愿者为群众演示心肺复苏规范操作流程

（漳州市红十字会 供图）

【“三献”工作】 2023年，漳州市红十字会开展无偿献血、造血干细胞捐献、遗体器官捐献宣传。全市总献血量7.06万毫升、4.03万人次；捐献造血干细胞5例，实现造血干细胞样本采集407例。成立“生命接力”服务队，实现遗体器官捐献24例。参与生命接力运动会，获福建省第一名、全国第八名。

（柯少强）

·漳州市中华职业教育社·

【概况】 2023年，漳州市中华职业教育社（简称漳州市职教社）召开第六次社员代表大会，选举产生第六届社务委员会委员。3家社员单位挂牌成立“社员之家”，截至2023年年底，全市有“社员之家”8家。召开漳州市温暖工程促进会第二届第一次会员代表会议，选举产生第二届理、监事会，表决修改《漳州市温暖工程促进会章程》。开展“温暖同心情满校园”爱心书包捐赠活动，捐赠爱心书包520个。

【职教社助力职业教育】 2023年，漳州市职教社联合市教育局、市人社局、各县（区）统战部等，到学校、企业调研走访20余次，形成调研报告《增强职业院校人才培养服务区域经济发展适应性研究》；召开职业教育服务产业发展务虚座谈会，推动云霄职业技术学校获批增设“智能设备运行与维护”专业，实现当年招生；召开2022年度立项课题成果结项暨专家座谈会，编纂印刷《漳州市中华职业教育社2022年调研课题成果汇编》。

【职教社助力校企合作】 2023年，漳州市职教社推动漳州高新区大房资产运营有限公司与漳州市唯美教育发展有限公司进行混合所有制改革；推动中德诺浩（北京）教育科技股份有限公司与福建华夏高级技工学校签约打造高技能汽车人才培养基地；与市教育局等联合举办2023年漳州市“互联网+”大学生创新创业大赛”暨漳台邀请赛，促成漳州翊瀚众创电子科技有限公司与台湾青年创业团队签订合作协议。

（周丽洁）

·漳州市计划生育协会·

【概况】 2023年，漳州市计划生育协会（简称漳州市计生协会）有会员小组1.1万个，会员26万人。年内，开展骨干队伍专业培训3期、培训225人；新培养国家级师资1名、省级师资5名、市级师资10名，培训儿童早期发展指导师570人，公益培训生育支持职业技能基层骨干323人。

【生育关怀】 2023年，漳州市计生协会实施幸福工程、金秋助学等生育项目，投入1309.22万元帮扶计生家庭。加强计生家庭2117人（户）意外险工作，投保实际户数16.18万户，投保金额2236.10万元，投保规模保持福建省首位，赔付2095人、赔付金额1639.86万元。

【家庭健康服务】 2023年，漳州市计生协会探索建设家庭健康服务驿站，建立驿站58个，服务覆盖26万群众。年内，举办人口国情国策各类宣传教育服务活动1131场次，服务群众7万人，发放宣传品及宣传资料8.8万余份。

【生育支持】 2023年，漳州市计生协会构建以优生优育指导中心为龙头、以亲子小屋为服务阵地、以专家队伍为支撑的多层次0~3岁服务体系，指导探索实践“优生优育中心+亲子小屋”“托育机构+亲子小屋”“幼儿园+亲子小屋”“亲子小屋+四点半课堂 ”等新服务模式。全年组织800人参加儿童早期发展指导师、育婴员培训，近400人考取证书。

【首届高校青春健康文化节举办】 2023年5月28日，漳州市计生协会联合漳州卫生职业学院举办“倡新时代婚育文化 助家庭和谐幸福”——“护航青春，守护未来”漳州市首届高校青春健康文化节，设置高校青春健康成果展、青春健康书画（漫画）展、青春文创手工展等展览活动。

（张琼如）

责任编辑：林松英

法治

·地方立法·

【概况】 2023年，漳州市坚持科学立法、民主立法、依法立法，发挥人民代表大会在立法中的主导作用，突出地方立法特色，提升立法质量和效率。漳州市人大常委会施行法规2部，完成法规立法后评估2部，通过《漳州市城市文明养犬若干规定》《漳州市海域养殖生态保护管理办法》2部草案。

【法规立法后评估】 2023年6月20日，漳州市人大常委会主任会议研究认为《漳州市城市公共停车管理规定》《漳州市市区内河管理规定》法规实施后，在提升漳州市公共停车管理水平与水生态环境水平，停车难、城市黑臭水体等问题整治工作方面取得成效。针对法规实施中存在的问题，要求漳州市政府及其有关部门组织研究，完善细化配套制度，加强法规宣传力度，保障公众合法权益。

【《漳州市政务服务条例》施行】 2023年1月1日起，《漳州市政务服务条例》（简称《条例》）施行。《条例》于2022年11月24日经福建省十三届人大常委会第三十六次会议决定批准。该《条例》共22条，围绕漳州市政务服务工作总体要求、政务服务标准化规范化便利化、保障监督、法律责任4个方面作出规定，标志着漳州政务服务工作进入法治化轨道。

【《漳州市农用地土壤污染防治办法》施行】 2023年7月26日，《漳州市农用地土壤污染防治办法》经福建省第十四届人大常委会第五次会议批准通过，于2023年10月1日起施行。该办法从源头预防、部门职责、长效制度、人大监督、公益诉讼等方面入手，提出28条具体举措，是福建省设区市首部专门规范农用地土壤污染防治的地方性法规。

（黄凌宇）

·政法委及综治·

【概况】 2023年，漳州市政法机关履行新时代政法工作职责使命，人民群众的获得感幸福感不断增强，群众安全感满意率持续保持在99%以上，漳州市获评首批“全国市域社会治理现代化试点合格城市”。年内，在全国首创蓝碳司法保护与生态治理机制，形成蓝碳司法保护漳州样本。

【维稳安保】 2023年，漳州市围绕全国和省市两会等重大节点开展维稳安保工作专题督导，扩展维稳机制。创新路地联勤安保机制，探索矛盾纠纷排调分离闭环解决机制，排查化解矛盾纠纷9907条。

【平安建设】 2023年，漳州市每季度召开平安建设现场会，建立黄牌挂牌督办机制，推动市县乡三级党委政府落实平安（综治）建设责任制要求。年内，漳州市委政法委推动芗城区、龙文区、台商投资区建立平安巡防大队，平安建设考评实现全省“七连优”，群众安全感满意率连续7年保持在99%以上。联合32家市直单位开展整治行动，刑事、盗窃、多发性侵财、诈骗、消防警情均环比下降。

【社会治安重点整治】 2023年，漳州市打击治理电信网络诈骗犯罪，搭建涉网犯罪研判平台，本地窝点、外流犯罪、群众损失均减少，全市电信网络诈骗类追赃挽损金额排名全省第一。开展道路交通安全和运输执法领域突出问题专项整治工作，排查问题152项。严打涉民生领域突出违法犯罪，发起金融、涉税、商贸领域全国集群战役9起，专项工作成效排名全省第一。

【常态化开展扫黑除恶斗争】

2023年，漳州市常态化开展扫黑除恶斗争，加大线索核查和案件办理力度，摸排打击系列跨区域敲诈工地、恶意索赔等恶势力犯罪组织，推进治理电信网络诈骗犯罪，全市电诈警情持续下降，实现本地窝点、外流犯罪、群众损失“三个大幅减少”。

【市域社会治理】 2023年，漳州市深化城乡社区网格治理“2+N”模式（“2”指城乡社区农村的网格员和民警或辅警；“N”指根据各地实际情况，安排治安巡防队、法律援助队、志愿服务队等若干支专门队伍，对应能有效根治问题的职能部门及方案），推动各级综治中心规范化建设，完善网格治理平战结合转换机制，加强网格化服务管理和网格员队伍建设，市县乡村四级综治中心规范化建设基本实现全覆盖。龙海区程溪镇的联片调解工作法、云霄县和平乡的“综治+调解”工作法、东山县陈城镇的渔乡“三联”解纷工作法3个经验入选全省新时代“枫桥式工作法”，巷口派出所被评为全国“枫桥式公安派出所”。成立社会治理研究中心、新时代“漳州110”研究中心，建设全国首家蓝碳司法保护和生态治理研究中心等多个实践基地。

2023年6月5日，龙文区平安巡防大队成立暨夏季治安综合整治启动仪式在闽南水乡举行 （袁伟婧 摄）

【智治平台建设】 2023年，漳州市推进社会治理智治平台实战运行，打造践行新时代“枫桥经验”漳州样板。全年智治平台收集矛盾风险网格事件36143起、办结36050起。“平安漳州e家”智治平台实战应用工作成果和经验做法获《人民日报》专题典型宣传推广、全国市域试点中央验收组肯定。

【司法品牌建设】 2023年，漳州市发挥法治漳州研究中心作用，探索“漳台缘”涉台检察机制、“山海情”生态检察机制，“一室多员”（聘任在漳州台胞担任检察机关的听证员、公益诉讼观察员、涉台纠纷调解员等多种角色，以拓宽台胞参与检察工作的途径和渠道）机制入选2023年度福建省十大法治事件，工作经验获最高人民检察院领导肯定。云霄县人民法院运用“公益诉讼技术官+审判技术调查官”审结案件入围全国“新时代推动法治进程2023年度十大案件”。

【执法司法行为规范】 2023年，漳州市创新开展专项法律监督工作，出台《关于进一步加强党委政法委执法监督工作的实施细则》《关于加强党委政法委员会执法监督与检察机关法律监督衔接工作的实施意见》等规范性文件，规范政法各单位执法司法行为。完成“12337”（全国扫黑除恶专项斗争领导小组办公室向社会公开发布升级后的智能化举报平台）举报平台案件线索办理、交叉检查和案件评查工作，全年受理“12337”举报平台案件线索258件、办结258件。

【精神障碍患者服务】 2023年，漳州市出台《漳州市严重精神障碍患者长效针剂使用试点实施方案》，明确2家定点实施机构挂钩服务4个试点地区，将履行职责情况列入平安建设年度考评，降低肇事肇祸风险隐患。联合漳州城市职业学院创建漳州市社会治理心理健康服务培训基地，将精神卫生与社会心理服务融入市域社会治理现代化工作。

【漳州市获评全国市域社会治理现代化试点合格城市】 2023年，漳州市实施以“社区（乡村）110”为示范引领的100多个项目集群，探索具有漳州特色的市域社会治理模式，群众安全感率常年保持在99%以上。5月，漳州市被中央政法委评为全国市域社会治理现代化试点合格城市。

（龚潭波）

·法治政府建设·

【概况】 2023年，漳州市推进依法行政，推动法治漳州、法治政府、法治社会一体建设。组织开展第三批全国、第二批福建省法治政府建设示范创建争创活动，创新市场监管执法办案电子数据取证模式入选第二批福建省法治政府建设示范项目名单。1名个人、1个事件获评福建省十大法治人物、事件。

【行政执法】 2023年，漳州市推进乡镇（街道）行政处罚赋权工作，出台乡镇（街道）综合执法指导意见，统一行政执法文书和行政执法案件编号。确定乡镇（街道）综合行政执法牵头部门，明确行业主管部门与综合执法机构职责分工。实行行政执法“三项制度”（行政执法公示制度、执法全过程记录制度和重大执法决定法制审核制度），推动福建省一体化大融合执法平台建设，开展综合查一次制度改革试点工作。

【行政立法】 2023年，漳州市政府出台《漳州市城市供水节水管理办法》（简称《管理办法》），于3月1日实施，是漳州市首部关于城市供水和节水工作的政府规章。《管理办法》规范漳州城市供水管理和节约用水管理两大核心内容，从城市供水管理、节约用水管理、保障与监督等方面提出具体举措46条，明确城市供水、节水管理的部门职责分工、未移交供水单位的城市住宅供水设施管理责任，将节水措施方案纳入项目规划审查，保障居民用户安全用水权益。加强地方立法智库建设，选聘新一届政府立法咨询专家18名。

【行政决策】 2023年，漳州市政府修订《漳州市人民政府工作规则》，提高政府依法行政能力和管理水平。推行法律顾问制度，党政机关法律顾问覆盖率100%。备案审查规范性文件298件，开展行政规范性文件全面评估清理和涉及民营经济、行政复议的地方性法规、规章及规范性文件专项清理，废止128件。

【行政权力制约】 2023年，漳州市政府办理人大代表建议分解件144件、政协委员提案交办件560件，满意率均100%。全年主动公开政府信息17097条，受理依申请公开件656件。

【普法建设】 2023年，漳州市实施“八五”普法规划，打造“土楼红妹子宣讲队”“铁枝木偶戏普法”等品牌。聘任法治副校长1276名，构建学生权益保护立体化平台。举办2023年海峡两岸检察制度研讨会，《创新“三同步三推进”机制塑造“净网说法”网信普法工作品牌》入选全国网络普法优秀案例。

【司法诚信码做法获全省推广】 2023年，《漳州市推出司法诚信码助力社会信用体系建设》做法入选2023年福建省第一批营商环境建设典型经验做法，在全省复制推广。漳州市将社会信用体系建设与司法工作相结合，推出“两库融合”（社会信用体系建设和司法工作相结合）司法诚信码，通过“漳州通”APP提供信用查询服务。司法诚信码上线运行后，漳州城市信用监测排名持续上升，2022年12月，综合信用指数在全国261个地级市中排名第六。

（余梦婷）

·公安·

【概况】 2023年，漳州市公安局做好防风险、保安全、护稳定、促发展各项工作。漳州市公安局领导干部带头接访下访经验入选省委主题教育办“四下基层”实践案例，巷口派出所获评全国“枫桥式公安派出所”，市公安局治安支队五大队获评2019—2022年全国公安机关“护校安园”专项工作成绩突出集体，1名民警上榜2023年“中国好人榜”，1名民警获评全国维护妇女儿童权益先进个人，1名民警被公安部授予“全国公安系统二级英雄模范”称号。

【户籍管理】 2023年，漳州市完善户籍类证明、居民身份证办理“全国通办”流程，办理户口迁移“跨省通办”9174笔、户政业务“异地通办”1871笔、居民身份证7.8万张、“应销未销”专项户口注销3.4万人。

【刑事犯罪侦查】 2023年，漳州市刑事警情比上年下降20.1%、治安警情比上年下降4.1%、破案率比上年增长2.8%，现行命案、“两抢”（抢夺、抢劫）案件、性侵类案件100%侦破。本地电信网络诈骗警情比上年减少9.6%，群众经济损失比上年下降5%。

【经济犯罪侦查】 2023年，漳州市健全赃款赃物“快返”工作机制，集中返还赃款赃物折合人民币超1.6亿元。开展打击非法集资、“歼击23”、“昆仑2023”等专项行动，发起金融、涉税、商贸领域全国集群战役9起。开展整治瓶装液化石油气“黑气”违法犯罪专项行动，侦办涉“黑气”案件148件，查扣钢瓶2782个。开展食药环领域专项行动，打击制售假冒卷烟，查获制假烟机3台套、假烟11681.7件、烟叶烟丝等制假原料186.49吨。

【治安管理】 2023年，漳州市公安局成立市县两级主防中心，建立“337”（建立三种勤务机制、理顺三个关系、实现七项职能）运作模式，搭建“漳州智安”主防系统，动态汇聚各类数据1.5亿条。研发“五失”（失学、失业、失亲、失管、失足）青少年、个人极端暴力、未成年人犯罪等多个预测预警预防模型和互联网端“平安我家”小程序。制订派出所工作三年行动计划，漳州市137个派出所全部落实“三型”（紧密型、宽松型、标准型）改革并规范运作。对漳州市关键基础设施、重要信息系统、网站开展网络数据安全监督检查，督促整改中高危漏洞305个；组织对漳州市276块户外公共全彩屏开展专项检查，关停问题屏209块；开展“枫桥式”互联网治理，创新建立市行政服务中心、市卫健委等8家实体化运作行业网安警务室。

【出入境与往来台港澳管理】 2023年，漳州市公安局办理各类出入境证件24万件次，其中，批准签发全市公民因私出国（境）及往来台港澳证照23.68万件次（内含批准公民因私出国3.55万件次，批准内地居民往来中国港澳地区19.8万件次，批准大陆居民往来中国台湾3331件次）；办理台湾居民证件646件次；办理前往港澳通行证114件次；审批港澳居民来往内地通行证250件次；办理出入境通行证65件次；办理各类外国人证件、签证、居留许可2238件次。查处“三非”（非法入境、非法居留、非法就业）外国人413人。组织遣返“三非”外国人315人，羁押6个月以上的“三非”外国人全部遣返。

【警务巡防体系构建】 2023年，漳州市公安局构建“点上群防+线上巡防+面上设防”立体巡防模式，推动“漳州110”立体巡防力量全域覆盖；完成海峡论坛、海峡两岸花博会、中菲经贸合作交流会等活动安保任务。建立完善市、县两级涉险公共区域安全防护工作联席会议制度，开展涉险公共区域安全防护（防溺水）大排查大整治行动，排查、整改隐患1448处，发出公安提示函113份，封停危险区域17处，设置危险区域警示牌（栏）770个，加固安全护栏522个。深化“护校安园”行动，全市学校全部接入一键报警系统。实体化运作市、县（区）、乡（镇）三级道路安全办公室，建立国、省道交通管理联勤巡逻工作制度。

【公安便民服务】 2023年，漳州市公安局推进17个派出所“一站式”综合服务窗口建设，实现120项高频公安业务“一网通办、一站办结”，试点投放“e政务”自助服务一体机208台、上线142个便民事项。保安业务同一行政审批服务事项无差别受理、同标准办理，城市、风景名胜区和重要工程设施附近爆破作业许可材料当日办结，旅馆业申办时限当场决定。出台便民惠企助力高质量发展二十条措施，对重点项目落实公安机关领导班子成员挂钩联系制度，建立20个经侦警务联络站，在漳州台商投资区成立“警律护台企联动示范点”，联合市工商联在上海成立漳州市驻上海市漳州商会经侦警务联络站成为福建省首家驻外经侦警务联络站。

【“靖岸2023”“猎鲨”行动开展】 2023年，漳州市公安局开展“靖岸2023”“猎鲨”行动，处罚涉事船企151家、涉砂场所274处，查获走私香烟1900余件、冻品660吨、澳洲龙虾980千克、海马60千克、国家重点保护动物陆龟225只，查扣涉案车辆54辆、大马力“三无”船舶7艘、涉案海砂10.73万吨。

【旅馆业、娱乐场所等级化管理】 2023年，漳州市公安局完善旅馆业、娱乐场所等级化管

2023年4月10日，漳州市公安局在漳州古城北广场举行赃款赃物集中返还仪式 （林伟杰 摄）

理，落实常态化暗访检查及“双随机”抽查机制，暗访检查宾（旅）馆300家、娱乐场所124家，处罚宾旅馆41家、娱乐场所7家、酒吧1家。

【“四化”追赃挽损机制】 2023年，漳州市公安局创新“体系化推动、一体化打击、多元化追缴、制度化保障”的“四化”追赃挽损工作机制，联合市中级人民法院、市人民检察院制定《关于刑事诉讼涉案财物依法快速返还的若干规定（试行）》，建立案件主办侦查员为追赃第一责任人制度。年内，涉案财物依法快速返还机制入选全国公安机关50个优秀执法制度。

（林美华）

·检察·

【概况】 2023年，漳州市人民检察机关办理各类案件2.48万件。52个集体、37人次获省级以上表彰，其中15个集体、8人次获国家级表彰。

【刑事检察】 2023年，漳州市人民检察院监督侦查机关立案273件、撤案106件，纠正漏捕149人、漏诉610人，纠正违法侦查1552件次。在海关缉私、海警部门设立“侦协办”构建打击走私犯罪新型良性互动关系。3个刑事诉讼监督案例入选全省检察机关典型案例。开展法医技术性证据审查983件、检验鉴定14件。加强刑事审判监督，提出并支持抗诉21件，法院改判或发回重审22件（含积存）。加强刑事执行检察监督，对减刑假释暂予监外执行案件提出监督意见73件，清理判实刑未交付执行罪犯190人，纠正刑事执行违法违规564件次。开展“雷霆2023”专项活动，纠正职务犯罪案件涉刑事财产刑执行不当31件。深化“派驻+巡回”检察机制，对漳州市社区矫正机构全覆盖交叉巡回检察，纠正脱漏管68人。

【民事检察】 2023年，漳州市人民检察院审查民事检察案件627件，提出、提请抗诉2件，法院再审改变原判2件；发出再审检察建议11件，法院已启动再审程序9件。发出审判程序和执行活动违法行为监督检察建议256件，全部被采纳。深化虚假诉讼监督，办理虚假诉讼监督案件7件。加强释法说理，维护司法公信，对审查后不支持监督申请的106件正确裁判。联合市委政法委开展民事执行专项法律监督，会同市中级人民法院建立民事行政执行活动与检察监督衔接配合机制，与市妇联、市残联会签“连心桥”计划，优化民事诉讼监督机制。

【行政检察】 2023年，漳州市人民检察院审查行政检察案件349件。深化行政审判和执行监督，发出审判程序和执行活动违法行为监督检察建议97件，全部被采纳。探索行政违法行为监督，开展土地执法查处、道路交通安全和运输执法等领域专项监督活动，发出检察建议219件，均被采纳。开展行政争议实质性化解，促进解决程序已结但争议未解的行政案件76件。3起行政检察案件入选福建省检察机关典型案例。联合市中级人民法院建立行政诉讼和行政检察监督衔接配合机制，被福建省人民检察院推广。

【公益诉讼检察】 2023年，漳州市人民检察院落实“4+10”法定领域监督责任，立案办理公益诉讼案件818件，通过磋商、诉前检察建议，在诉前解决绝大多数公益损害问题，提起诉讼90件。深化生态环境和资源保护、食品药品安全、国有财产保护、国有土地使用权出让领域公益诉讼，立案439件。开展妇女权益保障、国防军事利益保护、消费者权益保障、文物和文化遗产保护等领域公益诉讼，立案379件。推动公益诉讼检察条款纳入《漳州市农用地土壤污染防治办法》。督促规范快递专用电动三轮车管理行政公益诉讼案、督促保护军用航道安全行政公益诉讼案入选最高检察院典型案例。

【生态检察】 2023年，漳州市人民检察院起诉破坏生态环境资源犯罪195人，立案办理生态环境和资源保护领域公益诉讼案件379件。创新“蓝绿碳”检察机制，在漳州市设立“蓝绿碳”检察保护基地5处。适用“蓝绿碳”机制办案30件，当事人认购碳汇1万多吨，漳州市人民检察院在办理一起非法捕捞案中引导当事人认购红树林碳汇100多万元。创新流域保护协作机制，深化漳厦泉龙检察机关九龙江流域跨区域协作机制，联合龙岩建立九龙江西溪源头“河长+检察长”跨区域协作机制。

【未成年人检察】 2023年，漳州市人民检察院起诉侵害未成年人犯罪222人，起诉依法应当从严惩戒的涉罪未成年人130人，不诉涉嫌轻微犯罪并有悔罪表现的未成年人207人。做优“春蕾安全员”“青春护航信箱”机制，联合市妇联、市律师协会启动“检律同行·法爱到家”行动，将女律师公益法律服务团、婚姻家庭咨询师志愿者融入“春蕾安全员”机制。落实侵害未成年人案件强制报告制度，推动建立漳州市联席会议机制，发现侵害未成年人案件线索27条，刑事立案9件。帮助涉罪未成年人回归社会案入选最高检察院典型案例，保障女童受教育权案入选全省妇女儿童维权十大优秀案例。芗城区人民检察院获评全国维护妇女儿童权益先进集体。线上“青春护航信箱”入选全国优秀检察新媒体应用案例二十佳。漳州市人民检察院“春蕾‘童’行检护未来”品牌获全国检察机关十佳文化品牌第一名。

【涉台检察服务】 2023年，漳州市人民检察院首创“一室多员”机制，发挥涉台检察联络室作用，聘任台胞担任检察联络员、听证员、公益诉讼观察员等，协调部门选任台胞人民监督员，扩展台胞依法参与检察工作渠道。在漳州台商投资区建成福建特色检察展示平台——漳州台胞台企权益保护法治宣传基地，接待两岸各界人士1600多人次。承办海峡两岸检察制度研讨会，组织120多名两岸法学专家研讨。

【平安建设检察服务】 2023年，漳州市人民检察院批捕各类犯罪3387人，起诉7689人，其中起诉故意杀人、抢劫等严重暴力犯罪496人，起诉电信网络诈骗等犯罪1631人。常态化推进扫黑除恶斗争，起诉涉黑犯罪1件11人、涉恶犯罪27件158人，起诉“保护伞”2人。参与金融风险防范化解，起诉经济金融犯罪741人，漳州市人民检察院获评全国打击治理洗钱违法犯罪工作成绩突出集体。贯彻宽严相济刑事政策，对较轻犯罪、初犯偶犯等依法从宽处理，适用认罪认罚从宽制度5587件7783人。践行新时代“枫桥经验”，落实群众信访件件有回复制度，两级检察院领导包案办理首次信访76件，10件重复信访案件全部化解。提出完善治理的检察建议190件，全部被采纳。

【产业发展项目建设涉法服务】

2023年，漳州市人民检察院服务“产业发展项目建设提升年”活动，制定10条保障中菲经贸创新发展示范园区措施。联合市工商联创新“检联益企”机制，聘任特约检企联络员189人次，开展行政检察护航法治化营商环境专项活动，发出检察建议65件，工作做法得到全国工商联肯定。督促整治医疗美容行业乱象行政公益诉讼案入选福建省十大消费维权典型案例。推进涉案企业合规改革试点工作，适用9件案件，推动11家涉案企业合规整改。办理全国首例行政合规监督化解行政争议案件，支持行政机关对整改合格的企业“轻微不罚”。建立知识产权“3+3”（“三项协同”一体化、“三维履职”专业化。“三项协同”即机构协同、机制协同、人员协同，“三个维度”即刑事监督维度、守护创新维度、融合保护维度）综合保护模式，开办“检小知”巡回讲堂，推进惩治知识产权恶意诉讼专项监督，起诉侵犯知识产权犯罪115人。推进知识产权融合履职，加强对“天宝香蕉”“云霄枇杷”“琯溪蜜柚”等国家地理标志产品保护。漳州市人民检察院获评福建省知识产权保护工作成绩突出集体。

【民生涉法服务】 2023年，漳州市人民检察院细化服务保障措施32项，开办乡村普法短视频栏目《厝边检察官》。推动高山族非遗项目融入华安全域旅游。运用公益诉讼圆桌会议办案机制，推动相关部门将1200多户群众用电接入市政电网。支持农民工讨薪维权起诉、仲裁155件，为农民工等群体追回工资、补偿金等790多万元。开展司法救助，共救助156人250多万元。在办案中暖心救助困难军属，被省人民检察院评为优秀案例。

【职务犯罪检察】 2023年，漳州市人民检察院受理监察机关移送职务犯罪50人，起诉37人，其中原处级干部8人、原厅级干部3人，原省部级干部龚某某职务犯罪案件作为全国观摩庭。落实“受贿行贿一起查”要求，依法办理行贿案件5件。漳州市人民检察院职务犯罪检察部门获评全国检察机关重大职务犯罪案件办理团队（基地）。履行立案侦查司法工作人员利用职权实施的侵犯公民权利、损害司法公正犯罪职责，成立漳州市人民检察院滨海侦查办案中心。立案查办司法工作人员徇私枉法等职务犯罪15人，立案数连续3年居全省检察机关第一，工作经验被最高人民检察院推广。

【检察体制改革】 2023年，漳州市人民检察院29项竞争性指标中有19项全省前三，其中15项第一，14项通报值指标全部达标。26个案例入选全国、全省典型或优秀案例。落实入额院领导带头办案制度，入额院领导办理案件4059件，检察长列席同级法院审判委员会56件。深化司法体制综合配套改革，推动员额检察官、检察辅助人员和司法行政人员绩效考核和相关配套待遇落地，晋升聘用制书记员等级。

【未成年人检察“水仙花”团队获奖】 2023年3月，漳州市检察院未成年人检察“水仙花”团队被中共中央宣传部命名为第八批全国学雷锋活动示范点，成为漳州市首个“全国学雷锋活动示范点”。漳州市检察院未成年人检察“水仙花”团队在全国首创“春蕾安全员”“校园青春护航信箱”等工作机制，让困境儿童需求及时传递、司法保护及介入、各类保障及时跟进，守护未成年人。成效获全国人大常委会、最高人民检察院、民政部、全国妇联、团中央肯定。

（林夏瑛）

·法院·

【概况】 2023年，漳州市中级人民法院和各县（区）人民法院受理各类案件90101件，结案87211件，漳州两级人民法院“案–件比”、调解率、二审服判息诉率居福建省法院前三位，全国首创生态环境技术调查官制度、蓝碳司法保护与生态治理、率先全面设立执行服务中心等获上级批示肯定。卞国平获评福建省十大法治人物，漳州两级人民法院20个集体、26人次获省级以上表彰。

【行政审判】 2023年，漳州两级人民法院审结行政诉讼案件879件，办结行政非诉执行案件587件、国家赔偿案件70件。市中级人民法院指导县（区）人民法院召开片区府院联动会，发布行政司法审查白皮书。福建省高级人民法院指导漳州市中级人民法院与龙岩市中级人民法院、东山县人民法院化解涉旅游开发项目系列案件，促进生态环境治理与营商环境优化。漳州市行政机关负责人出庭应诉率、行政诉讼败诉率连续多年在全省向优向好。全省法院行政审判和国家赔偿工作会议在漳州召开，漳州市作经验介绍。

【刑事审判】 2023年，漳州两级人民法院审结刑事案件7163

件，判处罪犯7510人。开展打击惩治涉网黑恶犯罪和打击整治“网络水军”专项行动，审结涉黑恶案件31件。打击涉民生、涉众型经济犯罪，审结制假售假、危害食品药品安全、走私等案件65件，2名干警分别获评全国、全省打击治理洗钱违法犯罪工作成绩突出个人称号。组织开展反电信诈骗、涉黑恶案件、毒品犯罪案件集中宣判，组织召开毒品犯罪案件审判新闻发布会。加强减刑假释案件实质化审理，审结减刑、假释和暂予监外执行案件1045件。

【民事审判】 2023年，漳州两级人民法院审结民商事案件4.85万件，标的总额176.4亿元；审理建设工程、劳动争议、物业、教育、医疗和各类侵权纠纷等案件8391件。年内，漳州市中级人民法院与市妇联、市公安局、市司法局在全省首创妇联干部全域参审机制，审结婚姻家庭、继承纠纷案件5264件。联合市人社局召开劳动争议仲裁与审判工作暨典型案例新闻发布会，通报全市劳动争议仲裁情况，发布8起劳动争议典型案例，规范企业用工，其中3起入选省级以上劳动争议典型案例。南靖县人民法院审结的排除妨碍、加装电梯纠纷案，入选最高人民法院、住房和城乡建设部公布的典型案例。龙文区人民法院家事少年审判庭被确定为全国维护青少年权益岗创建单位。

【生态司法保护】 2023年，漳州市中级人民法院审结全国单笔最大司法认购红树林蓝绿碳汇案。承担最高人民法院“司法服务保障碳达峰碳中和研究”重大课题结项。6件涉生态案件入选全国、全省环境资源审判典型案例。东山县人民法院一起涉蓝碳案件，入选全国法院环境资源审判十大典型案例。云霄县人民法院创新运用“造林增汇”蓝碳修复模式审结的案件，入围全国“新时代推动法治进程2023年度十大案件”评选。漳州市中级人民法院生态环境审判庭获评全国法院先进集体。

【涉台司法】 2023年，漳州市中级人民法院申报设立全国首家以司法体验为主题的对台交流基地，与民建漳州市委会推出“心心相融”涉台司法服务机制。深化台胞陪审员、调解员和台企司法联络员“三员联动”工作机制，支持符合条件台胞青年加入台胞陪审员、调解员队伍，有博士学位陪审员3人，指导22名台胞调解员进驻人民法院在线调解平台。和芗城区人民法院快速审理、执行省级重点涉台文物“简大狮避难处”租赁合同系列案。涉台司法服务一体化、化解涉台企劳动争议案，入围全国法院台胞权益保障十大典型案事例评选。

【社会综合治理司法服务】

2023年，漳州市中级人民法院与35家市直单位和行业协会调解组织多元联动，诉前调解纠纷3.98万起，调解成功率81%。漳州市万人成讼率连续多年位居全省第二。诏安县人民法院深化诉源治理“三治三效”模式，平和县人民法院推行交通事故“诉前鉴定+诉前调解”解纷机制。漳州市中级人民法院劳动争议全链条诉源治理机制、南靖县人民法院土楼法庭文旅法治入选全国新时代“枫桥经验”优秀案例。针对建筑施工企业生产经营中安全保障问题，发出司法建议书。

【执行工作】 2023年，漳州两级人民法院执结案件2.72万件，执行到位44.04亿元，执行到位率58.51%，各项执行质效指标保持全省法院前列，漳州两级人民法院新收首执案件比上年下降3.54%。加强诚信体系建设，依法打击拒执犯罪，移送案件线索80件95人，作出有罪判决52件53人。推进企业信用修复机制，将151家主动履行义务被执行企业移出“失信黑名单”。开展“千名执行干警进千企”活动，走访企业332家，解决问题142个。发布“能动司法 保障民生”执行典型案例，全省法院执行服务中心建设工作现场推进会在芗城区人民法院召开。

【普法宣传】　2023年，漳州市中级人民法院与市社科联率先开展法治建设合作，选派12名审判业务专家担任普法宣讲团成员、首席法律咨询专家。开展送法进学校活动，80名法官担任法治副校长，讲好“上学守法第一课”，举办普法讲座121场。长泰区人民法院联合市交警驾考中心为500多名新取得驾照人员开展“以案说法、拒绝酒驾”警示教育。

【基层法院建设】　2023年，漳州市中级人民法院加大对基层法院和人民法庭支持倾斜力度，漳浦县人民法院审判大楼建成启用。芗城区人民法院金峰法庭、南靖县人民法院土楼法庭入选福建省首批“最美法庭”。完成智慧法院评价、网络安全攻防演练。完善移动指挥、安保安防数字化建设，市中级人民法院和龙海区人民法院被列为福建省数字警队试点法院。

【审判能力建设】　2023年，漳州市中级人民法院开展分级分类培训14期597人次，发挥16名福建省审判业务专家“传帮带”作用，评选出第二批漳州市审判业务专家15人。出台漳州人民法院调研工作9条措施，设立基层调研联系点6个，召开首期“青年思享”智识论坛研讨交流会。漳州两级人民法院获国家级、省级采用调研文章70篇，市中级人民法院获第三届东南法治论坛优秀组织奖、福建省法院系统第35届学术讨论会组织工作先进奖。

2023年3月15日，漳州市“一站两中心”（银行业保险业消费者权益保护服务中心各工作站、金融纠纷多元化解中心、涉农金融审判与司法服务中心）开展“3·15”消费者权益保护教育宣传周活动

（漳州市中级人民法院 供图）

【营商环境优化法治服务】

2023年，漳州市中级人民法院争取市政府划拨专项破产援助资金，健全办理破产机制，推动11家企业破产重整成功。依法保护民营企业产权和企业家权益，审结知识产权民事案件974件，全覆盖成立知识产权协同保护中心，联合市、县（区）两级市场监管局远程在线调解，联调化解外观专利纠纷案件47件。审结涉外、涉港澳、涉侨案件187件。华安县人民法院“七无讼”全域全链治理新模式等3个创新案例，入选福建省优化营商环境工作典型经验。

【重点项目建设法治服务】

2023年，漳州市中级人民法院依托漳州市12个司法行政调处中心，到重点项目现场开展调研、参与协调77次，化解纠纷41件次。服务保交楼、保民生，市中级人民法院处置停滞十年之久的重点项目腾退移交工作，指导龙海区人民法院、漳浦县人民法院推动涉房地产项目复工复产。

【执行服务中心建设】　2023年6月，漳州两级人民法院在全省率先实现执行服务中心全覆盖。通过设立执行立案、涉企涉民生案件绿色通道、案件查询、司法拍卖、执行悬赏、执行监督等服务窗口，建立“统一受理、归类分办，统一流转、分级对接，统一反馈、高效回应”的归集流转机制。8月，全省法院执行服务中心建设现场推进会在芗城区人民法院召开。

【全国首创生态环境技术调查官制度】 2023年，漳州市中级人民法院生态环境技术调查官制度在福建省发文推广，并被写入最高人民法院向全国人大常委会所作的环境资源审判工作情况报告，入选国家发展改革委《国家生态文明试验区改革成果汇编》。漳州市中级人民法院从2020年起，建立生态环境技术专家库，向43名生态环境技术专家颁发“全市法院生态环境技术专家库”成员聘任书，专业范围覆盖地质矿产、水土保持、植物保护、生态环境、海洋渔业、畜牧兽医等10余个技术领域，为重大疑难复杂生态环境案件的审理提供专业支持。

【全国首创蓝碳司法保护与生态治理机制】 2023年，漳州市全国首创蓝碳司法保护与生态治理机制被省委深改委确定为全省第一批“一市一试点”漳州专项改革任务。2021—2023年，漳州市中级人民法院在全国首创蓝碳司法保护与生态治理机制，在沿海5个基层法院设立蓝碳司法保护示范点，创新“法治保障—综合治理—碳汇增益”的蓝碳“法治汇”模式，破解蓝碳测算开发难、法律适用难等问题。

（林娟娟 洪峰）

·司法行政·

【概况】 2023年，漳州市制定深化“蒲公英”普法志愿服务实施意见和国家机关“谁执法谁普法”履职报告评议制度，累计招募9904名“蒲公英”普法志愿者，培养1.03万名乡村“法律明白人”。组织普法短视频创作大赛，开展《中华人民共和国民法典》宣传月集中宣传活动。完成漳州市“八五”普法规划中期评估，通过省级评估督导。市司法局获评全国平安医院建设表现突出集体，市法律援助中心获评全国维护妇女儿童权益先进集体。

【人民调解】 2023年，漳州市司法局开展“三比三看”（比排查数量、看化解质效，比案件录入、看规范管理，比活动实效、看宣传效果）和“人民调解为人民解难题”竞赛活动，调处各类矛盾纠纷5.24万起，调处成功率保持在98%以上。开展“司法所建设质量提升年”活动，司法行政基层工作受到司法部调研组肯定。长泰区率先开展人民调解案件“以奖代补”两级同补，南靖县创新安置帮教工作，筑牢涉诈安全防线信息被省司法厅推广。

【社区矫正】 2023年，漳州市司法局加强社区矫正人员管控，召开社区矫正委员会全体（扩大）会议，在全省率先制定出台《关于进一步加强社区矫正对象监督管理的若干意见》，健全完善与公检法部门协同配合机制。

【公证工作】 2023年，漳州市有公证机构12家（其中南靖县公证处暂停执业），全部是公益二类事业单位。全市有公证员51人，其中党员29人，占公证员总数的56%。年内，全市办理公证业务5.03万件，其中合同业务1780件，继承业务5211件，委托业务2.54万件，声明业务10057件，赠与业务287件，证据保全业务1881件。

【律师工作】 2023年，漳州市有律师事务所99家，其中合伙所48家，个人所50家，国资所1家；全市有律师1041人，其中社会律师753人（专职律师728人、兼职律师25人），法律援助律师6人，公职律师214人，公司律师68人。全市建立律师事务所党支部36个，社会律师党员人数261人，占社会律师总数的35%。年内，全市律师代理刑事案件数量3603件，代理民事案件2.04万

2023年5月16日，"美好生活·民法典相伴"——"蒲公英"进社区主题宣传活动在芗城区群裕小区举行　（漳州市司法局 供图）

件，代理行政案件1027件，代理非诉讼法律事务2787件。

【法律服务】　2023年，漳州市司法局办理行政审批事项800余件、公证业务5万余件、司法鉴定1.3万件、仲裁100余件、法律援助8396件、"12348"热线咨询1.65万人次。参与蓝碳司法保护与生态治理，相关工作信息获全国政协副主席、民革中央常务副主席批示肯定。

【漳州市法律援助中心获国家级先进集体称号】　2023年，漳州市法律援助机构受理法律援助案件8394件，免费解答法律咨询1.85万人次。组织开展法律援助志愿者进学校、广场、社区、企业宣讲民法典、未成年人保护法等活动，提升妇女儿童维权能力。年内，漳州市法律援助中心被全国妇联评为全国维护妇女儿童权益先进集体。

（余梦婷）

·仲裁·

【概况】　2023年，漳州市创新劳动人事争议调解组织形式，成立局长调解工作室。全年全市处理劳动人事争议案件5296件，涉及劳动者5844人次，结案金额1.9亿元，在线办案率100%（排名福建省第一），调解成功率75.98%，仲裁结案率99.54%。联合召开劳动争议仲裁和审判工作新闻发布会，发布8件劳动争议典型案例，其中1件典型案例入选福建省劳动人事争议典型案例。

【商事仲裁】　2023年，漳州仲裁委员会受理各类民商事案件119件，案件类型主要集中在金融、买卖、建设工程以及租赁等领域，涉案标的总额26.28万元。审结案件100件（裁决结案46件，调解及撤案54件），案件争议金额、结案率、调撤率比上年增加。

【局长调解工作室获部委表扬】　2023年，漳州市人社局在福建省首创局长调解工作室。局长调解工作室依托漳州市劳动人事争议调解委员会开展工作，由市人社局领导班子成员在每月10日、25日轮流到仲裁院参与案件调解。自局长调解工作室成立至2023年年底，受理调解申请43起，涉及劳动者73人，调解成功41起，结案金额511.56万元，调解成功率95.35%。年内，局长调解工作室被人力资源和社会保障部、全国总工会、全国工商联、中国企联评为2023年度工作突出基层劳动人事争议调解组织。

（刘璐　王丽萍）

【银行案件快审快结工作机制建立】　2023年，漳州仲裁委员会建立银行案件快审快结工作机制，金融借款合同纠纷案件的平均结案时间缩短至10.2天。全年办结金融借款合同纠纷案件13件。

（余梦婷）

责任编辑：蔡婉玲

军事

·漳州军分区·

【概况】 2023年，漳州军分区坚持把学习贯彻党的二十大精神、党内主题教育、军委主席负责制学习作为首要政治任务，每季度党委理论学习中心组带机关带基层集中学习，一体化指导推进教育实践活动。定期开办“漳武学习讲坛”，在军分区机关布设廉政文化大道，军分区年度新闻报道工作在福建省军区名列前茅。

【练兵备战】 2023年，漳州军分区每季度召开专题议战议训会议，研究动员备战重要问题。市、县两级升级改造军地联合国防动员指挥所。组织课题攻关，探索推进智能识别、“一张网”装备建设。加强民事力量运用，开展实战化训练，进行大练兵活动，落实基干民兵集中训练，做好“杜苏芮”等台风防抗工作。

【国防动员】 2023年，漳州军分区协同新成立的漳州市国防动员委员会召开第一次会议，共同研究拟定国动委工作规则等规范性文件，推动国防动员新体制高效运行。推进民兵整组，芗城、东山两个县（区）民兵工作考评成绩排名全省第一。推进兵员征集，按条件为部队输送优质新兵，华安县人武部获评全国征兵工作先进单位，市征兵办获评福建省征兵工作先进单位。

【基层建设】 2023年，漳州军分区制定抓建基层清单，常委带头落实挂钩承包、蹲点帮建等制度。推进基层武装部“评星挂牌”（通过评定星级和挂牌的方式，激励和促进基层武装单位的建设，提高其质量和水平）活动，辖区内获评“四星级基层武装部”7个。承办福建省第二期专武干部集训，完成福建省军区赋予的现场观摩会任务。长泰区人武部获评基层治理规范化建设先进单位。探索推广“基层武装部+退役军人工作站”“国防教育宣传+征兵工作站”等融合发展模式，有关经验被《中国民兵》杂志等媒体登载。

【后勤综合保障】 2023年，漳州军分区组织后勤重点行业领域整肃治理、“五治八查树形象”（“五治”，指军队的五个治理方向，具体包括政治治理、思想治理、组织治理、纪律治理和作风治理；“八查”，指军队的八个查处重点，具体包括查处违反政治纪律、违反组织纪律、违反廉洁纪律、违反群众纪律、违反工作纪律、违反生活纪律、违反战斗纪律和违反法律纪律的行为）百日专题教育整顿，实现全区军队财务网络联通及零余额账户开设。优化综合保障，整修军分区机关食堂、公勤队宿舍楼、训练中心，督导推动龙文区人武部营区开工新建。

【拥政爱民】 2023年，漳州军分区协调落实党管武装，组织"第一书记"任职宣布大会、党管武装工作绩效考核、党政领导过军事日等活动，推动辖区内各级党委召开常委议军会研究解决部队建设重大问题，促成漳州市委组织部核发指标在基干民兵中发展党员。开展对立功军人送喜报活动，商请驻地政府优化军人和军属优待政策，解决"三后"（官兵转业安置的"后路"、随军家属就业的"后院"、军人子女入学入托的"后代"）问题。动员驻军官兵支持参与地方经济社会建设，在维稳处突、抢险救灾、助学兴教、乡村振兴等方面当先锋、作贡献。漳州军分区各级结对帮扶8个落后乡村，投入帮建经费42万元。

【国防教育】 2023年，漳州军分区推进国防教育，联合市委宣传部举行第23个全民国防教育日，代表省军区承办福建省"军营开放日"，组织开展国防主题宣讲、国防图片展览、红色电影展播等活动60余场次，组织学生开展军训。

（黄典杰）

·武警漳州支队·

【概况】 2023年，武警漳州支队规范监门哨验证程序和"四勤"（检勤、查勤、管勤、联勤）运行机制，组织执勤法规学习竞赛，推进执勤规范化建设，及时处置执勤险情，排查整治执勤隐患，支队连续36年实现执勤安全无事故，维护驻地社会稳定。

【军事训练】 2023年，武警漳州支队组织分队专业训练、勤训轮换、野外驻训、冲锋舟操作骨干集训、预提指挥警士培训和教练员集训等专业集训，在武警总队组织的各类比武中名列前茅。

【后勤保障】 2023年，武警漳州支队贯彻"后勤变前勤"要求，规范"一组五队"（后勤指挥组、综合物资保障分队、给养保障分队、卫勤保障分队、运输保障分队、维修保障分队）和大（中）队战勤编组"建训用管"模式，定期组织拉动演练，保持良好战备状态。开展"五治八查树形象"百日专题教育整顿和资产"两年攻坚行动"。组织基层伙食管理规范化建设观摩，规范一日办伙流程。完成特战分队训练场手续办理、场地移交，推进基层中队建设，组织维修巡检、医疗巡诊等。

【官兵心理品质培养】 2023年6月6日，武警漳州支队与漳州市第四医院签订心理工作军地融合共建协议，于6月、12月会同心理咨询师开展心理服务到基层活动，通过理论宣讲、课堂互动、趣味游戏等形式，帮助官兵释放思想压力，锻炼心理品质。根据问卷调查、心理测评等材料，对心理指数偏高人员进行"一对一"心理疏导。

（易栋梁 瞿晶 叶海炼 孙宇）

·人民防空·

【概况】 2023年，漳州市国防动员办公室（简称漳州市国动办）编制《漳州市人防工程质量普查指导手册》，组织开展人防工程质量普查。人防工程维护管理示范点工作经验在福建省会议上交流。

【人防应急体系建设】 2023年5月，漳州市国动办组织开展人防工程平战转换暨人员疏散掩蔽实战化演练，获福建省国防动员办通报表扬。组织"9·18"人防警报试鸣及应急疏散演练。探索人防网格化管理与指挥行动，建立信息化平台。

【人防工程监管】 2023年，漳州市国动办落实质量监督检查制度，开展人防工程检查99次，发出整改通知单54份；组织开展公用人防工程安全隐患排查整治行动、"安全生产月"活动，确保人防工程安全。

（漳州市国动办）

·退役军人事务·

【概况】 2023年，漳州市退役军人事务局做好退役军人服务保障工作和双拥共建工作，在“十四五”退役军人服务和保障规划中期考评中获全省第一名，服务退役军人“大篷车”走基层活动、开展国防教育、为烈士寻亲等工作经验做法被退役军人事务部推广。

2023年12月25日，2023年漳州市“最美退役军人”发布仪式在芗江酒店举行 （戴伟国 摄）

【退役军人思想政治工作】 2023年，漳州市退役军人事务局组织开展最美退役军人学习宣传活动，评选全市“最美退役军人”，推荐1人入选2023年度福建省“最美退役军人”。指导全市成立老兵宣讲队伍，吸纳各行业各领域退役军人代表，开展“我与老兵面对面”宣讲活动3500余场次。打造退役军人思想政治教育基地6家，市烈士陵园、长泰区武安镇溪东村、南靖县科岭革命旧址获评福建省退役军人思想政治教育基地。

【拥军优属】 2023年，漳州市在各重大节日和重要时间节点，走访慰问部队，组织召开“八一”军政座谈会，组织“爱我人民爱我军·翰墨飘香鱼水情”双拥书画展、寻找漳州最美“她力量”——“最美军嫂”等活动，向漳州驻军、驻西藏阿里地区边防官兵、新疆军区戍边女军人等赠送慰问品，向获陆军集体一等功连队捐建训练局域网。为驻地部队开通至市区公交专线，帮助驻地部队安排部队家属、子女落户漳州市区，完成军分区干休所“一户一表”改造，做好部队随军未就业家属生活保障金审核、发放工作。打造“移动军事体验站”，进社区、进学校开展全民国防教育。

【退役军人移交安置】 2023年，漳州市完成军转干部移交安置工作，营级以下（含技术级）转业军官100%安置在参公以上岗位。完成由政府安排工作退役军士和退出消防员移交安置和军休干部（士官）、伤病残士兵移交工作。召开全市军转干部座谈会，发布漳州市关于激励军转干部服务全市高质量发展大局倡议书。在全省率先成立军休科技志愿服务队、军休文艺志愿服务队、军休医疗志愿服务队，开展“六进”（进学校、进机关、进社区、进乡村、进企业、进单位）活动。

【退役军人就业创业】 2023年，漳州市退役军人事务局打造全省首家政校企合作的退役军人教育学院，组织退役军人参加教育培训，其中退役士兵适应性全员培训率96%。开展线上线下招聘会40余场次，结合培训组织20余家用人单位到教育学院进行现场招聘。评选9家市级退役军人就业创业基地，签订就业合作协议，每年兜底吸纳一定数量退役军人就业。

2023年4月2日，漳州市委文明办、市退役军人事务局在漳州市烈士陵园举行“2023·崇尚·清明祭英烈”暨“百园千校祭英烈”活动启动仪式
（漳州市委文明办 供图）

【优抚褒扬】 2023年，漳州市退役军人事务局落实提高优抚对象抚恤补助标准和重点优抚对象3%自然增长机制，发放抚恤补助金、义务兵优待金，支出医疗补助金。开展退役军人优待证申领工作。开展八一建军节走访活动，走访部分优抚对象和家庭困难退役军人。为立功受奖现役军人家庭送喜报，发放慰问金。

【烈士纪念】 2023年，漳州市退役军人事务局开展“为烈士寻亲、迎烈士归籍、传烈士英名”活动，帮助312位烈士找到亲人。组织“2023·崇尚·清明祭英烈”暨“百园千校祭英烈”活动，举办“红色讲解员”大赛。开展烈士纪念设施提档升级工作，将皮定均将军陵园、南靖县科岭革命烈士纪念碑核定为市级烈士纪念设施，完成东南烈士陵园提升改造项目。

【退役军人帮扶援助】 2023年，漳州市退役军人事务局做好困难退役军人一次性临时救助工作，发放救助款；开展“情暖老兵·子女助学”“解忧难·帮扶残疾退役军人”等活动，资助困难退役军人子女、困难残疾退役军人。

【退役军人服务保障】 2023年，漳州市退役军人事务局完善退役军人服务体系，指导村级服务站创建示范型站点，在高速公路服务区、企业、高校、医院、银行等建成特色服务站19家。开展服务退役军人“大篷车”走基层活动20余场次。推动全市开通“2192781”退役军人专属服务热线，实现24小时全天候接听。完成市退役军人服务中心改造，新增老兵活动中心和心理健康服务室。

【军休医疗志愿服务队成立】

2023年9月19日，福建首支军休医疗志愿服务队在漳州成立。该服务队以漳州市第二军休所干部为主，队员均是部队医疗部门退休干部，涵盖骨科、儿科、神经内科、烧伤整形科等不同专业副高级别以上医师，平均年龄67岁，最大年龄83岁。

【首家退役军人服务站设立】

2023年11月8日，由漳州市退役军人事务局与漳州正兴医院联合打造的正兴医院退役军人服务站成立，是漳州首家由民营医院设立的退役军人服务站。双方共同签订退役军人优待合作备忘录，明确全国退役军人和其他优抚对象凭优待证在该院健检、就诊、住院时享受的服务。

【烈士纪念设施标识牌启用】

2023年12月18日，漳州市在全省率先启用首块烈士纪念设施标识牌。新标识牌向社会公众展示烈士纪念设施名称、保护级别、批准设立单位等基本信息。

（李　荃）

责任编辑：蔡钰臻

漳台融合

·漳台经贸合作·

【概况】 2023年，漳州市新批办台资企业项目98个；实际利用台资2.2亿美元，排名福建省首位。其中，新批办台资农业项目37个，合同台资4821.7万美元；增资项目10个，增加台资2303.5万美元；示范推广台湾农业良种101个，推广面积1516.67公顷。

【涉台园区建设】 2023年，漳州市建设涉台园区基础设施项目34个，完成年度投资116.14亿元。漳浦台湾农民创业园和南靖兰花产业园分别在2023年全国台湾农民创业园评比、福建省产业园评比中获第一名。漳浦县依托台湾农民创业园申报2023年国家现代农业产业园，获中央财政补助1亿元，到位资金3000万元。

【对台招商】 2023年，漳州市人民政府台港澳事务办公室（简称漳州市台港澳办）围绕“9+5”产业体系，完善涉及石油化工、食品加工、精密机械三大产业对台招商地图及48家台湾地区重要工商团体联系方式。举办在闽台商协会联谊会暨漳州市招商推介会、大陆台协会会长漳州行等对台招商推介活动34场，吸引客流1796人次。

【漳台产业合作】 2023年，漳州市台港澳办围绕漳台产业发展需求，与厦门大学台湾研究院合作开展漳台食品工业比较研究。依托芗城区、龙文区2位台湾企业家投资建设“盈科智谷产业园”，围绕电子信息、仪器仪表、汽车零配件、新材料及高端智能装备产业，与32家企业签订意向协议，打造中小企业集聚区。

【对台小额贸易】 2023年，漳州市开辟对台贸易新通道，总投资2.6亿元的东山5000吨级客货运码头工程竣工验收。落实航运鼓励政策、优化船员赴台报批服务、强化安全生产管理，对台“小三通”货运量96.47万吨，约占全省的60%，居全省第一。

【闽台农业融合发展基地建设】 2023年，漳州市探索对台农业融合发展新路，推动闽台农业融合发展推广基地建设。年内，新建设省级闽台农业融合发展推广基地8个。截至2023年年底，建设省级闽台农业融合发展推广基地79个，占全省25%。

【漳台农业合作交流】 2023年，漳州市接待台湾农业团体等40多批次、684人，其中“首来族”（第一次到大陆的台湾同胞）27人。年内，漳州市农业农村局拓展与台湾农业团体的交流对接，促成中国海峡两岸农业协会（台湾）与南靖船厂镇甘芳村等签订乡建乡创合作项目。承办第十五届海峡论坛·两岸特色乡镇交流对接暨乡村振兴合作论坛。

（周俊贤）

【在闽台商协会联谊会暨漳州招商推介会召开】 2023年4月15日，在闽台商协会联谊会暨漳州招商推介会在平和县大芹山召开，来自漳州、泉州、厦门、宁德、三明、平潭等福建省内的台商协会会长参加。活动由福建省人民政府台港澳事务办公室指导，漳州市台港澳办牵头组织，漳州市台商投资企业协会承办。

（蔡智聪 吴伟萍）

·漳台人文交流·

【概况】 2023年，漳州市举办对台交流活动240场，比上年增长138%，吸引台胞到漳州参观访问交流7000多人次。拓展教育、体育、司法、卫生、基层治理等领域交流合作。举办海峡两岸气排球邀请赛、第十五届海峡两岸中华武术大家练等体育赛事活动5场。

【文化文艺交流】 2023年，漳州市举办第十三届龙人古琴文化季、第十五届海峡百姓论坛·漳州分论坛、2023年海峡两岸（福建·漳州）融晴文化艺术展、月是故乡明——2023海峡两岸（漳州）中秋晚会等文化文艺活动，近1000名台胞参与。其中，2023年海峡两岸（福建·漳州）融晴文化艺术展包括“曲同调·两岸好声音”海峡两岸大型闽南语曲艺文化交流活动、第二届水仙花微电影短视频展、漳州市打造“最佳影视外景拍摄地”推介会、《根在海这边》——海峡两岸同名村同名镇系列视频展播等系列活动8个，涉及文化、微电影等领域。

2023年6月18日，第十五届海峡论坛·第九届海峡两岸（福建云霄）开漳圣王文化节在云霄县将军山下举行 （陈逸帆 摄）

【民间信仰交流】 2023年，漳州市组织开展海峡两岸民间信仰交流活动88场次、5500多人次。邀请台湾宗亲百人团组（118名）到云霄县参加纪念开漳圣王诞辰1366周年活动。举行2023年“情系保生 融合两岸”保生大帝文化交流会，海峡两岸70余所宫庙超400名信众参加，其中台湾宫庙信众超140名。

【青年交流】 2023年，漳州市举办闽台青年乡建乡创合作交流论坛，促成台湾乡建乡创团队与漳州6个村庄现场签约，12名两岸农业、渔业协会代表结对签约。举办第二届“万才聚漳”两岸青年人才创业论坛，开展“漳台青年企业家大联盟”活动10余场。打造《在漳台湾青年说》系列访谈栏目，获评福建省网络文明建设“十佳优秀案例”。

【两岸交流基地升级】 2023年，漳州市的东山关帝庙、开漳圣王文化祖地、漳州古城和长泰龙人古琴研究院获批国家级海峡两岸交流基地。发挥国家级海峡两岸交流基地龙头带动作用，举办第九届海峡两岸（福建云霄）

开漳圣王文化节、第三十二届海峡两岸（福建东山）关帝文化旅游节等活动，近1200名台胞参加，获海峡论坛组委会办公室发函感谢。

【2023海峡两岸中秋晚会举行】 2023年9月28日，由漳州市人民政府和福建省广播影视集团共同主办的“月是故乡明——2023海峡两岸（漳州）中秋晚会”在漳州市举行，分为序“中秋古韵”、上篇“月见”、中篇“芗恋”、下篇“福运”、尾声“明天会更好”5个篇章，1200多名两岸同胞参加。晚会以漳州高新区三馆广场为主会场，内容由舞台综合表演艺术串联而成；以漳州古城北广场为分会场，内容以本地民俗集锦荟萃为主。

（蔡智聪 吴伟萍）

·台胞台企服务·

【概况】 2023年，漳州市开展“千名干部挂千企”益企服务专项行动，推动市县两级255名领导干部挂钩帮扶台企234家，服务和推动22家台企增资扩产1.8亿美元，将13个台资项目列入省重点技术改造项目库（占全省63.6%）。强化台商台企的金融服务和信贷支持，截至2023年年底，漳州银行业为314家台企、2866名台胞提供信贷支持，漳州全市银行业机构台企授信总额和贷款余额分别为455亿元、124.2亿元，均占全省半数以上，台企贷款投放占比稳居全省第一。

2023年8月28日，海峡两岸（福建·漳州）融晴文化艺术展在长泰区启动。图为启动仪式上舞蹈表演（郑斯楠 摄）

【台胞台商服务中心窗口作用发挥】 2023年，漳州市发挥台胞台商服务中心窗口作用，通过优化对接转办、绿色通道、帮办代办、座谈回访、定期联系等工作机制，为台胞台商提供一站式、一条龙的窗口服务，保障台胞漳州就业、就医、教育、住房、社保、养老、临时救助等需求，年内受理投诉求助咨询195件，办结194件，办结率99.5%。

【对台农业支持服务】 2023年，漳州市农业农村局争取省级项目补助经费2290万元，支持漳浦台湾农民创业园、闽台农业融合发展产业园和推广基地建设。落实漳州市惠台措施，争取市级财政补助42.5万元，支持南靖兰花产业园和闽台农业融合发展推广基地建设。推动南靖县农业农村局与厦门银行漳州分行签订战略合作协议，在信贷政策、信贷规模以及业务创新等方面给予台农台企政策倾斜和优先支持，参加活动的16家台企获授信金额6450万元。漳浦台创园组织20家台企参加银企对接会，促成4家台企与农商银行签约，贷款额860万元。

（周俊贤）

【“我为台胞台企办实事”活动】 2023年，漳州市台港澳办谋划涉及台企项目落地、设施配套、金融信贷、厂房用电、台胞

2023年11月9日，漳州市在市人才一体化服务中心设立台湾人才一站式服务窗口。图为台湾人才一站式服务窗口

（漳州市人社局 供图）

救助等10个“我为台胞办实事”活动事项。推动市县两级常态化听取台胞台商诉求机制实现全覆盖，累计开展听取台胞台商诉求活动116场，协调解决诉求135件。推进漳州台商投资区建设台胞居住专区住宅项目，做好地块出让前期准备工作。

【台湾人才到漳州发展服务】 2023年，漳州市在市人才一体化服务中心设立台湾人才一站式服务窗口，通过整合相关领域资源和职能，针对职称评审、技能认证、人才项目认定、子女入学等事项，为台湾人才提供一对一服务咨询指引，吸引台湾青年人才到漳州先实习实训后就业创业，提供实习就业岗位近5000个，吸引台湾青年385人（实习210人、就业136人、创业39人），比上年增长20%。全市青年创新创业基地吸引台湾青年创业项目入驻18个、孵化14个。

【漳台婚姻家庭服务】 2023年，漳州市台港澳办依托漳州市海峡两岸婚姻家庭服务中心，对涉台婚姻数据进行进一步梳理。截至2023年年底，漳州市登记涉台婚姻3880对，其中2023年登记29对。联合市台联、市公安局等部门简化台胞改籍程序，全年办理台胞改籍27人次，高考加分58人次。

【涉台法律服务】 2023年，漳州市建成全省首家集电子沙盘、大数据、多媒体等多种展示形式的台胞台企权益保护法治宣传基地，承办海峡两岸检察制度研讨会。发挥全省首家涉台法律援助中心作用，创新开展“公共法律服务进台企”活动6场，服务台企200多家。

【“一室多员”涉台检察工作机制】 2023年，漳州市人民检察院在优化提升“一室一员”机制连续11年探索实践的基础上，在全国首创“一室多员”涉台检察工作机制，聘任45名台胞担任检察机关听证员、公益诉讼观察员、涉台纠纷调解员、专家咨询委员，协调司法局选任台胞人民监督员，拓展台胞依法参与检察工作渠道。2023年12月1日，漳州市人民检察院“一室多员”涉台检察工作机制，助力两岸融合发展入选2023年度福建省“十大法治事件”。

（蔡智聪 吴伟萍）

责任编辑：蔡钰臻

外事 侨务 港澳事务

·外事·

【概况】 2023年，漳州市外事办公室（简称漳州市外办）举办“天下红绿彩”中日专家研讨会、对美布袋木偶戏展演和美国知名艺术家“趣淘漳州”文化艺术周活动等，拓展漳州对外友好关系。

【漳州对美文化展演】 2023年3月3日，漳州市外办联合市文旅局在漳州木偶艺术展示馆开设漳州非遗大师云讲坛，以《花样漳州》宣传片开场，向美国观众展示漳州历史底蕴和城市面貌，专题介绍国家级非物质文化遗产漳州布袋木偶。漳州非遗传承人陈黎晖等人向美国观众举办线上木偶展演和讲座，并与讲座主持人美国国家艺术基金会高级顾问兼文化交流特使、塔夫茨大学教授、著名歌剧歌唱家卡拉·卡纳莱斯及线上观众交流。

【漳州青年学生与日本学生线上交流】 2023年3月13日，漳州市第一外国语学校与日本谏早市商业高中开展线上学生交流活动，用日语就福建与长崎的城市美景文化开展交流。此次交流活动是由福建省和日本长崎县共同策划举办的“地市高中生云交流活动”系列之一，福建省外办、日本长崎县政府、漳州市外办线上参加此次活动。

【漳州市组织参加第十届NEAR征集活动】 2023年，漳州市外办组织青少年参加第十届NEAR（东北亚地区地方政府联合会）青少年绘画作品征集活动。活动征集到近50所学校的青少年寄来

2023年3月3日，漳州非遗传承人陈黎晖等人在漳州木偶展示馆面向美国观众举办线上木偶展演和讲座。图为陈黎晖（右一）向美国观众介绍漳州布袋木偶艺术 （漳州市外办 供图）

的绘画作品170余幅，其中残障青少年的绘画作品21幅。经评选，漳州学生《贵妃醉酒》获“特别奖”，140余幅作品获纪念奖。

【中非青年乡村振兴快乐跑】 2023年4月24日，由华安县政府承办的第二届中非青年共话友好暨中非青年乡村振兴快乐跑活动在漳州举行，来自省内8所高校、16个非洲国家在闽留学生、福建高校学生代表及华安县部分村民100多人在华安县二宜楼参加活动。

【美国艺术家参加“趣淘漳州”文化艺术周活动】 2023年5月26—30日，漳州市人民对外友好协会联络促成哈佛大学高级研究员、塔夫茨大学实践教授、歌剧歌唱家卡拉·卡纳莱斯等5名美国艺术家到漳州访问，参加“趣淘漳州”文化艺术周活动。美国艺术家代表团一行到芗城区、龙文区、长泰区、南靖县、华安县、漳州高新区，开展走访体验及文化交流活动，美国文化特使卡拉将其与漳州小男孩“知音”相遇的故事撰写署名文章发表在《纽约时报》。

【东山县与菲律宾达古潘市缔结友好交流城市】 2023年6月23日，东山县与菲律宾达古潘市以“云端”相聚、视频会商方式举行缔结友好交流城市线上签约仪式。双方在线签署建立友好交流关系备忘录。

【云霄县与菲律宾塔巴科市缔结友好交流城市】 2023年7月2日，云霄县与菲律宾阿尔拜省塔巴科市以视频方式举行缔结友好交流城市签约仪式，双方签署缔结友好交流关系备忘录，开展农业、经济、贸易、文化、教育、旅游、卫生、人才等领域的交流合作。中国驻菲律宾大使黄溪连和阿尔拜省省长埃德塞尔·格雷科·拉格曼在菲方现场见证。

【菲律宾外交部副部长赫苏斯·多明戈访问漳州】 2023年7月19日，菲律宾外交部副部长赫苏斯·多明戈一行访问漳州。在漳州期间，赫苏斯·多明戈参观漳州城市展示馆、古雷开发区规划展示馆和福海创公司，实地了解中国—菲律宾经贸创新发展示范园区古雷片区产业布局。

【特立尼达和多巴哥驻华大使到漳州举办专场投资说明会】 2023年7月25日，漳州市外办接待特立尼达和多巴哥驻华大使刘娜一行。在漳期间，特立尼达和多巴哥驻华大使刘娜一行举行专场投资说明会，推介特立尼达和多巴哥投资环境、最新投资优惠政策以及凤凰工业园项目，并参访漳州城市展示馆、漳州古城。

【漳州市海洋产业招商推介会举行】 2023年9月6日，由漳州市委、市政府主办，漳州市贸促会承办，漳州市外办协办的漳州市海洋产业招商推介会在厦门举行，外国政要、驻华使节、国际组织、经贸机构、商协会和企业代表等120余人参加。漳州市9家海洋产业企业代表参加推介对接活动。

【漳州参加全国对外友协2023“友好日”活动】 2023年9月23日，中国人民对外友好协会2023“友好日”活动在北京举行。漳州市外办（漳州市对外友协）以主题推介、展览展示、互动交流等形式宣传介绍漳州，开展“品美食 赏非遗”等活动。

【新加坡驻厦门总领事庄志嘉访问漳州】 2023年10月25日，新加坡驻厦门总领事庄志嘉一行6人到漳州访问，参观考察思美香食品（龙海）有限公司、豪氏威马（中国）有限公司、威驰腾（福建）汽车有限公司、漳州开发区创业馆及漳州片仔癀药业有限公司，参访漳州城市展示馆、漳州古城，了解漳州市城市发展、海洋经济及新能源产业等发展情况。

【新兴市场国家和发展中国家智库学者考察团访问漳州】 2023年10月30—31日，新兴市场国家和发展中国家智库学者考察团访问漳州。团长纳米比亚公共行政管理学会管委会主席、纳米比亚内阁秘书乔治·希马塔，成员包括26个国家的27名智库学者。考察团分别到漳浦县、东山县和古雷开发区，实地参观考察产业发展、文化传承、乡村振兴等方面发展情况，以及推动文明互鉴、互利共赢方面的实践成果。

【涉外礼宾礼仪培训】 2023年9月25日，漳州市外办在漳州职业技术学院举办涉外礼宾礼仪培训，各县（区）、开发区（投资区）外事干部及市直有关单位涉外工作人员共42人参加培训。此次培训涉及国际礼仪、政务礼仪和中西餐礼仪等内容。培训教师均为实战经验丰富的院校教师，通过此次培训，让学员们学习国际交往中的基本礼仪、交际技巧和着装要求。

【“漳州故事我来讲”英语演讲比赛举行】 2023年12月6日，由漳州市外办主办的“漳州故事我来讲”英语演讲比赛在漳州职业技术学院举行。演讲比赛分为机关组和教师组，分别决出一等奖各1名，二等奖各2名，三等奖各3名，优秀奖各6名。

（吕春英）

·侨务·

【概况】 截至2023年年底，漳州市有海外侨胞110多万人、归侨侨眷30多万人。年内，漳州市委统战部加强与海外社团、侨胞联系，落实归侨优待政策，办理高考“三侨生”（报考普通高校入学考试的考生本人为归侨学生、归侨子女，或华侨在国内的子女）身份证明23件。

【侨政工作】 2023年，漳州市委统战部完成华侨历史建筑摸底工作，在全省率先建立华侨归侨身份确认信息数据库，出台华侨回国定居办理程序，协调解决漳州市“洋留守儿童”就学、就医和身份问题。向龙海区双第华侨农场、漳浦县南山华侨农场、诏安县梅州华侨农场拨付补助资金309.71万元，核准219名困难归侨职工申请困难企业归侨职工生活补贴资金25.58万元。

【侨界联谊拓展】 2023年春节期间，漳州市委统战部向20多个国家88位海外侨领寄送新春祝福包，与返漳的巴西、菲律宾、阿根廷、秘鲁等国家的侨领共度新春。全市开通值班热线电话48部，帮助在外侨胞解答、解决清明返乡祭祖问题。指导成立菲律宾漳州总商会、菲律宾漳州同乡总会、马来西亚东山商会。

【侨务部门助力中菲“两国双园”项目建设】 2023年，漳州市委统战部邀请并接待菲律宾国家政要、海外社团、侨商侨领等代表，到漳州开展园区推介、项目对接等活动超500人次。组织海外侨胞参加中国—菲律宾经贸创新发展示范园区建设推进会暨招商大会、世界闽籍华侨华人社团联谊大会等经贸联谊活动，落实可望签约经贸项目10多个，投资贸易额100多亿元。

【归侨侨眷服务经济社会发展】 2023年，漳州市委统战部与海外侨胞的交流互动，接待100多个社团、30多个国家侨商侨领、海外乡亲，组织侨商回乡投资恳谈会29场。漳籍海外侨胞列席漳州市人大、政协两会。举办“侨家乐·福建省华侨美食风情文化节常山华侨农场专场”活动。

【夏威夷中华总商会率水仙花皇后代表团访问漳州】 2023年11月13—14日，夏威夷中华总商会主席杨汉辉带领夏威夷水仙花皇后代表团一行30余人到漳州市访问，参访漳州高新区水仙花海、漳州市艺术馆、南靖县等地。

【芗剧现代戏《华侨女英雄李林》上演】 2023年5月4日，芗剧现代戏《华侨女英雄李林》在福建广电大剧院演出。此剧由漳

2023 年 5 月 4 日，芗剧现代戏《华侨女英雄李林》在福建广电大剧院演出。图为演出剧照 （沈昊鹏 摄）

州市委宣传部指导、市文旅局组织、市芗剧（歌仔戏）传承保护中心创排，主要讲述侨女李林投笔从戎的事迹，该剧获第八届福建艺术节暨全省第28届戏剧会演优秀剧目奖。

（张志荣）

·港澳事务·

【概况】 漳州市加强与港澳交流互动，有32个单位（机构）、158人次交流互访。年内，市领导带队到香港调研，拜访香港福建社团联会、福建省港区政协委员联谊会，走访香港漳州同乡总会历任会长，香港漳籍同乡社团骨干、港区政协委员和乡亲代表座谈交流，指导推动香港漳籍爱国同乡社团建设和港区政协委员工作。

【漳港澳青年交往】 2023年，漳州市举办漳港澳青年交往活动8场，漳港澳青年299人次参加。举办“寻根闽南情 同心向未来”——2023年港澳漳籍青年故乡行暨国情研修班，30多名香港、澳门青年和10多名漳州青年代表参加。组织研修班港澳青年到芗城区、龙文区、龙海区、台商投资区、漳州高新区等地参访互动交流。香港同乡总会社团骨干回乡考察团到漳州开展为期4天的考察交流活动，交流团香港同胞200名，其中香港青年55名。香港青少年教育基金会组织就读于厦门大学、华侨大学、集美大学的50名香港学生到漳州参观访问交流，参观港资企业青蛙王子中国日化有限公司、漳州市城市展示馆、片仔癀博物馆，了解漳州企业发展历程及品牌建设、城市规划、中医药文化传承与发展等。

【港澳同胞服务】 2023年，漳州市公安局审批港澳居民来往内地通行证250件次，漳州市台港澳办举办涉港澳咨询便民服务等活动，服务港澳同胞46人次，协调解决问题29件；联合香港工会联合会福建咨询服务中心开展漳州流动服务站活动，为在漳州的香港同胞提供消费券、特区政府津贴福利申请等服务。

（蔡智聪 吴伟萍）

责任编辑：杨少毅

经济管理

·宏观经济管理·

【概况】 2023年，漳州市发展和改革委员会（简称漳州市发改委）牵头组织实施产业“发展项目建设提升年活动”和“七比一看”（比项目招商、比征地拆迁和耕地保护、比工业提升、比项目提升、比争取资金、比乡村振兴与生态建设、比新增“四上”企业；看高质量发展成效）竞赛，研究制定《漳州市2024年“产业发展项目建设增效年”活动实施方案》，牵头制定巩固拓展经济向好势头一揽子“42条”、民营经济“18条”等政策措施。年内，发改部门牵头的指标增幅均保持全省前列。其中，地区生产总值比上年增长5.9%，增幅排名全省第二；固定资产投资比上年增长8.1%，增幅排名全省第二；服务业增加值比上年增长6.5%，增幅排名全省第二；建安投资比上年增长14.6%，增幅排名全省第二；规模以上其他营利性服务业营业收入比上年增长17.4%，增幅排名全省第三。

【产业发展规划】 2023年，漳州市实施千百亿产业培育行动计划，以“看产业发展”竞赛为抓手，培育“9+5”（9个千亿级产业集群、5个五百亿以上产业集群）产业。出台《漳州市加强金融支持实体经济高质量发展若干措施》《2023年企业上市提升“1234”专项行动方案》等文件，扶持企业上市挂牌。出台《稳定粮食生产十五条措施》，落实各级种粮补助资金2.02亿元。出台《加快数字经济产业发展若干措施》等政策，推动27个项目入选省数字经济重点项目。编制《国道228线滨海旅游风景道规划设计方案》，推进实施项目22个，完成投资3.7亿元。

【项目建设】 2023年，漳州市发改委实行市领导“双挂钩”46个市级重中之重项目机制，组建市重大项目跟踪协调服务工作组，建立重大项目问题会商制度，累计召开协调会40场，协调解决项目建设问题90个。178个省级重点项目、876个市级重点项目，分别完成投资979.6亿元、2418.6亿元。省重点项目投资完成率116.2%，排名全省第三。漳州核电1~2号机组、云霄抽水蓄能电站等项目加快建设，漳浦联盛林浆纸一体化一期投产，六鳌海上风电场二期首批风电机组并网发电，北电南送特高压输变电工程建成投产，福厦高铁通车，漳州核电3~4号机组用地用海获批，漳汕高铁施工图获国铁集团批复，厦漳泉城际铁路R1线建设规划调整获批。漳州市获全省第二、第三、第四季度项目工作正向激励综合考评第三名。

【项目策划】 2023年，漳州市发改委紧盯地方政府专项债券、预算内投资等资金投向领域，聚焦“9+5”产业、基础设施建设、社会事业等领域，以及高新区“三大片区”、中菲“两国双园”等区域，策划实施中菲经贸创新发展示范园区产业项目、圆山健身步道等项目。全年新增策划项目2709个，总投资7128.85亿元。漳州市在福建省全生命周期平台储备亿元以上新策划项目301个、总投资4234.9亿元。

【营商环境优化】 2023年，漳州市出台《关于进一步促进民营经济高质量发展的实施意见》以及促进民营经济高质量发展配套政策文件17份，构建促进民营经济发展“1+N”（“1”代表总指导性文件，“N”代表配套政策文件）政策体系。在福建省率先建成市级数字化营商环境监测督导平台，推出市级优化营商环境工作典型经验做法49个，入选福建省典型案例8个。

【改革创新】 2023年，漳州市实施亩均效益评价行动，研究出台《漳州市工业项目“标准地”出让改革试点工作方案》《漳州市存量工业企业“亩均论英雄”评价和结果运用实施方案》等措施，评定“亩均论英雄”标杆企业80家，提升592家低效企业、3200公顷低效工业土地。推广“拿地即开工”，完成项目16个，《漳州市实施土地供应和工程项目并行审批实现“拿地即开工”》被省政府办公厅列为典型经验做法并在全省推广。

【漳州市林业“两票”试点开展】 2023年，漳州市开展全市林业地票、林票试点工作，完成林权流转面积1.43万公顷、林地流转面积1066.67公顷，发行地票108.2万股、林票430.3万股。在南靖县南坑镇成立1家镇属投资开发有限公司发展林业，与村民签订首批流转合同63公顷。

【漳州市入选全国第四批社会信用体系建设示范区】 2023年8月3日，漳州市入选全国第四批社会信用体系建设示范区。此次有68个地区入选，其中福建省2个，分别为漳州市和泉州市。漳州市各级各部门推进信用平台建设，运用城市信用状况监测指标推动信用在各行各业应用，漳州综合金融服务平台暨全国中小企业融资综合信用服务示范平台漳州站入驻企业27.08万家，其中8248家企业发布融资需求，8232家企业融资成功，获评“2022年全国中小企业融资综合信用服务特色平台”。漳州市公共信用信息平台和信用门户网站获评2022年度市级“全国信用信息共享平台和信用门户网站一体化建设特色平台网站”。

（江丙麟 陈若蓉）

·自然资源管理·

【概况】 2023年，漳州市自然资源局推进政府公示自然资源价格体系建设，完成漳州市中心城区2023年度城镇标定地价更新工作。完成各县（区）园林草分等工作，推进园林草定级、基准地价工作。探索建立全民所有自然资源资产清查统计与价值核算制度。完成国家级清查价格体系资料收集工作。开展储备土地扬尘整治专项工作，纳入台账管理地块163宗，检查821次，发现问题23个，整改问题完成数量23个，整改率100%。开展全民所有土地资产管理信息系统运行工作，实现土地储备、国有资产与土地供应全流程连接。

【用地报批】 2023年，漳州市获批准农转用和土地征收360批次（含单独选址、农村村民住宅）、面积1801公顷，获批农转征收面积排名全省第一，获批准跨省域增减挂钩建新方案4个批次、面积11公顷，获批准土地征收成片开发方案38个批次、方案60个，面积2419公顷。做好临时用地要素保障工作，审批临时用地83宗，其中涉及占用耕地的临时用地3宗。

【用海要素保障】 2023年，漳州市用海要素保障（含养殖用海）205宗，面积6869.71公顷，其中用海项目（不含养殖用海）获批55宗，面积2191.87公顷。漳州核电3~4号机组项目用海获国务院批复，漳汕高铁项目用海组卷材料上报自然资源部，厦门港古雷港区将军澳作业区1~4号泊位工程、防波堤工程、龙海港尾中心渔港、东山前楼顶上避风锚地等8个项目获省政府批复，漳州市（东山湾）海洋生态保护修复项目用海变更获市政府批复。厦门港古雷港区古雷作业区南3号泊位液化罐区工程、诏安县梅岭镇田厝二级渔港工程项目、福建省云霄县山前一级渔港工程项目填海竣工验收。围填海历史遗留问题处置率37.77%，围填海历史遗留剩余面积577.77公顷，完成4轮“未批已填”类围填海历史遗留问题集中备案，20个已批未填类项目处置协议签订和备案。开展海岸建筑后退线划定工作，东山县、漳州台商投资区海岸建筑后退线划定方案获市政府批复，其中东山县海岸建筑后退线划定方案为福建省首个获批方案，是第一个结合实际具体划定海岸建筑后退线案例。

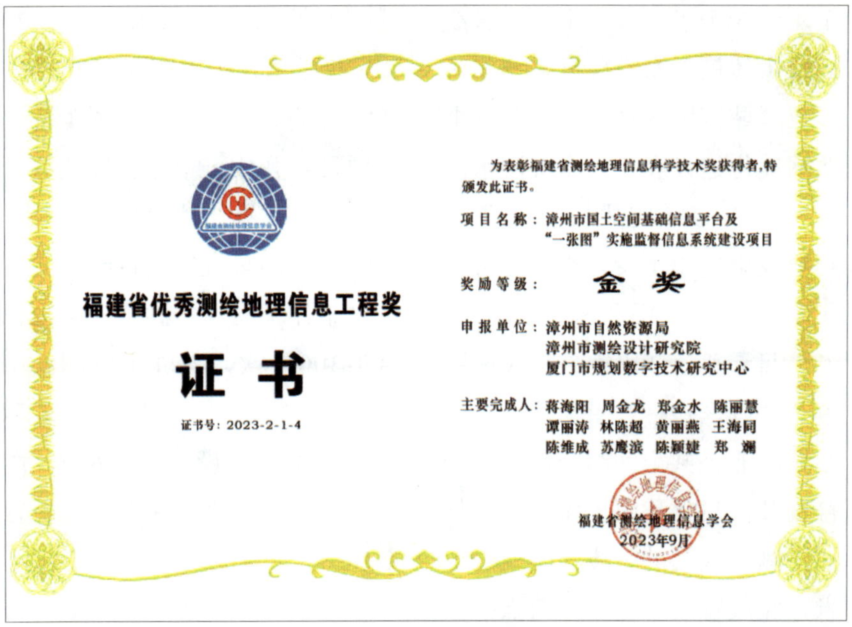

2023年9月22日，漳州市国土空间基础信息平台及“一张图”实施监督信息系统建设项目获福建省优秀测绘地理信息工程奖金奖。图为获奖证书　　（漳州市自然资源局 供图）

【审批服务】 2023年，漳州市自然资源局围绕项目从前期策划生成到规划许可审批、再到竣工验收的全生命周期，构建工程建设项目审批模式，推行自然资源审批一体化管理。对涉及自然资源领域审批服务事项由原来62个大项104个子项精简至29个大项72个子项，项目策划会商与项目审批实现无缝衔接，规划许可环节实行“多审合一、多证合一”（用地预审与选址意见书合并、方案审定与工程规划许可合并、规划条件核实与土地核验合并等），牵头组织多部门“联审联办”。年内，漳州市自然资源局通过“多规合一”平台推动全市策划生成项目643个；开展联审联办项目111个，包括方案项目25个，控制性规划项目21个，联合验收项目65个。

【不动产登记】 2023年，漳州市受理不动产登记业务总量7.92万宗，发放不动产权证书3.88万本、不动产登记证明2.98万份。办理抵押登记2.40万宗，其中一般抵押登记0.91万宗、预告抵押登记0.46万宗；抵押金额364.58亿元，其中一般抵押金额103.29亿元、预告抵押金额47.23亿元；办理抵押变更登记6宗，抵押金额0.1亿元。开展第二批136个市区城建领域不动产权办证历史遗留问题梳理工作，涉及2.09万宗、总建筑面积218.03万平方米。全年化解17个民生问题项目1.26万宗，总建筑面积116万平方米。推动探索土楼房地一体宅基地确权登记工作，完成土楼办证43本。

【地理测绘】 2023年，漳州市自然资源局推进新型基础测绘建设工作，完成实景三维漳州建设中2691平方千米地理场景数据制作，7800千米市政地下综合管线三维实体模型数据生产，漳州市行政区域范围内现代测绘基准框架网优化建设和三等水准网水准测量工作等。完成28个漳州市测绘成果副本汇交，数据量3.1T（太字节），面积6000平方千米，目录汇交200条。完成地图审查件办理17件。启动漳州市中心城区非公共空间综合地下管线普查及信息化建设工作，完成外业探测并成图的管线长度5462千米，完成管线点测量94万点。年内，获评福建省测绘地理信息科学技术奖金奖。

【测绘成果监督检查】 2023年，漳州市自然资源局完成测绘成果质量监督检查17家、“多测合一”项目测绘成果质量监督检查2家，测绘单位资质巡查8家，测绘成果保密检查5家，地图审核通过件抽查3家，测绘单位测绘行业安全生产检查42家。

【自然资源投诉信访与议案办理】 2023年，漳州市自然资源局参加行政诉讼应诉25宗，其中一审18宗、二审7宗。受理来信来邮来访案件510件，接待群众来访35批次58人次，受理漳州市“12345”便民呼叫中心诉求600件，所有诉求件均在时限内答复完毕，回复率100%。办理市人大代表建议11件、市政协委员提案29件，按时办结率100%。

【“多测合一”改革】 2023年，漳州市推进“多测合一”（将有关测绘服务的多项工程建设项目合并成一个综合性的联合测绘项目，并由建设单位委托一家服务机构全流程负责到底）改革，累计开展“多测合一”工作培训300人次，入驻平台测绘中介机构63家。全市执行“多测合一”工程建设项目236个，竣工和验收阶段“多测合一”执行率100%。

【存量房交易登记全流程网办】

2023年，漳州市自然资源局推行存量房交易登记全流程网办业务，实现全流程“一趟不用跑”办结存量房合同网签备案、计缴税费、转移登记及涉及的水表、电表、燃气表、广电网络账号过户和提取公积金等集成服务事项。年内，办理业务58件。

【“拿地即开工”审批制度改革创新】 2023年，漳州市自然资源局推进审批制度改革创新提升，出台《漳州市工业投资项目“拿地即开工2.0”改革实施方案》，推动“拿地即开工”审批成为常态。出台《进一步优化规划条件核实与土地核验工作规程（试行）》，规范规划条件核实与土地核验工作规程。出台《漳州市建设工程规划许可证豁免项目清单》，明确两类豁免项目清单18条，包括免于办理建设工程规划许可证8条，无需办理建设工程规划许可证10条，简化办理建设工程规划许可程序。出台《漳州市既有建筑功能业态调整互换清单》，明确正面清单5类情形允许调整互换和负面清单8类情形不予调整互换，简化既有建筑装修加固工程审批程序。全年全市试点完成“拿地即开工”项目31个。漳州市“拿地即开工”创新举措入选福建省人民政府办公厅公布第一季度“开门稳”“开门红”5个典型工作做法之一。

【漳州市入选全国低效用地再开发试点城市】 2023年9月，自然资源部印发《自然资源部关于开展低效用地再开发试点工作的通知》，漳州市入选全国43个低效用地再开发试点城市。漳州市成立低效用地再开发试点工作领导小组和工作专班，制定《漳州市开展低效用地再开发试点工作实施方案》，明确各类低效用地调查范围、调查对象、评价指南和认定标准。截至2023年年底，全市摸排低效用地1717宗、面积3741公顷，历史遗留建设用地268宗、面积238公顷。

【漳州市工业项目“标准地”出让改革试点】 2023年，漳州市实施工业项目“标准地”改革，制定《漳州市工业项目“标准地”出让改革试点工作方案》，明确2023年工业项目“标准地”

实施占比30%，纳入市委、市政府2023年“产业发展项目建设提升年”活动考评。漳州市自然资源局联合19个部门，建立工业用地“标准地”改革局际联席会议制度，市、县（区）两级局际联席会议制度，解决“标准地”供应难点、堵点问题。全年供应工业项目标准地62.53公顷，其中，省级及以上开发区范围内供应47.33公顷，其他园区供应15.2公顷。《漳州市用“标准地”模式跑出工业项目“加速度”》被省自然资源厅作为全省自然资源优秀案例推广。

（吴承钢）

·市场监督管理·

【概况】 2023年，漳州市新增市场主体13.04万户，市场主体总量80.87万户。漳州市食品安全满意率、药品安全满意率等指标排名全省第一，每万人高价值发明专利拥有情况指标排名全省第三。年内，漳州市市场监督管理局（简称漳州市市场监管局）被国家市场监管总局评为民生领域案件查办“铁拳”行动突出贡献集体。

【商事登记制度改革】 2023年，漳州市市场监管系统深化商事登记制度改革，探索推行“企业登记+云公证”“一城一照”“一证多址”“一证准营”“歇业备案管理”等登记改革举措，企业开办实现十个环节一次办理，总用时控制在3个小时内。出台《关于发挥市场监管职能促进民营经济高质量发展的若干措施》，提升民营企业创新创造活力。新增市场主体13.04万户。

【质量强市战略实施】 2023年，漳州市市场监管局出台《漳州市实施质量强省建设纲要工作方案》，制订培育国家、省、市三级政府质量奖三年滚动计划，将100家企业列入培育计划，推荐6家企业申报省政府质量奖，完成评审市政府质量奖企业3家、市政府质量奖提名奖企业2家。开展小微企业质量管理体系认证提升行动，帮扶30家食品加工小微企业开展全过程、全要素质量认证提升。引导优势企业参与国际标准化活动，获2025年ISO/TC114（国际标准化组织钟表技术委员会）第27届年会承办权。新增主导和参与制定国际标准1项、国家级标准15项、省级地方标准1项，推进12个国家（省）级试点示范项目建设。新建社会公用计量标准9项，居全省前列。检定校准计量器具25.15万台（件），免收费用1673.57万元。眼镜制配行业监管相关做法入选国家诚信计量优秀案例。

【食品安全监管】 2023年，漳州市市场监管系统推进国家食品安全示范城市创建工作。组织开展四轮常态化督查、三轮模拟评审、两轮拉练检查、一轮决策督

2023年9月25日，漳州市市场监管局工作人员在漳州市中闽百汇商场开展节日商品专项检查（陈小婷 摄）

查，发现并整改问题5181个。通过线上+线下、骨干+全员等方式开展培训，培训人员超12万人次。推进治理“餐桌污染”，建设“食品放心工程”，完成投资1839.37万元。督促指导全市8091名包保干部包保主体8.42万家，督导率100%。组织食品监督抽检2.75万批次，排查风险产品700批次，检出率2.54%，省对市食品评价性抽检合格率连续三年超过99%。开展食品安全“守查保”（守底线、查隐患、保安全）等专项整治，查办案件1189件，罚没款1131.17万元，其中2起案件被评为全国食品安全执法稽查十大典型案例。建设16个食品安全溯源示范农贸市场。对全市307家食品小作坊开展升级改造。

【药品、化妆品和医疗器械监管】 2023年，漳州市市场监管系统查办药品违法案件343件，罚没款3104.27万元。年内，漳州市市场监管局与市公安局联合破获制售假劣玻尿酸注射剂医美相关药械案件，受到公安部表扬，3件案件入选福建省市场监管局典型案例。深化药品安全巩固提升行动，做法在全省药品工作会上作经验交流。

【工业产品质量监管】 2023年，漳州市市场监管系统抽查儿童学生用品、消防产品等市级生产领域工业产品110批次，合格率95.45%。督促相关生产单位建立健全产品质量安全管理制度，按照要求配备质量安全总监和质量安全员。

【特种设备安全监管】 2023年，漳州市市场监管系统开展城镇燃气安全专项整治、压力管道元件组合装置及撬装设备隐患专项排查整治、化工企业特种设备安全隐患排查整治“百日攻坚”行动、电梯安全运行监管等各类专项整治，排查并整改特种设备问题隐患1770处。

【公平竞争执法】 2023年，漳州市市场监管系统组织全市各级各部门开展妨碍统一市场和公平竞争政策措施清理工作，对在2022年12月31日前制定，现行有效的涉及经营主体经济活动的规章、规范性文件和其他政策措施开展清理，存量清理文件409份、废止14份，增量审查87份、修改2份。查办不正当竞争案件53件，2件案件获评福建省典型案例。向福建省市场监管局移送垄断线索1条，配合福建省市场监管局核查垄断线索2条。培育市级商业秘密保护示范点6个、公平竞争合规管理体系建设标杆企业1家。

【重点领域市场监管】 2023年，漳州市市场监管系统打击假冒伪劣、价格欺诈、虚假宣传等违法行为，查办市场监管领域违法违规案件（一般程序）6188件，罚没款5041.36万元。年内，联合市公安局、市中级人民法院、市人民检察院制定出台《漳州市食品安全行政执法与刑事司法衔接工作暂行规定》，健全食品安全行政执法与刑事司法衔接工作机制。开展企业年报工作，全市企业年报率98%，连续8年排名全省第一（厦门自建系统除外）。深化信用提升行动，将失信企业信用修复的市级审核时间压减至1个工作日，指导失信企业完成信用修复510条。承接国家市场监管总局“网络交易监管五级贯通系统终端建设和推广试点”工作，推进在线电子数据取证双试点工作，在全国系统执法稽查工作会上作经验发言。加大涉企收费和民生价格监管力度，2件案件参评国家市场监管总局优秀案例。配合推进花山溪饮用水水源地风险突出问题整改，抽检化肥611批次，个别重金属检测合格率100%。抽检燃气器具、消防产品等流通领域商品945批次，合格率97.46%。

【广告产业发展扶持】 2023年，漳州市市场监管局扶持广告产业发展，新增规模以上广告企业4家。截至2023年年底，规模以上广告企业19家，规模以上广告业完成营业收入3.33亿元，比上年增长1.54%。

【消费维权】 2023年，漳州市市场监管系统受理消费者咨询投诉举报12.86万件，为消费者挽回经济损失297.46万元，消费投诉信息公示率99.12%，排名全省第一。芗城区市场监管局、漳州台商投资区市场监管局获评“全国维护青少年权益岗”。全市新增ODR（在线消费纠纷解决）企业63家，累计发展205家。

（许 悦）

·知识产权保护·

【概况】 2023年，漳州市新核准注册商标1.72万件，商标总量16.69万件，其中地理标志商标156件，居全国设区市首位。获授权专利6384件，累计有效发明专利数3822件，比上年增长20.04%，每万人口发明专利拥有量2.67件，比上年增长36.3%。全市新建成地理标志展馆（驿站）11处，有地理标志展馆（驿站）17处。年内，长泰区入选第二批国家知识产权强县建设试点县。

【知识产权强市战略实施】 2023年，漳州市市场监管局出台《漳州市促进知识产权高质量发展若干措施》，通过实施七大工程一保障，提升知识产权创造、运用、保护、管理和服务水平。联合市中级人民法院在全省市级层面率先制定出台知识产权纠纷行政调解协议司法确认实施意见，作出司法确认20件。全国首创“电子数据取证存证+跨省协同审理+异地司法确认”电商专利侵权纠纷办案模式。上线知识产权智慧监管服务平台，为漳州市知识产权行政管理部门和企业开展知识产权创造、管理、保护与运用提供知识产权数据采集管理、智能分析、线上知识产权违法行为监测、在线电子数据取证、企业知识产权存证服务，漳州片仔癀药业股份有限公司、青蛙王子（福建）婴童护理用品有限公司、福建欧仕儿童用品股份有限公司等20家企业成为平台首批企业用户。

【漳州市知识产权保护中心设立】 2023年12月28日，漳州市知识产权保护中心获批设立。主要承担本行政区域内知识产权维权援助及面向相关产业领域开展知识产权快速协同保护、知识产权智库和公共服务平台建设维护运行等事务性、辅助性、技术性工作。

【漳州市率先实行知识产权助理官制度】 2023年2月28日，漳州市印发《漳州市企业知识产权助理官聘任暂行办法》，在福建省首推知识产权助理官制度。知识产权助理官聘任采用“企业推荐+部门聘任”的原则，由企业根据自身发展需要向漳州市市场监管局推荐助理官人选，经县（区）市场监管局核实后上报漳州市市场监管局择优予以聘任。助理官的推荐和聘任每年开展一次，聘期两年，聘期结束后须重新推荐和聘任。截至2023年年底，全市聘任第一批知识产权助理官47名。

【漳州市首创电商专利侵权纠纷办案模式】 2023年，漳州市市场监管局在全国首次创新采用“电子数据取证存证+跨省协同审理+异地司法确认”办案模式，开展电商专利侵权纠纷跨部门跨区域线上维权，与山东滨州、江苏南京等多地市场监管局协同办理专利线上案件45件，节约企业维权成本超百万元。工作案例入选国家知识产权局“2023年度专利行政保护典型案例”。

（许 悦）

·财政·

【概况】 2023年，漳州市一般公共预算总收入407.8亿元，比上年增长19.6%。其中，地方一般公共预算收入279.3亿元，比上年增长11.5%；一般公共预算支出521.77亿元，比上年增长4%。全市政府性基金收入170.49亿元，比上年下降24.8%；全市政府性基金支出

（含专项债券，下同）293.98亿元，比上年下降15.6%。全市国有资本经营收入22.34亿元，比上年增长113.3%；全市国有资本经营支出8.56亿元，比上年增长15.9%。全市社保基金收入145.77亿元，比上年增长7.8%；全市社保基金支出124.53亿元，比上年增长0.7%。

【降税减负】 2023年，漳州市财政局实施增值税留抵退税、对小微企业顶格减半征收“六税两费”〔资源税、城市维护建设税、房产税、城镇土地使用税、印花税（不含证券交易印花税）、耕地占用税、教育费附加和地方教育附加〕、小规模纳税人减免增值税等政策，按规定减征或免征符合条件纳税人的房产税、城镇土地使用税；免征工业、物流、餐饮、住宿、公路水路运输和旅游6个行业地方水利建设基金。全市新增减税降费及退税缓费64.48亿元。

【项目建设投入】 2023年，漳州市财政局安排城乡项目资金9.5亿元，用于在建项目、民生项目和重点项目建设；新增债券资金148.26亿元，用于244个项目建设。统筹安排外经贸领域专项资金8874万元，用于项目引进、招商引资。兑现被纳入规模以上贸易企业统计范围的企业奖补资金7758万元，受益新增（新上）限额以上贸易企业790家；预算安排专项经费648万元，保障中菲经贸创新发展示范园区前期工作推进。

【科技创新与人才发展投入】

2023年，漳州市财政局安排1.12亿元，拨付科技创新券购买科技服务，受益企业562家。安排市级人才专项资金7500万元，支持开展选优生、漳州人才月等“万才聚漳”行动。

【民营经济发展投入】 2023年，漳州市财政局推动出台实施促进总部经济发展7条措施、促进工业高质量发展若干措施、鼓励企业入园进区增产增效若干措施、进一步促进民营经济高质量发展13条举措。累计拨付5.91亿元兑现惠企政策。

【普惠金融】 2023年，漳州市财政局出资设立1亿元规模的风险补偿资金池，鼓励银行开展普惠金融风险补偿资金业务，累计在保余额25.71亿元、受益企业2773家。支持合作银行发放中小微企业纾困专项和提质增效资金贷款共3094笔、46.19亿元，争取省级财政贴息4619万元。下达607万元，奖励6家银行加大工业贷款投放力度，支持7家企业上市挂牌融资。12家银行接入“政采贷”融资平台，支持中小企业以政府采购合同融资。获中央财政支持普惠金融发展示范区奖补资金1000万元。

【政府采购投入】 2023年，漳州市财政局采取预留政府采购份额、价格评审优惠等措施，加大对中小微企业倾斜支持力度，授予中小微企业合同金额21.01亿元，占比92.5%。

【社会保障投入】 2023年，漳州市财政局统筹安排1.63亿元，用于“零工服务”上线、“零工中心”设立、“就业夜市”等就业服务模式创新，财政贴息发放创业担保贷款在保余额1.23亿元、受益717人次。发放稳就业政策红利9783万元，惠及企业3099家、职工5.74万人。将基本公共卫生服务财政补助标准、城乡居民基础养老金和城乡居民医疗保险财政补助标准分别从每人每年84元、140元和650元提高到每人每年89元、150元和680元。下达资金11.05亿元，推进养老服务发展，加强困难群众救助补助，落实优抚安置和涉军保障待遇，支持残疾人及老龄事业发展。全市实际支出保障性安居工程财政资金16.35亿元，用于新开工各类棚改项目6578套、发放租赁补贴450户。

【科教文体事业投入】 2023年，漳州市财政局下达资金11.6亿元，支持新建（配建）18所公办幼儿园，新增班级93个、学位2790个；支持义务教育薄弱环节改善与能力提升，新增学位8930个，推动全市学校中小学近视防控教室改造和体育场地向社会开放；支持漳州三中龙文校区等教育重点项目实施；分专业重新核定市直公办中职学校生均拨款标准；提高市属特教学校公办寄宿制的建档立卡经济困难家庭和低保家庭寄宿生生活费补助标准。下达资金2.03亿元，用于文物修复、非遗传习所建设、闽南文化生态保护和地方剧种公益性演出，支持博物馆、图书馆等公共文化设施免费开放，改造更新广播电视系统设备，建设和运维地方电视节目迁移工程，开展全民健身运动和参加第十七届省运会等。

【环保安全事业投入】 2023年，漳州市财政局制定资金管理办法，落实省级资金筹措方案，分级挂钩包片、精准帮扶指导，提速九龙江流域（漳州段）山水林田湖草沙一体化保护和修复工程建设，30个子项目基本完工。完善生态保护补偿长效机制，推动出台峰头水库水源地生态保护补偿办法（试行）。调度资金1.2亿元支持漳州市诏安湾、东山湾完成中央海洋生态保护修复项目。加快建设全国农村黑臭水体试点治理项目。下达资金3919万元，用于常态化扫黑除恶、公共安全、创建全国文明城市和国家食品安全示范城市等。

【收支管理】 2023年，漳州市财政局加强税收预测跟踪调度，盘活资产资源多方增加收入，全市非税收入112.37亿元。健全财政投资评审机制提升工作质效，市本级审结项目金额16.85亿元，节约财政资金2.81亿元。落实过紧日子要求，全市“三公”经费〔因公出国（境）费用、公务接待费、公务用车购置和运行维护费〕下降1.5%，市本级一般性支出预算比上年下降2%。市本级累计盘活存量资金1.77亿元用于稳增长稳就业稳物价。全市累计获上级转移支付249.8亿元，其中，直达资金80.83亿元；县区累计争取上级专项补助资金78亿元，支持近500个项目实施。获福建省财政厅库款调度累计200亿元，倾斜支持10亿元以上，调度给县（区）183亿元。

【财政管理监督】 2023年，漳州市财政局预决算公开持续规范，在全省地市“2022年度预决算公开度排行榜”中并列第一名第一档。国库集中支付业务实行无纸化，财政票据电子化系统升级，修订完善促进财政经济加快发展正向激励资金管理办法。乡村振兴（扶贫惠民）资金在线监管平台监管项目从48项增至54项。出台财会监督问题线索管理办法，对9个领域开展地方财经纪律重点问题专项整治。县区安排基层“三保”支出预算196.2亿元，均覆盖“三保”（保基本民生、保工资、保运转）支出需求。市县按时还本付息付费161.71亿元，未出现债务违约；债券资金支出进度居全省前列。

【政府采购首次远程异地评审项目落地】 2023年9月22日，漳州技师学院校区物业管理服务采购项目远程异地评审在市行政服务中心远程异地评审场地开展，为漳州市政府采购首宗以主会场形式开展的跨市远程异地评审项目。

（李贺炀）

·税务·

【概况】 2023年，漳州市税务部门实现各项税费收入668.01亿元，比上年增长3.5%。其中，税收收入318.81亿元，比上年增长24.5%；社会保险费收入162亿元，比上年增长16.5%；非税收入187.2亿元，比上年下降25.2%。按照地方财政口径计算，漳州市税务部门组织一般公共预算总收入308.64亿元，比上年增长33.7%；组织地方一般公共预算收入180.14亿元，比上年增长28.3%。

【税费政策落实】 2023年，漳州市税务局依托数字化手段，提升减税降费政策推送辅导的分类精准度，在全省率先开展可视答疑工作。全市新增减税降费及退税缓费64.48亿元，其中新增减税降费33.50亿元，留抵退税30.98亿元；延缓费用缴纳74.76万元。

【税费征收管理】 2023年，漳州市税务局推进土地增值税清算，完成清算项目125个，清算税款11.28亿元。加强企业所得税预缴和汇算清缴管理，入库企业所得税62.58亿元。健全精准识别、专业应对和常态监管机制，各项风险任务查补税款及滞纳金3.04亿元。开展税务稽查，结案137户，查补2.03亿元。

【税收治理】 2023年，漳州市税务局与市商务局、市公安局交警支队共同探索“一车式”跨部门共治机制。与市生态环境局建立环保税涉税信息共享机制，打通部门间信息链条。协同市医保局推进社保费“统模式”工作，实现职工医保“统模式”上线。与市人民检察院推进行政检察、公益诉讼税检衔接工作，完善税检协作机制。与市公安局、市人民检察院、市中级人民法院等六部门健全打击虚开骗税工作机制，联合破获2023年全省首例“黑中介”团伙性虚开增值税专用发票违法案件。推进银税互动，帮助3539户企业获贷款7073笔，贷款金额53.3亿元。

【办税缴费服务】 2023年，漳州市税务局推进出口退（免）税服务便利化，通过备案单证和出口退（免）税证明电子化、无纸化申报等简化资料报送。压缩出口退税办结时限，一类、二类出口企业正常出口退（免）税的平均时间压缩在3个工作日内。串联“线厅联动 办问协同”“24小时自助办税厅”“八闽办税码”“税务智慧云厅”等网上办税、自助办税和移动办税服务。在全省率先成立18个“社税服务驿站”，以“实体+流动”的方式为新业态人群及城乡居民提供个性化的缴费服务，推动“社保缴费”村村通。

【“税服建”服务】 2023年，漳州市税务局联合市住建局等部门开展建筑业产值税收提升行动，创新“税服建”服务模式，对全市重点建筑项目实施全生命周期“服务型”治理，漳州市建筑业入库税收28.34亿元，比上年增长19.1%。

（黄安娜）

2023年2月23日，漳州市税务局导税人员在智慧办税云厅“一对一”辅导纳税人智慧化办税 （张楠 摄）

·金融监督管理·

【概况】 2023年，漳州市地方金融监管局（简称漳州市金融局）引导各银行落实责任，强化与各部门合作机制，跟踪银行机构可能新增不良贷款情况，协同银行机构与上级行沟通，严防未发生逾期的企业贷款被下调风险分类，确保漳州市不良贷款余额规模总体可控。截至2023

年年底，全市累计处置不良贷款53.75亿元，比上年同期增加22.85亿元。全市不良贷款余额39.08亿元，比年初增加5.85亿元；不良贷款率0.73%，比年初上升0.03个百分点。

【重点企业信用风险把控】 2023年，国家金融监督管理总局漳州监管分局（简称漳州金融监管分局）加强风险监测分析，推进信用风险处置化解，推动1户重点风险企业集团在辖内银行的贷款风险有序暴露23.1亿元，完成不良贷款核销出表21.21亿元。

【金融处置】 2023年，漳州金融监管分局督促机构争取财务资源和政策倾斜，探索收益权转让等新型处置方式；在福建省率先建立金融纠纷多元化解机制，联合市中级人民法院等部门签订备忘录，设立“一站两中心”（银行业保险业消费者权益保护服务中心各县区工作站，金融纠纷多元化解中心、涉农金融审判与司法服务中心），设立市消费保险中心、7个县域化解中心，调解4023件，涉及金额5.68亿元，为群众减负1342万元。人民银行漳州市分行依法合规处理金融消费者诉求件487件。

【保险机构风险防范】 2023年，漳州金融监管分局建立基层机构常态化巡查机制，巡查保险机构34家，组织开展事故隐患专项排查整治、许可证专项清查等工作，确定消费保险重点监管机构4家。建立车险经营指标监测机制，指导出台行业自律方案及客户回访操作细则，规范保险市场秩序。联合市行政服务中心、市发改委等部门出台《漳州市工程项目投标电子保函管理办法》，从源头规范保险投标电子保函规范化建设。与市中级人民法院、市司法局、市公安局等部门建立沟通协调机制，做好“退保黑产”打击、车辆统筹纠纷处理、人伤赔偿标准优化等工作。

【“防非处非”宣传】 2023年，漳州市金融局做好处非防非宣传教育，排查涉非法集资风险隐患，遏制非法集资风险。全年全市涉案账户数比上年下降47.5%。原创防非法集资风险宣传木偶剧短视频《新编西游记之女妖精巧计戏三僧 孙行者火眼识骗局》获处置非法集资部际联席会议办公室短视频大赛全国优秀作品奖。防非处非工作在福建省平安考评中排名第一。人民银行漳州市分行高压打击各类非法金融活动，推动洗钱罪案件判决16起，比上年增长100%。制作微视频《一堂反诈必修课》，在全市2000余所学校播放宣传。

（陈汉宗 梁润城 游志强）

·国有资产监督管理·

【概况】 2023年，漳州市人民政府国有资产监督委员会（简称漳州市国资委）聚焦激发企业活力，保障国资国企发展。截至2023年年底，市属国有企业资产总额3753.73亿元，比上年增长18.02%；所有者权益总额1297.92亿元，比上年增长27.13%。年内，市属国企累计实现营业收入1534.48亿元，比上年增长22.75%；利润总额54.08亿元，比上年增长65.05%。市属国企纳税1000万元以上41家。九龙江集团有限公司进入“中国500强”榜单。漳州片仔癀药业股份有限公司被国务院国有资产监督管理委员会评为“创建世界一流专业领军示范企业”“双百企业”。福建龙溪轴承（集团）股份有限公司上榜中国机械500强、福建战略性新兴产业企业100强、福建首届品牌价值百强、全国首批“千企百城”商标品牌等，入选为国务院国资委“科改企业”，成为全国唯一先后入选国务院国资委“双百企业”“科改企业”的市属现代化国有控股上市集团公司。

【投资融资管理】 2023年，漳州市国资委开展市属国企“一把手”招商，利用第二十三届中国国际投资贸易洽谈会、第六届数字中国建设峰会、第三届中国国际消费品博览会等展会平台，加大产业招商和项目建设力度。年内，市属国企累计完成项目投资376.03亿元，其中固定资产投资182.81亿元。市属国企牵头设立13支产业基金总规模近310亿元投向“9+5”产业集群，全年累计完成融资1477.9亿元。

【国有企业人才管理】 2023年，漳州市国资委落实漳州市“万才聚漳”行动计划，运用国有企业人才库，做好人才引进和储备，截至2023年年底，注册1422名，入库500名，其中名校优生226名，专业人才274名，录取104名。开展“国企拓岗招才稳就业促发展”专项行动，累计招收应届高校毕业生215名。组织5家市属国有企业到8所高校开展招才引智工作，举办宣讲会4场、座谈会6场，与2所高校签订战略合作框架协议。

【国有企业运营监管】 2023年，漳州市国资委上线使用国资云综合监管服务平台，强化企业“三重一大”决策运行、财务监管、大额资金动态、产权管理、投资管理和风险管理等板块建设。印发《进一步规范商贸业务监督管理切实防控经营和廉洁风险的指导意见》《关于进一步规范市属国有企业工程项目招标投标工作的通知》《漳州市国资委关于进一步规范市属国有企业物资采购活动的意见》等，加强企业包括工程物资在内的采购过程监督，遏制和防范招标管理风险。

【社会发展保障】 2023年，漳州市国资委牵头推进智慧停车泊位、公共换电站项目、智慧公交电子站牌、市政基础设施海绵化建设改造、市主城区风雨廊规划、“口袋公园”等63个民生项目建设，累计完成投资83.28亿元。龙文南路龙文区政府北侧绿地、龙湖双珑原著大门东边地块、漳州一中芝山校区3个“口袋公园”建设项目分别获漳州市首届“口袋公园”竞赛一等奖、第二届“口袋公园”建设竞赛一等奖、第二届“口袋公园”竞赛二等奖。

【公共资源交易】 2023年，漳州市完成公共资源交易项目1846个，预算总额582.74亿元，交易总额545.85亿元，实现增收1.89亿元、节约开支38.78亿元。其中，市政府采购项目108个，采购预算2.29亿元，实际中标金额1.89亿元，节约0.4亿元。市国有产权交易成交项目145个，评估金额84.45亿元，成交金额84.51亿元，增加收入0.5亿元。市工程交易中心招标投标项目293个，预算总额288.62亿元，成交金额263.40亿元，节约25.22亿元。

【漳州综合金融服务平台建设】 2023年，漳州资本运营集团权属企业金信金融公司推进漳州综合金融服务平台建设，入驻机构47家，设立林业贷、乡村振兴等特色服务专区，发布金融产品215项，9404家企业参与，累计解决融资超980亿元，获评2022年度“全国中小企业融资综合信用服务特色平台”。

（周菁菁）

·审计·

【概况】 2023年，漳州市审计机关完成审计项目291个，其中综合审计288个，专项审计调查3个。审计发现非金额计量问题2062个，损益（收支）不实金额18.86亿元；出具审计报告和专项审计调查报告446篇。审计处理处罚金额12.65亿元，移送司法机关、纪检监察机关和有关部门处理事项30件，移送处理人员12人。审计促进整改落实有关问题资金16.37亿元，审计促进拨付资金到位17.39亿元，审计后挽回（避免）损失2623万元。审计提出建议854条，被采纳836条。提交审计信息300篇，被批示、采用80篇次。漳州市审计局获评“漳州市五一劳动奖状先进集体”，获“2023年福建省大数据审计技能竞赛二等奖”。

表 5　　2023 年漳州市审计工作统计表

审计机关	完成审计项目（个）	审计查出主要问题金额（万元）	审计发现非金额计量问题（个）	审计期间整改金额（万元）	出具审计报告和审计调查报告（篇）	审计处理情况		审计促进整改落实有关问题资金（万元）	审计提出建议（条）
						审计处理处罚金额（万元）	移送处理事项（件）		
漳州市本级	34	772474	410	18867	46	36214	5	115073	97
芗城区审计局	25	29266	204	0	41	19051	4	16017	70
龙文区审计局	16	7641	83	10	28	2560	1	4316	49
龙海区审计局	22	30037	210	1	38	13413	1	5093	79
长泰区审计局	30	31020	272	728	36	30150	5	6818	95
漳浦县审计局	20	7854	119	1102	26	929	0	983	59
云霄县审计局	19	13743	74	0	28	8317	1	1912	54
诏安县审计局	22	56956	78	39	29	3678	1	2695	48
东山县审计局	27	98041	128	350	34	6994	1	5131	56
平和县审计局	27	7784	187	44	67	1662	4	4347	89
南靖县审计局	26	37382	122	0	41	1579	2	1014	73
华安县审计局	23	2624	175	0	32	1971	5	304	85
合计	291	1094822	2062	21141	446	126518	30	163703	854

【政策落实情况跟踪审计】

2023年，漳州市针对省重点项目推进实施情况、产业园区高质量发展、乡村发展和乡村建设相关政策和资金、产业发展优惠政策落实情况、援企稳岗政策落实情况、城市污水管网建设情况等开展重大政策措施贯彻落实情况开展跟踪审计。其中，漳州市审计局围绕“9+5”产业发展，重点对食品产业、海洋经济产业发展优惠政策落实情况进行跟踪审计，促进出台总部经济发展制度，拨付涉企奖补资金10647万元，加快实施24个项目。

【财政审计】 2023年，漳州市审计76家预算单位。其中，漳州市审计局重点开展市财政局具体组织的2022年度市本级预算执行和财政决算草案及其他财政收支情况审计和市人社局、市住建局、市水利局、市市场监管局4个单位预算执行和决算草案审计。开展九龙江流域（漳州段）山水林田湖草沙一体化保护和修复工程资金等5个专题审计及网络安全和信息化建设专项审计、2022年度漳浦县人民政府财政收支决算审计，反映43个方面183个具体问题，推动建章立制13项。

【固定资产投资审计】 2023年，漳州市实施镇村生活污水处理项目建设运营情况专项审计等投资审计项目41个。其中，漳州市审计局实施投资审计项目6个，通过审计促进拨付资金15610万元，归还原资金渠道1287万元，挽回损失600万元。

【国有企业审计】 2023年，漳州市实施福建漳龙外贸集团有限公司资产负债损益情况审计、漳龙实业有限公司财务收支情况审计、漳州市属国有企业结构布局优化调整落实情况专项审计调查等企业审计项目19个。年内，漳州市审计局编制《漳州市市属国有企业审计工作计划（2023—2025年）》，分3个年度开展市属国有企业审计工作。

【民生审计】 2023年，漳州市审计局组织开展镇村污水处理、失业保险基金等项目审计。其中，开展全市镇村生活污水处理项目建设运营情况专项审计，揭示项目运营维护不到位、已建成项目成效较差、资金保障不到位等问题，审计后推动相关单位全面核查建设、运营及管理情况。市县联动开展全市失业保险基金审计，揭示违规领取失业保险待遇、基金支出不合规、个别中介机构涉嫌欺诈骗保等问题。

【资源环境审计】 2023年，漳州市对32名领导干部实施自然资源资产离任（任中）审计。年内，漳州市审计局配合省审计厅实施德化县3名党政主要领导干部自然资源资产离任（任中）审计。

【经济责任审计】 2023年，漳州市对170名党政主要领导干部和企事业单位领导人员实施经济责任审计，重点关注贯彻重大经济方针政策、决策部署，本部门重要发展规划和政策措施的制定执行，重大经济事项决策执行，财政财务收支管理和经济风险防范等情况。其中，漳州市审计局对1个开发区、3家市直单位、2个县区检察院主要领导干部和2家市属国有企业主要领导人员开展经济责任审计；采用“表单化”管理方式提高经济责任审计效率的做法，被省审计厅作为典型事例在审计署2023年度经责审计高级研讨班上进行交流。年内，漳州市审计局配合省审计厅实施德化县3名党政主要领导干部经济责任审计。

【内部审计】 2023年，漳州市各级各部门建立内审机构84个、内审人员264个。漳州市审计局与内审协会联合对6家单位开展监督指导工作，组织内审协会理事会、监事会等相关人员到4个垂直管理的理事单位和11个县（区）审计局开展调研指导。结合年度审计项目计划安排，加强16名内审人员业务培训。

【审计查出问题整改】 2023年，漳州市审计机关促进增收节支和挽回损失13.92亿元，推动建章立制72项。其中，漳州市审计局向相关地区和单位发出审计整改提示函、告知函、提醒函、催促函228份，促进增收节支和挽回损失9.69亿元，促进拨付资金9.86亿元，推动建章立制39项。

（李伟光）

·统计·

【概况】 2023年，漳州市统计局推进防治统计造假专项行动，推动第五次全国经济普查工作，优化统计监测分析服务，夯实统计基层基础。年内，在福建省统计业务综合考评中获第三名。

【统计法治建设】 2023年，漳州市统计局下发《关于开展2023年度统计监督检查的通知》，对长泰区、漳浦县、平和县、诏安县等地开展“双随机”（随机抽取检查对象和随机选派执法检查人员）监督检查。推动建立统计法纳入市、县两级党校培训必修课长效机制，市、县（区）两级党校主体学习班均将统计法纳入必学课程，开展统计法治及相关知识培训7场次。落实各专业统计数据质量管理办法及岗位责任，加强数据采集、审核、查询、评估、认定全流程管理，建立完善源头治理机制。统筹衔接纪律监督、监察监督、派驻监督、巡察监督、审计监督，查处各类统计违纪违法行为。

【统计监测分析】 2023年，漳州市统计局将统计数据转化为统计建议，撰写各类信息分析，被市级以上刊物采用400余条（篇）。成立以具有研究生学历或中级统计师资格为组员的统计分析小组，撰写统计分析报告77篇，获《福建统计》采用2篇。撰写《高质量发展背景下提升漳州市县域经济综合竞争力的对策研究》分析报告，获2022年度全省优秀统计分析报告评比一等奖、全国统计分析报告专项业务考核三等奖。融合全市主要经济指标、分县区主要经济指标等多项内容，编写《漳州每月经济报告》《位次监测》《漳州经济运行情况报告》等分析报告，为市、县两级党委政府和有关部门提供参考。

【名录库管理】 2023年，漳州市出台《关于进一步做好漳州市高质量纳统工作的通知》，建立“四个一”（创新一个闭环纳统工作模式、开发一个智慧纳统工作平台、建立一套上下“双动”工作机制、完善一套便捷纳统工作流程）高质量纳统（企业达到一定规模和标准后，被纳入国家一套表统计平台）工作机制，培育市场主体，推进个体工商户转型升级为企业、企业从规模以下升级为规模以上企业。截至2023年年底，全市申报入库纳统企业1542家。

【统计宣传】 2023年，漳州市统计局举办第十四届“中国统计开放日”活动，宣传经普工作及统计相关知识。推进统计信息化建设，完善改版漳州市统计局官网、“漳州统计”微信公众号功能模块。首次在市统计局官网对外发布分专业解读数据，答复相关部门咨询近400次，回复漳州市12345便民服务平台咨询72次，办理依申请公开事项10次。“漳州统计”微信公众号综合影响力晋升为全国市级统计部门第15名、全省市级统计部门第2名。

【基层统计基础建设】 2023年，漳州市统计局开展统计基层基础提升年活动，实现基层专职人员占比提高、基层统计人员业务和法律意识综合水平提高、新增入库纳统质量提高、企业电子台账推广比率提高。全市138个乡（镇、街道）配备统计人员451名，比上年增加15名，其中，专职统计人员265名，占比58.8%，每个乡镇均按要求配备1名专职统计人员；村（居）均配备相对固定的兼职统计人员，每月岗位补贴不低于100元。全市有统计专用计算机479台，人均1.1台。

【第五次全国经济普查开展】 2023年，漳州市政府印发《关于切实做好第五次全国经济普查工作的通知》，选聘普查“两员”（普查指导员、普查员）7705人，其中大专及以上学历占比61.6%，45周岁以下占比69.5%，参加过历次普查占比65.4%。开展“两员”管理系统、普查区绘图和单位清查等专项业务培训160余场，参训人数超9000人次。开展普查区划分及绘图工作，划分普查区2135个、普查小区3701个。印发《关于做好第五次全国经济普查宣传工作的通知》《漳州市第五次全国经济普查宣传方案》，市、县（区）两级经济普查办公室组织拍摄“五经普360行，行行来报到”系列宣传短视频16期。制作《漳州市第五次全国经济普查单位清查告知书》，融入五经普相关内容和漳州特色建筑图案，提升宣传实效。联合市委宣传部开展“市县（区）联动+条块结合”的“万屏联动”全媒体社会宣传工作，发送经普宣传短信500万条。完成15.59万家“法产单位”（除住户以外拥有一定活动场所并从事一定生产活动的社会经济单位）核查工作，填写“法产单位”清查表13.09万家，采集有证和无证个体户35.54万户。

（曾 恒）

·价格管理·

【概况】 2023年，漳州市发改委完善价格管理，全市办结价格认定2342件，认定总金额8.43亿元。年内，漳州市发改委加强价格监测及预警分析，启动平价商店稳价惠民。推进农业水价综合改革。

【价格认定】 2023年，漳州市发改委开展涉案财物价格认定工作，完成涉刑事案件价格认定1455件，认定金额2.79亿元；涉纪检监察价格认定11件，认定金额3128.69万元。办结不动产交易涉税价格认定801件，认定金额4.2亿元。年内，龙海区发改局被国家发展改革委价格认证中心评为“全国价格认定工作先进单位”。

【价格监测】 2023年，漳州市发改委做好生活必需品常规价格监测和应急监测工作，完成常规价格监测任务。全市居民消费价格总水平（CPI）跌幅0.5%，实现漳州市价格总水平预期目标。

【价格监督检查】 2023年，漳州市市场监管局抓好民生价费、助企纾困、降费减负、保供稳价等工作。立案查处涉及政府部门、水电气、教育、医药、旅游等领域价格违法案件73起，罚没款376.59万元。

（许 悦）

【农业水价改革】 2023年，漳州市发改委在长泰区、漳浦县召开现场推进会2场，推动农业水价综合改革。全市各县（区）全部建立农业水价形成机制，制定县级农业用水价格，24个实行政府定价的大、中型灌区骨干工程均按照不低于工程运行维护成本的标准完成农业水价批复，实现政府定价全覆盖。截至2023年年底，全市各县（区）、开发区（投资区）全部验收合格。

【停车服务差别收费】 2023年9月，漳州市发改委按照“路内高于路外、拥堵时段高于空闲时段”等原则，分区域、分时段、分车型，对政府全额投资建设的专业停车场、自然垄断经营性停车场、公益性停车场、依法施划的路内停车泊位实行政府定价，优化漳州市中心城区机动车停放服务收费标准，落实“停车服务差别收费”。

（陈若蓉）

责任编辑：江细珍

农 业

·综述·

【农业综合发展】 2023年，漳州市实现农林牧渔业总产值1117.88亿元，比上年增长5.5%；农村居民人均可支配收入27788元，比上年增长7.7%。投入补助资金105万元，建设市级数字农业基地项目3个。截至2023年年底，全市有省级数字农业创新应用基地9个、省级农业物联网应用基地33个、市级智慧农业示范点32个。下达市级财政配套资金1557.6万元、管护资金9.5万元，完成高标准农田建设面积9600公顷，其中高效节水灌溉面积706.67公顷，完成总投资额3.16亿元。

（上官昭治 何幼群）

【农村创新创业】 2023年，漳州市农业农村局培育农村创新创业带头人645人。筛选培育农村创业创新创意项目参加第七届全国农村创业大赛福建省选拔赛，其中“茶旅共融，兰香萦人”奇兰茶王谷农旅项目获成长组二等奖，“生态带动乡村振兴 产业多元”项目获成长组三等奖，“小花朵成就大产业朱顶红产业园农文旅融合”项目获初创组优秀奖。漳州三炬生物技术有限公司入选福建省农产品及加工副产物综合利用典型案例。

（郭晓义）

【农业产业化建设】 2023年，漳州市186家农业产业化省级重点龙头企业通过监测，新增补农业产业化省级重点龙头企业57家，省级以上重点龙头企业243家。新培育省级示范联合体10个。新认定省级“一村一品”专业村25个、市级“一村一品”专业村57个。

（郭晓义）

【农业可持续发展】 2023年，漳州市化肥、农药使用量均比上年下降2%以上，全市畜禽粪污资源化综合利用率98%以上，规模养殖场粪污处理设施装备配套率100%。推广施用有机肥、稻田秸秆还田和种植豆科绿肥、病虫害绿色防控和统防统治、农药包装废弃物回收利用、种养加一体化产业、平和蜜柚轻剪轻肥等农业绿色发展模式。开展国家农业绿色发展先行区建设，通过农业农村部、生态环境部等八部委评估，获“好”等次。

（林映升）

·农业管理·

【概况】 2023年，漳州市有4407家具备生产基地的食用农产品生产企业、合作社、家庭农场等生产主体被纳入福建省食用农产品承诺达标合格证与一品一码追溯并行系统。年内，漳州市农业农村局开具农产品合格证或者赋码准出18.67万批次，快检食用农产品10.44万批次，总体合格率99.76%。省对市农产品质量安全监督抽检总体合格率99.12%，未发生重大农产品质量安全事件。长泰区、诏安县获评省级农产品质量安全县。

（陈嘉林）

【农业防治】 2023年，漳州市农业农村局调拨禽流感疫苗2621万毫升、牲畜口蹄疫苗174万毫升、小反刍兽疫苗7万头份。开展家禽禽流感病原学监测农业155.5万羽份，非洲猪瘟病原学检测1.56万份。畜禽群体免疫密度保持在90%以上，应免畜禽全部免疫，强制免疫病种平均免疫抗体合格率均在90%以上。主要农作物病虫草鼠害发生面积81.4万公顷次，防治面积106.1万公顷次，挽回粮食损失1.68万吨，挽回果蔬损失6.64万吨。完善7个省级农作物病虫害监测重点县建设，建立农作物病虫害监测点84个。实施病虫害绿色防控面积41.47万公顷次，病虫害统防统治面积19.94万公顷次。草地贪夜蛾累计发生面积1055公顷，累计防治面积1229.8公顷次。全年红火蚁防控面积8587公顷。回收农药包装废弃物375.14吨，回收率59.99%。

（林跃华 陈景辉 潘永红）

【农膜回收】 2023年，漳州市各县（区）农业农村局推广集约化育秧育苗和防虫网育秧，指导农业生产经营者使用加厚地膜，在现代农业园区、设施农业重点区域等开展废旧农膜回收行动。全年全市农膜使用量0.77万吨，农膜回收量0.66万吨，农膜回收率86%。

（黄晓玲）

【农资质量监管】 2023年，漳州市农业农村局出动执法人员1.1万多人次，实地检查生产经营主体5600多家次，组织开展农资质量执法抽检537批次，办案188件，其中大案6件，销毁假劣农资1.2吨、问题肉品13.2吨，捣毁生猪私宰窝点40多个，收缴伪造外省籍拖拉机牌证14套，吊销拖拉机驾驶证2本，强制报废已达报废期限拖拉机2台，挽回农民直接经济损失42.17万元。开展“放心农资下乡”等宣传活动21场，出动执法和科技人员456人次，发放宣传资料2万余份，接待咨询群众2500余人次。将农药、兽药、种子、肥料、饲料等领域2735家生产经营企业纳入平台监管，清退关停和不符合要求的企业76家。漳州市农业综合执法支队、平和县农业综合执法大队获第五批全国农业综合行政执法示范窗口称号，漳州市农业综合执法支队、诏安县农业综合执法大队选送的行政处罚案件卷宗分别获评全国、全省农业行政处罚优秀卷宗。

（黄光线）

【生态能源管理】 2023年，漳州市农业农村局落实安全利用类措施耕地面积8826公顷，落实严格管控类措施耕地面积137公顷，受污染耕地安全利用率95%以上。漳州御品茶业有限公司被授予2023年度国家级生态农场称号。排查或调研大中型沼气工程（包括黑膜沼气池）31个，农村户用沼气池及养殖小区和联户沼气工程3971户，完成6个农村沼气设施安全性处置工作，发现安全生产隐患28个，完成整改28个，整改率100%。

（林永忠）

【土壤肥料推广】 2023年，漳州市农业农村局化肥使用量25.52万吨，比上年下降2%，主要粮食作物肥料利用率41.4%。在南靖等6个县（区）开展化肥减量增效三新升级版试点示范9000公顷。推广测土配方施肥面积19.63万公顷。在诏安等4个县（区）开展商品有机肥和绿肥示范推广，推广商品有机肥面积8866公顷，推广蚕（豌）豆、毛豆等豆科绿肥3.39万公顷，实施稻田秸秆还田面积3.66万公顷，推广应用有机肥14万公顷。采用等间距法分别确定漳州市闽南粤中农林水产区区域耕地质量等级划分标准，漳州市耕地质量等级面积加权平均值为3.68，比上年耕地质量等级均值提高0.04个等级。

（丁 文）

·种业管理·

【概况】 2023年，漳州市农业农村局开展种畜禽市场监管，联合市市场监管局抽查种畜禽生产经营企业5家，合格率80%。开展春季、秋季农作物种子质量监督抽查，完成抽查种子50批次，样品合格率100%。立案查处种业相关案件3起。

【种质资源保护与利用】 2023年，漳州市农业农村局推动漳浦县赵木兰养殖有限公司完成省级种畜禽生产经营许可证换证工作。完成省级种质资源保护与利用项目8个，利用省级资金160万元。

（李开拓）

【农业种质资源普查】 2023年，漳州市累计采集各类作物种质资源787份。普查已知畜禽资源14个畜种，51个品种，群体数量62.24万只（头），已知蜂资源3个品种，群体数量10.74万箱，新发现1个畜种白脚鸡，群体数量2.75万羽。

（李开拓 蔡恩兴 陈永贵）

·种植业·

【概况】 2023年，漳州市水果种植面积13.08万公顷，总产量443.24万吨，比上年增长6.8%；茶叶种植面积2.03万公顷，产量7.26万吨，比上年增长6.8%；食用菌产量48.69万吨，比上年增长5.9%。中药材种植面积2820公顷，产量3.67万吨，比上年增长4.9%。

（上官昭治）

【粮食生产】 2023年，漳州市粮食播种面积6.2万公顷，产量42.12万吨，均比上年增长0.2%，油料播种面积8890公顷。落实耕地地力保护补贴、实际种粮农民一次性补贴等各级扶农惠粮政策资金1.48亿元。推广城郊“菜—稻—菜”轮作、山区“稻—蛙—菜”等12项关键技术模式。建立粮食产能区百亩以上规模示范片22个，总面积456.2公顷以上。30个水稻工厂化集中育秧基地建设，每季供秧大田种稻3000公顷以上。开展盐碱地种植水稻工作，引进广红3号、固广油占、南桂占等耐盐碱水稻品种，在漳浦县、云霄县、诏安县、龙海区建立盐碱地种植水稻示范片，推广种植海水稻面积74.67公顷，公顷产5400~7590千克，平均公顷产6675千克。

（蔡建兴）

【蔬菜生产】 2023年，漳州市蔬菜播种面积9.19万公顷、产量262.85万吨，分别比上年增长1.6%和2.4%。全市高效设施蔬菜种植面积9530公顷，比上年增长1890公顷。推动11个县（区）春收蔬菜绿色优质高效示范基地建设62个。南靖县龙山镇被农业农村部列为全国蔬菜“三品一标”基地。

【食用菌生产】 2023年，漳州市培育创新食用菌优新品种，福建万辰金针菇、真姬菇等5个新品种获省级认定，入围农业农村部食用菌育种重点实验室。推动芗城区天宝镇“移动智慧菇房”示范点建设，建成移动菇房70个。芗城区天宝镇被列入农业农村部2023年农业产业强镇创建名单，漳州“移动智慧菇房”栽培秀珍菇发展模式成为福建省农业农村厅引导现代设施庭院食用菌发展推广模式。

【茶园标准化生产建设】 2023年，漳州市建成九龙江高峰生态谷、大芹山、华安哈龙峰、光照人、南靖福星树海瀑雾、洋顶岽等一批标准茶园。截至2023年年底，全市获绿色食品、有机产品认证的茶叶产品40个，平和白芽奇兰茶、诏安八仙茶、华安铁观音等3个公用品牌获年度福建农产品十大区域公用品牌；平和天醇牌白芽奇兰茶、天福牌乌龙茶、华安哈龙峰牌铁观音获福建名牌农产品；诏安八仙茶、北溪乌龙茶、南靖丹桂获评全国名特优新农产品；平和白芽奇兰茶、诏安八仙茶和长泰天竺岩茶获“福农优品”区域公用品牌标识授权，9个产品获“福农优品”企业品牌标识授权。推进生态茶园建设面积1.88万公顷，占全市茶园面积的94.9%，全市茶园不使用化学农药基本实现全覆盖。

【中药材产业融合发展】 2023年，漳州市农业农村局推进金线莲等中药材种植产业融合发展。南靖县被纳入“福九味”产业集群发展，福建省“福九味”中药材产业集群（含南靖县）入围农业农村部2023年农业产业融合发展项目优势特色产业集群建设名单。

【种子工程建设】 2023年，漳州市建立省级农作物优质、特色新品种核心展示示范片50个，面积605.8公顷，展示示范品种数量392个次。其中优质稻新品种展示示范片点40个，面积526.4公顷。辐射推广优质稻面积3.61万公顷。全市农作物良种覆盖率98.7%，优质专用率87.7%，水稻优质率85.7%，高档优质稻品种推广比例45.5%。开展农作物种子质量监督抽查，其中春季抽查种子销售企业7家，扦取23批次杂交稻种子实物，样品种子质量全部符合国家种用标准，抽检合格率100%；秋季抽查种子销售企业8家，扦取蔬菜种子实物样品27批次，样品种子质量符合国家种用标准，抽检合格率100%。全市储备粮食安全应急杂交水稻种子12.95万千克，可种植面积1.15万公顷。

（蔡恩兴）

【2023福建漳州蘑菇节举行】

2023年11月16—19日，2023福建漳州蘑菇节在漳州市举行，全球食用菌从业人员1300余人参加，其中荷兰、美国、法国、日本、印度等国食用菌从业人员48人，是2020—2023年首次大型食用菌国际交流会议。此次参展企业70家，其中漳州本地参展企业12家，国内参展企业49家，海外参展企业6家，中外合资企业3家。展品涵盖食用菌全产业链产品或服务，包括菌种、原辅料，以及食用菌主产区基地县市、扶贫示范基地县市展团等。

【第十五届海峡论坛·第九届海峡（漳州）茶会举行】 2023年7月14—15日，第十五届海峡论坛·第九届海峡（漳州）茶会在漳州华阳体育馆举行。该届茶会以“花样漳州·乌龙茶香”为主题，由海峡两岸茶业交流协会、福建省农业农村厅、省供销社、省农科院、省闽台交流协会、台湾茶叶学会和漳州市政府共同主办。期间，举办名茶品鉴暨品牌推介、茶产业发展研讨交流会、直播带货等系列活动，以及茶产业链产品展示展销、荔枝优新品种品鉴，培育发展“漳州乌龙茶”品牌。

（林锦辉　蔡建兴）

·花卉业·

【概况】 2023年，漳州市花卉苗木产业实现种植面积2.32万公顷，全产业链产值399.7亿元，一产产值254.2亿元，二三产产值145.5亿元，销售额146.4亿元，进出口额9644.7万美元，年产销额持续保持全省首位。截至2023年年底，拥有水仙花、兰花、三角梅、观叶盆栽植物、榕树盆景、仙人掌类与多肉植物、棕榈科植物、食用药用花卉、绿化苗木9个大类上万个花卉苗木品种。从事花卉苗木经营企业3000多家，国家级林业产业化龙头企业1家、省级林业龙头企业7家、大中型花卉企业231家，花卉苗木类专业合作社60多家，国家级示范社2家，省级示范社8家，国家级花卉种质资源库1个、省级花卉种质资源库4个。

【重点花卉】 2023年，漳州市水仙花种植面积333.33公顷，年产值1亿多元，全国市场占有率95%。三角梅种植面积2000多公顷，花色品种达400多种，全产业链产值20多亿元，为全国最大三角梅产销中心，国内市场占有率50%~60%，省内市场占有率超过80%。仙人掌与多肉植物国内市场占有率30%以上，其中40多个产品出口50多个国家和地区。兰花温室种植面积30多公顷，蝴蝶兰年产大小苗2000多万盆，年销售额近2.5亿元；南靖县国兰种植面积400公顷，年销售额20多亿元。漳浦县沙西人参榕年产1000多万株，年出口额1000多万美元，国际市场占有率50%。

【花卉产业】 2023年，漳州市新建成长泰区姜荷花、漳浦县蝴蝶兰2个省级花卉种质资源库，获国家认证新品种权证书29个。提炼漳州三角梅差异化特征，推动市三角梅协会申报“漳州三角梅”地理标志证明商标。年内，国家林草局与福建省政府共建的“海峡花卉产业科技创新高地”落地漳州。

【第三十届中国（南靖）兰花博览会开幕】 2023年11月23日，第三十届中国（南靖）兰花博览会在南靖县体育中心开幕。此届兰博会设3个展区，展馆面积6000平方米，展品主要有精品国兰6000盆、200件与“兰”有关的书画美术摄影作品。评选产生国兰、科技兰、兔儿兰3大类共计400多个奖项。开幕现场举行项目签约仪式和金融授信仪式，现场签约6个项目，总投资10.5亿元，项目涵盖兰花产业生物科技、金线莲种质资源保护与培育、金线莲种植及加工等；南靖农信联社、中国农业银行南靖分行分别授信南靖县兰花协会5亿元。

2023年12月9日，第八届漳州市三角梅展在漳州古城开展。图为游客在漳州古城观赏三角梅（郑文典 摄）

【第八届漳州市三角梅展开展】

2023年12月9日，第八届漳州市三角梅展在中山公园、漳州古城开展，展出“苏瓦娜”“沙斑金发女郎”“马斯佩拉克”等新优品种三角梅100余种，花卉超3.5万盆。其中，中山公园东门广场展出“诗画山水”组合盆景，以红紫色系三角梅为主，通过灯笼、野鹤、燕尾脊古厝、假山等造景，营造田园景象；南门广场展出“锦江春色”组合盆景；孙中山广场展出新优品种三角梅和茶花、榆树、榕树、雀梅、七里香等30个品种盆景。

（胡 为）

·果业·

【概况】 2023年，漳州市水果种植面积13.08万公顷、产量443.24万吨，分别比上年增长2.15%、6.8%。水果种植面积、产量均居全省第一。漳州水果主产县（区）主要有平和县、诏安县、漳浦县、云霄县、龙海区、南靖县、长泰区等。平和琯溪蜜柚、云霄早熟枇杷、诏安青梅、长泰芦柑、华安沃柑、天宝香蕉、浮宫杨梅等作为特色农业名片。

【水果良种推广】 2023年，漳州市农业农村局推广水果良种与先进适用技术，申报水果新品种及主推技术。联合省农科院果树研究所，申报“紫红”莲雾新品种，莲雾和火龙果2项产期调节技术，为2023年福建省农业主导品种和主推技术。

【特色品种培植】 2023年，云霄县推广枇杷品种改良换种，其中白肉枇杷投产。华安县推广沃柑生产优新技术，全县沃柑投产面积533.33公顷，一级果85%以上。长泰区推广青枣高接换种晚熟品种雪蜜青枣、桃蜜青枣等面积153.33公顷。南靖县推广青枣设施大棚栽培，高接换种青枣优质晚熟品种青枣面积14.67公顷。

【果业技术改进与推广】 2023年，漳州市农业农村局制定《平和琯溪蜜柚轻剪轻环割技术探索指导专项方案》等技术方案，指导平和探索推广柚子“轻剪”栽培模式。平和县推广53.33公顷大棚青枣大棚产期调节技术，引种雪蜜枣11、12号新品种，延迟青枣成熟采收期，秋冬春成熟采收上市，总体产量增加10%。东山县与省农科院合作开展莲雾产期调节技术试验研究，调节莲雾产期。长泰区将番石榴主产期调控到冬春季，填补市场空白。

【果业联农增收】 2023年，平和县采用高位嫁接优新迟熟柑橘品种，增产约2.5万吨。芗城区漳州万怡农业发展有限公司采用“龙头企业+合作社+家庭农场+农户”发展模式增收，春季育苗量占全年的80%以上。

【优新品种试验示范点建立】 2023年，长泰区建设柑橘、荔枝、青枣、福红李等7个果树新品种试验示范点。华安县引进建立红美人、沃柑、茂谷柑、黄美人、燕窝火龙果等优新品种示范片。东山县引进建立黄晶果、人参果2个优新品种示范片。

（林锦辉 蔡建兴）

·林业·

【概况】 2023年，漳州市森林覆盖率45.18%、森林蓄积量5322.85万立方米。年内林业全产业链总产值1081.46亿元。

【林业改革】 2023年，漳州市在诏安县霞葛镇林改试点的基础上，深化“三权分置”（林地所有权归集体、承包权归农户、经营权归实际经营者）改革，纳入林长制年度考评，推开林票、地票工作，完成林地流转面积861.27公顷，发行地票377.38万股、林票1659.32万股。漳州林业地票改革经验入选福建省第一批林业改革发展典型案例、第六届福建省机关体制机制创新优秀案例征集评选活动百优案例和中国改革2023年度地方全面深化改革典型案例。年内，漳州市林业局依托智慧林业平台建设，衍生颁发全国首批林业数字碳票，完成116.65万元碳汇交易。建立健全“林业地票、林票、数字碳票”三票融合创新机制，“三票融合”机制做法被写入《福建省建设全国深化集体林权制度改革先行区实施方案》，“智慧林业”项目入选2023年全国数字化绿色化协同转型发展优秀案例。

【木材产业】 2023年，漳州市进口各类木材115万立方米，其中，新西兰辐射松100万立方米和巴西桉木15万立方米。推进竹业产业发展，实施南靖笋竹精深加工项目，有竹林种植面积5.41万公顷，笋竹加工企业137家。年内，漳州市召开林业产业招商大会，集中签约21个林业产业项目，合同资金130亿元。鼓励木材加工企业创建绿色品牌，支持建材、木业、家具等工业企业建立产业联盟。

【林下经济】 2023年，漳州市实现林下经济经营面积14.71万公顷，实现产值105.2亿元。新增国家级林业龙头企业1家、省级林业产业化龙头企业1家。年内，漳州市林业局培育林下经济经营主体，实施省级林下经济项目30个，获评省级新型林业经营主体标准化建设单位13家，评选星级新型林业经营主体14家、市级示范社（场）建设2家，新增林业经济合作社、家庭林场等68家。

（胡 为）

·畜牧业·

【概况】 2023年，漳州市畜牧业产值（现价）199.31亿元，比上年增长13.1%。肉蛋奶总产量60.68万吨，比上年增长15.77%。其中，肉类产量46.85万吨，比上年增长13.49%；禽蛋产量11.27万吨，比上年增长30.26%；奶类产量2.56万吨，比上年增长3.23%。全市生猪存栏168.69万头、出栏276.63万头，分别比上年增长14.8%和14.9%。全市12家设施蛋鸡新建改扩建项目新增产能50万羽。全市家禽存栏4051.79万羽，存栏1万羽以上的设施蛋鸡、肉鸭、蛋鸭存栏量和产蛋量均居全省首位。

【种养加一体化产业园区建设】 2023年，漳州市农业农村局推进农业种养加一体化产业园区建设，推进产业转型升级。组织到广东汕头、龙岩、三明等地，考察学习狮头鹅、连城白鸭、长汀河田鸡等产业发展经验做法。对全市1534家生猪、107家肉鸡、178家肉鸭、50家肉鹅、37家蛋鸡、11家牛、4家羊、3家兔子等养殖场开展全面摸底。牵头起草《关于加快推进种养加一体化现代农业产业园建设的实施意见》《漳州市种养加一体化现代农业产业园规划建设导则》，明确 2022年度畜牧业产值8亿元以上且占农林牧渔业总产值8%以上的芗城、龙海、长泰、漳浦、云霄、诏安、平和、南靖、华安9个县（区），规划建设种养加一体化现代农业产业园。市财政每年安排1000万元奖补。常山开发区自主规划建设种养加一体化现代农业产业园。

【畜禽标准化示范创建】 2023年，漳州市农业农村局创建畜禽标准化示范基地，福建创佰佳畜牧育种有限公司入选国家级畜禽养殖标准化示范场，漳州市素一农牧有限公司等16家企业入选省级畜禽养殖标准化示范场，漳州市富达农牧饲料有限公司等10家企业入选省级美丽牧场。全市入选国家级生猪产能调控基地20家、省级32家，省级家禽产业体系示范基地4个。

【生猪产业】 2023年，漳州市能繁母猪16.2万头，比上年增长1.21%，全年未出现能繁母猪月度存栏量低于正常保有量的95%情形。生猪规模养殖场1450家，6个生猪新改扩建项目被列入福建省农业农村厅年度重点跟踪落实项目，完成投资3.01亿元，新增生猪产能1.49万头。在全国率先出台生猪“惠农@贷”和生猪养殖保险全覆盖政策，全市农业银行生猪贷款授信总额14.5亿元，用信余额10亿元以上，居全省首位；承保生猪193.2万头，保费8406.9万元，承保覆盖率70%，比上年增长34.4%，连续四年居全省首位。

【畜禽粪污资源化利用】 2023年，漳州市农业农村局开展畜禽粪污资源化利用暨养殖污染防治工作，出台《进一步提升畜禽粪污资源化利用水平八条措施》，细化量化省畜禽养殖污染“十条”措施，开展畜禽养殖场污染防治排查和畜禽粪污资源化利用排查专项行动，健全粪污资源化利用计划和台账，完善畜禽粪肥还田管网设施，规范畜禽粪肥还田利用。全市畜禽粪污资源化利用率98%以上，规模养殖场粪污处理设施装备配套率100%。

（陈永贵）

【动物疫病防控】 2023年，漳州市免疫牲畜口蹄疫516.34万头、家禽禽流感5362.69万羽、小反刍兽疫9.85万头，完成强制免疫注射任务，强制免疫病种群体免疫密度均超90%，应免畜禽100%。免疫抗体监测禽流感抗体3.7万份、口蹄疫2.25万头份、小反刍兽疫2688头份。病原学监测禽流感4916羽份，非洲猪瘟病原学检测15584份。全年全市未发生人感染禽流感（H5和H7）

病例和家禽禽流感疫情。年内，漳州市农业农村局调拨消毒药15吨，开展消毒灭源专项行动2次，投入消毒经费97.41万元、使用消毒剂36.06吨，消毒乡镇114个、行政村1361个、规模畜禽养殖场3277场次、交易市场370个次、屠宰场31个次，消毒面积2996.1万平方米。

（林跃华）

【动物卫生监督】 2023年，漳州市产地检疫畜禽1491.67万头（羽），屠宰检疫生猪94.72万头，检出病害动物313头（羽），全部无害化处理。通过平和、诏安2个指定通道检查家畜38车次、4587头，家禽270车次、64.72万羽。无害化处理病死猪23.23万头、禽61.83万羽，其中经工厂化第三方处理率占总量的93%。组织开展瘦肉精、饲料和生鲜乳抽检工作，养殖环节抽检16110批次，屠宰环节抽检31593批次，覆盖全市所有在产屠宰企业；饲料抽检67批次，生鲜乳抽检3批次。年内，漳州农业农村局开展牲畜屠宰质量安全监测，抽取猪肉29份、猪肝18份、牛肝3份送福建省农业农村厅检测。

（林云平）

【饲料监管】 2023年，漳州市农业农村局发放饲料生产许可证21张，饲料添加剂生产许可证2张，许可证增项4张。全市有饲料生产企业109家，饲料工业总产量479.23万吨，总产值201.16亿元。年内，开展饲料领域安全生产企业隐患排查334家次，发现隐患369个，整改369个。开展专项整治行动220次，检查生产经营单位343家次。联合福建省农业农村厅对5家饲料生产企业开展“双随机”监督检查行动，现场提出整改问题14个，完成整改14个，整改率100%。督促水产饲料生产企业生产低含磷饲料供应诏安湾水产养殖场（户）使用，指导云霄县、东山县、诏安县农业农村部门做好供应诏安湾水产养殖饲料生产经营企业备案工作。

【兽药监管】 2023年，漳州市有兽药生产企业2家，有效持证兽药经营企业206家，入网率和可追溯率100%。年内，漳州市农业农村局开展兽用抗菌药专项整治行动，出动检查人员589人次，检查兽药生产企业3家次、兽药经营企业135家次、养殖场等兽药使用单位268家次。开展兽用抗菌药规范使用培训10场次，参加培训200人次；开展宣传活动10次，发放宣传材料342份。开展兽药生产企业例行监督检查、兽药使用环节“双随机”检查，督导各县（区）开展兽药经营许可换发新证，协助农业农村部对1家新办兽药生产企业开展兽药质量跟踪抽样核查。

（林俊升）

·绿色食品·

【概况】 2023年，漳州市新增绿色食品、有机产品57个，新增全国名特优新农产品5个，省级优质农产品生产基地20个，云霄县获评省级优质农产品重点县。

【品牌申报与监管】 2023年，漳州市农业农村局组织“三品一标”产品专项抽查和市场监察活动12次，完成2批次46个绿色食品产品市场监察和15个企业产品抽查，合格率100%。配合农业农村部、福建省农业农村厅开展绿色食品、有机产品监督抽检产品12个，合格率100%。

【品牌创建】 2023年12月，“诏安八仙茶”获评福建十大农产品区域公用品牌，福建嘉田农业开发有限公司“小香杏”牌杏鲍菇获评福建名牌农产品称号。

（林 蔚）

·农业科技·

【概况】 2023年，漳州市农业科学研究所重点开展食用菌、蔬菜、果树、水稻、组

表 6　2023 年漳州市绿色食品、有机产品新增获证企业产品一览表

县、区	获证企业	产品名称	类别
龙海区	龙海区港尾董姐生态家庭农场	董姐杨梅	绿色食品
	龙海区紫泥绿丰家庭农场	珍珠芭乐（番石榴）	绿色食品
	龙海区紫泥绿丰家庭农场	樱桃小番茄	绿色食品
长泰区	漳州市上青农业开发有限公司	春雪蜜枣	绿色食品
云霄县	云霄县椧宿种植农民专业合作社	云霄枇杷	绿色食品
	漳州市乐岛旅游开发有限公司	云霄枇杷	绿色食品
	云霄县张勇章水果家庭农场	云霄枇杷	绿色食品
南靖县	福建百汇绿海现代农业科技有限公司	苦瓜	绿色食品
	福建百汇绿海现代农业科技有限公司	西红柿	绿色食品
	福建百汇绿海现代农业科技有限公司	菜椒	绿色食品
	福建百汇绿海现代农业科技有限公司	茄子	绿色食品
	福建乐和云谷有机茶园有限公司	本山红茶	有机产品
	福建乐和云谷有机茶园有限公司	黄金桂红茶	有机产品
	福建乐和云谷有机茶园有限公司	肉桂红茶	有机产品
	福建乐和云谷有机茶园有限公司	大白红茶	有机产品
	福建乐和云谷有机茶园有限公司	铁观音乌龙茶	有机产品
	福建乐和云谷有机茶园有限公司	本山乌龙茶	有机产品
	福建乐和云谷有机茶园有限公司	肉桂乌龙茶	有机产品
	福建霖芝谷生态农业有限公司	灵芝谷灵芝茸	有机产品
	福建霖芝谷生态农业有限公司	灵芝谷灵芝芽（黄金灵芝）	有机产品
华安县	福建立兴食品股份有限公司	立兴冻干香蕉片	有机产品
	福建立兴食品股份有限公司	然然冻干香蕉片	有机产品
	福建立兴食品股份有限公司	冻干香蕉片	有机产品
	福建立兴食品股份有限公司	冻干香蕉粉	有机产品
	福建立兴食品股份有限公司	冻干香蕉丁	有机产品
	福建立兴食品股份有限公司	冻干香蕉块	有机产品
	福建立兴食品股份有限公司	冻干香蕉碎	有机产品

续表 6

县、区	获证企业	产品名称	类别
华安县	福建立兴食品股份有限公司	冻干香蕉条	有机产品
	福建立兴食品股份有限公司	冻干香蕉瓣	有机产品
诏安县	诏安县景扬食品有限公司	“梅朋友＋图形”牌酸甜梅粒	绿色食品
	诏安县景扬食品有限公司	“梅朋友＋图形”牌无糖梅粒	绿色食品
	诏安县景扬食品有限公司	“梅朋友＋图形”牌原味梅饼	绿色食品
	诏安县景扬食品有限公司	“十八甸”牌大师梅•原生梅片	绿色食品
	诏安县景扬食品有限公司	“十八甸”牌原味梅粒	绿色食品
	诏安县景扬食品有限公司	“梅朋友＋图形”牌原味话梅	绿色食品
	诏安县景扬食品有限公司	“梅朋友＋图形”牌酸甜梅饼	绿色食品
	诏安县景扬食品有限公司	“十八甸”牌原味梅丝	绿色食品
	诏安县景扬食品有限公司	“梅朋友”牌大师梅•无糖梅饼	绿色食品
	诏安县景扬食品有限公司	“梅朋友＋图形”牌无糖梅饼	绿色食品
	诏安县景扬食品有限公司	“梅朋友＋图形”牌原味梅片	绿色食品
	诏安县景扬食品有限公司	“十八甸”牌大师梅•无糖梅饼	绿色食品
	诏安县景扬食品有限公司	“十八甸”牌大师梅•天真梅饼	绿色食品
	诏安县景扬食品有限公司	“梅朋友”牌大师梅•原生梅片	绿色食品
	诏安县景扬食品有限公司	“梅朋友”牌大师梅•天真梅饼	绿色食品
	诏安县景扬食品有限公司	“梅朋友＋图形”原味梅粒	绿色食品
	诏安县景扬食品有限公司	“梅朋友”牌大师梅•梅饼	绿色食品
	诏安县景扬食品有限公司	“十八甸”牌原味话梅	绿色食品
	诏安县景扬食品有限公司	“十八甸”牌无糖梅饼	绿色食品
	诏安县景扬食品有限公司	“梅朋友＋图形”牌原味梅丝	绿色食品
	诏安县景扬食品有限公司	“十八甸”牌酸甜梅粒	绿色食品
	诏安县景扬食品有限公司	“十八甸”牌原味梅片	绿色食品
	诏安县景扬食品有限公司	“梅朋友＋图形”牌原味杨梅	绿色食品
	诏安县景扬食品有限公司	“十八甸”牌大师梅•梅饼	绿色食品
	诏安县景扬食品有限公司	“十八甸”牌原味梅饼	绿色食品

续表 6

县、区	获证企业	产品名称	类别
诏安县	诏安县景扬食品有限公司	“十八甸”牌酸甜梅饼	绿色食品
	诏安县景扬食品有限公司	“十八甸”牌原味杨梅	绿色食品
	诏安县景扬食品有限公司	“十八甸”牌无糖梅粒	绿色食品
合计	57		

注：2023年新增57个获证产品。

培、花卉、茶叶和植保方面研发工作。年内，加大种质资源引进、收集、保护力度，自主选育新品种。新培训高素质农民1.91万人次。

【秸秆综合利用】 2023年，漳州市通过土肥能源站推动秸秆肥料化、能源化综合利用，通过畜牧站推动秸秆“饲料化”综合利用，通过经作站推动秸秆基料化综合利用，通过农机服务中心推动秸秆“原料化”综合利用。全市农作物秸秆综合利用率保持在90%以上。

（黄晓玲）

【食用菌研究】 2023年，漳州市农业科学研究所形成1套适宜小户式周年化生产的配套栽培管理技术。开展杏鲍菇品种选育及提纯复壮，筛选出2个优异菌株。开展黑皮鸡枞配方、后熟、爆发性出菇和孢杂交选育试验，获高产配方。开展白色猪肚菇品种选育工作及出菇试验，协助制定行业技术标准1个。

【蔬菜研究】 2023年，漳州市农业科学研究所开展丝瓜、苦瓜新品种选育和栽培技术的研究。建立诏安县忠秀家庭农场示范基地，开展设施大棚连作障碍土壤改良技术集成及应用推广，完成闽南地区常见连作障碍土壤改良措施效果研究。开展高皂苷苦瓜种质资源收集评价与利用，收集近10个苦瓜品种。

【植物保护研究】 2023年，漳州市农业科学研究所开展平和蜜柚废弃物快速降解复合菌剂研制与应用研究，完成蜜柚废弃物降解复合菌剂的研制工作。开展蜜柚主要病害绿色防控及废果无害化处理技术研究，集成蜜柚主要病害绿色防控技术1套，建立绿色防控示范基地1个，面积23.33公顷。筛选出蜜柚废果优良降解菌2株及复合降解菌配方1份；复合降解菌处理废果量8000吨以上，固体有机肥产量500吨以上，建立蜜柚废果无害化处理新技术1项，制定蜜柚废果降解菌企业标准1份。开展蜜柚废果复合菌肥应用推广及现场验收工作，累计推广面积1500公顷。完成福建省农业厅“诺斯链霉菌微生物菌剂技术集成研究与示范”和“番茄青枯病绿色防控技术集成与示范”项目结题。开展农业基础性长期性科技工作植物保护观测监测任务，在国家农业基础性长期性科技工作数据汇交系统上传监测数据5000多条。

【林木果树研究】 2023年，漳州市农业科学研究所开展番石榴杂交优株选育和主要性状遗传规律研究，集成1套番石榴杂交授粉技术规程。开展毛叶枣良种选育与优质高效栽培技术研究，确定可以作为组培材料的胚发育阶段及其培育方法。开展燕窝果（火龙果）良种选育与示范推广工作，总结一套燕窝果嫁接苗高效培育方法，掌握燕窝果夜间点灯催花调控产期技术。

【水稻研究】 2023年，漳州市农业科学研究所利用低世代出糙单粒筛选技术，选出表现出较好耐盐性状的组合。对现有的、引进的及新育成的恢复系同引进的不育系进行大量测交，培育中、晚三系杂交稻组合。开展耐盐水稻基础研究，推广漳州沿海县（区）盐碱地水稻种植示范，在龙海区紫泥镇、龙海区浮宫镇、漳浦县旧镇镇、云霄县东厦镇和诏安县桥东镇5个点开展盐碱地水稻种植示范工作，推广种植面积74.67公顷。

【生物组织培养研究】 2023年，漳州市农业科学研究所开展甜椒离体再生及绿色轻简控害技术研究，龙舌兰新品系选育与产业化培育关键技术研究。开展七指毛桃繁育与高效栽培技术研究及产品开发与利用研究，筛选出用于组培快繁的外植体。

【花卉研究】 2023年，漳州市农业科学研究所开展观赏石斛兰杂交组合研究，开展秋石斛新品种栽培技术与示范推广、国兰新品种的设施栽培与应用推广，引进叠鞘石斛等品种18个，建立种质资源数据采集表和种质资源苗圃，联合当地企业进行石斛兰新品种及配套栽培技术推广。

【农业科技服务民生】 2023年，漳州市农业科学研究所借助国家食用菌产业技术体系、福建省蔬菜产业技术体系平台，与高校、科研院所、企业、专业合作社等单位交流与合作，组团式开展技术服务。组织12名市级科技特派员、7名省级科技特派员到龙文、龙海、长泰、云霄、南靖、平和等县（区）挂钩科技服务，全年下乡科技指导服务200人次，培训农技人员和农民2500余人次。

（林秀芳）

【优秀农村实用人才评选】

2023年，漳州市农业农村局开展漳州市优秀农村实用人才遴选工作，培育和扶持投身乡村振兴建设的一线农业农村人才。19名农村实用人才入选漳州市优秀农村实用人才，对入选人员每人一次性给予3万元奖励。

（林世忠 李科）

【农业系列专业技术资格管理】

2023年，漳州市农业农村局做好农业系列专业技术职务任职资格评审工作。全年组织中初级农业技术职务任职资格评审46人次，配合省农业职改办审核正高级、副高级职称评审材料24人份。

（李 科）

【农友之声】 2023年，漳州市《农友之声》栏目播出49期，时长1470分钟，全年遴选接入热线91个，网络问题147个，共回复238个，回复解答率100%。

（黄晓玲）

·对口协作·

【概况】 2023年，漳州市农业农村局落实全国和福建省东西部扶贫协作推进会精神，以及福建省农业农村厅关于做好智力援疆农业技术人员选派工作要求，安排1名农业技术专家参加援疆工作，3名参加援宁工作。

【闽宁协作】 2023年，漳州市拨付闽宁协作资金2630万元，援建当地基础设施建设、产业培育等项目44个。选派1名处级干部和1名科级干部到宁夏回族自治区中卫市海原县挂职。动员各界力量筹集社会帮扶资金1500万元，用于海原县巩固脱贫攻坚成果和乡村振兴。年内，漳州市党政领导带队到宁夏交流考察共4批33人次，选派25名教育、医疗、农业等行业的专技人员在产业发展、社会事业、科技服务等领域开展协作，通过闽宁协作采购或者帮助销售海原县农特产品2.3亿元。开展“点对点”输送促进转移就业，转移农村劳动力到福建地区就业859人，其中脱贫户441人。

【山海协作】 2023年，漳州市深入结对县区开展山海协作对口帮扶考察活动5批45人次，拨付对口帮扶资金6000万元。帮助三元区、泰宁县、漳平市、武夷山市引进企业10家，总投资2.18亿元。派出挂职干部、医生、教师、农技人才等32人。投入资金1.88亿元，用于产业园区基础设施建设，新开发土地面积33.73公顷。

（林世忠）

·农业机械化·

【概况】 2023年，漳州市农业农村局农业机械部门受理购机补贴申请4644份，受益农户3440人，补贴机具8663台（套），补贴资金3074万元，完成上级下达农机购置补贴目标。主要农作物机耕面积6.35万公顷（其中水稻面积4.57万公顷）、机插面积2.53万公顷（其中水稻面积2.17万公顷）、机收面积4.78万公顷（其中水稻面积4.29万公顷），主要农作物综合机械化率74.02%，其中水稻综合机械化率81.71%。

【农机推广与培训】 2023年，漳州市农业机械服务中心推进水稻及特色农业产业全程机械化示范基地建设。全市新建水稻生产全程机械化示范基地8个、特色农业产业生产全程机械化示范基地11个。举办推广演示会51场次，其中水稻全程机械化演示会36场次，特色农作物全程机械化演示会15场次，被媒体报道27次。9个县（区）举办水稻机械直播演示会。采用旱地直播方式种植，试验面积40公顷。

【农机惠农政策】 2023年，漳州市农业机械服务中心推进落实农机报废更新补贴政策。全市共申请报废补贴43份，受益农户41户，补贴机具43台（套），补贴资金29.27万元。

（许锦龙 简智强）

·水利·

【概况】 2023年，漳州市完成水利投资57.6亿元，其中重大项目完成35.64亿元，面上项目完成21.96亿元。争取中央、省级资金6.74亿元，地方专项债22.02亿元，2023年增发国债28.134亿元，其中专项债和国债资金量均居全省第一。全市新开工水利重大项目26个，基本建成14个。

【水利规划】 2023年，漳州市推进市级水网建设规划、流域综合规划、入海河口整治规划、水资源配置规划编制工作；漳浦朝阳、平和官峰、长泰湖珠、诏安哈溪、华安罗溪5座水库被列入“十四五”全国中型水库建设实施方案。

【水利工程建设】 2023年，漳州市推进省重点水利项目10个、主要支流治理项目1个、安全生态水系35个、中小河流治理11个、重点山洪沟建设1个；开展全市在建水利工程建设质量提升行动，组织检查在建水利工程78个。完成安全生态水系完工验收复核6条、水利工程竣工验收21个。开展工程建设领域招标投标突出问题专项整治，组织抽查依法公开招标项目22个。推进优质工程创建，获福建省“闽水杯”水利优质工程奖银奖项目1个、福建省“党建+标准化”示范工地2个、省级水利建设工程文明工地2个。2022—2023年度水利建设质量工作获评福建省水利建设A级。

【农村水利水电】 2023年，漳州市推进城乡供水一体化建设，完成投资18.03亿元，启动建设规模化水厂6处，铺设管网1008.73千米，受益人口26.57万人。推进大中型灌区建设，实施云霄县漳江水闸、华安县沙建等中型灌区续建配套与节水改造工程，完成年度投资2255万元，改善灌溉面积2200公顷。全市农田灌溉水有效利用系数测算成果为0.57。推动农村水电站绿色发展，农村水电站最小生态下泄流量全部达标泄放。完成水电站清理整治行动工程措施整改验收销号。

【水旱灾害防御】 2023年，漳州市完成513座水库和457座水闸调度运用计划和汛期应急预案的审查审批。全年落实应急值班值守654人次，加强班33人次，下发防御台风暴雨工作指导性文件及会商通报10份，启动或调整应急响应指令性文件27份，形成应急响应期重要水旱灾害情况报告20期，联合水文部门加强监测预警预报，坚持山洪灾害预警“快发早发”，全年市县发布山洪灾害预警信息1063期（市级292期），预警短信25.6万条，应对21场暴雨和4次台风影响。

【水利工程管护】 2023年，漳州市于汛前落实513座水库、455座水闸、90条海堤、189条江堤的安全管理和防汛“三个责任人”。完成41座水库大坝和3座水闸安全鉴定。实施诏安澳井水库应急加固，完成7座小型水库除险加固工程竣工验收。完成140座小型水库水雨情设施、113座小型水库安全监测设施建设。开展398座小型公益性水库社会化管护服务，做好小型水库维修养护，完成中央资金1412万元。完成5座水库、2座水闸、4.35千米海堤管理和保护范围的划定工作。完成4座大中型水库、3座大中型水闸、27.02千米海堤、17.62千米江堤工程管理标准化管理评价。新增注册登记2座水库，复查换证511座水库。

【水行政执法】 2023年，漳州市开展河湖安全保护专项执法行动，取缔非法采砂点和堆砂场1处，办结行政处罚案件20件，罚没金额57.65万元；市水政监察支队实施日常夜间常态化执法巡查45次，查获抽砂船4艘、铲车2部、运输车辆7部，移交属地查处。1份案卷获评2023年度全省水行政处罚优秀案卷。

【水库移民】 2023年，漳州市安排移民资金项目181个，获批移民资金2.05亿元。年度发放移民直补资金3342.96万元，拨付移民后期扶持项目资金2.32亿元，19个移民资产型生产开发项目租金收益累计4897.86万元。年内，漳州市水利局推动漳浦县朝阳水库、长泰区湖珠水库等10个在建、拟建大中型水利水电工程移民安置工作，建设长泰区坂里乡、云霄县马铺乡、华安县沙建镇、平和县移民工业创业园4个省级移民后扶示范区项目。推进移民村人居环境整治、农业基础设施建设、就业创业能力培训等移民项目，全市269个水库移民安置村受益，受益移民人口超14.77万人，其中直补水库移民5.57万人。

【水利监管】 2023年，漳州市本级累计监督14个在建水利项目23个合同工程，监督项目投资总额约103亿元，开展监督检查122人次，核备工程质量资料52次875件，签发在建工程抽查记录表43份，印发检查意见书15份。开展全市质量监督从业人员业务培训和10场工程现场质量与安全宣传培训活动。典型经验《全方位全覆盖监督 提升行业监管水平》在水利部2023年第3期监督月报上刊登。

【水利安全生产】 2023年，漳州市水利系统实行“安全监管+信息化”模式监管，对全市280个重点水库、重点小水电站进行集中安全隐患排查，水利行业未发生生产安全责任事故。在福建省中率先实现季度安全风险度为0。连续两年获福建省“安康杯”竞赛先进单位称号。

【漳州首宗水权交易签约】

2023年10月20日，华安县完成漳州市首宗水权交易，福建立兴食品有限公司与福建省漳州建华陶瓷有限公司达成部分取水权转让合作，交易水量8万吨。截至2023年年底，漳州市完成水权交易10宗，其中华安县3宗、平和县3宗、漳浦县4宗。

（黄天娇）

责任编辑：林松英

工 业

·综述·

【工业经济发展】 2023年，漳州市规模以上工业企业2690家，比上年增加161家。规模以上工业增加值增速5.6%，位居福建省第二。国家级专精特新“小巨人”企业24家，福建省专精特新中小企业171家。

【工业企业培育】 2023年，漳州市培育省级工业龙头企业86家、省级以上单项冠军企业15家，亿元以上规模工业企业909家、省级工业新增长点企业116家。培育市级以上工业企业技术中心169家（新增24家）、工业设计中心59家。培育国家级服务型制造示范企业3家、省级服务型制造示范企业11家、市级服务型制造示范企业27家。

【工业园区培育】 2023年，漳州市培育古雷开发区、台商投资区、蓝田开发区、金峰开发区4个省级工业园区标准化建设试点、培育漳州三宝海西物流园区、漳龙物流园区、罗屿港口物流园区等5家省级示范物流园区。

（陈伟坤）

·钢铁工业·

【概况】 2023年，漳州市规模以上钢铁工业企业33家，规模以上钢铁工业总产值占全市规模以上工业总产值的9.6%。三宝集团以2022年营业收入520.98亿元分别列榜“2023中国企业500强”“2023中国民营企业500强”“2023中国制造业企业500强”“2023中国制造业民营企业500强”，为漳州市民营企业首次入选“中国企业500强”。

【钢铁制造基地】 2023年，漳州市有芗城钢铁产业集中区、台资钢铁产业集中区和漳州开发区钢铁产业集中区3个钢铁制造基地。其中，芗城区特种钢铁产业形成以钢铁生产、销售为主，集科研、物流产业园、新材料、新能源于一体的多元产业链。

【三宝集团1780毫米热轧特殊钢卷板项目投产】 2023年12月30日，福建三宝钢铁有限公司1780毫米热轧特殊钢卷板项目竣工投产。该生产线总投资18亿元，主要建筑面积10.5万平方米，热轧特殊钢卷板生产能力450万吨，吨钢电耗330千瓦时，比传统电炉节能15%～20%，工序能耗53千克标准煤，能效达到国际领先水平，是全国首条短流程特殊钢宽厚卷板生产线。

（谢 霁）

·石油化工工业·

【概况】 2023年，漳州市规模以上石油化工企业242家，占全市规模以上工业企业9%，实现工业总产值比上年增长14.4%，工业增加值比上年增长17%。年内，古雷开发区获评国家级绿色工业园区和省级绿色工业园区，奇美化工获评国家级绿色工厂和省级绿色工厂。

【石化项目建设】 2023年，古雷炼化一体化一期百万吨乙烯项目、福海创PX/PTA（对二甲苯/纯对苯二甲酸）、福化鲁华碳五碳九分离及下游新材料项目、古雷中怡精细化工一期项目、奇美化工二期聚苯乙烯项目、春达化工增塑剂项目等15个项目投产，中沙古雷乙烯项目、古雷恒海聚酯纤维项目、福建海泉化学系列项目、福海创原料适应性技改项目等12个项目在建，古雷炼化一体化项目二期项目、南化苯胺橡胶助剂项目、中怡精细化工二期项目等12个项目签约。其中，古雷炼化一体化工程一期项目主要生产聚丙烯、乙二醇、苯乙烯等主产品18种。古雷炼化一体化二期项目取得用地预审和选址意见书、用海支持性意见、社会稳定风险评估批复、社会稳定风险防控主体责任承诺函。中沙古雷乙烯项目完成土地摘牌。

【古雷炼化一体化项目通过“储转规”评审】 2023年12月29日，古雷炼化一体化二期项目转规（备案转规划，项目分为备案项目和规划项目，国家同意项目可以实施后，项目备案转规划，进入核准流程）获国家发展改革委、工业和信息化部、国家能源局批复，进入核准阶段。

（周海生）

·装备制造工业·

【概况】 2023年，漳州市有装备制造产业七大门类。规模以上装备制造企业417家，实现产值586.3亿元，比上年增长5.6%。漳州市兴宝机械有限公司“食用菌自动配料打包生产线（13ZPZD–21600*2型）”被列为福建首台套重大技术装备。

（方艺玲）

【龙溪轴承产品创新】 2023年，福建龙溪轴承（集团）股份有限公司开展关键核心技术攻关开发新产品846种，新增专利7件、国际标准1项、国家标准2项。创新研发全球最大挖泥船用油缸轴承、超大型打桩船主油缸自润滑关节轴承，实现海工装备关键核心零部件自主可控。跨界开发具有外滚内滑功能的自润滑滚轮。

（吴志聪）

【2家企业获评国家级智能制造示范工厂】 2023年，漳州立达信光电子科技有限公司“漳州立达信LED照明智能制造示范工厂”和福建古雷石化有限公司“福建古雷石化智能制造示范工厂”入选2023年国家级智能制造示范工厂。其中，漳州立达信LED照明智能制造示范工厂涵盖产品数字化研发与设计、质量精准追溯等11个典型场景。福建古雷石化智能制造示范工厂涵盖数字孪生工厂建设、精益生产管理、智能仓储等11个典型场景。

【4家企业获评国家智能制造优秀场景】 2023年，三宝集团股份有限公司的生产计划优化、供应链采购动态优化，福建省神悦铸造股份有限公司的人机协同制造、生产计划优化，宏泰机电科技（漳州）有限公司的精准配送、工业技术软件化应用，万利达集团有限公司的智能在线检测、车间智能排产获评国家智能制造优秀场景。

（方艺玲）

·汽车汽配工业·

【概况】 2023年，漳州市规模以上汽车制造业企业28家，规模汽车制造业工业总产值比上年增长7.4%。汽车制造产业龙头企业有正兴车轮集团有限公司、正新（漳州）橡胶工业有限公司、漳州金龙客车有限公司、福建新福达汽车工业有限公司漳州分公司等。

【汽车汽配技术升级】 2023年，漳州市引进具有技术优势的专用车企业，支持科晖、毅宏、秦劲川等专用车企业技术升级，形成完整的产品结构开发体系和多元化的产品格局。

【漳福汽车配件车间及配套设施扩建】 2023年，福建漳福科技有限公司汽车配件车间及配套设施扩建。项目总投资4.97亿元，总用地面积2.25万平方米，总建筑面积44.78万平方米，厂区总规划建设1号车间、2号车间、综合楼等。截至2023年年底，一期工程完工。

（林少静）

·食品工业·

【概况】 2023年，漳州市食品规模工业企业671家，占全市规模工业企业数的25%。拥有天福、紫山、含羞草、Q3等中国驰名商标超20件，泡吧、丹夫、豪士、卡尔顿、小白心里软、然利、好运来等品牌。漳州市龙海区休闲食品产业集群等3个集群获评福建省中小企业特色产业集群。龙海区、东山县、诏安县入选2023中国预制菜产业基地百强。

2023年6月16日，第四届中国食品名城（漳州）食品交易会暨第三届龙海国际休闲食品博览会在龙海食博园开幕。图为采购商在食品展区了解食品情况 （林忠 摄）

【食品产业链】 2023年，漳州市食品行业门类涵盖16个大类、40多个小类，涵盖农副食品加工业、食品制造业、酒、饮料和精制茶制造业等领域。其中，水产品加工、罐头制造、果蔬食用菌加工、焙烤食品、饲料加工等规模排名全省前列。

【食品出口】 2023年，漳州市获境外注册推荐的出口食品生产企业65家次，比上年增长210%。截至2023年年底，漳州市通过境外注册获国际市场食品准入资质的企业381家，涉及欧盟、英国、俄罗斯、新加坡、印度尼西亚、日本、韩国等国家和地区，出口产品种类主要为水产品、罐头、肉类等。漳州市食品出口量排名全国设区市前列，产品销往美国、欧盟、日本、东盟等近200个国家和地区。

【第四届中国食品名城（漳州）食品交易会举行】 2023年6月16—18日，第四届中国食品名城（漳州）食品交易会暨第三届龙海国际休闲食品博览会在龙海食博园举行。展会面积4.6万平方米，设置展位总数522个，交易会参展企业439家，展出商品上万款，吸引1.6万多名经销商、采购商洽谈，意向订单金额38.5亿元。展会期间，举行招商项目签约仪式，签约项目35个，总投资额126亿元。

【漳州获评中国食用菌罐头出口核心区】 2023年，漳州市实施千百亿产业培育行动计划，发展特色现代农业，形成水果、水产、花卉、食用菌等11个农业优势产业，其中10个产业的全产业链产值超百亿元，为全国重要的食用菌产业集群基地之一。年内，被授予“中国食用菌罐头出口核心区”称号，为中国食品土畜进出口商会首次授予该领域的全国称号。

（吴翊民）

·电子信息工业·

【概况】 2023年，漳州市有规模以上电子信息企业136家，占全市规模以上工业产值6%。年内，获评省级新一代信息技术与制造业融合发展新模式新业态标杆企业23家，软件业技术创新重点攻关和产业化项目1家，新一代信息技术与制造业融合发展典型应用案例9家，30家企业入选“5G工业互联网”应用场景项目库，72个项目入选新一代信息技术与制造业融合发展项目库，187家企业通过两化融合公共服务平台福建省评估诊断服务系统进行两化融合水平的诊断评估和改造提升。

【电子信息产业布局】 2023年，立达信物联网科技产业园、漳州语堂数字经济产业园、华晴卫星应用产业园、高新区物联网产业园等园区加快建设，初步形成以台商投资区、长泰区为核心，南靖县、芗城区、龙文区、漳浦县等地为补充的产业布局。

【LED光电照明产业发展】

2023年，漳州市拥有立达信光电子科技有限公司、漳州亿佳明光电科技有限公司、漳州天利隆电子科技有限公司、太龙电子股份有限公司等10家光电照明重点企业，形成50亿级的LED（发光二极管）光电照明产业规模，为全省光电照明产业聚集区之一。福建泰阳新能源开发有限公司建设的安安（中国）有限公司5.1兆瓦分布式光伏发电项目、福州倍丰实业有限公司1000千瓦分布式光伏发电项目获评国家级第三批智能光伏试点示范项目。立达信的教室照明市场占有率30%，排名全国第一。

【数字仪器仪表产业发展】

2023年，漳州市有数字仪器仪表公司460多家，其中漳州东方科技集团、漳州科能电器有限公司等重点企业8家，为全国第二大测量数字万用表生产、销售基地。截至2023年年底，漳州市有东京计装（漳州）仪表有限公司、漳州市玉山电子制造有限公司、漳州市东方智能仪表有限公司、漳州市威华电子有限公司、福建利利普光电科技有限公司5家专精特新中小企业。其中，漳州市东方智能仪表有限公司获评福建省第五批制造业单项冠军。

【新能源电池产业发展】 2023年，漳州万宝能源科技股份有限公司、一道新能源科技(漳州)有限公司、东方醒狮新动力电池有限公司、福建华祥电源科技有限公司等企业专业化生产初具规模，单项产品产量排名全省前列。龙海协能新能源科技有限公司、漳州华锐锂能新能源科技有限公司公司布局电池回收再生产业链，对磷酸铁锂电池等进行梯次应用。

（沈毅兰）

·钟表工业·

【概况】 2023年，漳州市有石英钟、手表、机心生产及配套企业近200家，产值70亿元，其中规模以上钟表企业27家，国家高新技术企业11家、国家级工业设计中心1个、国家级钟表智能制造工程技术研究中心1个、国家级海丝钟表文化研究中心1个、重点实验室3个、省级企业技术中心2个、省级工业设计中心1个、省级工程技术研究中心1个、市级博士后工作站1个、瑞士独立制表大师工作坊1个。漳州钟表产品90%以上销往全球200多个国家和地区。

【第六届中国（蓝光杯·漳州）钟表设计大赛】 2023年5月18日，第六届中国（蓝光杯·漳州）钟表设计大赛启动。经过7个月角逐，报名作品1590件，最终评出时钟、手表产品设计奖、概念作品奖（含学生组）金奖6名、银奖11名、铜奖13名、优秀奖56名，“一带一路”主题设计组金奖1名、银奖1名、铜奖1名、优秀奖8名，多彩漳州主题设计组金奖1名、银奖1名、铜奖1名、优秀奖3名。

【龙文区石英钟表产业集群获评国家级产业集群】 2023年，漳州市龙文区聚集上下游生产配套企业100余家，形成以恒丽电子有限公司、众辰精密机芯有限公司等核心企业为龙头骨干，44家规模以上制造企业为支撑的上下游产业链。龙文区钟表产业集群的石英钟配件占全球70%以上，石英钟指针式机芯产量占全球市场份额65%以上，石英挂钟占全球市场份额30%。年内，龙文区石英钟表产业集群获评国家级中小企业特色产业集群。

【恒丽钟表工业园获评国家工业旅游示范基地】 2023年，恒丽钟表工业园以漳州钟表产业为依托，以钟表文化为主题，打造福建海丝钟表博物馆。工业园占地7.2公顷，为漳州市首个非国有博物馆。馆内展陈300多件（套）不同时期、不同国家的钟表、配件和工具。2023年10月10日，恒丽钟表工业园被文化和旅游部评为国家工业旅游示范基地。

（张少翀）

2023年10月10日，恒丽钟表工业园获评国家工业旅游示范基地。图为恒丽钟表工业园区一角　　（龙文区融媒体中心 供图）

·医药健康产业·

【概况】 2023年，漳州市医药健康产业企业85家，占全市规模工业企业数3.2%，实现产值167.7亿元，比上年增长1.5%。医药健康产业规模以上企业主要布局于龙文区、长泰区、漳浦县、诏安县、漳州开发区、台商投资区、漳州高新区，7个县（区）合计产值占全市医药健康产业总产值96.1%。

【生物医药制造产业布局】 2023年，漳州市生物医药制造产业主要分布在漳州高新区、漳浦县和龙文区。其中，漳州高新区以片仔癀药业、水仙药业等企业为代表，推进中药精深加工及经典名方二次开发，打造片仔癀、安宫牛黄丸、水仙牌风油精等产品。

【婴童护理产业布局】 2023年，漳州市婴童护理产业主要分布在龙文区、长泰区和诏安县。其中，龙文区有生产企业20多家，配套的原辅料供应企业、包装印刷、模具制造、工业设计、电商物流企业30多家；年内，青蛙王子（福建）婴童护理用品有限公司入选国家级绿色工厂，入选福建省首届品牌价值百强榜单。诏安县打造诏安婴童文化创意产业园区，有婴童用品类企业13家，合计实现产值10.7亿元，占比43.4%。长泰区有童匠实业、欧仕儿童用品、欧贝比儿童用品3家企业，全年完成产值12.57亿元，比上年增长214.8%。

【体育健康产业布局】 2023年，漳州市体育健康产业主要分布在芗城区、长泰区和东山县。其中，芗城区有漳州全兴体育用品有限公司、漳州市振宇体育用品股份有限公司等企业7家，长泰区打造以鸿星尔克为龙头的体育运动器材产业，有鸿星尔克（漳州）实业有限公司、长泰卓越体育用品有限公司等企业8家。

（谢　霁）

·片仔癀药业·

【概况】 2023年，漳州片仔癀药业股份有限公司（简称片仔癀药业公司）资产总额170.8亿元，营业收入100.58亿元，比上年增长15.69%；利润总额33.69亿元，比上年增长13.14%；净利润28.51亿元，比上年增长13.01%。片仔癀药业公司被国务院国有资产监督管理委员会评为“创建世界一流专业领军示范企业”“双百企业”。

【片仔癀药业公司新药研究】 2023年，片仔癀药业公司聚焦“未满足的临床需求”，持续推进新药项目研究工作，取得《温胆片II期临床试验总结报告》，温胆片治疗轻、中度广泛性焦虑障碍（痰热内扰证）的临床疗效确切；取得《PZH2108片I期临床研究报告》，PZH2108片各研究剂量组在中国健康受试者中安全性及耐受性良好。

【片仔癀“中医药现代化”专项项目获立项】 2023年11月，片仔癀药业公司参与的“基于证素辨识和状态可测原理的动静态中医临床评价方法学构建与示范研究”，获“十四五”国家重点研发计划“中医药现代化”专项项目立项。

【片仔癀基地建设】 2023年，片仔癀药业公司麝香基地获评全国工商联医药业商会2022—2023年度中国医药行业最具影响力榜单“优质道地中药材　十佳规范化种植（养殖）基地”和中医药生态大会暨中医药产业博览会组委会“漳州片仔癀药业股份有限公司凤县麝香中药材品牌示范基地”。年内，参与福建省农科院开展金线莲新品种选育工作，取得2个金线莲新品种认定证书。

（林　毅）

·电力工业·

【概况】 2023年，漳州市新增光伏装机984.2兆瓦，比上年增长107%；新增风电装机400兆瓦，比上年增长7.87%。新增220千伏输电线路267.24千米（其中电缆长度20.61千米），比上年增长13.5%；新增110千伏输电线路59.86千米（其中电缆长度136.52千米），比上年增长2.1%。长泰特高压输变电工程、云霄核电500千伏送出工程等项目投产。

【电网规模】 截至2023年年底，漳州地区总装机容量8859.3兆瓦（含后石电厂）；220千伏公网变电站29座、主变56台、变电容量9840兆伏安，比上年增长15.5%；110千伏公网变电站109座、主变203台、变电容量9134兆伏安，比上年增长2.6%；500千伏输电线路20条，总长1252.59千米；220千伏输电线路85条，总长1979.58千米，比上年增长13.5%；110千伏输电线路220条，总长2850.87千米，比上年增长2.1%。

【网架建设】 2023年，国网漳州供电公司投运变电容量153万千伏安、线路286.39千米，消除漳州南部、东部主干电网四级风险。10千伏N－1通过率提升至88%，10千伏标准化接线率提升至87.61%。完成第四批、第五批追加投资项目，配网转资率75.06%。优化市县主网运检模式，完成500千伏设备属地化接收。开展输电专业无人机精益化巡检，110千伏及以上输电线路适航区段全覆盖。年内，实现136座110千伏及以上变电站全部接入智能巡视系统，智能巡视实用率100%。

【国网改革创新】 2023年，国网漳州供电公司推行“一岗多级、绩效联动”的宽带岗级机制。推进供电服务指挥中心运营，对县（区）公司供电服务和长泰区、龙海区配网调控专业人员进行集约化调度。全自动FA馈线（配电线路的自动化管理）投入运用983条，有效投运率54.3%、正动率86.1%。e基建2.0、营销2.0、智慧共享财务平台等系统落地使用。牵头研发并在福建省推广安监人工智能规模化应用，福建省首次实现GIS（地理信息系统）倾斜摄影三维建模。

（蒲 乾）

·二轻集体工业·

【概况】 2023年，漳州市二轻联社加强企业资产集中运营，固定资产利用率提升至97%。八宝印泥厂工业产值和销售额分别比上年提高48.3%和47.4%。举办工艺美术讲堂3期，开展雕塑（空间艺术）、雕刻等技艺传习课堂30场次，参加人数950人次。

【集体企业管理】 2023年，漳州市二轻联社改革市属二轻停产企业管理方式，由市二轻经济发展总公司代管停产企业6家。将漳州市第六塑料厂厂房改造提升为炉灶社文创园，引进“柿子红了、潮流手办、特色咖啡”等合作商家5个，培育文旅休闲空间。引进退役军人创业孵化园项目落地市钢塑家具厂，建设退役军人创业、就业培训基地。

【工美行业发展】 2023年，漳州市二轻联社依托市工艺美术馆和漳州工艺美术传习中心平台，举行“2023工艺美术精品展”“漳绣专题展”等工艺美术作品展5场，展出漳州工艺美术作品1000多件。发动近60家工艺美术企业、个人参加第十七届中国（莆田）海峡工艺品博览会，集中展出漳州工艺美术精品近200件，选送优秀作品参赛并获奖项31件。组织选送43件精美作品参加第四届福建省工艺美术创意设计大赛，其中获奖作品15件。组织工艺美术企业、从业者等参加第三届中国工艺美术博览会、第十九届中国（深圳）文博会、第十四届海峡两岸（厦门）文化产业博览交易会等展会。

【漳州市八宝印泥厂参加央视文化节目摄制】 2023年3月17—18日，漳州市八宝印泥厂参加文化和旅游部与中央广播电视总台联合推出的大型文化节目《非遗里的中国·福建篇》和中央一套直播节目《非遗里的中国——非遗正年轻》摄制，介绍漳州八宝印泥的发展历史、制作工艺和品质特点，该节目在中央电视台综合频道黄金时段播出。

（邹思敏）

责任编辑：杨少毅

海洋与渔业

·综述·

【渔业发展】 2023年，漳州市有渔港41个，其中中心渔港2个、一级渔港6个、二级渔港6个、三级渔港26个、避风锚地1个。全市规模以上水产加工企业151家，农业产业化国家重点龙头企业1家，省级农业产业化龙头企业54家。渔业经济总产值726.3亿元，比上年增长3.6%。渔业产值351.78亿元，比上年增长4.3%。水产品产量219.8万吨，比上年增长4.4%。其中，近海捕捞产量31.37万吨，比上年下降1.3%；远洋捕捞产量3955吨，比上年增长100%；淡水捕捞产量1.43万吨，比上年增长1.1%。水产品加工量108.1万吨，比上年增长3%；水产品加工产值264.7亿元，比上年增长2%。渔民人均纯收入3.66万元，比上年增长6.4%。

2023年8月16日，东山县渔船结束休渔，开始出海作业。图为渔船出海
（漳州市海洋与渔业局 供图）

【全国首个海洋碳汇现场认购在东山举行】 2023年6月20日，全国首个海洋碳汇现场认购在东山县前楼镇下西坑村举行，全国人大代表到场见证，专家团队当场宣读评估报告。此次海洋碳汇现场认购，起因于犯罪嫌疑人陈某、朱某2023年3月涉嫌一起危害海洋生态犯罪事实，经东山县人民检察院审查，举行公开听证会，引导嫌疑人以认购海洋碳汇的形式，用于海洋生态环境替代性修复。经测评，认定涉案当事人生态环境损坏赔偿可以购买1861.42吨海洋碳汇，折合人民币10.5万元进行替代性修复。

【漳州成为全国首个完成海水养殖碳汇核算地级市】 2023年12月8日，漳州市海水养殖碳汇核算成果上线仪式在福州举行，漳州市成为全国首个完成全市海水养殖碳汇核算的地级市。根据《福建省“十四五”海洋强省建设专项规划》《“海上漳州”发展战略规划》中关于海水养殖碳汇的规划，漳州市开展海水养殖碳汇试点核算，完成第一批2020—2022年海水养殖碳汇核算，总计核算养殖面积约1.7万公顷，核算出碳汇产品约24万吨，建立全国首个地市级海洋渔业养殖碳汇的资源库，发放漳州市首张“蓝色碳票”。

（沈 悦）

2023年，东山县实施提升改造养殖工程，加快推动下西坑贝藻类、岐下斑虾类等现代生态养殖片区建设。图为东山县下西坑村塑胶浮球筏式养殖区

（吴瑜琨 2023年10月23日摄）

·水产养殖业·

【概况】 2023年，漳州市水产品产量219.8万吨。其中，海水养殖产量152.94万吨，比上年增长4.96%；淡水养殖产量33.68万吨，比上年增长6.7%。

【近海养殖】 2023年，漳州市海上水产养殖面积29.65万公顷。其中，网箱养殖77.67公顷、深水网箱12.59万立方米、筏式养殖面积11564公顷、吊笼面积1881公顷、底播面积5905公顷、滩涂养殖面积1.08公顷。主要养殖品种有漳州河鲀、石斑鱼、鲍鱼、牡蛎、青蟹、泥蚶、蛤类、鲷科鱼类、卵形鲳鲹和紫菜等。主要优势品种有青蟹（产量2.03万吨、产值29.6亿元）、石斑鱼（产量1.94万吨、产值24.9亿元）、牡蛎（产量73.8万吨、产值17.4亿元）、鲍鱼（产量2.47万吨、产值29.5亿元）。

【深海养殖】 2023年，漳州市规划8个深海养殖区，总面积2.6万公顷。年内，推进全市首台套深海养殖兼旅游装备平台闽投东山1号装配，养殖水体6万立方米。推进诏安湾外1号、6号海域海洋牧场、诏安抗风浪深水养殖网箱和三倍体牡蛎养殖海洋牧场等5个项目建设，升级改造、建成深水养殖网箱33口，建设藻类养殖区面积133.33公顷、三倍体牡蛎养殖区面积12667公顷。

【淡水养殖】 2023年，漳州市有淡水养殖面积1.61万公顷。淡水苗种场117家，年产淡水鱼苗种8.64亿尾，为福建省最大淡水苗种集散地。开发养殖新品种，有罗非鱼、加州鲈、鲢鱼、鳙鱼、倒刺鲃、斑点叉尾鮰、南美白对虾（兑淡）等20多个品种，其中罗非鱼养殖面积和产量全省第一。实施黑脊倒刺鲃、马口鱼等种业工程项目，繁育优质苗种300万尾。

【水产种业】 2023年，漳州市有水产苗种场2047家，年繁育水产苗种总量1848.5亿尾（粒）以上、产值48.5亿元，居全省第一，其中蛤类、鲍鱼、牡蛎育苗量全国第一。新增认定省级良种场6家，市级良种场7家。截至2023年年底，有国家水产种业阵型企业1家、省级渔业种业园区2家、省级水产良种场11家、市级水产良种场18家。研发国家认定水产新品种“金虎杂交斑”，推广优新品种种苗养殖面积7333.33公顷以上，创建“中国蛤类种苗之都”“中国鲍鱼种苗之都”国字号种业品牌2个，形成石斑鱼、对虾、牡蛎、鲍鱼、蛤类优势种五大种苗基地集中区。建设闽南种质资源库、南方海洋生物研究院、菲律宾蛤仔种质资源场等。全市获海洋渔业中国驰名商标8件，获东山鲍鱼等地理标志证明商标42个，福建省十大区域公用品牌1个。

【海上养殖设施升级改造】 2023年，漳州市海洋与渔业局对符合养殖规划海区的筏式吊养、木质网箱等传统养殖设施进行集中改造，累计升级改造塑胶渔排10.04万口、塑胶浮球筏式养殖面积9493.33公顷，形成海上田园式养殖区。

【首批“半潜式深水网箱”建成下海】 2023年11月1日，海洋牧场“半潜式深水网箱”下海仪式在诏安县举办。漳州首批大型深水养殖网箱在诏安湾外6号海域下海分散布置。诏安湾外6号海域海洋牧场规划用海面积290公顷，总投资4.43亿元，主要新建滤食性贝类养殖区33.33公顷，藻类养殖区13.33公顷，大型深水养殖网箱23口，总养殖水体59.29万立方米。网箱采用分子键双层空间桁架钢结构，可抗17级台风，使用寿命15年以上，配套太阳能供电、水体监测、片状可旋转网衣、底网提升等功能，具有养殖安全性高、人工成本低、鱼类生长速度规模化推广应用等特点。

（沈　悦）

·临海经济·

【概况】 2023年，漳州市推进海洋经济高质量发展三年行动重点项目190个，在建项目110个、总投资1886.9亿元，其中完工项目43个，完成投资454.6亿元；前期项目80个、计划总投资1391亿元。

【临海能源】 2023年，漳浦海上风电场二期项目实现全容量并网；东山太阳海缆项目、一道新能源光伏科技组件一期、二期项目投产。漳州核电1号机组进入调试阶段，2号机组进入安装阶段，3、4号机组取得项目用海、用地手续。

【临海石化】 2023年，漳州市推进古雷石化基地项目落地、重要产业集聚。福海创PX/PTA（对二甲苯/纯对苯二甲酸）、古雷炼化一体化一期等上游项目建成投产，海泉化学醋酸乙烯、福海创PTA（纯对苯二甲酸）扩建等5个石化产业项目新开工，总投资97亿元。中沙古雷乙烯项目开工建设。炼化一体化二期项目向国家发改委提交纳储转规申请报告。奇美、新阳科技、古雷化学等中下游项目集聚，形成以福海创PX/PTA为龙头的“芳烃—聚酯”和以古雷炼化一体化一期百万吨乙烯为龙头的“烯烃—塑料”两条产业链协同发展格局。

【海洋牧场建设】 2023年，漳州市出台《漳州市发展深海装备养殖建设海洋牧场试点工作方案》《关于支持和促进深海养殖产业发展的政策措施》，扶持和引导企业开发海洋牧场和深水网箱养殖。在龙海海区、宫前湾、诏安湾新建深水抗风浪网箱60口，新增产量950吨。诏安湾外6号海域海洋牧场启动建设，首批4套半潜式深水网箱下海布设。东山县“中国海洋生态牧场”渔旅融合综合体项目配套建设漳州市首台闽投东山1号深海装备养殖平台。实施“海上风电场+深海养殖”试点试验项目。

【港口配套】 2023年，漳州市建成生产性泊位77个，其中万吨级及以上深水泊位25个，集装箱泊位7个，总通过能力7067万吨；建成港口沿海航道5条，里程70.9千米，其中万吨级航道4条。古雷港区古雷作业区南8号泊位获批对外开放，2号至4号泊位工程使用港口深水岸线获交通运输部批复，将军澳作业项目1号泊位工程使用岸线获福建省交通运输厅批复，东山港区城垵作业区2号泊位临时开放获交通运输部批复同意，开启外贸船舶航运。

【海洋生物产业项目建设】 2023年，漳州统一生物科技产业园项目完成投资2.2亿元，进入生产车间装修和大型生产设备安装阶段。大北农水产科技有限公司年产1.6万吨高效海洋生物制剂产业化项目完成投资1.1亿元，进入生产设备安装阶段。

（郑锦媛）

·海洋与渔业管理·

【渔船管理】 2023年，漳州市纳入渔业管理的渔船3391艘，其中海洋渔船3288艘、内陆渔船103艘；中型及以上海洋渔船1817艘，占全市纳入渔业管理海洋渔船总数53.58%；钢质及玻璃钢质渔船3070艘，占90.5%。拥有远洋渔业企业1家，远洋渔船6艘，总吨位720吨。

2023年7月4日，厦门港古雷港区古雷作业区南8号泊位获福建省政府批准对外开放。图为古雷南8号泊位　（黄亚标　摄）

【安全监管】 2023年，漳州市海洋与渔业局构建渔船安全管理网格化全覆盖责任体系，推动设立乡镇船舶点验中心37个，镇村管理网格323个、渔港网格单元136个，设置渔业网格员2080人。制定渔船安全隐患和整改措施清单及其整改措施41项，对全市核定载员10人及以上渔船进行隐患排查整治291艘，整治重大事故隐患519处。年内，全市查处海洋与渔业案件191件，收缴罚没款211.13万元。

【“海上漳州”平台打造】 2023年，漳州市在全省率先打造“海上漳州”平台，围绕“一中心（海洋大数据中心）、两张网（观测网+通讯网）、一图（全景海视图）、一平台（共享服务平台）、多应用（多产业多行业应用）”，推进海洋数字化智慧化可视化管理。其中，全景海视图通过对进出港管理、渔船管理、雷视联动、港区综合管理、渔获溯源交易等业务应用，研究制定渔船渔港技防管理需求清单23项，锁定渔船危险海域67处，实现渔港实景、海域实况、船舶实态全景可视。该平台纳入2023年“数字福建”试点推广。

（沈　悦）

责任编辑：江细珍

商贸服务业

·商贸服务·

【概况】 2023年，漳州市新增限额以上贸易企业947家。全年社会消费品零售总额2080.09亿元，比上年增长9.2%。限额以上商品网上零售额65.86亿元，比上年增长8.1%。年内，漳州市入选福建省城市一刻钟便民生活圈建设试点。

【商务惠企】 2023年，漳州市商务局落实福建省3轮扩大消费、3轮稳定外贸、2轮稳定外资等系列举措，累计兑现惠企政策资金2.5亿元。推广“商贸贷、外贸贷”政策（针对中小微商贸、外贸企业普遍存在的轻资产特征推出的融资增信支持政策），落实贷款贴息等金融支持政策。推动乡镇农贸市场完成提升建设20个，总投资5748万元，新增市场面积5.25万平方米、摊位2420个。

【市场供需监测】 2023年，漳州市商务局在全市较大的农贸市场、批发市场设置供需监测点114个，坚持一日一统计。指导调控全市57家省级城市副食品调控基地，加强肉、蛋、菜等“菜篮子”生活必需品应急保供工作。

【长泰区入选首批全国县域商业“领跑县”】 2023年，漳州市商务局指导长泰区将文旅元素植入商贸网点规划建设全过程，推进县域商业体系建设。《福建省长泰区县域商业网络实现三个全覆盖》典型案例入选第一批全国县域商业“领跑县”案例集。长泰区入选第一批123个全国县域商业“领跑县”。

（余秋凤）

·电子商务·

【概况】 2023年，漳州市开展电商零售业务的企业1.4万家，在各类大型电商平台开设的网店数量超9.7万家，从业人数10.6万人。全年全市电商网络零售额379.92亿元，比上年增长48.2%，增幅位居全省第一。鸿荣（漳州）信息技术有限公司被商务部评为国家电子商务示范企业。

【电商园区建设】 2023年，漳州市推进电子商务园区建设，全市在建、筹建的电子商务园区13个，龙文、漳浦、诏安等地的电商产业园区初具规模，投入使用面积60万平方米，入驻企业410家。

【电商直播】 2023年，漳州市电商直播场次43.8万场，比上年增长10.3%；吸引消费者观看超过21亿人次，比上年增长4.7%；参与直播的商品实现网络零售额53.3亿元。其中抖音直播商品销售额36.08亿元，比上年增长161.2%。打造直播电商产业基地和孵化园，为直播电商的发展提供支持，截至2023年年底，全市带货主播1431个，其中抖音主播粉丝数量60万以上的超过20个。

【跨境电商】 2023年，漳州市组织开展《漳州市“十四五”跨境电商发展规划暨2028年远景发展目标》编制工作。成立漳州跨境电商协会，吸纳会员企业70多家。组织22家企业参加2023年中国（福州）跨境电商交易会，展位数量46个，行业涉及家具家居、数码电子、钟表、食品等行业。举办第二届漳州数字经济高峰论坛、抖音电商“山货上头条”风味福建漳州商家培育会、亚马逊（漳州）户外家居家具产业带公益沙龙、抖音生活服务（漳州站）商家培育会等一系列活动。

（余秋凤）

·成品油销售·

【概况】 2023年，漳州市在营成品油零售经营企业442家（含岸基点1家），成品油零售经营企业销售成品油88万吨，其中汽油55万吨、柴油33万吨，油品销售收入85.54亿元。

【成品油销售监管】 2023年，漳州市商务局要求各县（区）将上年度存在违法违规行为的成品油零售经营企业纳入重点监管对象，结合日常检查、“双随机”和专项检查工作，加强业务指导。年内，除3家企业因歇业未参与年检外，其余439家企业（含1家岸基点）参与专项检查工作。

【成品油安全管理】 2023年，漳州市商务局抽查成品油零售企业33家。针对检查过程中发现的问题均要求企业立即整改，并根据问题下达整改通知书，在市商务局门户网站进行挂网公示，督促成品油经营企业规范经营和落实安全管理措施。

（余秋凤）

·生活服务业·

【概况】 2023年，漳州市举行“全闽乐购·跨年购”年货节暨手拉手产销对接活动、汽车促消费活动、抖音直播促消费、美食文化节、“闽菜飘香·寻味漳州”等促消费活动30余场，投入促消费资金3400万元以上，拉动消费12亿元以上。其中，开展汽车促消费活动4场，投入消费资金2398万元，直接带动限额以上汽车零售11亿元。

【住宿和餐饮业】 2023年，漳州市住宿和餐饮业增加值104.45亿元，比上年增长16.2%。年内，漳州市商务局举办预制菜展、预制菜线上直播促销活动，召开漳州市闽菜推介会，组织漳州闽菜评选活动（线上投票和现场评选），一县一桌菜推介活动，发放漳州闽菜消费券，发布漳州美食宣传片等，展示全市各

2023年2月25日，漳州市首届美食文化节在漳州高新区三馆广场开幕。图为市民在非遗圩日展区欣赏传统布袋木偶精品

（沈昊鹏 摄）

县区“一县一桌菜”，评选出30道富有漳州特色的闽菜名品。开展新一批闽菜馆推荐系列工作，全市入选2023年闽菜馆餐饮企业19家。

【家政服务业】 2023年，漳州市在商务部家政服务业信息管理平台录入并通过的家政信用企业有19家，录入从业人员2153人。年内，漳州市商务局推行家政服务业信用体系建设，推进家政企业、服务人员及消费者全面信用记录，实现信用信息共享，对失信企业和相关人员进行联合惩戒，提升服务质量，规范服务收费，进行人员培训和等级评定等。

【二手车贸易试点】 2023年，漳州市商务局创新开展二手车贸易试点工作，指导二手车从业个体转为备案经销企业307家，数量居全省前列。

（余秋凤）

·粮食储备与供应·

【概况】 2023年，漳州市总购进（含进口）折合原粮415.98万吨，比上年增长10%。其中购进稻谷（含大米，折合稻谷）59.91万吨，小麦59.49万吨，玉米157.78万吨，豆类114.6万吨，大麦、高粱等其他粮食24.2万吨。总销售谷物（含出口）折合原粮123.99万吨，比上年增长0.4%。

【粮食应急供应保障】 2023年，漳州市修订完善粮食安全应急预案，构建由26家应急加工企业、37家应急配送企业、12家应急储运企业、235家应急供应网点的应急供应网络。漳州市粮食产业园6家入驻企业开工建设。

【优质粮食工程实施】 2023年，福建省龙海区安利达工贸有限公司“秋实麦香素面”入选2023年福建好粮油产品名单，漳州市龙文区兰嫂粮油有限公司、漳州万三粮油贸易有限公司入选中国粮食行业协会第十二批放心粮油示范企业名单。

【粮食质量监管】 2023年，漳州市粮储系统投入粮食质量安全监管监测经费604万元，检验检测样品份数1013份，检测结果均合格。粮食质量安全监测抽查样品93份，代表数量17.07万吨，监测覆盖比例48.2%，分别比上年增加39份、2.7万吨、7.5%。市粮油质量监测站完成检验检测任务641批次，比上年增长58%。

【粮食购销领域腐败问题专项整治】 2023年，漳州市发改委（粮储局）针对粮食购销领域腐败问题专项整治，组织检查113次，检查企业326家，出动人员825人次，对7家粮食企业作出警告行政处罚8起。通过自查自纠和各类检查累计发现问题194个，全部完成整改。各级粮储系统围绕加强地方储备粮管理建章立制164条。

（江丙麟 陈若蓉）

·供销合作·

【概况】 2023年，漳州市供销系统实现销售总额578亿元，比上年增长11.83%。电商销售额119.5亿元，比上年增长30.14%。社有企业利润总额1199.59万元，比上年增长45%。年内，漳州市芗城区誉丰苗木专业合作社、诏安县华强果蔬专业合作社等5家合作社获评国家级农民专业合作社示范社；诏安县宗园茶叶种植专业合作社、漳浦县欣汇鲜果专业等4家合作社获评福建省供销系统农民专业合作社示范社，漳州市天宝供销社惠农综合服务中心获评2023年福建省供销社十佳乡镇惠农综合服务中心。

【供销服务系统建设】 2023年，漳州市供销社在全市县级供销社建设10个以上县级综合服务部（县域集采集配中心）、乡镇建设100个以上乡镇综合服务中心（综合超市）、行政村建设1000个以上村级综合服务社，构建市、县、乡（镇）、村四级供销社流通服务网络体系。全市供销社系统铺设网点1598个，其中县级集采集配中心11个、乡镇综合服务中心89个、村级综合服务社1498个。漳州数字供销与漳供现代农业服务有限公司同步开展平台建设，初步完成平台大数据展示中心，基本建成现代农服小程序。截至2023年年底，漳州数字供销与近20家企业签署供应链战略合作协议，漳供现代农业服务有限公司与近30家农资供应链企业签署供应链战略合作协议。

【农资供应服务】 2023年，漳州市供销社争取市、县两级财政化肥冬储贴息161.6万元，落实化肥冬储14.44万吨。全市供销系统先后开展农资科技下乡活动12场，赠送优质化肥106.65吨，发放宣传资料1.6万多份。与市市场监管、农业部门检查督导系统内农资企业经营管理情况，配合开展化肥质量检测，推动落实平和花山溪饮用水水源整治工作。

【“三位一体”试点工作】 2023年，漳州市各级财政部门累计安排740万元用于“三位一体”（集生产、供销、信用于一体）专项贷款贴息，其中，诏安县财政安排500万元用于“三位一体”专项贷款贴息，累计为246户农户申请贷款5260多万元；云霄县财政局安排70万元用于贷款贴息，芗城区、东山县、华安县财政局均安排50万元用于贷款贴息。

【保供促销工程建设】 2023年，漳州市供销社争取省级保供促销工程补助资金285万元用于4个省级农村流通服务网络体系建设和3个省级乡镇综合服务中心建设，启动市级保供促销工程补助资金220万元用于3个市级农村流通服务网络体系和2个市级乡镇综合服务中心建设。

【为农服务建设】 2023年，漳州市供销社改造升级薄弱基层社10个，新建乡镇惠农综合服务中心8个、农村综合服务社43个，创建国家级农民专业合作社示范社1个，省级农民专业合作社示范社7个，创办农民专业合作社85个、农民专业合作社联合社7个，新增入社社员1.2万人。土地托管面积2444.73公顷，农业社会化服务面积1.19万公顷。全市创建庄稼医院265家，其中省级庄稼医院25家。

【漳州市组织参加农产品展示展销会】 2023年，漳州市供销社组织6个县（区）供销社到福州、厦门、新疆等地参加福建省供销社组织的“一县一周”名特优农产品展示展销会，销售额1000多万元。

【漳州市供销集团有限公司成立】 2023年8月23日，漳州市供销集团有限公司成立。集团注册资金1亿元，有全资企业10家、参股及控股企业12家，主营农资、再生资源、农产品购销、冷链物流、大数据服务、餐饮管理、供应链管理服务、商业综合体管理服务、项目管理咨询服务等业务。

（刘晓峰）

·烟草专卖·

【概况】 2023年，漳州市烟草专卖局（公司）税利总额比上年增长3.31%。年内，承办2023年福建省烟草商业系统党建工作推进会，在福建烟草商业系统“数说闽烟”数字化应用融合创新及网络安全攻防技能双赛道竞赛中获数字化应用融合创新数智先锋团体奖二等奖。“提升价值聚共识 共铸平台谋发展——‘新晟学院’建设的探索与思考”获全国烟草行业软实力优秀案例奖，“数据建模及可视化技术研究与应用”项目获福建省“五小”创新大赛三等奖，“组建兼合式党支部 打通服务客户最后一公里”获漳州市第六届机关体制机制创新优秀案例。

【营销数字化转型】 2023年，漳州市烟草专卖局（公司）累计建成“海丝新晟”流通品牌终端96家、农网特色示范终端113家，推广“e福通”3361户。漳州海晟连锁商贸有限公司销售总额比上年增长7.55%，其中非烟销售额比上年增长18%、税利总额比上年增长26.58%。

【打假打私行动】 2023年，漳州市烟草专卖局（公司）查获制假烟机6台，比上年增长50%；查获假烟1.17万件，比上年下降22%；查获烟叶烟丝186.49吨，比上年下降10%。完成国家烟草专卖局重大案件16起，其中特级案件2起、一级案件2起，办理公安部督案件2起、省烟草专卖局督案件16起。

【卷烟市场监督管理】 2023年，漳州市烟草专卖局（公司）查获异常流动卷烟2484.69件，比上年增长33.56%；查获5万元以上真烟案件133起，查处大户“双五”（卷烟、雪茄烟5万支以上或者案值5万元以上）案件87起，查办涉电子烟案件5起，取缔违法卖烟大户28户。截至2023年年底，全市有持证卷烟零售户33405户，持证电子烟零售户33户。

（陈晓宇）

·盐业专营·

【概况】 2023年，漳州市盐业销售总量5.54万吨，其中小包装碘盐销售0.83万吨、大包装食盐销售4.71万吨。食品经营销售额（不含税）171.84万元，销售货款全部回笼。

【高端盐区域代理试点】 2023年，漳州盐业有限责任公司试点推进片区高端盐区域代理制，主要代理品种为250克立袋低钠海盐、250克立袋贡盐，3家代理商签订代理合同并销售。

【未加碘小包装食盐销售监管】

2023年，漳州盐业有限责任公司开展未加碘盐网点建设督促检查，设置未加碘盐供应网点268个，销售未加碘盐193.91吨，占销售盐2.36%。

【大包装盐采销管理】 2023年，漳州盐业有限责任公司安排从泉州山腰盐场、莆田盐场采购优质海盐，保障诏安青梅加工用盐需求。青梅季节销售大包装盐1.09万吨，比上年减少5942吨。麻笋季节销售大包装盐1.6万吨，比上年增加4900吨。

【盐政辅助执法】 2023年，漳州盐业有限责任公司联合市场监管部门，打击违规经营食盐行为。漳州支队协助开展行政处罚案件27件，没收盐产品17.5吨，罚款14317元，责令整改案件61件。漳浦大队配合市场监管部门开具责令改正通知书38份；当场处罚11起，当场处罚合计760元；一般案件1件，罚款3000元，没收违规食盐1865.5千克。平和大队结案处罚14件，罚没金额1.36万元，立案待处理2件。诏安大队在青梅加工用盐季节查处太平镇沈某青梅加工厂无标识食盐案件，没收无标识食盐17吨，罚款7000元。

（邹国武）

责任编辑：杨少毅

金融业

·综述·

【金融运行】 2023年，漳州市本外币存贷款总额10215.26亿元，比上年增长12.72%。截至2023年年底，全市各项存款余额4884.03亿元，比上年增长11.65%。各项存款比年初增加509.52亿元，各项贷款余额5331.23亿元，比上年增长13.7%；贷款比年初增加642.44亿元，比上年增加3.53亿元。

【信贷结构优化】 2023年，漳州市企（事）业单位的贷款余额、制造业中长期贷款余额、普惠小微贷款余额分别比上年增长19.72%、29.69%、30.27%，地方法人金融机构贷款余额比上年增长18.18%。

【融资成本下降】 2023年，漳州市新发放人民币贷款（不含个人住房、贴现和信用卡透支）加权平均利率4.39%，比上年下降45个基点。其中，企业人民币贷款加权平均利率3.74%，比上年下降38个基点；普惠小微贷款加权平均利率为4.58%，比上年下降49个基点；个人住房贷款加权平均利率3.89%，比上年下降91个基点。

【金融助企】 2023年，中国人民银行漳州市分行（简称人民银行漳州市分行）出台实施金融支持制造业等稳增长相关文件。全年运用央行政策性资金199亿元，年末再贷款指标增速全省第一。运用保交楼专项借款、贷款支持计划等工具发放资金14.81亿元。推进金融支持民营企业、制造业、两岸融合等专项行动，民营企业贷款等多项结构性贷款指标排名全省前列。

【金融服务】 2023年，人民银行漳州市分行联合市财政局等4个部门制定《漳州市普惠金融发展示范区实施方案》，支持漳州市入选2023年中央财政支持普惠金融发展示范区。全年办理预算收支业务740.73万笔，金额3796.72亿元，分别比上年增长21.1%、11.1%。推动东山县获评全省首批“福建省金融信用县”，与市发改委等6部门出台全省首份配套支持政策。督促银行优化账户服务，全年银行向7.9万户小微企业减费让利0.65亿元。全市发行基金调拨84笔，调拨金额336亿元。向上争取“漳州模式”侨汇结汇便利化试点，指导全市银行为漳州市涉外企业办理便利化外汇政策业务2.94亿美元，办理外汇衍生品业务10.78亿美元。

（游志强）

【金融创新】 2023年，漳州市金融局引导兴业银行先后承销全国首单联合国可持续发展目标债券、全国首单非金融地方国有企业境外蓝色债券。联合漳州市农信系统发布“乡村振兴市场共同体数字化云平台”。推动阳光保险漳州分公司在漳州天宝国有林场落地全省首单“商业性林木台风气象指数保险”，推动人保财险漳州市分公司在全省公益林碳汇领域首次引入碳汇储量指数保险机制。

（陈汉宗）

【对台金融服务】 2023年，漳州金融监管分局编制《台胞台企金融服务指南》，漳州市金融局在台商投资区创建福建省首家新市民（台胞）金融服务中心，开展台商台胞金融授信试点。推动厦门银行“台农贷”产品获评2022年度福建省金融创新项目和福建省普惠金融第四批可复制创新成果。27家银行业金融机构开办对台金融业务，台企授信金额455亿元，表内外融资余额180.92亿元（贷款余额124.2亿元、其他融资余额56.72亿元）。授信总额、贷款余额均占福建省一半以上。

【乡村振兴金融服务】 2023年，漳州金融监管分局配合漳州市政府在全省率先召开金融服务乡村振兴推进会，建立部门协商联动机制，印发《金融服务乡村振兴提升行动方案》等文件，银行业涉农贷款增速位居全省第一；在全省率先设立首家精准扶贫保险服务站、首单乡村振兴责任保险、首创“地理标志产业振兴保”。联动市财政局、农业农村局、金融局三部门下发《关于进一步做好漳州市农业保险保费财政补贴有关工作的通知》，优化农险保费补贴机制。开展“农险+”一司一品工程，建成乡镇（村）保险网点200余个，推动农险业务保费收入比上年增长32%，为24.35万户次参保农户提供农业风险保障144.33亿元。年内，漳州金融监管分局承保“商业性牡蛎保险”等地方特色农产品保险，“高标准农田设施损毁综合险”“林木台风气象指数险”“红树林碳汇储量指数险”等为全省首创。

（陈汉宗　梁润城）

【“保交楼”金融支持】 2023年，漳州市金融局落实“保交楼”金融支持政策，推动市农发行落地“保交楼”专项借款13.27亿元，授信金额位居全省第一。漳州金融监管分局落实“一盘一策”要求，协调解决项目资金问题，推动保交楼专项借款额度获批13.46亿元，投放13.91亿元，拨付12.60亿元。

【实体经济金融服务】 2023年，漳州金融监管分局推动建立政保合作协调机制，对接、支持重点企业和重大项目建设，为核电1、2号机组、古雷炼化一体化等工程项目提供风险保障374.46亿元。推出“互联网+工程招投标+金融服务”创新举措，为企业释放保证金超百亿元。推动“险资入漳”，保险资金在漳州运用余额突破100亿元。提供外贸风险保障38亿元，出口信保中小微企业覆盖率70%。年内，漳州金融监管分局指导出台《中国－菲律宾“两国双园”建设出口信保服务方案》，福建省首推跨境电商产品保险2个。印发《漳州财险业风险减量服务“12345”行动方案》，为逾2000家次企业提供安全隐患排查等事故预防服务。试点“房屋保险+设备监测+人工巡查+预警处置”模式，为房屋提供安全监测、应急加固等服务。创新建设“文物安全监管平台”，打造“前端物联网+数字化巡查+安全+人工巡查”模式，筑牢福建土楼文物保护单位安全防线。

【民生领域金融服务】 2023年，漳州金融监管分局为漳州城乡居民、新市民、台胞等各类群体提供健康风险保障3.81万亿元，推动第七轮职工大额医疗保险项目落地、城乡居民意外伤害保险由4个试点县（区）扩充至全市，推动建立“警医保”机制，开展意外伤害核查，为医保基金减损超5000万元。实施“惠闽宝+乡村振兴”专项行动，“惠闽宝”承保人数比上年增长48.07%。推动保险机构为台企台胞提供风险保障超322亿元，推动有关机构首推“两岸保险服务一条龙”，进一步开放台湾地区22家优质医院为理赔认可范围。推动形成养老年金、个人养老金、商业专属养老保险产品在内的第三支柱养老保险体系，全市2023年第三支柱商业养老保险实现原保险保费收入3.85亿元，积累责任准备金超2.19亿元。年内，联合市民政局等部门推进“银龄安康”工程，扩大老年人意外伤害险覆盖面。

（梁润城）

·银行业·

【概况】　截至2023年年底，漳州市银行业机构有6个大类、42家，分别为政策性银行1家、国有大型银行6家、股份制银行8家、城市商业银行4家、信用卡中心机构3家、农村中小金融机构20家。银行业金融机构资产总额6220.94亿元，比上年增长12.75%；负债总额5991.73亿元，比上年增长13.03%。银行业金融机构本外币各项存款余额4884.03亿元，比上年增长11.65%。存贷款余额10215亿元，比上年增长12.71%。其中，存款余额4884亿元，比上年增长11.65%；贷款余额5331亿元，比上年增长13.70%。

（梁润城）

【中国农业发展银行漳州分行】

2023年，中国农业发展银行漳州分行审批各类贷款88.02亿元，投放各类贷款59.83亿元。截至2023年年底，全市系统各项贷款余额170.76亿元，比年初增加37.69亿元。

2023年，中国农业发展银行漳州分行投放粮油储备调控贷款4.26亿元，投放6.4亿元支持漳龙集团等国有企业开展粮食贸易。审批农地项目贷款8笔，金额29.1亿元。投放23.24亿元支持县区农村土地综合整治和提升改造。

2023年，中国农业发展银行漳州分行支持农地综合开发利用、农业现代化、生态文明建设等重点领域，审批中长期项目14个，金额65.03亿元，投放贷款40.44亿元。除农地项目外，重点投放5.34亿元支持诏安金都小微企业创业园等产业园区项目，投放4.94亿元支持漳州市区内河水环境综合整治等水利建设项目，投放4.6亿元支持龙海区锦江大道等农村路网项目，投放2.32亿元支持福建土楼等改善农村人居环境项目建设。

2023年，中国农业发展银行漳州分行审批“保交楼”专项借款7.35亿元，投放6.6亿元。推动减费让利政策落细落实，累计发放普惠小微企业贷款8089.6万元，支持普惠小微企业12家。

（蔡伊君）

【中国工商银行漳州分行】

2023年，中国工商银行股份有限公司漳州分行（简称中国工商银行漳州分行）实现管理业务

2023年，中国农业发展银行漳州市龙海区支行支持龙海区乡村振兴全域农业规模化经营提升项目（一期）建设。图为龙海区农田一隅

（雷磊 2023年6月15日摄）

收入15.7亿元，比上年减少0.21亿元，净利润5.69亿元，比上年增长11.64%；中间业务收入2.25亿元，比上年增长6.06%。一般性存款余额472.53亿元，比年初增加66.71亿元。各项贷款余额697.32亿元，比年初增加82亿元。不良贷款余额4.82亿元，比年初增加0.77亿元；不良贷款率0.69%，比年初增加0.03个百分点。全年累计清收处置不良贷款6.95亿元。

2023年，中国工商银行漳州分行个人客户数182.6万户，比年初增加6万户，日均1万元以上客户22.1万户，比年初增加1.3万户。累计代发金额92.56亿元，比上年增长13.08%。代发户数22.67万户，比上年增长8.93%，居全省第一。全年新发卡1.77万张，新增客户1.05万户，新增商户数3462户。

（邱丽红）

【中国农业银行漳州分行】

2023年，中国农业银行股份有限公司漳州分行（简称中国农业银行漳州分行）各项存款余额511.65亿元，比上年增加48.65亿元。各项贷款余额635.37亿元，比上年增加46.32亿元。

2023年，中国农业银行漳州分行对接中沙古雷乙烯、古雷炼化一体化二期等重特大项目，全年获批重点项目50个、金额452亿元。

2023年，中国农业银行漳州分行支持实施乡村振兴“串点连线成片”路线、特色现代农业“1122”工程，深化政银企保合作，推广“惠农e贷”等特色惠农产品，加大乡村振兴重点领域投放力度。截至2023年年底，涉农贷款余额316.73亿元，比上年增加32.92亿元；县域贷款余额457.92亿元，比上年增加40.95亿元。“惠农e贷”在全市乡镇覆盖率100%，惠及农户5.8万户，授信余额104.58亿元，贷款余额81.81亿元，比上年增加15.27亿元。

（林云强）

【中国银行漳州分行】 2023年，中国银行股份有限公司漳州分行（简称中国银行漳州分行）实现营业收入12.80亿元，净利润1.68亿元。本外币各项存款日均余额495.36亿元，比年初增加41.46亿元；本外币各项贷款余额483.53亿元，比年初增加64.01亿元。

截至2023年年底，中国银行漳州分行民营企业贷款余额99.74亿元，比年初增加34.4亿元；“两增两控”口径普惠贷款余额41.85亿元，比年初增加12.14亿元；战略性新兴产业贷款余额67.16亿元，比年初增加41.97亿元；制造业中长期贷款、绿色贷款、科技贷款余额分别比年初增加8.48亿元、36.02亿元、4.42亿元。

2023年，中国银行漳州分行强化古雷石化、云霄核电等重点项目营销，核定授信总量418.21亿元，实现提款70亿元；成为中沙“芒果项目”银团牵头行及全球协调行。实现福建省水投集团在漳项目全对接并获批授信13亿元、古雷地区港务项目全介入并投放超10亿元等。

2023年，中国银行漳州分行营销漳州宝鼎贸易、福建绿新食品等成为客户。年内，国际结算业务量37.19亿美元，市场份额占比32.03%；跨境人民币业务量50.56亿元，市场份额占比35.22%，结售汇总量28.54亿美元，市场份额占比32.1%。

2023年，中国银行漳州分行累计发放三代社保卡171万张，年末社保卡客户存款日均余额63.46亿元，其中三代社保卡客户存款日均余额41.98亿元。

（方莉玲）

【中国建设银行漳州分行】

2023年，中国建设银行股份有限公司漳州分行（简称中国建设银行漳州分行）实现中间业务净收入2.21亿元，比上年增长4.25%。提供融资964亿元、减费让利超2.6亿元。一般性存款651.66亿元，其中，对公存款278.01亿元。各项贷款787.8亿元，其中对公存款273.58亿元。办理全国首笔挂钩10年期国债到期收益率结构性存款。全年处置不良贷款17.52亿元。截至2023年年底，不良贷款3.94亿元，比年初减少12.87亿元；不良贷款率0.5%，比年初下降1.84%；逾期贷款6.21亿元，比年初下降0.52亿元，逾期率比年初下降 0.15%。

2023年，中国建设银行漳州分行单位人民币结算账户新增近3500户。个人全量客户当年新增5.47万户，私域连接客户新增3.86万户。

2023年，中国建设银行漳州分行新批储备项目44个，新增储备金额567.6亿元。战略性新兴产业贷款新增25.15亿元，比上年增长74.85%；基础设施贷款新增31.27亿元；科技信贷新增1.93亿元。中标漳州市属国企4只债券承销资格，承销规模40亿元。

2023年，中国建设银行漳州分行接续完成“省纪委公租房权力阳光运行平台”预警监督的开发试点工作；全省率先实现线上提取公积金支付公租房房租。

截至2023年年底，中国建设银行漳州分行普惠授信额度超120亿元，监管口径贷款余额89亿元，比年初增加23亿元。与市农业农村局签署战略合作协议，发布金融服务乡村振兴12条举措。涉农贷款当年增加46.73亿元。绿色贷款比年初增加40.54亿元。

（李 欣）

【中国邮政储蓄银行漳州分行】

2023年，中国邮政储蓄银行股份有限公司漳州市分行（简称中国邮政储蓄银行漳州分行）各项存款（含代理）余额313.85亿元，新增16.31亿元。自营储蓄存款余额58.20亿元，新增4.08亿元。各项贷款余额318亿元，新增50亿元。处置不良资产2.31亿元。

2023年，中国邮政储蓄银行漳州分行为古雷精细化工产业园一期项目授信15亿元；福建云霄抽水蓄能电站、吉电光伏等清洁能源项目授信超90亿元，投放近10亿元；为漳州高新医院、漳浦城乡供水一体化等项目授信65亿元，投放超5亿元。

2023年，中国邮政储蓄银行漳州分行普惠小微贷款突破100亿元，比上年增长22.63%；民营企业贷款150亿元，比上年增长29.62%；制造业贷款比上年增长37.40%；绿色贷款增速65.66%；科创类企业贷款增速129%。全年为实体经济减费让利7000万元。累计向“保交楼”项目发放贷款1.12亿元。涉农贷款余额141亿元，占全部贷款的44.34%。累计创建信用村1665个，覆盖漳州90%以上的行政村，惠及农户4.54万户。

2023年，中国邮政储蓄银行漳州分行普惠小微贷款余额102.95亿元，新增19亿元；小企业贷款余额39.2亿元，增加11.32亿元。服务民营客户2.59万户，增加2632户；民营企业新发放贷款加权利率4.44%，比上年下降28个基点。

（周佳生）

【兴业银行漳州分行】 截至2023年年底，兴业银行股份有限公司漳州分行（简称兴业银行漳州分行）账面总资产592.37亿元，比年初增长17.08%；账面总负债586.85亿元，比年初增长17.43%。本外币各项存款余额573.84亿元，比年初增长17.61%，其中对公存款322.73亿元，比年初增长13.77%；个人存款251.11亿元，比年初增长22.95%。本外币各项贷款余额446.11亿元，比年初增长5.54%，其中对公贷款（不含票贴）余额225.63亿元，比年初增长3.98%；个人贷款余额192.33亿元，比年初增长9.5%；票贴余额28.15亿元，比年初减少1.92亿元。不良贷款余额1.7亿元，比年初减少0.5亿元；不良贷款率0.38%，比年初下降0.14个百分点。企业金融客户2.49万户，比年初增加2669户；零售客户129.1万户，比年初增加8.39万户。

截至2023年年底，兴业银行漳州分行普惠贷款余额56.11亿元，比年初新增13.56亿元。科创企业贷款余额44.78亿元，比年初新增2.25亿元。能源金融贷款余额17.22亿元，比年初增加4.94亿元。园区金融资产余额200.33亿元，比年初增加26.37亿元。涉农贷款余额118.73亿元，比年初增长15.03%。

截至2023年年底，兴业银行漳州分行绿色融资余额100.8亿元，比年初增加31.47亿元；绿色贷款余额47.85亿元，比年初增加8.82亿元；2023年度碳减排贷款新增投放3.55亿元，比年初增加2.39亿元。落地全国首笔非金融地方国有企业境外蓝色债券5亿美元。

2023年，兴业银行漳州分行发行全国首单联合国可持续发展目标点心债、全国首单非金融地方国有企业境外蓝色债券、福建省自贸区最大规模最低利率离岸债券等，2023年债务融资工具承销规模101.05亿元。

（杨瑞林　吴剑雄）

【漳州农商银行】　截至2023年年底，福建漳州农村商业银行股份有限公司（简称漳州农商银行）总资产399亿元，各项存款余额280亿元，比年初增加21亿元。各项贷款余额248亿元，比年初增加36.6亿元。实现财务总收入16.73亿元，利润总额5.49亿元，净利润4.45亿元，上缴各项税金1.85亿元。

2023年，漳州农商银行单列小微企业信贷投放计划16亿元。截至2023年年底，制造业贷款余额63.6亿元，普惠小微信用贷款18.2亿元。支持民营企业“首贷户”249户，贷款金额7.6亿元。推广纾困贷等惠企信贷产品，再贷款余额31.2亿元。办理“技改贷”2.2亿元；支持73户科技型企业，贷款余额5.2亿元。全年办理无还本续贷3980笔，金额45.8亿元。推广“信易快贷”和“信易微贷”。截至2023年年底，“信易快贷”余额6.8亿元，“信易微贷”余额1098万元。上线跨境金融服务平台“银企融资对接”应用场景，新增11户跨境人民币首办户。

截至2023年年底，漳州农商银行发放乡村振兴贷8780万元，五福系列贷款余额88.2亿元，比年初增加13亿元。脱贫人口小额信贷贷款53户，贷款余额230万元。参与评定省级金融信用村（漳州）13个，主办比例87%；系统内评定信用村89个，比年初增加12个。福农e贷系列产品余额13.5亿元。

2023年，漳州农商银行推出全省银行业首笔线上“虚拟营业厅+赋强公证业务”。打造社区商圈、夜市商圈、农贸商圈11个，交易金额超过1500万元；搭建银医通、校园一卡通场景，全年交易金额近3亿元；上线全省农信系统首个“执行款二维码”系统，构建手机银行、微信银行、掌上银行等线上便民服务平台。办理“新市民贷”4.5亿元。发放助学贷款首贷户数1347户。销售“福农e购”本地商品58万元，新增“农商铺子”注册用户12796人。

2023年，漳州农商银行新农主体管理系统采集581家，建档覆盖面100%，新农主体贷款余额3.6亿元，比年初增加1.2亿元。绿色信贷余额10.2亿元；涉林贷款38亿元；绿色有机农业和林下种植和林下养殖产业融资余额2.6亿元，投放“文旅经济”贷款超3亿元。

（漳州农商银行）

·保险业·

【概况】　2023年，漳州市保险业实现保费收入104.49亿元，比上年增长9.05%；全年赔付支出39.42亿元，比上年增长14.76%。全市保险主体56家，其中财产险公司24家，人身险公司21家，保险专业中介机构11家。

【人保财险漳州市分公司】
2023年，中国人民财产保险股份有限公司漳州市分公司（简称人保财险漳州市分公司）保费收入20.95亿元，市场份额52.22%（剔除出口信保，份额53.26%）；全险种（扣除社保）保费收入16亿元，比上年增长7.13%。其中，车险完成11.13亿元，社保完成4.94亿元。

2023年，人保财险漳州市分公司独家或首席承保古雷石化、云霄核电、厦门地铁6号线漳州段、中菲经贸创新发展示范园区等重点项目保险。

2023年，人保财险漳州市分公司承保漳州市森林综合保险项目。创新高标准农田建设项目建后管理保护综合保险，为南靖县、华安县、平和县、台商投资区、古雷开发区6933.33公顷高标准农田配套设施。年内，人保财险漳州分公司承保惠闽宝，市场份额占比39.32%。

2023年，人保财险漳州市分公司全省首创政策性“红树林碳汇储量指数保险”，为云霄漳江口红树林保护区提供风险保障。为漳浦赵家堡等19处保护文物、南靖土楼等31处重点文物提供“保险+修复”保险保障。实现漳州市400栋隐患房屋全天候监测和提前预警处置。警保联动，实现“车驾管社会服务站”县域全覆盖，龙海、南靖等6个县（区）域支公司增设摩托车、电动车挂牌业务。为新市民、残疾人及低保户等特殊群体提供民生类意外健康险保障。

（人保财险漳州市分公司）

2023年9月12日，人保财险南靖支公司与南靖县文体旅局签订《南靖县文物生态修复保险协议》。图为签约仪式现场

（人保财险漳州市分公司 供图）

【人寿保险漳州分公司】 2023年，中国人寿保险股份有限公司漳州分公司（简称人寿保险漳州分公司）总保费23.44亿元，比上年增长11.69%。续期保费15.85亿元。首年期交保费4.25亿元，比上年增长12.54%。10年期及以上期交保费1.91亿元，比上年增长4.74%。首年标准保费1.21亿元，比上年增长6.6%。短期险保费1.48亿元，比上年增长1.05%。年内，人寿保险漳州分公司共处理理赔案件2.31万件，总理赔款金额1.48亿元。

2023年，人寿保险漳州分公司为全市210万名居民提供保险保障服务。开展福建省定制型商业医疗保险“惠闽宝2023”推广销售，总推广量比上年增长21.74%。个人养老金保费规模1079.49万元，商业养老金保费规模5019万元。处理理赔案件2.31万件，总理赔款金额1.48亿元。发展普惠保险，为老年人、计生家庭、新市民等特殊群体73.95万人提供1150.7亿元风险保障，为8692人赔付2065.64万元。涉农长险保费规模2.96亿元，比上年增长14.41%。涉农短险保费规模5841.21万元，承保 216.24万人次，提供风险保额3514.29亿元。做好对台金融服务，服务台胞客户658人次，提供风险保障1.3亿元。支持绿色产业和战略性新兴产业发展，为企业项下员工及家属2665人提供保险保障8.09亿元。提供员福保小团单组合产品，为1.82万人提供风险保额32.32亿元。

2023年，人寿保险漳州分公司推动形成“大消保”工作格局，调解复杂、疑难案件32件，调解成功率87.5%。

（蒋小玲 刘燕玲）

【中国太保寿险漳州中支】 2023年，中国太平洋人寿保险股份有限公司漳州中心支公司（简称中国太保寿险漳州中支）实现原保费收入50604.49亿元。其中，新单保费收入12430.41万元，新单期缴保费收入8843.64万元，续期保费收入38174.08万元。期末营销员人数470人。个险业务保费收入44212.41万元，长期保障类业务保费25118.07万元。年内，中国太保寿险漳州中支纳税494.73万元。

2023年，中国太保寿险漳州中支为农村农户和个体经营贷款户提供意外风险保障。团体意外保险累计为413家中小微企业1.1万员工提供风险保障。

（中国太保寿险漳州中支）

·证券期货业·

【概况】 2023年，漳州市有证券期货机构46家，其中，证券分支机构41家（含证券分公司2家）、期货分支机构5家。有上市公司10家，其中境内上市公司6家、境外上市公司4家。

【场外市场】 2023年，漳州市有福建省重点上市后备企业47家，漳州市重点上市后备企业67家，处于福建证监局上市辅导阶段4家。在全国中小企业股份转让系统（“新三板”）挂牌15家，在海峡股权交易中心交易层挂牌29家。

【债券融资】 2023年，漳州市有存续期非金融企业债券142只，涉及债券金额1020.93亿元。

【基金管理】 2023年，漳州市在中国证券投资基金业协会登记的私募基金管理公司3家，备案的私募基金51只。

（蔡佳津）

【华福证券漳州分公司】 截至2023年年底，华福证券有限责任公司漳州分公司（简称华福证券漳州分公司）本部下设业务管理部、综合管理部和直属业务部等部门，统筹管理证券营业部5家。托管客户资产超120亿元，服务超22万个人和机构投资者。

2023年，华福证券漳州分公司在市属国有企业债券承销比选10个项目中全部中标，完成地区企业债券发行4单，总发行规模25亿元，中标待发行规模超100亿元。与股东单位漳州市国有资本运营集团合作设立专项定增基金。2名专家入选首批漳州市企业上市顾问。为云霄县、诏安县、漳州高新区、台商投资区、常山开发区等县（区）、开发区（投资区）的重点上市后备企业开展“企业上市主题培训”10场。年内，举办食品行业并购基金、海洋经济和预制菜行业等专场路演。

2023年，华福证券有限责任公司漳州分公司与漳州市政府签署战略合作协议，组建漳州市重点上市后备企业联合调研组，联同漳州市地方金融管理局、漳州市国有资本运营集团对18家重点上市后备企业开展调研和服务，提交调研报告呈阅漳州市政府。

（魏毓杰 高新发）

【兴业证券漳州分公司】 2023年，兴业证券股份有限公司漳州分公司（简称兴业证券漳州分公司）设立本部及下辖营业部9个营业网点。实现营业收入1.03亿元，净利润4299万元。截至2023年年底，管理客户35万户，托管资产956亿元。获评“省直机关五一先锋号”。

2023年，兴业证券漳州分公司在市属国企年度比选中中标3家国企私募债80亿元。完成市属国企发行债券16只，发行规模200亿元。其中，漳州城投集团发行福建省单笔最大规模38.58亿元绿色点心债，九龙江集团发行全国首单联合国可持续发展目标债21.3亿元。新增绿色融资规模7.82万元。年内，促进闽台融合发展，推荐台企展示99家。为民营中小微企业融资6.65亿元。1名专家入选漳州市首批企业上市顾问。

（陈思佳）

责任编辑：江细珍

旅游业

·综述·

【旅游接待】 2023年，漳州市接待国内外游客7460.14万人次，比上年增长53.1%，位列全省第二。其中，境外游客8.46万人次，比上年增长333.2%。旅游总收入835.40亿元，比上年增长60.6%；其中，国内旅游收入833.62亿元，比上年增长60.3%；旅游外汇收入0.25亿美元，比上年增长488.3%。

【旅游政策支持】 2023年，漳州市文化和旅游局（简称漳州市文旅局）牵头制定《漳州市推进文旅经济高质量发展行动计划（2022—2025年）》，对文旅经济发展总体目标、工作任务和保障机制作全面安排，提出十项行动推进漳州文旅经济高质量发展。组织申报上年度新批纳统统（企业达到一定规模和标准后，被纳入国家一套表统计平台）规模企业奖补、规模以上企业年度营收一次性奖补、宣传促销奖补、研学服务奖补等项目奖补160.22万元。

【旅游项目建设】 2023年，漳州市推进国道228线滨海风景道、八闽不夜城、中国女排娘家基地、南湖温泉酒店、三平康养小镇等项目建设，被纳入福建省文旅重点项目库22个，计划总投资219.3亿元，年内完成投资28.32亿元。

（张周鸿）

·旅游资源·

【概况】 2023年，漳州市有国家A级旅游景区36家，其中国家AAAAA级旅游景区1家、国家AAAA级旅游景区15家、国家AAA级旅游景区14家、国家AA级旅游景区6家。星级饭店13家，其中，五星级饭店2家、四星级饭店5家、三星级饭店6家；旅行社108家。国家级旅游休闲街区1个，国家级夜间文化和旅游消费集聚区1个，国家工业旅游示范基地2个，全国红色旅游经典景区3个，全国乡村旅游重点村6个，省级全域生态旅游示范县4个，省级旅游休闲街区2个，省级金牌旅游村20个，省级全域生态旅游小镇11个，省级金牌观光工厂1个，省级观光工厂8个，省级文化产业示范基地13个。

【漳州古城入选国家级旅游休闲街区】 2023年3月1日，漳州古城入选为国家级旅游休闲街区。漳州古城较完整地保留唐宋以来“枕三台、襟两河”的自然风貌、“以河为城、以桥为门”的筑城形制和“九街十三巷”的街道格局，中心轴线、府衙轴线至今犹存，是福建省风貌保存最完整的唐宋城池之一，也是全国第一个国家级文化生态保护区闽南文化生态保护区的重要组成部

2023 年 3 月 1 日，漳州古城入选为国家级旅游休闲街区。图为古城全景
（张爱洁 摄）

分。2023年五一、国庆假期，漳州古城人流均突破100万人次，单日最高峰突破30万人次，全年游客量突破2500万人次。

【平和县获评福建省全域生态旅游示范县】 2023年11月21日，漳州市平和县获评福建省全域生态旅游示范县。平和县按照“全域旅游，全面发展”工作思路，以“行旅世界·心归平和”为主题，打造朝圣养生、原乡生活、特色文化、山水康体旅游体验，实施旅游要素升级、产业提升、交通体系完善、市场营销推广和资源保护开发工程。

【天柱山欢乐大世界景区入选国家AAAA级旅游景区】 2023年12月，漳州市长泰区天柱山欢乐大世界景区被确定为国家AAAA级旅游景区。天柱山欢乐大世界景区位于长泰区马洋溪生态旅游区天柱山国家森林公园，涵盖欢乐动物大世界、欢乐海洋大世界两大主题园区，是全国森林康养基地试点建设单位、国家生态文明教育基地。

【平和县灵通山景区入选国家AAA级旅游景区】 2023年12月，平和县灵通山景区被确定为国家AAA级旅游景区。灵通山景区以中生代火山岩峰丛地质地貌和峡谷景观为特色，奇峰怪石、悬崖幽谷、瀑布清泉等自然景观奇特秀美，古刹名寺、摩崖石刻等人文景观丰富多彩，是集观光度假、宗教朝圣、访古探幽、娱乐休闲、科学考察等于一体的旅游胜地。

（张周鸿）

·旅游业态·

【闽南文化体验游】 2023年，漳州古城接待游客2500万人次，南靖土楼景区接待游客371.19万人次。年内，漳州古城等闽南特色主要景区景点被中央电视台报道4次，南靖土楼被中央电视台报道9次。

【乡村生态游】 2023年，漳州市云霄县火田镇白石村、东山县前楼镇下西坑村、高新区九湖镇蔡坂村、诏安县梅岭镇腊洲村4个村被评为福建省金牌旅游村，南靖县梅林镇、云霄县和平乡、东山县樟塘镇3个乡镇被评为福建省全域生态旅游小镇，长泰区林墩办事处林溪村入选第五批全国乡村旅游重点村，南靖县梅林镇入选第五批全国乡村旅游重点镇（乡），漳州市“风吹稻浪谷飘香 农耕野趣享自然”旅游线路被列入全国149条乡村旅游精品线路，“栖居茶乡 香飘万里”旅游线路入选文化和旅游部2023年第二期“乡村四时好风光”全国乡村旅游精品线路名单。

【滨海度假游】 2023年，漳州市实施国道228线滨海风景道项目建设。东山南门湾入选第三批国家级夜间文化和旅游消费聚集区名单，东山岛滨海旅游度假区、长泰区马洋溪旅游度假区入选省级旅游度假区。东山岛、滨海火山地质公园等滨海旅游度假游火热。

【工业旅游】 2023年，漳州市龙文区恒丽钟表工业园创建国家工业旅游示范基地，漳浦县天福茶观光工厂创建省级金牌观光工厂，龙海区小浣熊婴童产业园、平和县大芹威士忌观光园入选省级观光工厂。

【红色旅游】 2023年，漳州市红色旅游人数比上年增加。其中，毛主席率领红军攻克漳州纪念馆全年累计接待观众近11万人次，开展社教活动30余场，举办中国工农红军东征漳州红色标语数字化展、毛泽东诗词书法文献展等临时性展览近10场。

（张周鸿）

【森林旅游】 2023年，漳州市新增平和县灵通山、南靖县静心山居、长泰区半月山3个省级森林康养基地，新增南靖县书洋镇为省级森林康养小镇。新增树海瀑雾森林人家（南靖树海瀑雾庄园旅游开发有限公司）、枫茗香森林人家（南靖县枫茗家庭农场）、永昇森林人家（南靖县勇生餐饮服务有限公司）、益清泉森林人家（长泰区益清泉休闲农庄有限公司）、山水畔森林人家（长泰区山水畔休闲农业开发有限公司）5个市级森林人家。年内，新建森林步道24千米。

（胡　为）

·旅游宣传营销·

【概况】 2023年，漳州市文旅局宣传推介漳州世遗土楼、蓝色滨海、绿色田园、红色文化等优质旅游产品和旅游线路。加强与主流媒体合作，开设专版、专栏，宣传推介漳州文旅资源。结合元旦、美食文化节等节点，发放文旅消费券近300万元带动市民出游。组织参加2023西安丝绸之路国际旅游博览会、第十届四川国际旅游交易博览会、第十八届海峡旅游博览会和2023第八届中国（厦门）国际休闲旅游博览会等文旅展会6场，120余家文旅企业参展。在2023福建旅游交易会上，“花样漳州”展馆获“最佳组织奖”“最具人气奖”。

【“花样漳州”品牌营销】 2023年，漳州市文旅局通过举办“花样漳州　趣玩一夏”暑期文旅消费季系列活动，组织“花样漳州　相约金秋”省外百家旅行服务商踩线活动，主办“花样漳州　暖冬之旅”2023年微博大V漳州文旅采风行等活动。其中，“花样漳州　暖冬之旅”活动的微博话题阅读量7994.5万人次，讨论量3859条，互动量3.5万人次。

【文旅推介】 2023年，漳州市文旅局参与福建省文旅厅组织的

2023年7月14日，“花样漳州　趣玩一夏”暑期文旅消费季系列活动启动仪式在漳州古城北广场举行。图为节目演出现场

（漳州市文旅局　供图）

"投资福建，赢在未来"文化和旅游项目北京、上海招商推介会，漳州古城文化旅游项目、漳浦"五里三城"文化旅游项目作为重点招商项目参加路演，东山县那漠陀休闲旅游项目参加现场签约。承办"花样漳州·山海之约"文旅推介招商会，赴广州、上海、杭州等地招商推介。全年累计签约文旅项目31个，计划总投资85.26亿元。梅州客家文化生态保护区非遗展演暨梅州文旅宣传推介活动、台州乐享金秋文旅推介会、新疆木垒冬季旅游文化推介会在漳州召开，推动漳州与其他地市在文旅领域开展交流合作。

【旅游产品开发运营】 2023年，漳州市全域旅游卡发行量超34万张，拥有50万名会员。开发"一盒漳州"、漳州啤酒等伴手礼和女排娘家、"侯喜"木偶等文创产品，运营福建省首个官方城市生活网上商城——"花样漳州"网上商城，采用"4+2"布局模式（天猫、京东、淘宝、拼多多和抖音、快手）开展运营，销售额超1000万元，围绕"花样漳州"品牌开发4个大类30个小类伴手礼以及"中国女排娘家"和"谷文昌"系列文创产品。

【"来福建·趣东山，我的人生正扬帆"仪式启动】 2023年5月19日，由福建省文和旅厅、漳州市政府主办，漳州市文旅局、东山县政府承办的2023年"中国旅游日"福建分会场主题活动暨"来福建·趣东山，我的人生正扬帆"启动仪式在漳州东山马銮湾举行。活动期间，漳州市文旅局联合东山县政府推出一系列配套活动，举办千帆竞发启航仪式，开展闽南文化圩日展演展示，举办漳州市文旅经济发展大会，举行漳州文旅经济高质量发展座谈会等。中国网娱乐首页、搜狐新闻旅游频道、网易新闻、中国青年网、北青网娱乐频道、芒果TV等媒体对"中国旅游日"福建分会场主题活动开展宣传报道，刊发新闻报道20余篇。新媒体同步直播，观看107.3万人次。

（张周鸿　黄晓聪）

2023年5月19日，2023年"中国旅游日"福建分会场主题活动暨"来福建·趣东山，我的人生正扬帆"启动仪式在东山县马銮湾举行。图为千帆竞发启航

（漳州市文旅局　供图）

·旅游市场管理·

【概况】 2023年，漳州市文旅局强化旅游市场监督和管理，举办文化旅游市场综合执法业务培训班，就旅游投诉处理法律法规、典型案例、处置技能等业务进行专项培训。召开全市文化和旅游市场安全生产和假日文旅市场工作部署会，部署旅游行业安全生产。联合有关部门开展全市文旅系统重大事故隐患专项排查整治专项行动。

【旅游市场执法】 2023年，漳州市文旅局围绕重点领域开展专项整治，持续整治未经许可经营旅行社业务、不合理低价游等违法违规经营行为，全年出动执法人员5737人次，检查经营单位2285家次，办理旅游案件35件。

【民宿行业管理】 2023年，漳州市文旅局推动出台有关促进民宿业规范发展指导意见，芗城区等8个县（区）出台民宿发展实施细则，规范旅游民宿产业发展。推荐符合条件的旅游民宿参与等级民宿评定，全市有乙级民宿1家、丙级民宿2家。

【旅行社管理】 2023年，漳州市文旅局鼓励漳州旅行社开拓市场，拉动旅游消费，年内新增规模以上企业31家，其中新增规模以上旅行社2家，规模以上旅行社及相关服务业营业收入3.34亿元，比上年增长117.3%。

【星级饭店管理】 2023年，漳州市文旅局引导各星级饭店推行个性化、人性化服务。漳州宾馆2名选手作为福建省代表队参加全国星级饭店从业人员服务技能竞赛总决赛，获团体二等奖，其中1名获个人二等奖。组织参加金牌工匠竞赛，5名选手获评“福建省金牌工匠”。将漳州宾馆行业服务标准复制到13家运营酒店，打造漳州自主酒店管理品牌。漳州裕元大酒店、东山金沙大酒店升级为四星级饭店。

【导游管理】 2023年，漳州市有93人通过2023年福建省全国导游资格和中高级导游等级考试并取得导游资格。截至2023年年底，全市有导游1204人。年内，漳州市文旅局指导各县（区）开展导游讲解员人才服务技能提升培训，组织开展百名古城及周边导游（讲解员）提升培训。推荐优秀导游参加第五届全国导游大赛福建省选拔赛，其中获二等奖2名。

（张周鸿　黄晓聪）

·旅游公共服务·

【概况】 2023年，漳州市文旅局指导各职能部门通过“政府+市场”提升旅游公共服务效率。鼓励经营主体参与公共服务供给和保障，实现旅游公共服务的可持续运营。

【旅游基础设施建设】 2023年，漳州市文旅局向上争取215万元用于10个公共服务项目建设。其中，补助长泰区林溪村奎璧齐辉楼旅游厕所、南靖县书洋镇田中赋示范性旅游厕所、华安县麒麟山地质公园旅游厕所、诏安县霞葛镇司下村示范性旅游厕所4个旅游厕所项目各20万元。补助长泰区林墩乐动谷游客服务中心、华安县高安镇邦都村旅游服务中心2个游客服务中心项目各20万元。补助漳州市图书馆新馆城市书房和长泰区图书馆城市书房2个新型空间各15万元；补助华侨新村历史文化街区街头艺人项目25万元。补助全市旅游标志牌维护项目40万元。

【智慧文旅建设】 2023年，漳州市文旅局推进智慧文旅建设，漳州市博物馆、漳州古城、南靖土楼3家获评福建省四钻级智慧景区，七彩官畲“高空滑索+VR（虚拟现实技术）”沉浸之旅获评福建省数字文旅应用场景示范案例，漳浦县图书馆智能导览、诏安县图书馆720° VR全景2个案例入选福建省智能导览建设典型案例，漳州东南花都、漳州市示范性综合实践基地获评福建省研学旅行示范基地。

【乡村旅游服务人员培训】 2023年，漳州市文旅局开展文旅融合高素质农民培训，以长泰区、漳浦县为试点单位，分别开展乡村旅游讲解员、乡村文化守护人培训，参与培训人数118人次。3人入选省级乡村文化和旅游带头人名单。

（张周鸿）

责任编辑：张慧华

对外及对台港澳经济贸易

·利用外资及台港澳资·

【概况】 2023年，漳州市新引进外商及台港澳商投资企业167家，合同外资及台港澳资8.2亿美元，比上年下降56.5%。实际使用外资及台港澳资（商务部口径）4.06亿美元，比上年增长2.4%。其中，制造业实际使用外资及台港澳资3.4亿美元，比上年增长6.6%；科学研究和技术服务业实际使用外资及台港澳资2966万美元，比上年增长46.5%。全年高技术产业（服务业）实际使用外资及台港澳资3114万美元，比上年增长58.2%。

【台港澳商投资】 2023年，漳州市新引进台资企业98家，合同台资3.59亿美元，实际使用台资2.2亿美元；引进港资企业45家，合同港资 4.44亿美元，实际使用港资1.02亿美元；引进澳资企业2家，实际利用澳资175万美元。投资主要涵盖制造业、批发和零售业、科学研究和技术服务业等行业；安仕邦、裕喜科技、宏秉丞等台港澳资新项目落地。

【招商引资】 2023年，漳州市依托中国—菲律宾经贸创新发展示范园区、两岸融合发展示范区、中沙（福建）产业合作区等开放平台，吸引企业投资。用好中国国际投资贸易洽谈会、海峡两岸农博会·花卉博览会、两岸企业家峰会、进口博览会等招商平台，挖掘客商资源，开展产业链招商，推动项目落地漳州。全年新签约台资项目6个、投资23.64亿元，新签约港资项目17个、投资269.14亿元。

【“9·8”贸洽会项目签约】

2023年9月8日，漳州市有5个项目在第二十三届中国国际投资贸易洽谈会参加福建省重大项目集中签约仪式，总投资额55.6亿元。主要为漳州奇美化工PC（聚碳酸酯）增资项目、漳州智能烘焙生产基地项目、龙海国药弘域智谷产业园项目（一期）、中沙福建乙烯工程配套工业气体中心项目和漳州台达化学聚苯乙烯项目。

【第六届进口博览会采购引资】

2023年11月5—10日，漳州市商务局组织396家单位528人在第六届中国国际进口博览会官网报名注册，参加第六届中国国际进口博览会展览，其中福建福欣特殊钢有限公司等341家企业达成采购金额1.3亿美元。

（余秋凤）

·对外及对台港澳投资与劳务合作·

【概况】 2023年，漳州市有漳州立达信光电子科技有限公司等对外及对台港澳资备案企业8

家，对外及对台港澳总投资1.47亿美元。

【对外投资项目】 2023年，漳州市对外投资项目中，漳州立达信光电子科技有限公司备案投资8326万美元到泰国生产制造和销售LED（发光二极管）灯、灯具、智能家电、照明电器及其配套器件、配电开关、电工器材、控制与安防等产品；漳州灿坤实业有限公司备案投资1600万美元到印度尼西亚开发、生产咖啡机、电熨斗等小家电产品。

【对台港澳劳务合作】 2023年，漳州市对台港澳签订劳务合同1010份（其中香港13份、澳门997份），合同金额10561万美元（其中香港1463万美元、澳门9098万美元），外派劳务人员5483人次（其中香港47人、澳门5436人），实现营业额4240万美元（其中台湾3万美元、香港13万美元、澳门4224万美元），期末在外人数4692人（其中台湾3人、香港47人、澳门4642人）。

（余秋凤）

·对外及对台港澳商品贸易·

【概况】 2023年，漳州市对外及对台港澳贸易总额1218.1亿元，比上年增长1.6%。其中，出口总值857.3亿元，比上年增长5.3%，出口商品销往202个国家与地区。进口总值360.9亿元，比上年下降6.3%，进口商品来自109个国家与地区。

表 7　　2023 年漳州市进出口情况表

指标	数值（亿元）	比上年增长（%）
进出口总额	1218.10	1.6
出口额	857.30	5.3
其中：一般贸易	697.69	8.4
加工贸易	67.35	–32.4
其中：机电产品	228.47	–2.3
其中：高新技术产品	32.74	–23.9
进口额	360.90	–6.3
其中：一般贸易	328.80	3.2
加工贸易	21.60	–33.5
其中：机电产品	24.73	–30.6
其中：高新技术产品	8.38	–48.4

【出口贸易】 2023年，漳州市出口贸易中，一般贸易额697.69亿元，比上年增长8.4%；加工贸易额67.35亿元，比上年下降32.4%。主要出口商品中，机电产品出口228.47亿元，比上年下降2.3%；农产品出口306.13亿元，比上年增长7.6%；高新技术产品出口32.74亿元，比上年下降23.9%。主要出口目的地中，出口美国155.77亿元，比上年下降7.2%；出口欧盟95.50亿元，比上年下降2.7%；出口东盟264.86亿元，比上年增长19.3%。

【进口贸易】 2023年，漳州市进口贸易中，一般贸易额328.80亿元，比上年增长3.2%；加工贸易额21.60亿元，比上年下降33.5%。主要进口商品中，机电产品进口24.73亿元，比上年下降30.6%；高新技术产品进口8.38亿元，比上年下降48.4%。

【对台港澳贸易】 2023年，漳州市对台湾地区贸易总额 71.5亿元，比上年下降26.01%，其中销往台湾地区18.7亿元，比上年下降21.75%；自台湾地区购入18.7亿元，比上年下降35.9%。对香港、澳门地区贸易总额26.3亿元，比上年下降10.7%，其中销往港澳地区26.3亿元，比上年下降10.7%。

（余秋凤）

·中国（漳州）跨境电商综合试验区·

【概况】 2023年，漳州市跨境电商综合试验区进出口额135.6亿元。年内，开展并完成《漳州市“十四五”跨境电商发展规划暨2028年远景发展目标》编制工作。

【跨境电商平台建设】 截至2023年年底，漳州跨境电商公共服务平台备案企业134家，基本实现全市各县（区）、开发区跨境电商备案企业全覆盖。漳州市跨境电商公共服务平台进出口总票数超111万票，总货值超19亿元。跨境电商孵化园出租率96%以上，入驻企业198家，其中被列为重点企业4家，涵盖跨境电商、直播电商等产业链上下游企业类型。

【第三届中国跨境电商交易会参展】 2023年3月18—20日，漳州市组织22家企业参加第三届中国跨境电商交易会，设置展位46个，主要涉及家具、钟表、电子、食品等产业。其中，家具企业7家、钟表企业6家，漳州市新嘉华家具有限公司、福建立兴食品有限公司、漳州视瑞特光电科技股份有限公司、漳州市英姿钟表有限公司等行业龙头企业参展。参展企业接待意向客户2700个，意向成交金额超4000万元。

【漳州跨境电商协会成立】 2023年10月11 日，漳州市跨境电子商务协会成立大会暨第一届第一次会员大会举办。会议听取漳州市跨境电子商务协会筹备工作报告，审议通过《漳州市跨境电子商务协会选举办法》《漳州市跨境电子商务协会章程（草案）》《漳州市跨境电子商务协会第一届会费标准和使用管理办法》，选举产生漳州市跨境电子商务协会会长、副会长、秘书长和监事长。截至2023年年底，漳州跨境电商协会吸纳会员企业70多家。

（余秋凤）

2023 年 10 月 11 日，漳州市跨境电子商务协会成立大会暨第一届第一次会员大会举行
（漳州市商务局　供图）

·中国—菲律宾经贸创新发展示范园区·

【概况】 2023年1月，国务院批复同意福建省漳州市设立中国—菲律宾经贸创新发展示范园区。示范园区总规划面积266.73平方千米，以诏安工业园区、东山经济技术开发区、漳州开发区、常山开发区和古雷开发区5个园区为依托，构建“一园、五片区、多基地（中心）”空间布局，打造海洋渔业、热带农业、绿色矿业、石油化工、林木加工等跨国合作产业链。年内，漳州市商务局举办中国—菲律宾跨境电商推介会，漳州市电商协会和菲律宾电商联合会签订框架合作协议。

【经贸往来】 2023年，漳州市新设立菲资企业4家，合同菲资

5284万美元，实际使用菲资490万美元；对菲律宾进出口总额55.1亿元，比上年增长40.5%。

【项目签约】 2023年，漳州市分别在菲律宾、漳州举办经贸活动3场，形成合作项目38个，涉及冷链物流、冶金新材料、石化精细化工、康养、跨境电商等领域。其中投资类项目30个，总投资449.5亿元；贸易类项目8个，涉及贸易额43.8亿元。

【中菲经贸创新发展示范园区启动仪式举行】 2023年7月13日，由中国驻菲律宾大使馆和漳州市人民政府共同主办，菲华各界联合会、菲律宾漳州总商会共同承办的中国—菲律宾经贸合作交流会暨中国—菲律宾经贸创新发展合作园区启动仪式在马尼拉举行。漳州市政府和企业代表团、菲律宾政商界、在菲律宾中资企业、媒体等500余人参加。期间，举行两国企业之间产业和贸易项目签约，签约项目15个，总金额202亿元。

2023年8月18日，中国—菲律宾经贸创新发展示范园区建设推进会暨招商大会在漳州宾馆举行。图为中国驻菲律宾大使黄溪连发表视频演讲
（张金川 摄）

【中菲经贸创新发展示范园区建设推进会】 2023年8月17—19日，漳州市在漳州宾馆举行中国—菲律宾经贸创新发展示范园区建设推进会暨招商大会。漳州市商务局作产业招商推介和项目策划说明。大会举办经贸合作洽谈活动，签约经贸项目37个，总金额394.6亿元，其中，现场集中签约项目24个、总金额235.6亿元，涉及制造业、服务业、商贸、水产养殖、畜牧业等多个领域。

【中菲（漳州）跨境电商企业座谈会】 2023年10月11日，中菲（漳州）跨境电商企业座谈会在芗江酒店召开。漳州海关、闽南师范大学外国语学院代表围绕漳州市跨境电商发展、中菲贸易情况等方面发言。漳州信产跨境电商、云途网络科技等企业代表开展互动交流。

（陈毅斌）

责任编辑：江细珍

开发区

·综述·

【开发区年度发展】 截至2023年年底，漳州市有省级以上开发区12个，其中，国家级开发区2个（漳州开发区和东山经济技术开发区）、国家级高新技术产业开发区1个（漳州高新区）、国家级台商投资区1个（漳州台商投资区）以及省级开发区8个（金峰经济开发区、蓝田经济开发区、长泰经济开发区、诏安工业园区、平和工业园区、华安经济开发区、古雷开发区和常山经济开发区）。12个省级以上开发区地区生产总值3293.94亿元，财政收入153.19亿元。

【开发区综合发展水平】 2023年，漳州市12个开发区中，9个开发区在福建省开发区综合发展水平考核评价中排名上升，3个开发区在福建省开发区综合发展水平考核评价中排名下降。排名上升的9个开发区分别为：漳州台商投资区排名第12位，比上年提升1位；蓝田经济开发区排名第19位，比上年提升1位；古雷开发区排名第22位，比上年提升13位；华安经济开发区排名第32位，比上年提升9位；漳州开发区排名第34位，比上年提升13位；长泰经济开发区排名第37位，比上年提升5位；东山经济技术开发区排名第41位，比上年提升4位；漳州高新开发区排名第53位，比上年提升9位；常山开发区排名第64位，比上年13位。排名下降的3个开发区分别为：金峰经济开发区排名第25位，比上年下降10位；诏安工业园区排名第66位，比上年下降11位；平和工业园区排名第76位，比上年下降18位。

【工业园区标准化建设】 2023年，漳州市出台《漳州市工业园区标准化建设提升方案》，涵盖投融资力度、央国企引领作用、产业链供应链招商、土地集约发展效益、科技创新能力、园区配套建设、标准化厂房建设、生态环保安全和创新园区体制机制等方面。实施工业园区标准化建设支撑项目232个，总投资1747.2亿元，年度计划投资404.5亿元，实际完成投资406.8亿元。

（余秋凤）

·漳州招商局经济技术开发区·

【概况】 2023年，漳州招商局经济技术开发区（简称漳州开发区）辖区面积56.17平方千米，其中国家级经济技术开发区规划面积31.4平方千米。实现地区生产总值141.17亿元，比上年增长7.2%。规模以上工业总产值166.1亿元，比上年增长9.2%；固定资产投资34亿元，增长13.8%；社会消费品零售总额20.8亿元，比上年增长14.3%；

表 8　2023 年漳州市省级以上开发区综合情况一览表

单位：亿元

开发区名称	地区生产总值	规模以上工业企业营业收入	财政收入	固定资产投资（不含农户）
金峰经济开发区	442.39	730.22	18.50	158.59
漳州台商投资区	460.29	623.15	34.70	123.72
蓝田经济开发区	260.56	290.50	1.77	153.48
漳州开发区	141.17	172.56	11.66	33.97
长泰经济开发区	365.40	450.89	18.81	45.02
漳州高新区	224.51	201.50	17.12	129.37
古雷开发区	428.19	727.08	23.29	173.51
华安经济开发区	194.41	190.86	6.33	75.05
常山开发区	117.24	135.20	3.94	16.33
诏安工业园区	330.87	197.79	3.80	17.02
东山经济技术开发区	183.047	182.04	10.22	52.52
平和工业园区	145.86	161.88	3.05	37.88
合计	3293.94	4063.67	153.19	1016.46

外贸进出口总值84.6亿元，比上年增长5.3%；实际使用外资2006万美元，一般公共预算总收入11.7亿元，比上年下降1.2%；地方一般公共预算收入7.8亿元，比上年下降7.2%。漳州开发区地区生产总值增速高于全市1.3个百分点；国家级开发区综评排名比上年提升24名。

【产业发展】　2023年，漳州开发区推进新能源汽车园、风电产业园、智慧零碳园区建设。中南高科、璟沃、闽京蒲等产业园建成，新建工业厂房面积46万平方米。全年签约中集储能等项目5个，投资额53亿元，其中新兴产业项目3个，单项目投资额均超10亿元。中集储能项目实现拿地即开工、当年投产上规模。全年新开工项目14个，竣工项目12个，续建项目12个，产业项目投资完成20.4亿元，比上年增长30%。未名博欣生物医药等7家企业获评国家级科技型中小企业，中工建设、卓旭信息获评国家级高新技术企业，科之杰、华东精炼糖获评福建省专精特新中小企业，中集、威驰腾获评福建省企业技术中心，威驰腾获评福建省创新型中小企业及未来独角兽企业。

【营商环境】　2023年，漳州开发区设立企业服务中心，举办“亲清半月谈”“企业家座谈会”等活动10多场，走访企业292家次，解决问题108个。全年发放惠企资金8847万元，惠及企业137家次。办理各类退税1.97亿元。开展“一网好办”改革，多项创新举措获省市优秀典型案例推广。打造智能“一键办•助您办”服务专区，在社区、学校等设置自助便民服务区。推进政务服务跨域办，全年受理跨省通办2.8万项、省内通办1176项，整体营商环境督导考评获全市开发区序列第一。签订9宗提质增效用地监管协议，盘活存量工业用地面积33.2万平方米、闲置厂房面积3.9万平方米，清理闲置土地面积4.73万平方米。落实“万才聚漳”行动计划，全年办理人才认定50人，兑现人才补助及奖励286.52万元。

【基础设施建设】　2023年，漳州开发区建成大径110千伏输变电工程、污水处理厂三期改扩建

2023年12月26日，漳州开发区南炮台海防公园二期开园。图为南炮台海防公园二期一隅（林家成 摄）

工程并投入使用，建成乌山路北段和四区兴港南路延伸段，完成南炮台海防公园二期、黄金海岸改造提升项目等工程建设，增加休闲场地面积3万平方米。开通漳州开发区到漳州古城客运专线，优化至厦门火车站定制客运班线，增加海上巴士班次，建设国道228线滨海风景道。

【社会管理】 2023年，漳州开发区管委会与厦门大学附属第一医院签订新一轮15年医疗托管协议，建立直通总院的急救绿色通道，全年转诊救治急危重症患者90例。实施为民办实事项目16项，投资超6300万元。兜底安置就业困难人员19人，发放补贴103万元，帮助追讨农民工工资685.2万元。全年发放养老金2321万元，发放救助金、低保金591万元。开展重大事故隐患专项排查整治2023行动，消除一般事故隐患799处，整治重大事故隐患77处，无发生一般及以上生产安全事故。全年实施1.3万户居民户内燃气设施安全更新改造。全区空气质量优良率100%。厦门港九龙江口招银点位水质提升至II类；规划环境影响跟踪评价报告在福建省各国家级开发区中率先通过生态环境部审查。推进鸿溪谷、御溪谷等房地产项目涉稳风险化解工作；全区信访事项受理率、按期答复率均100%。打击电信网络诈骗等违法犯罪活动，破获漳州首例出售出入境证件案。

【厦大附小明德校区投入使用】 2023年，漳州开发区厦门大学附属小学明德校区建成并投入使用。该校区位于漳州开发区黄金海岸，新增学位1800个，办学规模36个班级。

【南炮台海防公园二期开园】 2023年12月26日，漳州开发区南炮台海防公园二期开园。南炮台海防公园二期改造提升项目总建设面积3.4万平方米，完善履带战车训练场、军事拓展营地、房车营地、救援通道等功能配套设施，增设国防教育体验项目，与一期南炮台遗址、海防长卷、海天灯塔等系列项目升级成一个复合型海防公园。

【漳州开发区污水处理厂三期改扩建工程投入使用】 2023年10月17日，漳州开发区二区污水处理厂三期改扩建工程投入使用。该工程于2022年8月开工，三期工程新建生化池、二沉池，改造格栅及进水泵房、配水井及污泥回流泵房、鼓风机房及加药间、除臭系统等，日污水处理能力2.4万吨。

（纪明燕）

·常山华侨经济开发区·

【概况】 2023年，常山华侨经济开发区（简称常山开发区）行政区域总面积115平方千米。实现地区生产总值41.2亿元，比上年增长2%。规模工业总产值

99.89亿元，比上年下降1.2%；固定资产投资9.98亿元，比上年下降24.8%；一般公共预算总收入3.48亿元，比上年增长16.6%；地方一般公共预算收入2.12亿元，比上年增长19.3%；完成进出口总额51.4亿元，比上年增长11.5%；实际使用外资286万美元；社会消费品零售总额4.43亿元，比上年增长5.3%。

【产业发展】 2023年，常山开发区农林牧渔业总产值、建筑业产值、进出口总额等指标增速高于全市平均水平，其中建筑业产值增速排名全市第一，规模工业开票率82%；地方级税性收入比重76.1%。年内，出台《常山开发区巩固拓展经济向好势头的一揽子政策措施》《常山开发区总部经济发展的实施意见》，兑现惠企奖补资金1302万元，新增市场主体505家，新增规模工业企业4家，限额以上贸易企业3家。欣亿达实业有限公司被认定为省专精特新中小企业，升源机械被认定为省创新型中小企业。

【项目建设】 2023年，常山开发区12个省市级重点项目完成投资12.7亿元。年内，赴北京、上海、深圳等地招商12次，洽谈、交流项目25个，推动液态LNG（液化天然气）、雅咪食品预制菜等项目落户常山。全年签约项目7个，总投资20.8亿元。7个“9+5”产业（打造9个千亿级产业集群，发展5个五百亿以上产业集群）产值99.33亿元，占全区规模工业总产值99.4%；食品加工、装备制造、精细化工三大主导产业产值91.26亿元，占全区规模工业总产值91.4%。常山华侨城污水处理厂建成投入使用，污水处理能力2.9万吨/日；总投资2.3亿元的北区天然气管道及常山首站工程竣工。全年完成供地面积4.12万平方米，新建工业厂房面积7.71万平方米；处置批而未供土地面积4.12万平方米，清理闲置土地面积5.97万平方米。争取上级资金1400万元。

【城乡建设】 2023年，常山开发区投资2.26亿元，建成口袋公园、县道527道路硬化工程等项目。裸房整治开工率100%，自建房排查完成率100.5%。房地产投资4021万元，房地产成交金额1.58亿元。发展释迦种植基地、莲雾产业园等农业项目，小农业、畜牧业、林业产值分别比上年增长2.7%、16.4%、9.7%。粮食种植面积73.67公顷，产量440吨，恢复耕地面积16.62公顷。建设梧园管理区，完成庆安楼修缮、下铺村环村路建设。

【社会事业】 2023年，常山开发区民生支出1.76亿元，占财政总支出的79.7%。完成年度为民办实事项目26项。新增城镇就业人员300人，就业补助资金比上年增长358%。发放社会救助金256万元，城乡居民基本养老保险基础养老金标准每人每月提高7.1%。完成低收入群体居住场所消防安全改造224户。受理各类

2023年1月1日，常山华侨农场成立70周年。图为常山华侨农场中心城区实景
（林小艺 摄）

投诉案件123件，认定工伤案件29件，帮助农民工追回劳动报酬241万元。公开招聘教师38名，学前近一年入园率、义务教育入学率100%，教育支出比上年增长25.37%。与漳州市中医院、云霄县中医院签订分级诊疗对口帮扶协议，人均基本公共卫生服务项目政府补助标准提高5.95%。

【风险防范】 2023年，常山开发区开展重大事故隐患专项排查整治行动，开展燃气、消防、交通等各领域安全隐患排查整治。漳州市常山华侨经济开发区综治中心获批设立，成立常山法庭台胞权益保障法官工作室和全市首个共享法庭。“治重化积”案件化解率以及信访及时受理率、按期办结率、群众满意率、群众参评率100%。

【营商环境】 2023年，常山开发区政务服务“好差评”好评率100%。落实“千名干部挂千企”帮扶服务机制，帮助企业解决问题22项。完成污水处理厂提标扩建工程，新建改造污水管网1.6千米。完成30项扬尘问题整治。推进闲置5年的东旺饰品用地20.22公顷、东南亚大酒店资产盘活等问题。

【侨家乐·福建华侨美食风情文化节举行】 2023年2月4—6日，侨家乐·福建华侨美食风情文化节漳州常山华侨农场专场活动在常山开发区乌山湾现代田园度假区举行，活动涵盖特色美食展销、风情歌舞、房地产销售、助企招工、名优名品、常山侨文化图片展等系列内容。活动期间，吸引游客8万人次，营业收入400多万元。

【庆祝常山华侨农场成立70周年文艺会演举行】 2023年9月28日，常山开发区举行“凝聚侨心侨力 助力漳州发展”庆祝常山华侨农场成立70周年文艺会演在常山华侨文化广场举行。会演分为4个篇章，邀请侨区艺术团、老体协以及机关、学校演员近百人同台演出。

（王雅云）

·漳州古雷港经济开发区·

【概况】 2023年，漳州古雷港经济开发区（简称古雷开发区）陆域面积447平方千米，海域面积671平方千米。实现地区生产总值183.3亿元，比上年增长10.9%。第一产业增加值24.9亿元，比上年增长4.1%；第二产业增加值93亿元，比上年增长14.4%，其中工业增加值78.7亿元，比上年增长13.5%；第三产业增加值65.3亿元，比上年增长9.1%。规模以上工业总产值788.8亿元，比上年增长27.2%。农林牧渔业总产值46.5亿元，比上年增长4.3%。固定资产投资166.4亿元，比上年增长5.8%。社会消费品零售总额71.5亿元，比上年增长10.7%。外贸出口额12.92亿元，比上年增长55.85%；实际利用外资2.17亿美元，完成率125.9%。一般公共预算总收入17.81亿元，其中地方一般公共预算收入16.96亿元。规模以上工业增加值比上年增长26.9%，其中地区生产总值、规模以上工业总产值两项主要经济指标增幅排名全市第一。年内，东山经济技术开发区更名为东山湾古雷经济技术开发区。

【项目建设】 2023年，古雷石化基地初步形成“芳烃–聚酯”“烯烃–塑料”两条千亿能级的产业链，古雷开发区获评“中国化工园区30强”。中沙古雷乙烯项目完成前期工程建设，古雷炼化一体化二期项目获转规批复。福化鲁华碳五碳九、盛桐碳四、奇美ABS（丙烯腈–丁二烯–苯乙烯共聚物）及AS（丙烯腈–苯乙烯共聚物）扩建等5个项目投产，福海创PTA（精对苯二甲酸）扩建、兮璞电子医疗特殊气体等3个项目开工建设，南化苯胺–橡胶助剂、电子级碳酸酯一体化等3个项目签约落地。

【服务保障】 2023年，古雷开发区启动兴坂佳苑、霞美民生产业园、九龙江南引工程等16个项目征迁，推动福建中碳、公路港基地、漳州一中古雷港分校等13个项目净地交付，完成征地面积215.7公顷、房屋征迁面积5.4万平方米。近城片区、精细化工园区等成片开发方案获省政府批复，获批面积超1000公顷；争取新增建设用地指标面积超180公顷，获批面积超188公顷。全年新增土地出让收入约23亿元；争取财政部特殊再融资债券130亿元，国开行融资8.7亿元；获批乡村振兴等专项债9.33亿元。

2023 年，古雷石化基地初步形成“芳烃－聚酯”“烯烃－塑料”两条千亿能级的产业链。图为古雷石化园区核心区航拍图

（詹照宇　2023 年 6 月 20 日摄）

【基础设施建设】　2023年，古雷开发区新增园区道路6.8千米、电力管廊10.3千米、公共管廊支廊投入使用2.1千米。完成北1号、2号泊位主体工程建设，30万吨级南3号泊位获交通部岸线批复，南8号泊位取得对外开放资格。北部华能古雷热电厂一期竣工投入使用，年新增发电量5.5亿千瓦时；整区屋顶分布式光伏二期工程实现全容量并网。危化品运输车辆停车场、古雷石化企业服务中心项目、南部污水处理厂一期项目开工。西林路等3条道路建设启动。

【营商环境】　2023年，古雷开发区兑现增值税、消费税等退税资金19.62亿元，兑现外资到资奖励1314.59万元，兑现企业优惠政策奖励1094.45万元，在2023年度全省纳税人满意度调查中获得全省各县（区）第二名。完成漳州古雷迎宾馆公司机构改革，组建漳州古雷文传服务有限公司。推进相对集中行政许可权改革试点，实现企业开办和工程建设两大重点领域374项审批事项一站式集中办理；试行“验收即办证”审批服务新模式，工程建设项目联合验收和不动产首次登记“并联审批”，审批时限缩短90%以上。成立漳州市住房公积金中心古雷管理部，启动“E政务”三期工程建设，政务服务非常满意率100%。

【城乡建设】　2023年，古雷开发区拓展中心城区，启动林前片区一期开发，推进林前佳苑、海悦佳苑等4个商住项目建设。松风路、松湖路（一期）、纵七路（前埔段）等3条城市道路开工。新增建成雨水管网4.3千米、市政供水管网3.2千米、市政燃气管网2.8千米。古雷新港城智慧体育公园（二期）项目投入使用，松风酒店（一期）主体封顶。粮食储备基地开工，改造提升农村道路12千米。实施乡村振兴“十镇百村”示范工程，27个项目竣工验收。

【社会事业】　2023年，古雷开发区财政民生支出16.99亿元，占财政支出70.4%。庄前小学竣工投入使用、新增学位270个，古雷港中学、漳州一中古雷港分校等3个项目开工、古雷石油化工学院项目启动征迁，“美丽校园”五年计划首批20个项目校完成改造提升；提高义务教育阶段生均公用经费区级配套标准，漳州市医院古雷分院、霞美卫生院扩建开工，总投资7.75亿元。区第一医院扩建工程二期、疾病预防控制中心等5个项目主体结构封顶。新增体育场地25个、面积4.2万平方米，承办大型足球赛事集训18场，服务5.22万人次。推动新增就业951人，落实养老、失业保险金等各类救助保障资金约1.16亿元。实施62个公办村卫生所（室）规范化提升工程，新建过洋村长者食堂。37个为民办实事项目基本兑现。

【安全监管】 2023年，古雷开发区在全省率先完成D类（较低风险）园区创建目标。按照“核级安全”标准，制定园区企业异常情况管理工作导则，探索“四位一体”（部门执法监管、群众举报监督、保险机构保障、员工内部报告）安全监管模式，实现全区100处危化品重大危险源包保责任全覆盖，工作成效刊发在《中国化工报》。开展重大事故隐患专项排查整治行动、一月一主题专项行动等，完成2轮国务院安委办危化品重点县专家指导服务113项反馈问题整改。组建海上搜救古雷分中心，成立国家级危化品应急救援古雷队。完成全区68个村（居）防汛标准化创建。举办2023年海上搜救与危化品货物泄露、碳五碳九危化品泄露等综合应急演练12场。推动古雷石化建成全厂智能管理综合系统，漳州九龙江古雷发展集团建成“智慧管廊”系统。福海创石油化工公司等4家试点单位基本建成化工安全风险智能管控平台。新港城区域被纳入华润燃气用户监测系统，实现用户燃气管网运行状态实时监测。

【生态环保】 2023年，古雷开发区入选工信部绿色工业园区，奇美化工入选绿色工厂；古雷半岛东山湾古雷湾区入选福建省第一批美丽海湾优秀案例。年内，梳理形成《全区生态环境风险点清单》，开展生态环境问题整治百日攻坚。推进陈年垃圾清理、海漂垃圾清理、河沟渠潭清淤三大攻坚和超规划养殖整治。清理河道34.95千米、清运陈年垃圾及海漂垃圾超万吨、清退海上渔业超规划养殖面积53公顷、清退滩涂面积220公顷。完成8个村农村生活污水处理及20条农村黑臭水体治理试点项目。推动福海创、古雷石化等重点用能企业制定“十四五”节能降碳改造计划，建成福海创四合一加热炉节能改造等减排项目6个，环境空气质量达标天数比例99.7%。

【社会治理】 2023年，古雷开发区建成区级“一站式”社会矛盾纠纷调处化解中心，化解社会各类矛盾纠纷30余起，全年“国重治理”件化解完成率100%。成立园区劳资纠纷多元化解中心，劳资纠纷化解率99.8%。打造石化园区警务团队立体防控运行“5+N”（5支巡防队伍和若干个联动单位）模式，典型经验在《人民公安报》刊载。全区公众安全感率99%，“12345”便民服务平台诉求满意率99.3%。

【中沙古雷乙烯项目前期工程开工】 2023年4月2日，总投资11亿元的中沙古雷乙烯项目前期工程开工。项目主要包括场地平整、围挡、工程一体化项目管理部、厂区内主干道及配套道路、一级地管及厂内管线敷设以及其他临时设置等。

【漳州市海上搜救中心古雷分中心成立】 2023年7月，漳州市海上搜救中心古雷分中心成立。古雷分中心由古雷开发区辖属四镇与应急、公安、消防、海事等部门以及船舶航运企业等20多家单位组成，负责海上交通险情事故、船舶溢油事故救援工作的指挥、协调和应急力量的组织等工作，实行全天候值班值守。

（连炜鑫）

·漳州台商投资区·

【概况】 2023年，漳州台商投资区区域总面积163.7平方千米。全年实现地区生产总值460.29亿元，比上年增长7.4%；固定资产投资123.72亿元，增长3%；一般公共预算总收入34.7亿元，比上年增长45.5%；地方一般公共预算收入24.36亿元，比上年增长28.4%；规模工业总产值659.84亿元，比上年增长10.4%；建筑业总产值62.46亿元，比上年增长14.8%；社会消费品零售总额82.23亿元，比上年增长8.8%；城镇居民人均可支配收入50360元，比上年增长4.7%；农村居民人均可支配收入2.91万元，比上年增长7.7%；进出口额169.52亿元。2023年国家级经济开发区综合考评排名第182，比上年跃升28名。角美镇入选全国综合实力千强镇前40强。

【工业经济】 2023年，漳州台商投资区完成工业投资47.57亿元，比上年增长36.9%。新增规模以上工业企业20家。培育21家市级以上工业龙头企业，联盛纸业有限公司、中科智谷科技有限公司分别上榜全省民营企业、制造业民营企业百强。新增省级以上知识产权示范优势企业6家、省级科技“小巨人”企业2家，国家级高新技术企业15家。获授权专利537项。新开工工业提质增效项目28个，总投资51.32亿元，新增建筑面积152.93万平方米。

【招商引资】 2023年，漳州台商投资区举办专场招商推介及签约活动4场，签约意向项目63个，计划总投资214亿元。开展粤港澳大湾区“驻点招商”，新签约重点二产、三产项目58个，计划总投资121.06亿元。

【项目建设】 2023年，漳州台商投资区市级以上重点项目竣工投产18个，竣工率133%。7个省级、64个市级重点项目超额完成年度投资。龙池大型工业综合体开工建设，华昌大型城市综合体（一期）落户，区级粮食储备库绿色储粮成为福建省首个楼房仓项目。

【服务保障】 2023年，漳州台商投资区获政策性融资贷款4.53亿元，向上争取资金1.91亿元、专项债3.88亿元、金山易涝点治理等3个工程入选增发国债第二批项目清单，总投资2.07亿元。政银企融资对接会达成融资意向195.73亿元，惠及企业36家。34个项目完成征迁，全年报批土地、林地面积166.04公顷、土地供应面积 79.21公顷，处置闲置用地面积2.2公顷，保障28个项目落地需求。

【改革创新】 2023年，漳州台商投资区7个正科级事业单位挂牌成立。年内，将原有5家国企优化重组为4家。区资产运营集团、轨道交通公司分别获评AA+、AA主体信用评级。完善“马上办、网上办、一次办”工作机制，全区政务服务事项“最多跑一趟”占比90.41%，承诺时限平均压缩90.56%。3个项目拿地即开工，1个项目竣工即投产。新开办企业1173户、个体工商户5111户。

2023年，台商投资区打造4个口袋公园。图为石美村“五常”主题公园一隅
（林华伟 2023年7月4日摄）

【城乡环境】 2023年，漳州台商投资区实施城市建设品质提升项目40个，完成投资30.52亿元；改造老旧小区4个。国道324线台商区过境段、县道511线玉江段路面改造项目完工，建设省道318线角美段（上房至内丁）公路。打造示范路8条、示范街区6个，布点停车泊位100个，“口袋公园”4个，美丽乡村庭院微景观31个，福道和休闲绿道5千米。启动EPC+O（厂网河湖一体化）项目，治理内河水系26条，消除凤山渠、龙池段低干渠黑臭水体，高干渠、洪岱港水质稳定在V类以上。完成九龙江违法养殖清退，通过第三轮中央环保督察检验；空气质量优良率99.7%。

【社会治理】 2023年，台商投资区化解重复信访积案64件。组建全市（开发区）首支平安巡防大队，构建立体“大巡防”体系。刑事警情数、治安警情数双下降。全市综治中心规范化建设现场观摩会在台商投资区召开。

【社会事业】 2023年，台商投资区民生支出19.38亿元，占财政总支出83.09%；完成为民办实事项目48项，总投资2.1亿元。角美中心小学等4所学校实行集团化办学。高考本科上线率61%，其中，台商区一中本科上线率98.42%。药品收入占医疗总收入比例下降至26.36%，建成养老服务设施3个，提升农村幸福院4个。完成天一总局主体建筑、白礁潘氏民居群修缮。城镇新增就业5494人、大学生就业创业396人。发放低保、临时救助金3672万元，发放失地农民养老保障金7166万元，惠及群众1.3万人。

【商业贸易】 2023年，台商投资区新增限额以上贸易企业35家、规模以上服务企业7家；服务业增加值增长108.89亿元，比上年增长6.8%。举办“全民乐购、富美台商”活动。台商区保税物流中心（B型）进出口额9.96亿美元，比上年增长59.17%。

【对台交流合作】 2023年，漳州台商区引进7个台湾青年创业团队到区内实习。举办漳州台商投资区闽台产业推介暨特色产品北京专展活动，获国务院台湾事务办公室肯定。建成“一员一站一团队”台企服务联盟、台胞台企权益保护法治宣传基地。举办“情系保生、融合两岸”保生大帝（白礁）文化交流节、“两岸一家亲”漳厦泉金合唱音乐会等活动。福龙智造产业园（台胞科创基地）开工建设，青年创业基地获评省级“科技型众创空间”。

【“七大中心”揭牌成立】 2023年9月28日，漳州台商区新组建的“七大中心”（产业服务中心、招商服务中心、统计服务中心、综治中心、文化教育服务中心、财政投资评审和审计服务中心、卫生健康服务与疾病预防控制中心）分别在各自办公场所举行揭牌仪式。各中心分别承担全区产业、招商、统计、社会治理、文化教育、财审和卫生健康与疾病预防控制等职能。

【第三届“漳州·台商周”活动举办】 2023年11月21—26日，第三届“漳州·台商周”活动在台商投资区龙佳大酒店举办。活动期间，30家企业共同加盟的台商产品展设置“台商金融”“国风来袭”“潮流无限”“大厨小点”“达人吃货”5个主题，来自各地的客商、企业以及200多位台商台企代表开展资金、市场要素等资源对接和双方合作事宜。

（颜　立）

·漳州高新技术产业开发区·

【概况】 2023年，漳州高新技术产业开发区（简称漳州高新区）总面积245平方千米，全年实现地区生产总值224.51亿元，比上年增长4.5%；规模工业总产值208.37亿元，比上年增长0.8%；规模工业增加值71.78亿元，比上年增长0.5%；固定资产投资128.95亿元，比上年增长7.2%；社会消费品零售总额70.29亿元，比上年增长7.1%；一般公共预算总收入12.68亿元（不含车购税）；地方一般公共预算收入8.37亿元。

【片区开发】 2023年，漳州高新区修订完善《高新区三大片区招商引资暂行办法》，出台《关于进一步促进漳州高新区重点产业发展的若干措施（试行）》《高新区招商引资奖励办法（试行）》等招商奖励政策，组织到长三角、珠三角、北京等地开展招商推介，区属国企分别与上海东方龙集团、上海容琨企业管理有限公司第三方招商平台合作，签约七首智慧谷等项目17个，计划总投资81.28亿元。靖圆“一智一药”产业园、南湖“双创”产业园和站前总部经济产业园3片区建成漳州科技园等项目30个，在建紫山食品产业园、粮食产业园等项目60个。获批用地36宗，面积152.8公顷；供应土地44宗，面积222.2公顷；收储用地面积592.07公顷。

【项目建设】 2023年，漳州高新区开竣工项目104个。其中，岁金智能装备产业园二期等41个项目竣工，总投资170.98亿元。南湖壹号等63个项目开工，总投资153.68亿元；41个省市重点项目完成投资131.96亿元。绿色发展及产业配套项目12个子项目开工。建成标准厂房面积73.9万平方米，在建面积27.4万平方米。智能制造产业示范园、大健康产业示范园、中盟科技园、站前总部经济产业园等9个工业产业园招商签约企业166家，培育规模工业企业7家。

【科技创新】 2023年，漳州高新区承办漳州市智能制造领域科技成果发布暨产学研对接大会、“创新引领 创业筑梦”2023年漳州市创新创业大赛，与北京科技创新促进中心、漳州市科技局共同签订京闽（漳州）科技交流合作框架协议。区内国家高新技术企业81家，比上年新增9家；科技型中小企业116家，比上年新增13家；科技“小巨人”企业26家，比上年新增4家。

【城乡建设】 2023年，漳州高新区推动圆山大道、纵十五路、南江滨路与厦漳同城大道互通节点等交通干道建成通车，金古路等10个市政道路项目开工建设。城乡供水一体化一期工程完成建设。龙江岁月（一期）建设完成，入驻企业20余家，完成漳州市首个闽台美食新地标项目海峡美食汇（龙江岁月）建设。建设站前滨江总部集聚区5个总部经济项目，漳龙总部大楼竣工。荔枝海生态文化园获批国家AA级旅游景区，建成荔枝博物馆和荔海树屋1.0、2.0版本。

【营商环境】 2023年，漳州高新区出台《漳州高新区“加

2023年1月5日，圆山大道全线通车。图为圆山大道一隅
（漳州高新区 供图）

减乘除”再提升 营商环境再优化实施方案》，推出优化营商环境122条措施。探索“拿地即开工”“验收即办证”“竣工即投产”等审批举措，“三即”审批模式入选2023年福建省改革优秀案例并在全省推广。截至2023年年底，实现“交地即交证”项目10个、“拿地即开工”项目7个、“验收即办证”项目5个、“竣工即投产”项目5个。“竣工即投产”和工程建设项目中介服务平台两项改革举措经验在全市推广。区属国企漳州高鑫发展有限公司被大公国际资信评估有限公司评定主体信用等级为AA+。

【民生事业】 2023年，漳州高新区实施省市区为民办实事项目52个，完成投资5.27亿元。建成漳州高新区实验小学等学校，新增学位1980个。漳州市医院总部院区开诊，九龙江医院封顶。完成安置房建设1990套、面积20.66万平方米。为南星小区、兰庭小区、龙江新苑、水仙花苑等安置房回迁居民办理不动产登记证5993本。11个村级公益性生命公园开工建设。举办招聘会13场，提供就业岗位1758个，全年新增城镇就业人数1737人。专项检查在建项目工程农民工工资支付情况250余次，为422名农民工追回薪资289万余元。

【生态环保】 2023年，漳州高新区开展流域生态综合治理，九龙江西溪流域水环境综合治理工程投入使用，国考流域断面水质、省考流域断面水质均达标率100%。开展第三轮中央生态环保督察交办信访件整改，基本完成市级交办生态环保问题整治，116件群众投诉件100%按时办结。立案处罚环境违法行为7起，办理重大案件21起，实施生态环境损害赔偿8起。在全市率先建立生态环境损害赔偿增殖放流基地，推动全市建设系统开展首例生态环境损害赔偿增殖放流活动。

【漳州市首届美食文化节举行】

2023年2月25—27日，“花样漳州　食全食美”漳州市首届美食文化节在漳州高新区三馆广场举办，设置传统特色美食、美食伴手礼、非遗产品、台湾美食、漳州地标产品、漳州旅游资源、文创美食、新秀创意美食、巾帼美食和文旅康养十大主题展区。全市参展企业400家、美食品类3000多种，活动累计接待客流50多万人次，消费总额1000多万元人民币。

【甲骨文（漳州）人才双创基地等获批国家级孵化器】 2023年5月29日，漳州高新区甲骨文（漳州）人才双创基地和漳州圆山创业园（众创园）获国家级科技企业孵化器备案，分别成为漳州市首家国家级专业型科技企业孵化器及漳州市首家国家级综合型科技企业孵化器。

（朱加良 郑莹）

责任编辑：林 倩

口岸管理

·漳州海关·

【概况】 2023年，漳州海关监管进出口货运量731.2万吨、进出口值174.51亿元、集装箱1.35万标箱，分别比上年增长12.4%、2.1%、68.8%。办理进出口报关单1.68万票，比上年增长46.1%。检验检疫出入境货物8.99万批，比上年增长19.9%；税收入库13.43亿元，比上年下降13.23%。签发原产地证书3.1万份，签证金额115.91亿元。办理减免税审批58票、1.2亿元，实际减免税额1162.99万元。办理报关单位备案562家、备案信息变更297家、注销165家。办理加工贸易手册备案23.27亿元，比上年增长19.71%。开展稽、核查作业441起。出口食品备案企业512家，其中对外注册企业39家。监管进出境船舶480艘次。口岸检疫供船食品116批次，供退物料820批次。

【税收征管】 2023年，漳州海关开展综合治税，全年征收入库税款13.43亿元，其中关税2.71亿元、增值税10.72亿元。开展税政调研，涉及风油精、按摩器具、人类头发3项增列税目建议被列为全国性专项行业调研项目，其中风油精增列子目建议被海关总署关税司采纳。开展“千企享惠”行动，推广原产地证书“智慧审核+自助打印+快递到家”便利措施，签发福建省首份中国—尼加拉瓜原产地证书，全年签发包括RCEP（区域全面经济伙伴关系协定）成员国在内的各类原产地证书3.12万份，比上年增长11.65%，签证金额115.91亿元，企业凭借RCEP原产地证书在进口国享受关税减让3.26亿元。落实减免税优惠政策，为集

2023年5月9日，漳州海关工作人员在漳州港招银港区查验进口铁矿精粉 （魏彬 摄）

成电路、远洋渔业等重点产业减免税款1162.99万元，比上年增长47.63%。

【智慧海关建设】 2023年，漳州海关开展进境粮食调运监管辅助系统自主研发和第一阶段内部测试工作。开展属地查检业务管理系统暨“云签发”模式试点，指导辖区相关企业实现100%系统切换，受理电子底账7.77万批，签发检验检疫证书4.95万份，分别占厦门关区总量的52.17%、68.6%。推行进出口危险品检验模式改革，通过分流作业实现就近监管，企业平均等待时长由3天缩至1天。设立6个国门生物安全智能化远程监测点，快速鉴定红火蚁等昆虫物种和自动诱捕采集。加大科研项目攻关力度，1项科研项目通过科技部验收；联合厦门海关技术中心申报的“电商方便食品风险侦测、溯源及控制关键技术研究”项目获“十四五”国家重点研发计划项目立项。

【动植物检验检疫】 2023年，漳州海关开展严防动植物疫情疫病传入和外来物种入侵“国门绿盾2023”行动，升级改造厦门海关进境木材检疫能力平台，获评厦门海关实训示范点。完善口岸初筛鉴定室建设，昆虫物种鉴定时间由3天缩至20分钟。截获进境植物有害生物151种、6303种次。开展国门生物安全监测和调查，设置检疫性实蝇监测点16个、林木害虫监测点36个、舞毒蛾监测点10个，常态化开展油菜籽茎基溃疡病等病毒、病虫和杂草监测。开展进口粮食安全风险和转基因监控项目检测468种次、83种次。完成对454家实施备案管理出境竹木藤草企业的注册登记转换，低风险货物布控查验比例由100%降至0.1%。

【食品安全监管】 2023年，漳州海关承办厦门海关食品安全宣传周主会场活动。执行监督抽检和风险监测计划，全年完成出口食品抽样392批次，开展盐渍菜和进口食品商专项核查，约谈境外通报涉事企业，督促企业完善自检自控体系。参与漳州市食品安全城市创建，向漳州市食品安全委员会办公室和龙海区政府、漳州台商投资区管委会发出风险预警通报3份。

【商品检验监管】 2023年，漳州海关开展进口旧机电、医疗器械等重点敏感商品质量安全监管，检出不合格品60批次，比上年增长9.1%。开展打击进出口危险品伪瞒报专项行动。制定14种常见危险化学品危险类别、主要危险特性和安全防护要求一览表，检出出口危险化学不合格典型案例被海关总署采用。

【外贸经济发展服务】 2023年，漳州海关承办“关企直通车”漳州专场活动，将驻长泰区“一线工作站”服务范围拓展至华安县，与市台港澳办、市台商投资企业协会联合建立台企问题直报点。成立中菲“两国双园”专班，建立会商、信息通报、情况汇总三项机制，梳理涉及海关政策任务清单13项，报送漳州对菲律宾贸易形势分析4篇，全年服务漳州市对菲律宾进出口55.1亿元，比上年增长40.5%。支持漳州台商投资区保税物流中心（B型）发展拼箱出口和海外仓业务，全年进出口额突破70亿元，其中出口额排名全国84家保税物流中心第一。指导厦门港后石港区筹建液化天然气接收站项目。推荐对外注册食品企业6家、输出俄罗斯蜜柚企业5家，监管新鲜柚类出口19.1万吨。指导漳州招商局码头有限公司完成建设6个进境粮食临时监管仓。

【海关法治宣传】 2023年，漳州海关开展法治宣传系列活动，联合漳州市委政法委、市司法局、漳州海关缉私分局、漳州市法学会等单位，进入社区、学校等开展集中普法宣传，全年举办相关活动12场次、讲座10场次，接受群众法律咨询560人次，活动情况被《中国国门时报》《民主与法制时报》《福建法治报》、“海关发布”微博号等媒体平台报道。

【风险预警】 2023年，漳州海关发挥“骐骥工作室”作用，发布风险预警提示信息6期、39条，提出10份风险信息处置建议，办理行政处罚案件17起。开展核查作业403起。

（王亚芬）

·东山海关·

【概况】 2023年，东山海关监管进出口货运量41.6万吨，货值222.5亿元，征收税款5100万元，其中监管出口水产品货运量28.1万吨、货值209.1亿元，分别比上年增长12.7%、5.23%。通过总署口岸公共卫生核心能力复核，法检委托每单检测周期下降至7.62个自然日，比上年下降25.07%，市场营收委托检测周期满足率提高至99.5%。

【对台小额贸易监管】 2023年，东山海关探索对台小额贸易“边机检边查验”模式，改串联作业为并联作业。自2023年9月恢复对台小额贸易冻水产品进口业务，截至2023年年底，累计进口冷冻水产品1961.5吨。

【口岸营商环境优化】 2023年，东山海关完成境外注册推荐23家次，比上年增长1.9倍，帮助企业拓展哈萨克斯坦、沙特阿拉伯等“一带一路”出口市场。推动企业信用管理改革落地，培育通过福建省第二家水产行业海关AEO（Authorized Economic Operator简称，海关企业信用类别管理）高级认证企业。

2023年7月12日，东山海关工作人员到虾仁生产企业开展核查

（黄晨寅 摄）

【重点产业发展服务】 2023年，东山海关支持城垵作业区扩大开放，临时开放泊位于9月完成首航，通过优化“船边提离+区外查验”模式，累计为企业减免物流成本600余万元。开通“东山—厦门”外贸内支线业务，首次通过转关方式助力高端光伏玻璃低成本出口。重点扶持漳州核电项目，开通关键部件和设备进口绿色通道，保障漳州核电设备及其零部件进口100余批次，货值1.8亿元，节省费用超400万元。

【漳州地区对菲律宾首票RCEP原产地证书签发】 2023年，东山海关为诏安县兴港水产食品有限公司出口菲律宾的冻金鲳鱼签发RCEP原产地证书，为漳州市首份出口菲律宾RCEP原产地证书。该批货值126.3万元的货物到菲律宾后，享受10%关税减免。

（陈紫微）

·古雷海关·

【概况】 2023年，古雷海关累计监管进出口货量580.7万吨，货值37.7亿美元，分别比上年增长13.0%、下降11.3%；监管进出境国际航行船舶374艘次、进出境人员8057人次，分别比上年增长16.2%、17.0%。进口整体通关时间1.39小时，与上年持平；出口整体通关时间0.05小时，比上年压缩85%。完成公共服务事项3225份，比上年增长2.2%。其中，办理原产地证书3107份，涉及货物金额1.9亿美元，分别比上年增长2.3%、下降10.4%，含优惠签证2084份，服务辖区享受出口成员国关税减让754.8万元，分别比上年增长11.3%、5.7%。签发出口RCEP项下原产地证1097份，货值3804.9万美元。

【税收政策优惠】 2023年，古雷海关担保税款金额超26.1亿元，比上年增长28.2%，居厦门关区首位。开展“关长送政策上门”活动和“关企直通车”等政策宣讲15次，与税务部门创新“关税”联动高效退税协作机制，完成消费税退税16亿元。支持重点项目享受税收减免优惠，出具征免税确认通知书10份，涉及货值1261.3万美元，减免税额683.5万元。

【口岸监管】 2023年，古雷海关指导古雷翔鹭码头南8号泊位通过对外开放省级验收，首次实现PTA（精对苯二甲酸）直接出口。指导漳州至仁港务服务有限公司、福建州海华兴船务有限公司、兴海达（漳州）船舶服务有限公司取得资质，解决古雷口岸船舶供饮用水和油污水装卸问题。帮扶古雷石化公司自有煤仓升级改造为海关监管作业场所。落实原油“先放后检”政策，采用“担保放行”模式，推行“船边直提”“抵港直装”，做好周末、节假日危化品船舶登临检验检疫排班，制定《古雷海关7×24小时保口岸通关顺畅工作机制》，实现船舶到港即查。

2023年12月21日，古雷海关工作人员指导企业改造自有煤仓设立海关监管作业场所 （胡泽凯 摄）

【企业培育】 2023年，古雷海关帮扶辖区1家企业获取全国唯一的新鲜荔枝输入资质。自主培育辖区首家AEO认证企业，推荐4家出口食品生产企业申请境外注册。

【石化产业监管】 2023年，古雷海关首次监管1650吨工业用丙烯出口，首次进口乙酸乙烯酯2998.9吨、煤炭7.41万吨。

（张冬锋）

·漳州海关缉私分局·

【概况】 2023年，漳州海关缉私分局开展“国门利剑2023”等行动，刑事立案15件，案值3.56亿元，涉税1.1亿元，其中非涉税案件2件。抓获犯罪嫌疑人94人，刑拘34人，执行逮捕23人，取保候审60人。办结公安部督办案件1件、海关总署缉私局挂牌管理案件3件。移诉走私犯罪案件12件，案值3.43亿元，涉税1.19亿元；移诉犯罪嫌疑人63人，单位3个。行政立案22件，案值2214.98万元，涉税125.21万元，罚没1558.22万元，协查协办案件42件。

【打击海上偷运走私】 2023年，漳州海关缉私分局立案侦办“2·18”“忠诚23–01”“忠诚23–06”3起走私水产品案，打掉海上偷运走私团伙7个，查证案值9646.36万元，涉税4343.05万元。开展“忠诚23–11”打击涉海水产品走私专项行动，抓获目标嫌疑人24人，打掉4个走私石斑鱼团伙，现场查扣涉案船舶2艘、运输车辆4部以及活石斑鱼约11.38吨，案值1.5亿元，涉税6000万元。

【打击毒品走私】 2023年，漳州海关缉私分局立案侦办走私毒品进境案1件，当场查获含有γ–羟基丁酸成分的“迷魂液”“黑白液”5瓶。

【打击固体废物走私】 2023年，漳州海关缉私分局查获涉嫌伪报品名走私单晶硅废料进境案1件，查证走私进口单晶硅废料300余吨。

【打击涉税走私】 2023年，漳州海关缉私分局组织开展两轮打击“套代购”走私专项行动，现场查扣488件涉案海南离岛免税商品，查证案值530万元，涉税约130万元。立案侦办低报价格走私钛矿、伪报品名走私游戏机等案件9件，案值4865万元，偷逃税款509万元。

【反走私综合治理】 2023年，漳州海关缉私分局在侦办“忠诚23–01”案件中，整理出涉及全国11个关区的下家货主线索，通过海关总署缉私局向10个直属局发出25条线索，抓获涉案人员26人，立案7件，案值2204万元，涉税1014万元。向漳州、汕头市公安局提供3件涉嫌走私冻品线索，现场查获冻品230余吨。配合漳州市打私办推动对走私风险隐患大的非设关地码头、仓储公司和石斑鱼协会行业等开展整治规范工作。与福建省公安厅经侦总队、漳州市公安局协作，抓获涉海走私逃犯15人。

（黄定灿）

·漳州出入境边防检查站·

【概况】 2023年，漳州出入境边防检查站服务出入境（港）船舶930艘次、出入境（港）人员1.73万人次。年内，推进漳州口岸台湾渔船、小额贸易商船停泊点“整改撤并”，支持东山对台客货运滚装码头建设。出台《关于推进漳州边检对台工作高质量发展的意见》，部署开展台轮停泊点及周边重点水域专项清查行动6次。

【口岸开放】 2023年，漳州出入境边防检查站按照中菲“两国双园”项目建设、两岸中菲石化产业合作中心、冷链物流中心等工作需要，指导边检查验设施建设，服务后石港区隆教作业区1号泊位及东山城垵作业区旗滨码头2号泊位申请临时对外开放，推动古雷港区南8号泊位完成省级对外开放验收。

【口岸管控】 2023年，漳州出入境边防检查站做好全国两会、杭州亚运会、亚残运会等重大活动和各类重要节点口岸安保维稳工作。严格规范口岸查验工作和交通运输工具、出入境人员在港监护。

（庄奕彬）

·漳州海事局·

【概况】 2023年，漳州海事局辖区船舶航次报告记录数38702条，国际航行船舶进出口岸查验937艘次。港口货物吞吐量5710万吨，其中，外贸货物1380万吨，内贸货物4330万吨。船舶载运危险货物进出1378艘次，比上年下降8.9%，危险货物吞吐量2367.57万吨，比上年增长0.5%。集装箱38.08万标箱，比上年增长22.1%，无外贸集装箱。辖区发生一般等级事故2起，沉船0艘，直接经济损失12万元。

【船舶运输】 2023年，漳州海事局对重点物资运输船舶、两岸直航船舶实施“绿色通道”“零

2023年6月26日，漳州市举行海上搜救与危险化学品货物泄漏综合应急演练。图为演练现场（漳州市海事局 供图）

待时”等举措。保障3.87万艘次船舶、5710万吨货物、38.08万TEU（twentyfoot equivalent unit，20英尺）集装箱安全进出港，分别比上年增长28.8%、14.4%、6.5%。保障221万人次旅客安全出行，比上年增长36.6%。年内，推出涉水工程管理全周期服务，获福建省海事局“金点子”征集评选活动三等奖。

【港航服务】 2023年，漳州海事局建立重点项目挂钩服务联系机制，服务漳州核电、漳浦六鳌海上风电、东山太阳海缆等17个海洋经济重点项目平安建设。指导漳州籍航运公司古雷拖轮公司首次获评海事局“安全诚信公司”。办理水上水下活动许可153件次，发布航行通告46件次，发布正确率100%。全年辖区船员培训开班333期，比上年增长50.7%；新增学员8974名，比上年增长34%。指导帮扶古雷港区南8号泊位对外开放通过省级验收并启用、东山港区城垵作业区2号泊位临时开放。

【水上交通安全监管】 2023年，漳州海事局印发《水上交通管理中心管理机制运行实施方案》，建立并独立运行“水上交通管理中心”，整合雷达站、cctv（视频监控系统）、专用航标等信息化资源。整合现有公务船员、海巡艇资源，实施海巡船艇和船员湾区统筹管理。

【水上安全隐患排查整治】

2023年，漳州海事局开展重大事故隐患专项排查整治，建立厦漳泉水上安全一体化监管机制，推进“商渔共治2023”、船舶载运危险货物安全监管、“三无”（无船名船号、无船舶证书、无船籍港）船舶清理整治等专项活动，排查整改重大隐患13处。

【船舶安全治理】 2023年，漳州海事局开展重点船舶安全治理，辖区船舶安检滞留率位居全省前列。落实《船籍港“123”链条管理工作机制重点工作任务清单》，船籍港船舶滞留率比上年下降22.2%，船籍港逃管船、事故船保持零纪录。2家游艇俱乐部22艘休闲旅游船舶完成AIS（船舶自动识别系统）设备安装。推动构建乡镇船舶管理“三维”立体责任网经验获福建海事局推广，渡口渡船安全管理经验获交通运输部海事局推广。

【海上搜救】 2023年，漳州海事局推动全市7个沿海县（区）全覆盖建立海上搜救分中心，修订《漳州市海上搜救应急预案》，推动实施《漳州海域船舶污染应急预案》，组织举行漳州市海上搜救与危险化学品货物泄漏综合应急演练和各类应急演练31次。全年处置突发险情事件23起，救助遇险船舶15艘、遇险人员127人，成功率分别为93.8%、94.1%。

（廖静云）

责任编辑：时万侠

交通

·公路·

【概况】　2023年，漳州市完成公路客运量822.91万人次，比上年增长33.9%；客运周转量9.52亿万人千米，比上年增长47.63%。完成公路货运量8171.35万吨，比上年增长8.70%；货物周转量100.42亿吨千米，比上年增长12.10%。全市公路客货运输换算周转量完成101.37亿吨千米，比上年增长12.4%，排名全省第一。国道324线漳州台商投资区过境段公路工程、漳武高速南靖互通及接线工程等一批项目建成通车。国道357线平和县安厚溪尾（云霄界）至白石段公路工程、沈海高速漳浦互通及接线工程等项目开工。

【漳州市圆山大道建成通车】
2023年1月5日，漳州市圆山大道全线通车。圆山大道位于漳州高新区内，西起廊前大道，东至厦漳同城大道的象镇互通立交，全长18.9千米，总投资60.8亿元。道路按一级公路标准设计，道路红线宽70米，主车道双向八车道，辅道双向四车道。

【联十四线靖城镇段公路工程（第二期）开工建设】　2023年1月5日，省道318线（联十四线）南靖县靖城棋盘社至牛崎头段公路工程（第二期）开工建设。项目起点接靖城镇院前村，终点接靖城镇牛崎头，全长3.5千米，按一级公路标准设计，双向六车道，沥青混凝土路面，概算总投资3.07亿元。

【漳武高速南靖互通及接线工程建成通车】　2023年1月20日，漳武高速南靖互通及接线工程建成通车。项目起点从龙山镇海仔村，接国道319线，终点接南靖

2023年1月20日，漳武高速南靖互通及接线工程建成通车。图为漳武高速南靖段
（漳州市交通运输局 供图）

2023年4月27日，漳州市东环城路主线贯通。图为漳州市东环城路俯瞰图（漳州交通集团 供图）

县山城镇北环城路，是南靖县县城连接北部乡镇的快速通道，全长7.39千米，按一级公路标准设计，总投资6.43亿元。

【生态环岛公路西埔湾段道路工程开工】 2023年3月1日，国省干线公路联十五线东山生态环岛公路西埔湾段（陈城镇湖塘村至前楼镇顶上村）道路工程开工仪式在东山县举行。项目建设全长6.4千米，按二级公路标准设计，双向两车道，概算总投资6480万元。

【漳州市东环城路主线贯通】

2023年4月27日，漳州市东环城路及其接线工程A1标段项目主线贯通。项目起点接省道联六线龙文段，终点接厦漳同城大道象镇互通，全长8.2千米，按一级公路标准设计，双向六车道，总投资44.56亿元。

【沈海高速漳州万安出入口工程项目开工】 2023年10月29日，沈海高速漳州万安出入口工程项目开工建设。项目位于漳浦县赤土乡万安村，距眉力水库南面约1千米。作为衔接沈海高速与县道584线相接的服务型互通，项目采用A型单喇叭立交方案，设置万安互通式立交、收费站、线外服务区各1处，匝道总长2.4千米，计划总投资2.58亿元。

（陈永连）

·铁路·

【概况】 2023年，漳州市完成铁路货物运输量75.34万吨，比上年增长239.9%。铁路旅客运输量921.2万人，比上年增长94.7%。

【福厦（漳）高铁全线开通运营】 2023年9月28日，时速350千米的跨海高铁——福厦（漳）高铁开通运营。福厦（漳）高铁北起福州，途经莆田、泉州，南至厦门和漳州，北端衔接合福、温福铁路，南端衔接厦深、龙厦铁路，预留衔接规划温福高铁、漳汕高铁。全长277千米，总投资530.4亿元。全线设福州南、福清西、莆田、泉港、泉州东、泉州南、厦门北、漳州8座车站。项目由原中国铁路总公司与福建省共同出资，东南沿海铁路福建有限责任公司组织建设。

【厦门地铁6号线漳州（角美）延伸段全线贯通】 2023年9月29日，盾构机“龙江17号”贯通文圃路站—角海路站右线盾构区间，标志着厦门地铁6号线漳州（角美）延伸段项目实现全线贯通。路线全长9.8千米。其中，漳州境内段8.2千米，全线设站7座，总投资84.07亿元。

【鹰厦铁路华安城区段外移工程进入静态验收阶段】 2023年11月24日，鹰厦铁路华安城区段外移工程进入静态验收阶段。鹰厦铁路华安城区段外移工程，于2020年开工建设，线路自既有鹰厦铁路绵良站至华安站区间改出，截弯取直后，于溪南坂站北端并入既有线路。工程新建铁路12.53千米，桥隧比94.38%，包含桥梁3座、隧道5座，涉及既有车站改建2个，新建华安站1座。

（陈永连）

·港口·

【概况】 2023年，漳州市完成水路客运量17.08万人次，比上年增长76.97%；客运周转量134.28万人千米，比上年增长48.09%；完成水路货运量178.86万吨，比上年增长25.96%；货物周转量28.19亿吨千米，比上年增长22.10%。完成货物吞吐量5087.65万吨，比上年下降0.46%，其中外贸货物吞吐量1323.38万吨，比上年增长6.52%；集装箱吞吐量38.98万标箱，比上年增长13.3%。

【港口执法检查】 2023年，厦门港口管理局漳州协调中心开展重大事故隐患专项排查整治行动，组织“安全生产月”系列活动。开展安全督导服务18批109人次，检查港口经营企业49家次，发现并督导整改安全隐患30处，未发生任何安全事故。

【绿色港口建设】 2023年，厦门港口管理局漳州协调中心处理船舶污染物789单、7.76万吨。新增古雷港区通泰码头岸电桩、华福码头岸电桩、大通互惠（福建）硅砂有限公司岸电工程3个岸电项目。船舶靠港使用岸电178艘次、时长3366小时，岸电使用量9.03万千瓦时，比上年增长近15倍。

【船舶污染物动态服务监管系统上线】 2023年8月15日，漳州市船舶污染物动态服务监管系统上线运行。漳州市海事局、住建局、生态环境局、城管局等部门通过该系统全面推行电子联单，实现对厦门港漳州辖区港口、码头和船舶含油污水、残油（油泥）、生活污水、化学品洗舱水和船舶垃圾等船舶水污染物接收转运处置的全流程无纸化线上服务、多部门联合监管新格局。

【厦门港东山对台客货码头工程通过验收】 2023年3月21日，厦门港东山5000吨级对台客货码头工程竣工验收会在东山县召开，经现场查验与会议论证，工程通过验收。项目位于东山县康美镇，建设5000吨级对台客货泊位1个及相应的配套设施，按可满足年通过货物13万吨、客流26万人次及车辆12.8万辆次设计。

【古雷航道三期工程投入使用】 2023年5月16日，古雷航道三期工程通过竣工验收，并投入使用。项目改扩建航道21.1千米，总投资6.3亿元。其中，东山湾外26米等深线至古雷南4号泊位全长17.5千米，建设30万吨级油船全潮通航航道；南5号泊位至南8号泊位全长2千米，建设15万吨级航道；南9号泊位至北

2023年6月6日，厦门港招银港区堆场开展装卸作业

（黄亚标 摄）

2号泊位全长1.6千米，建设5万吨级航道。同步建设30万吨级锚地、15万吨级锚地和导航设施。

【角美作业区泊位工程开工】 2023年10月9日，漳州台商投资区角美作业区1号、2号泊位工程开工。工程由福建拓邦仓储有限公司投资建设，项目总投资12亿元，用海面积62.7公顷，其中围填海面积35.2公顷，主要建设3万吨级通用泊位2个，岸线总长444米。

（陈永连 张位峰 郑加伟）

·交通基础设施建设·

【概况】 2023年，漳州市交通基础设施建设完成投资180.55亿元，比上年增长0.78%。其中铁路完成投资49.99亿元，普通公路完成投资65.07亿元，高速公路完成投资27.73亿元，运输服务完成投资25.08亿元，港口航运完成投资12.68亿元。

【运输服务设施建设】 2023年，申通快递有限公司闽南转运中心、龙泰智慧物流数字产业园2个项目建成投产。常山开发区恒晟物流配送中心、漳州高新区粮食产业园物流仓储配套、云霄县粮食仓储改扩建和物流中心等8个项目开工建设。

【港口设施建设】 2023年，厦门港东山港区城垵作业区3号、4号泊位工程、厦门港古雷港区古雷作业区南20~22号泊位工程等项目在建。厦门港东山港区城垵作业区太阳海缆码头工程开工建设。

（陈永连）

·交通管理·

【概况】 2023年，漳州市交通运输局开展重点行业领域6个专项整治行动，加大风险管控和隐患排查双重预防力度。组织召开水上救援应急演练现场观摩暨安全生产培训会，提升安全生产技能和应急处置能力。

【交通专项整治】 2023年，漳州市交通运输系统组织开展6个专项整治行动，联合督导检查280次，抽查企业2190家，帮扶企业147家，责令停产整顿企业12家，排查重大事故隐患144项，全部完成整改。

【工程质量监管】 2023年，漳州市交通运输局派出人员470人次、检查交通项目345项次，发现问题860处，全部完成整改。

【道路运输安全监管】 2023年，漳州市交通运输局开展网约车“双合规”（网约车平台、车辆、驾驶员均符合相关法规和标准的要求）、机动车维修市场等专项整治行动，推进道路运输安全生产突出问题集中整治“百日行动”，联合公安交警部门开展道路运输车辆动态监督管理联合整治，会同市应急管理局、市场监管局、公安局等部门开展联合抽查，应用车辆动态监控、安监系统、电子运单等科技化监管手段，保障道路运输行业安全。

【货运车辆动态检测】 2023年4月18日零点起，漳州市交通运输局联合相关单位统一行动，在全市38个治理超载点位动态检测货运车辆2736万辆次，日均检测货运车辆10.6万辆次，立案397起，结案363起，处罚金额219万余元，货车超限100%和“百吨王”状况下降，货车因超限超载引发的交通事故率从上年的6.98%下降至5.32%。

（陈永连）

责任编辑：杨少毅

邮政 通信

·邮政管理·

【概况】 2023年，漳州市邮政行业寄递业务量完成7.26亿件，比上年增长24.83%；其中，快递业务量完成5.79亿件，比上年增长29.06%。邮政行业业务收入完成38.06亿元，比上年增长18.23%；其中，快递业务收入完成30.45亿元，比上年增长18.31%。组队参加福建省第四届邮政行业职业技能竞赛，获团体一等奖，2名选手分别获金牌和银牌。

【邮政行业监管】 2023年，漳州市邮政局出动检查3697人次，检查企业及网点1121家次，立案查处36起，责令改正39件，罚款24.6万元。向市公安局移交、提交线索2条，向市烟草局提供线索1条。建立“市直主管单位—县（区）主管单位—乡镇（街道）党委政府分管领导及相关部门责任领导—邮政快递企业法定代表人”邮政行业风险防控“四级责任链条”工作机制，强化各部门会商协作。聘请第三方公司对重点快递企业开展安全隐患排查，督促企业逐项整改闭环。将企业安全分为4级，每半年调整一次，分级分类监管。安排专人负责“绿盾”系统管理，通过绿盾巡查移交案件12起。

【农村寄递体系建设】 2023年，漳州市农村网点1442个，快递服务农产品业务量超8000万件，拉动农业产值超33亿元。漳州花木、平和蜜柚寄递量均超千万件。年内，漳州市邮政局推动省邮政管理局将长泰区、华安县纳入第三批快递进村试点县区。5个试点快递进村115万件。长泰区、华安县、漳浦县被纳入2023年度全省农村客货邮融合发展试点县，长泰区岩溪支局等7个邮政支局入驻客货场站，开通“枋洋—青阳”等专线8条，月均处理邮快件3万余件。截至2023年年底，漳州市农村邮路投递段道195条，其中汽车化段道132条，农村邮路投递汽车化段道率68%。周投递频次从周三班提升为周五班以上的建制村226个，比原周三班建制村个数压降85.28%。建制村日均投递实地打卡率均99.5%以上。被纳入农村公共基础设施管护邮政营业网点95个，村级邮政快递服务站增加至150个。

【快递员权益保障】 2023年，漳州市邮政局开展慰问活动16场次，覆盖快递员576人次，成立快递工会31家，会员2500余人。联合市总工会、团市委开设暑托班。联合市总工会为快递员缴交医疗互助金43.1万元、购买人身意外险40万元，组织18名优秀快递员参加职工疗休养。举办漳州市第三届邮政业职业技能竞赛，前七名选手获奖金4.4万元。

（漳州市邮政管理局）

·邮政经营·

【概况】 2023年，漳州市邮政实现业务总收入7.46亿元，比上年增长13.2%。全年新增价值存款占比列全省第一。2个青年集体分别获评“2022年度全国青年安全生产示范岗”“全国青年文明号（二星级）”。

【邮政业务市场】 2023年，中国邮政集团有限公司漳州市分公司（简称邮政漳州市分公司）金融业务收入39478万元，比上年增长11.9%。寄递业务收入22480万元，比上年增长13.6%。完成全市9个县（区）级共配中心、28个乡镇共配中心，建设1873个村级自提点，基本实现一村一站点，邮政与快递合作覆盖958个建制村，交邮合作站点完成67个。围绕漳州地标农品，打造白芽奇兰、海产品、桔柚3个全国级农品基地，六鳌地瓜、浮宫杨梅、下河杨桃等5个区域互助基地。加强线上直播零售和线下社区拼团运营，培育蜜柚、葡萄柚、龙眼干等多款销量过万单的农特产品，促进惠农交易额4248万元。以整村推进方式加快构建农村信用体系，截至2023年年底，邮政漳州市分公司与57个行政村联合成立乡村振兴工作室。

【邮政基础设施建设】 2023年，邮政漳州市分公司投入2650万元改造金融网点、财富中心，升级网点设备。投资800万元建设华安商业体系，完善县域中心及8个乡镇中心，配置直线分拣机、揽收设备等。全市投入455万元配置分拣机等设备。

（张彩云）

2023年，平和县邮政局助力优质农产品销往全国。图为快递员上门帮助平和县农户给新品大红袍文旦柚装箱

（韩惠芬 2023年12月31日摄）

·通信·

【概况】 2023年，漳州市电信业务总量49.6亿元，比上年增长10.7%；电信业务收入48.7亿元，比上年增长2.9%。截至2023年年底，固定宽带用户239.6万户，比上年增长4.3%；其中千兆及以上接入速率的用户48.22万户，占比19.6%。移动电话用户558.4万户；5G移动电话用户251.9万户，比上年增长42.4%。

【信息化基础设施建设】 2023年，漳州市推进双千兆城市创建工作，固定宽带接入端口391.8万个，其中具备千兆网络服务能力的10G PON端口（光纤网络端口）6.1万个，实现县城以上核心区域的连续覆盖和100%乡镇镇区覆盖。移动电话基站4.3万个，其中5G基站9163个。新增建成标识解析二级节点1个。年内，入选全国“千兆城市”。

【网络与信息安全】 2023年，漳州市通信发展管理办公室（简称漳州市通管办）强化应急通信保障，开展跨行业应急通信演练和安全检查，建立应急状态下"通信+交通+电力+油料"互保机制，强台风"杜苏芮""海葵"期间，全市未出现乡镇级通信全阻，通信行业人员零伤亡。开展涉案手机卡专项治理，提升手机卡管控能力。推进通信行业网络运行安全、工程建设质量、消防安全等安全检查，全市网络保持平稳运行，行业未发生重大安全生产事故。

【行业管理】 2023年，漳州市通管办规范行业管理，电信用户服务申告率比上年下降34.2%。开展携号转网点题整治，开展垃圾信息治理，垃圾短信信访举报量比上年下降35%。抓好基础设施共建共享，组织完成156千米农村通信杆塔线路规整和201个城市老旧小区通信设施升级改造。

（杨跃汉）

【中国电信漳州分公司】 2023年，中国电信股份有限公司漳州分公司（简称中国电信漳州分公司）推进5G网络建设，发展卫星通信天通一号，承接"千员万企"（通过派遣大量服务人员或专家进入万家企业，提供各种服务或技术支持的活动）数字化诊断专项行动、政企直通车等项目。全年经营收入15.52亿元，比上年增长7.48%。

2023年，中国电信漳州分公司新建5G基站超1960个，累计4560个，每万人基站数9.01个，实现所有县（区）、镇以及高校、重要政企单位、工业区、部队、国家AAAA级旅游景区、发达行政村5G覆盖。建设千兆光网，覆盖130万户家庭。完成500兆位/秒及以上客户发展占比指标，助力漳州申报"千兆城市"。增强云网算力资源，建成上千个IDC（互联网数据中心）机柜、自建2000套云电脑资源池与国产化云资源池。推出手机直连卫星业务，在防抗"杜苏芮"等超强台风中保障通信畅通。

2023年，中国电信漳州分公司为全市503家养老机构提供明厨亮灶监控、食品和服务安全监控服务，通过人脸识别等信息化技术手段提高养老机构安全合规意识。为闽南师范大学构建智算领域云化IDE（集成开发环境）。承接"千员万企"数字化诊断专项行动，组建数字专员团队，为全市360家工业企业提供数字化转型诊断服务。承接政企直通车，对漳州10094个中小企业客户进行惠企降费优惠，每个月优惠金额45.37万元。

2023年，中国电信漳州分公司投资1650万元以上对全市乡镇、农村及偏远地区无线接入点端口进行光纤延伸补点和千兆宽带升级。自主研发"乡村振兴平台"，为全市35个乡镇、近1500个行政村提供服务，人口信息录入170.5万条，录入率87.45%。做好"首触必关怀、要闻必推送、逢灾必预警"平台运营，提炼反诈宣传、台风预警等36个场景语音群呼脚本，发送语音541万条。

2023年，中国电信漳州分公司配合地方政府部门发送台风预警和安全提醒短信超1.42亿条，全年全市未发生网络信息安全事件。累计处置高危疑似涉诈本地号码4.712万个，外省漫入漳州号码1639个。配合市公安局完成封堵关停任务5170次，信息反查任务51万人次。完成全国和省两会、漳州美食节等重大活动网络和信息安全保障。

（中国电信漳州分公司）

【中国移动漳州分公司】 2023年，中国移动通信集团福建有限公司漳州分公司（简称中国移动漳州分公司）累计服务通信客户数340.7万户，其中5G客户数超239.3万户，宽带用户数121.1万户，互联网电视客户79.8万户，各类服务网点覆盖全市行政村。全年运营收入28.91亿元，缴税9094万元，累计向地方缴纳税收近33亿元。公司获评"全国模范职工之家""全国五一劳动奖章"等。

2023年，中国移动漳州分公司投资超1.6亿元，新建成5G基站数近千个，打造5G多频立体网络覆盖。累计建成宽带端口超185万个，在全市率先实现5G

双千兆网络。建成并运营枢纽、蓝田两大算力数据中心，本地云总算力3600vCPU（虚拟中央处理器）。

2023年，中国移动漳州分公司在物联网、大数据营销等领域输出关键核心技术攻关成果6项，在岗革新23项。依托公司劳模工作室技术人才队伍，配合公安机关开展本地窝点打击。利用公司自主研发的反诈监控系统推送线索，向市反诈中心推送涉案号码线索，配合公安机关捣毁本地诈骗窝点49个，缴获作案手机等设备226台，抓获嫌疑人90名、号卡数量670余部。完成漳州首届美食文化节、云霄开漳圣王文化节等活动保障工作，累计扩容小区2566次，调度应急宝99次，保障人员安排123次。抗击超强台风“杜苏芮等出动728人次、335车次，发电油机430台次。

（许　鹏）

【中国联通漳州分公司】 2023年，中国联合网络通信有限公司漳州市分公司（简称中国联通漳州分公司）大联接用户近百万户，4G/5G基站总数1.53万个，4G/5G人口覆盖率达到99.98%，宽带千兆端口占比55.68%。

2023年，中国联通漳州分公司建设新型数字信息基础设施，核心网归属签约用户服务器用户容量160万户，移动交换容量124万户，互联网出口带宽400千兆。构建新沃云行业云基座，行业云算力3840vCPU，存储1008TB（太字节），移动边缘计算力672vCPU，存储40TB。

2023年，中国联通漳州分公司通过八闽数村平台+村通信合作社项目，加大合作村基础网络设施投资，实现全村及偏远地区4G/5G基站深度覆盖、优质千兆光宽带网络优化和信号补强。

2023年，中国联通漳州分公司为漳州市城管局智慧城管平台提供基础服务和技术支持。为市公安系统建设“雪亮工程”项目，以推进公安工作数字化转型为核心，运用大数据、电子签章、数字加密等先进技术，打造集监控、预警、处置等功能于一体的电子信息化管理系统。为市住建局提供多维空间信息平台，承建全省首个基于建筑模型与城市模型的数字孪生智慧城市底座项目。

2023年，中国联通漳州分公司打造5G全连接工厂9个，其中1个项目获第二届“鼎新杯”数字化转型应用大赛二等奖，2个项目入选2023年新一代信息技术与制造业融合发展典型应用案例。打造智能制造云平台能力体系，联合龙海区工信局共同发布漳州市食品工业互联网平台，面向食品供应链上下游企业提供一体化平台产品及解决方案。

（张凌颖）

·广电网络·

【概况】 截至2023年年底，漳州市广电网络主干线总长4569.8千米，其中国干线448千米、省干线97千米、市干线672千米、县—乡镇干线3352.8千米。双向覆盖端口147.8万户，数字电视实际用户87.88万户，其中双向数字电视实际用户36.85万户、有线电视网络互联网用户28.42万户，5G号卡5.69万张。

【广电网络安全】 2023年，福建广电网络集团漳州分公司完成全国两会、亚运会、防汛防台风等安全播放保障工作。承担重要视频会议安全传输保障任务，完成全市会务保障任务335场次，出勤3832人次，各类专线可用率99.99%。加大网络运行各环节风险隐患排查整治力度，完成闽盾2023攻防演练保障防守工作。开展5G网络运行安全能力提升专项行动，组织700M干扰排查和无线信号弱覆盖排查测试。

【广电公共服务】 2023年，福建广电网络集团漳州分公司布局应急广播体系建设工作，完成市级应急广播总平台及分平台项目验收。配合市文旅局编制可研究性方案，申请中央财政资金补助1772.5万元，云霄坡兜村监控点对点广播项目入围全省“智慧广电乡村工程”典型案例。

【广电用户服务】 2023年，福建广电网络集团漳州分公司开展全市农村人居环境广播电视线路违规搭建治理，完成广播电视线路治理437千米。建成11个县级基层广电公共服务中心、73个乡镇服务网点，提供“96311”“10099”电话24小时在线服务。开展巡线排障等志愿服务活动100余场，服务近2万人次。在漳州城区分公司营业厅上线“闽南书院”。

【网络通信建设】 2023年，福建广电网络集团漳州分公司投资412.2万元改造网络工程，全市双向网覆盖率提升至96%。下发《关于推进千兆宽带网络规划及实施方案的通知》，新开通166个千兆网络区域。推动700M移频工作，完成漳州7个发射台站天馈系统安装工作，对接漳州市无线电委员会，完成中广电移动网络有限公司5G 700M基站申报审批 2677个。

【广电补助】 2023年，福建广电网络集团漳州分公司及9个县（区）分公司分别与县（区）退役军人事务局签订优抚对象补助政策联文，确定补助对象1.54万户，实施补助1.17万户。

（福建广电网络集团漳州分公司）

·无线电管理·

【概况】 截至2023年年底，漳州市在册无线电台站5.18万个。年内，漳州市无线电管理局受理行政许可申请105件，核换发电台执照1.98万份、指配频率59个；受理无线电发射设备销售备案型号数量5218个。其中采用绿色通道审批5G台站5272个。为公众移动通信机房设计需求48个，配套专用机房48间690平方米，为基础通信运营商节约投资138万元。

【无线电监管】 2023年，漳州市无线电管理局利用漳州23个监测站点，对辖区内无线电信号进行监测监听，累计监测时长6.49万小时。排查无线电干扰4起；打击伪基站、非法设台等无线电违法行为，立案查处14起。系统治理无线电屏蔽器干扰问题，从源头上解决干扰问题。

【无线电操作能力考试】 2023年，漳州市无线电管理局举办福建省（漳州考场）业余无线电台操作能力验证考试（A、B类）10批次。

【无线电安全保障】 2023年，漳州市无线电管理局做好市人大、政协两会等活动期间无线电通信安全保障；加强“杜苏芮”等台风期间值班工作，确保防汛期间气象、海事、铁路等重点单位专用通信安全畅通。做好各类考试无线电安全保障，完成高考、国家公务员录用、研究生考试等33场考试保障，出动464人次、116车次，监测2千余小时。

【无线电科普宣传】 2023年，漳州市无线电管理局主办福建省全民健身运动会定向运动联赛暨漳州市第六届无线电测向、公园定向运动比赛和福建省青少年无线电测向锦标赛，全省29所中小学计400余名师生参赛；举办漳州市青少年无线电夏令营活动，20个家庭参加活动。联合龙文区政府、无线电运动定向协会举办“科普闹元宵”活动。参与市实验小学2023年度科技节，通过无线电小制作、体验无线电测向、参观无线电监测车等方式科普宣传无线电。

（漳州市无线电管理局）

责任编辑：林 倩

城市建设与管理

·国土空间规划·

【概况】 2023年，漳州市开展国土空间编制，完成《漳州市国土空间总体规划（2021—2035年）》市级总体规划、12个县/市直管开发区总体规划、13个专题、1个数据库规划成果体系。漳州市资源环境承载能力和国土空间开发适宜性评价等13个专题研究通过专家评审。

【国土空间编制】 2023年，漳州市推进市县国土空间总体规划编制，修订《漳州市实施〈福建省城市规划管理技术规定〉细则》（2023年）。年内，完成龙文区3个分区单元，以及芗城通北社区医院、龙文法院扩建、漳州市中医院新院区西侧地块等22个地块控制性详细规划编制。

【村镇规划】 2023年，漳州市完成1149个村庄规划编制，村庄规划完成率在全省自然资源监测评价排名第一。

【国土空间数字化治理】 2023年，漳州市自然资源局开展漳州市国土空间基础信息平台及“一张图”实施监督系统（三期）项目建设，获2023年省自然资源厅优秀案例。完成工程建设项目前期策划会商平台整体重构和数据迁移，全年迁移漳州市“多规合一”（指在一级政府一级事权下，强化国民经济和社会发展规划、城乡规划、土地利用规划、环境保护、文物保护、林地与耕地保护、综合交通、水资源、文化与生态旅游资源、社会事业规划等各类规划的衔接）信息联动管理平台数据1143个，发起300个项目前期策划会商流程，通过“一张蓝图”完成策划项目140个。

【第四代住宅试点规划】 2023年，漳州市探索第四代住宅试点建设，编制形成《“城市森林花园住宅”项目监管实施方案（试行）》《“城市森林花园住宅”项目规划管控要求》，实现项目从方案报建到物业管理全过程科学管控与监管。

【《漳州市国土空间总体规划（2021—2035年）》通过专家评审】 2023年3月24日，《漳州市国土空间总体规划（2021—2035年）》专家评审会召开。城乡规划、土地利用、综合交通、生态环境保护、海洋等领域的国内9位专家听取规划成果汇报，审阅有关文本和图件后，一致同意该规划通过评审。

（吴承钢）

·海绵城市建设·

【概况】 2023年，漳州市出台《关于中心城区重要生态空间实施保护的决定》《漳州市市区内河管理规定》等法规文件，将中心城区352.67公顷绿地、水系列为重要生态空间实施保护。海绵城市建设获中央财政海绵城市示范补助资金绩效评价A级。

【海绵城市排涝基底建设】 2023年，漳州市构建洪涝统筹、蓄排平衡的排水防涝体系，建成西院湖公园、碧湖公园、西湖公园、湘桥湖公园等滞涝区公园10座，调蓄容积206万立方米，提高自然海绵体的雨水滞蓄、净化、涵养、利用功能。建成湘桥泵站等5座泵站，实现河湖闸站与排水管网联排联调。

【海绵城市项目建设】 2023年，漳州市建设完成海绵城市建设项目110个，在建海绵城市建设项目7个，海绵项目开工率、完工率均100%，完成海绵城市建设项目投资13.03亿元。年内，建设综合公园13个，满足海绵城市、内涝防治等需求。建设橄榄绿洲旁绿地等口袋公园86个，打造海绵口袋公园集群，缓解城市内涝问题。建设闽南师范大学西路、石仓北路等道路20条，提升海绵道路片区容纳和释放洪水及水资源功能。实施金峰花园安置房等老旧小区海绵改造示范项目11个、海绵小区示范项目6个，实施芗城实验小学、漳州龙溪学校等7个学校海绵城市建设及改造，实施漳州市自然资源局、华阳体育馆等9个公用建筑项目海绵化改造提升。

【海绵城市建设管控】 2023年，漳州市海绵办公室印发《加强漳州市区海绵城市建设全过程管控的若干意见》《关于进一步规范漳州市区海绵项目建设工程专项验收流程的通知》等文件，完成专项审查项目140个，出具审查意见159份，其中规划方案审查意见29个，施工图审查意见130个。

（侯伟超）

·城市更新·

【概况】 2023年，漳州市城市更新工作领导小组批复实施《漳州市中心城区城市更新专项规划（2022—2035）》，为漳州市首个城市更新专项规划。年内，实施城市建设品质提升项目927个，完成投资451亿元，推进宜居建设、绿色人文、交通通达、安全韧性、智慧管理五大工程建设。长泰区中山南路—后庵片区城市更新等3个房屋征收项目获评福建省和谐征收示范项目。

【示范样板工程打造】 2023年，漳州市打造高新区南湖双创片区开发建设、龙文区福隆社区完整社区、平和县欧寮村闽台乡建乡创、东山县陈城镇集镇环境整治、芗城区西桥无障碍样板街道等样板工程。其中，龙文区福隆社区完整社区被住建部列入“完整社区建设全国试点”。

【百里弦歌片区改造完成】 2023年3月31日，芗城区百里弦歌片区改造项目竣工，龙溪遗址公园开园。百里弦歌片区改造提升项目是《漳州市芗城区城市更新单元策划方案》的内容之一，位于闽南师范大学北侧、县前直街西侧、瑞京路南侧。改造主要包含历史文化节点景观提升改造、建筑立面整治提升、背街小巷（含百里弦歌、三湘江、管仔头三段街巷，全长478米）整治提升。改造后的百里弦歌片区恢复县署标志性建筑，保留龙溪县署现存唯一的原始物证陈公功德碑及碑亭。芗城区百里弦歌城市更新片区样板工程在福建省城市更新样板评比中排名第三。

【八闽（漳州）不夜城开工奠基】 2023年7月8日，八闽（漳州）不夜城综合体项目举行开工奠基仪式。项目位于芗城区，由福建省旅发集团在权属漳州华侨饭店原有地块上扩大面积进行规划重建。八闽（漳州）不夜城项目规划总用地1.8万平方米，总建筑面积11.2万平方米，总投资12.9亿元，按照“五星级酒店”标准设计建设酒店客房、SOHO（在家办公）、高端办公、休闲娱乐等业态，打造以五星级酒店为核心、辐射示范周边区域服务业示范性综合体。

（侯伟超）

·市政建设·

【概况】 2023年，漳州市完成6条道路改造及九龙公园地下停车场建设，新增城市公共停车泊位5081个。首批15处风雨连廊试点项目完工。改造整治17个路口，面积6010平方米。

【城市道路建设】 2023年，漳州市新改扩建北环城路、建业路、丹霞路、厦门路等城市道路113.44千米，改造建元东路与园顶路交叉口人行道面积1190平方米，北江滨南山桥头广场面积1880平方米。芗城区西桥街道打造成无障碍样板街道。

【城市道路整修】 2023年，漳州市整治龙江中路（建元东路—水仙大街）段、瑞京西路（金峰南路—惠民路）连心桥下、漳华路跨连科港桥桥头、巷口中心小学门口等路面沉降、跳车问题，铺设沥青面积6350平方米，彩色透水混凝土面积570平方米，水泥面层修补面积205平方米。

【城市道路维护】 2023年，漳州市维护车行道面积2.03万平方米，沥青灌缝面积13.7万米；人行道面积3.54万平方米，路沿石1810米，阻车石2000根，人行道隔离护栏690米，热熔标线460平方米，标记40个，路名牌15个，清除铁件3500个，清理杂物230处。整治完善盲道2100米，缘石坡道降坡120处、370平方米，拓宽挡车石间距780个。

【市政公共设施建设】 2023年，漳州市新增城市公共停车泊位2455个，建成路内智慧停车泊位3660个并投入使用。在公共服务场所、老旧小区和机关、企事业单位等新建电动汽车公共充电桩（标准桩）698个。建成主城区水仙大街、胜利路、元光路、南昌路等智慧公交电子站牌140座并投入使用。

（侯伟超 林丹妮）

·城市供水·

【概况】 2023年，漳州市新建改造供水管网98.1千米，完成12个老旧小区供水设施改造及10个节水型载体创建，新扩建投产云霄第二自来水厂、诏安凤寮水厂，新增供水能力6.5万吨。

【饮用水水质】 2023年，漳州市 13个县级以上集中式饮用水水源地水质良好，所有水源地各期监测值均达到或者优于GB 3838-2002《地表水环境质量标准》III类水质标准，水质达标率100%。

【饮用水卫生监测】 2023年，漳州市卫健委下发《漳州市卫生健康委关于加强生活饮用水卫生监督工作的通知》，每月一次对城区供水厂的出厂水及管网末梢水进行检测，采样及检测方法按照《生活饮用水标准检验方法》（GB/T 5750-2006）执行，检测结果按《生活饮用水卫生标准》（GB 5749-2006）评价。年内，实施城乡居民饮用水卫生安全联合行动，采集城镇饮用水98批次，综合合格率100%。

【黑臭水体治理】 2023年，漳州市铺设雨水管网113.44千米、污水管网262.94千米。开展城镇生活污水、城市黑臭水体等治理工作，主城区各河道水质均达到“消除黑臭”要求，龙海区田边支渠黑臭水体完成整治。黑臭水体治理及污水提质增效经验做法被住建部专题推广。

（侯伟超 林丹妮）

·城市供电·

【概况】 2023年，国网漳州供电公司下辖10家县级公司、受托代管1家省管产业单位和古雷能源科技公司，有供电所76个，供电户数316万户。全社会用电量350.86亿千瓦时，比上年增长7.78%。售电量304.97亿千瓦时，比上年增长9.91%；营业收入171.98亿元，比上年增长8.87%；利润10.12亿元，比上年增长15.49%。国网漳州供电最高负荷为512.4万千瓦，出现在8月5日，比上年增长11.4%。

【城市供电服务】 2023年，国网漳州供电公司完成老旧小区电源改造11个、大中型小区和高层住宅小区第二路电源改造15个，新建、改造农村配电网台区350个以上。开展不动产联动电表过户线上直通办理，完成线上联动过户1735件。

【城市供电保障】 2023年，国网漳州供电公司开展4个薄弱供电所专项帮扶行动。配网百公里故障比上年下降31.7%、全省第一，配变故障停运率比上年下降34.15%、全省第一，用户故障平均停电时长比上年下降41.0%、全省第二。

【国网安全生产】 2023年，国网漳州供电公司发布六级及以上电网运行风险预警单，调整电网运行方式，消除电网风险。完成“闽盾—2023”“护网 2023”电力保障。出台迎峰度夏电力保供举措，建成迎峰度夏项目134个。完成漳州市人大、政协两会、2023年海峡两岸现代农业博览会·海峡两岸花卉博览会、中考、高考等保电任务。受“杜苏芮”等4个台风影响的设备均在2.5小时内恢复供电。

（蒲 乾）

·城市供气·

【概况】 2023年，漳州市完成老旧燃气管道改造14.12千米，获省级补助资金20万元。办理燃气过户8209件，工改系统办件16件；新增或更换智能燃气表4.93万户、新增或升级NFC（近场通信技术在天然气行业中的应用）卡用户3.11万户；完成居民户内燃气设施安全改造28万户。

【燃气安全检查】 2023年，漳州市实现餐饮场所公示牌全覆盖，燃气安全巡检7.76万家次。开展城镇燃气安全专项整治工作，办结燃气执法案件225起，处罚金额约391万元。责令9家瓶装燃气企业停业整顿，注销不再符合经营条件供应站点87个。委托第三方对芗城区、龙文区、龙海区、台商投资区、漳浦县、漳州开发区等在2010年年底前建成的庭院燃气管道开展安全评估。

【燃气安全管理】 2023年，漳州市开展智慧燃气监管平台建设，在主城区试点瓶装液化气智能共享钢瓶管理，26家瓶装燃气企业达成基本共识。指导各县（区）燃气主管部门将企业良好行为及不诚信行为录入省住建厅燃气企业信用评价系统。在全省率先打造燃气安全生产现场教学点，分批次不间断对燃气主管部门和燃气企业技术人员进行现场培训。

【居民户内燃气设施改造模式创新】 2023年，漳州市探索“政府+企业+居民”实施模式，按照“政府推动、企业为主、居民受益”原则，出台《漳州市居民户内燃气设施安全更新改造方案》，建立政府（45%）、企业（45%）、居民（10%）共担改造资金的户内燃气设施安全更新改造新模式，推进31.9万户居民户内燃气设施改造工作。该经验做法被住建部列入城市燃气管理老化更新改造可复制政策清单。

（侯伟超）

·城市公交·

【概况】 2023年，漳州市新增公交线路21条（其中服务乡镇线路8条），截至2023年年底，全市有公交线路217条，其中服务于乡镇的公交线路106条，线路总里程5131.8千米。主城区（芗城区、龙文区、高新区）645部公交车均实现新能源化，开通公交线路74条，日运营里程10.6万千米，日发公交班次4515班，建成区公交站点300米覆盖率65%，500米覆盖率96.48%。全市形成东到漳州开发区、台商投资区，西到南靖、平和县城，南到漳浦县城，北到华安丰山镇的城乡公交一体化的营运格局。

【公交车辆】 2023年，漳州市新增公交企业1家、新增新能源公交车辆16辆。截至2023年年底，全市有公交企业16辆，公交车辆1229辆，其中新能源、清洁能源公交车1207辆（新能源1083辆、清洁能源124辆）、传统能源22辆。

【城市出租车】 2023年，漳州市新增巡游出租车企业1家、巡游出租车30辆，均为新能源车。截至2023年年底，全市有出租车（网约车）企业43家，其中巡游出租车企业21家，巡游出租车948辆（纯电动84辆，双燃料864辆），取得“巡游出租车从业资格证”的驾驶员5551人。

【城市网约车】 2023年，漳州市新增网约车平台5家、网约车1951辆，均为新能源车。截至2023年年底，全市有网络预约出租车平台公司22家，网约车4839辆（其中新能源车4710辆，占比97.3%），取得“网络预约出租车驾驶员证”的驾驶员2万人。

（陈永连）

·园林绿化·

【概况】 2023年，漳州市城市园林绿化覆盖面积5428公顷、城市公共绿地面积1783公顷、人均公共绿地面积16.9平方米；城市公园60个、公园面积1144公顷。建成区绿化覆盖面积4749公顷，绿化覆盖率46.3%。

【城市公园建设】 2023年，漳州市新建改造提升郊野公园3.26平方千米、公园绿地面积107公顷、福道136千米、口袋公园63个、立体绿化30处。完成山水连城沿江段21千米串联和龙江岁月二期绿道建设，建成西湖生态园核心区公园、景山公园一期、海绵公园等城市公园，改造提升九龙公园地上景观。

【城市公园绿地共享】 2023年，漳州出台《漳州市城市公园绿地开放共享试点工作实施方案》，在全市范围内分批推进有条件的城市公园绿地开放共享，拓展绿地开放共享新空间。首批公布的试点清单涵盖10大类21项，试点时间为一年。首批试点项目为芗城区、龙文区、长泰区、龙海区、高新区、台商投资区、漳州开发区等建成区内的城市公园绿地（含口袋公园），按照共享空间类别划分为共享草坪区、共享书屋、儿童微乐园、共享城市菜园、运动健身区、文化体验区、公益展馆等10类。年内，漳州市入选福建省城市公园绿地开放共享试点城市。

（侯伟超）

2023年，漳州市住建局推进“龙江岁月”二期绿道建设。图为“龙江岁月”二期全景　（易跃超 2023年12月28日摄）

·城市管理·

【概况】 2023年，漳州市新扩改建生活垃圾分类屋（亭）204座，获省级补助资金200万元。生活垃圾分类成绩由第一季度的66.5分提升到73.3分，居全国第二档行列。年内，漳州市城管局指导长泰区、南靖县通过省级生活垃圾分类示范区（试点县）创建评估验收，指导芗城区通北街道、龙文区蓝田街道和漳州高新区颜厝镇创建市级生活垃圾分类示范片区。

【餐厨垃圾管理】 2023年，漳州市餐饮行业餐厨垃圾收运签约3096家，收运处置厨余（餐厨）垃圾2.68万吨，日均73.3吨。年内，漳州市城管局牵头开展私自偷捞餐厨垃圾行为的执法工作，市、区城管部门联合查处偷捞私处餐厨垃圾行为14起，暂扣作案车辆13辆。市、区两级城管部门查处违反生活垃圾有关法规案件549件。

【物业管理】 2023年，漳州市城管局加强物业服务企业和项目负责人信用评价工作，对7家物业服务企业信用加分、111家物业企业信用减分；对15名项目负责人信用加分、对236名项目负责人信用减分。年内，在全市727个物业小区开展星级评定，其中四星级111个、三星级440个、二星级129个、一星级47个。创新物业小区装修垃圾管理模式，构建“分类堆放—规范收集—智慧清运—多元消纳”装修垃圾管理新模式，从源头上把控装修垃圾的集中分类堆放，将全密闭车辆信息录入智慧城管建筑垃圾监管平台，实行智慧化监管；设置建筑垃圾供需平台和建设专业处理轻质垃圾和大件垃圾的垃圾处理中心，解决非土头装修垃圾的处置难题。

【住宅专维金管理】 2023年，漳州市住宅专维金账户余额43.18亿元，其中市本级专维金账户余额14.79亿元，全市归集专维金2.24亿元（市本级归集8372.04万元），支付使用560.20万元（市本级支付使用354.42万元）。排查727个物业小区，清缴公共收益9472.96万元，其中525个物业小区清缴的7673.07万元公共收益存入住宅专维金子账户，85个物业小区清缴的1507.14万元公共收益存入业主委员会专户。

【“两违”治理】 2023年，漳州市开展老旧小区“两违”（违法用地、违法建设）专项整治行动，全市305个已改造的老旧小区均保持“无新违”状态。“两违”综合治理处置650.6万平方米。乡镇发现新增“两违”案件287宗33.8万平方米，全部完成处置。

【共享电单车监管】 2023年，漳州市城管局在全国首创共享电单车及运维人员管理模式。创建主城区公共电单车监管平台，实现一个平台管住“量”、一个围栏管住“乱”。首创共享电单车文明劝导支队参与市容环境治理。做好监督平台管理，监管平台录入投放车辆1.56万辆。

【城管“双员”进社区】 2023年，漳州市城管局开展“城管双员进社区”（城管队员进社区、智慧城管信息采集员进社区）活动，进驻290个社区，进驻城管队员787人，解决问题18856个，化解居民矛盾13459件。降低市容乱象发生率和减少群众投诉率。相关经验被福建省住房和城乡建设厅进行宣传推广，并在全国城市管理进社区工作现场会上作经验交流。

【垃圾分类宣传】 2023年，漳州市城管局开展中心城区生活垃圾分类“一月一主题”宣传活动。发挥生活垃圾分类讲师团作用，探索生活垃圾分类云入户、线上宣传新模式。

【《漳州市建筑垃圾管理办法实施细则》实施】 2023年8月17日，漳州市人民政府办公室印发

2023年9月9日，漳州市城管局工作人员到幼儿园宣传垃圾分类
（漳州市城管局 供图）

《漳州市建筑垃圾管理办法实施细则》（简称《实施细则》），从实施范围、投放标准、责任和义务等方面，对全市施行城市化管理区域内建筑垃圾的投放、运输、消纳、利用等各个环节进行具体规定。《实施细则》从发布之日起实施，有效期5年。

【物业小区公共收益治理模式创新】 2023年，漳州市城管局在芗城区万科上城苑、东湖大厦、恒大御景半岛一期等持续推进“三清单一指南”制度（物业小区公共收益清单、物业小区共有财产清单、物业服务事项清单以及住宅小区工作指南），推行清单化服务、指南化管理，促进公共收益收支规范化，被福建省住房和城乡建设厅宣传推广。

（林丹妮）

·建筑业·

【概况】 2023年，漳州市建筑业产值945.9亿元，比上年增长8.7%；建筑业增加值689.51亿元，比上年增长11.2%。全市具有资质等级的总承包和专业承包建筑业企业861家，比上年增加74家，资质建筑业总产值比上年增长8.7%；实现利润总额376.41亿元，比上年增长25.2%；实现利税484.65亿元，比上年增长7.0%。

【工程建筑】 2023年，漳州市总承包工程建筑服务属地化率54.7%，比上年增长11.2%，分包工程建筑服务属地化率80%以上，本地建筑企业纳税18亿元，比上年增长41.5%。

【建筑业产业集群】 2023年，漳州市引入外地企业98家（含一级总承包企业9家），导入建筑类产业项目7个（投资近30亿元）。年内，漳州市住建局推荐3家企业入选省级建筑业龙头企业名录，指导本地7家企业晋升一级总承包资质。

【建筑业转型升级】 2023年，漳州市推动装配式建筑发展，新增省级装配式产业基地2家，市政项目开展工业化试点30个，市政预制构件近10万立方米。全年折算新开工装配式建筑面积343.52万平方米，装配式建筑占新建建筑比例37.2%。

【勘察设计】 2023年，漳州市勘察设计单位中具有工程勘察综合甲级资质1家，勘察专业甲级资质4家、乙级7家、丙级2家；工程勘察劳务9家；具有工程设计建筑行业甲级1家、乙级2家，建筑专业甲级资质6家、乙级4家、丙级1家；具有工程设计市政行业乙级资质2家，市政专业乙级资质3家和丙级3家；具有水利、电力、公路等设计资质18家；具有工程设计专项资质48家，资质范围涉及建筑装饰、建筑幕墙、建筑智能化、风景园林、轻型钢结构等专项设计资质。

【工程造价管理】 2023年，漳州市住建局组织协调工程造价问题31场次，协调解决争议案值达2.41亿元。组织、编制典型工程造价指标数据37个。指导造价协会举办业务公益讲座、造价技能竞赛等3场，1000人次参加。调研咨询企业184家，抽检工程造价咨询成果文件11期60份，立案查处造价师违法违规执业13件22人。开展合同履约行为评价，每季度评价率均100%，年度评价86个次项目，累计扣取260.5分。开展政府投资项目的预结算审核核查项目74件，发现问题519个。发布《漳州建设工程材料信息》12期，新增发布建筑垃圾再生产品、混凝土预制构件等价格信息209条。

【工程质量安全监管】 2023年，漳州市在建受监管项目1044个。举办全市建筑施工质量安全标准化观摩会3场。派出1.08万人次开展“双随机”，涉及在建工程1166个，发出整改通知书2561份（其中全面停工、局部停工31份），整改隐患1.71万条。落实“差异化”监管，对项目经理记2.98万分，施工单位记2.98万分，总监记1.83万分，监理单位记1.83万分，其中市本级共对项目经理记1506.98分，施工单位记1473.98分，总监记1129.2分，监理单位记1129.2分。全市工程质量安全领域行政立案查处90起，处罚金额150.95万元。对企业新进场人员“三级安全教育”（公司、项目经理部、施工班组三个层次的安全教育）1.04万人次、安全生产管理人员岗位培训2663人次、特种作业人员岗位培训2180人次。

【建筑施工扬尘整治】 2023年，漳州市整治施工扬尘派出2.94万人次，检查项目1.34万个次，发现问题5572个，发出责令整改通知书2648份，其中全面停工整改29份，局部停工整改30份，约谈企业137家，立案处罚57件，处罚金额99.6万元。

（侯伟超）

·房地产业·

【概况】 2023年，漳州市房地产开发投资比上年下降24.1%，其中住宅投资比上年下降23.6%。房屋施工面积比上年下降15.1%，其中住宅施工面积比上年下降16.4%。新开工面积比上年下降33.9%，其中住宅新开工面积比上年下降42.8%。房屋竣工面积比上年下降4.1%，其中住宅竣工面积比上年下降4.6%。商品房销售面积比上年下降9.9%，其中住宅销售面积比上年下降8.4%。

【房地产市场监管】 2023年，漳州市中心城区构建安置房统筹管理体系，统筹调配存量房源用于安置，盘活存量资产约4.06亿元。升级漳州市房屋租售一体化平台，推进房屋交易数据化，建立健全房源核验制度，推行存量房交易资金监管，新增备案房地产中介机构404家。

【国有土地上房屋征收】 2023年，漳州市开展房屋征收项目（含集体）432个，征收总面积245.5万平方米，完成净地交付或落地项目265个。指导和督促国有土地上房屋征收与补偿，推进和谐征迁。长泰区中山南路—后庵片区城市更新房屋征收项目、龙海区长途汽车站及周边地块项目、东山县铜陵镇福峰园片区改造项目3个房屋征收项目实践运用和谐征迁工作法，依法实施补偿，获评2023年度福建省和谐征收示范项目。

（侯伟超）

责任编辑：蔡钰臻

乡村振兴

·脱贫攻坚成果巩固·

【概况】 2023年，漳州市农业农村局以“四个不摘”（摘帽不摘责任、摘帽不摘政策、摘帽不摘帮扶、摘帽不摘监管）为基本要求，统筹做好巩固拓展脱贫攻坚成果同乡村振兴衔接，落实主要帮扶政策。全市脱贫户人均年可支配收入2.17万元。

【防止返贫监测】 2023年，漳州市农业农村局运用福建省“一键报贫”（闽政通APP中设有“一键报贫”申报系统，可直接进入填报）在线申报监测预警系统，将存在致贫返贫风险的脱贫不稳定户和易致贫户纳入监测范围。年内，漳州市农业农村局新受理农户申报360户，经甄别核实，将2户4人新纳入监测对象，将9户16人纳入城乡低保，18户22人得到临时救助。

【“三保障”和饮水安全巩固】 2023年，漳州市农业农村局巩固“三保障”（保障义务教育、基本医疗和住房安全）跟踪包含脱贫（享受政策）人员在内符合条件的医疗救助对象参保缴费工作进行，确保符合条件的对象应保尽保。全市未出现辍学现象。改造农村危房82户并录入全国农村危房改造信息管理系统。抽查检查脱贫户饮水安全，未发现脱贫户存在安全饮水问题。

【脱贫劳动力稳岗就业】 2023年，漳州市农业农村局指导帮助脱贫劳动力务工2.42万人，提供355个公益性岗位，农村新型经济主体吸纳脱贫人口就业6243户。发放扶持农村困难残疾人就业创业项目补助资金222.18万元，帮助扶持598名农村困难残疾人就业创业。

【驻村第一书记驻点工作】 2023年，漳州市第六批省、市、县选派驻村第一书记431名，其中省派25名、市派47名、县派359名。安排市派驻点村第一书记每年每村财政资金50万元用于支持驻点村发展，全年安排2350万元。在福建省率先创新举办驻村第一书记乡村振兴主题沙龙活动，搭建驻村第一书记学习交流平台。

【小额信贷帮扶】 2023年，漳州市提高小额信贷覆盖面，全市小额信贷覆盖面15.77%。新增贷款4745.58万元，新增扶持脱贫户1713户。

【“雨露计划”落实】 2023年，漳州市落实“雨露计划”（以提高脱贫对象（监测对象）自我发展能力、促进就业为核心，以政府财政扶贫资金扶持为主、动员社会力量参与，通过资助、引导已脱贫（监测对象）家庭劳动力接受职业教育和各类技能培训、培养脱贫村产业发展带头人等途径，扶持和帮助已脱贫对象（监测对象）增加就业发展机会和提高劳动收入的专项扶贫措施）发放补助475.05万元，补助1585人，做到享受政策在校接受职业教育脱贫户应补尽补。

（苏英顺）

2023 年 4 月 23 日，漳州市芗城区天宝镇上榜 2022 年度福建省乡村振兴示范乡镇创建名单。图为芗城区天宝镇洪坑村

（漳州市农业农村局 供图）

·农村改革·

【概况】 2023年，漳州市在全国首创“三资”（在集体所有制下，农村集体所有的货币资金、资产和资源）管理“四定一督”（定底价、定年限、定程序、定约束条款，纪检监察干部全过程监督）机制，全市规范发包各类村级集体资产资源1566宗，合同总金额4.09亿元，新增村财收入2.57亿元。

（曾中华）

【乡村治理】 2023年，漳州市有国家级乡村治理试点县1个（长泰区）、全国乡村治理示范乡镇1个（平和县五寨乡），全国乡村治理示范村15个，省级乡村治理试点县1个（东山县），省级乡村治理示范乡镇30个、示范村253个。

（邹建周）

【农村集体产权制度改革】 2023年，漳州市1674个村（居）完成农村集体资产清产核资和集体经济组织成员身份认定；1652个村（居）完成农村集体资产股份合作制改革。

（曾中华）

·村镇建设·

【概况】 2023年，漳州市深化7个重点县、12个特色乡镇、120个试点村建设，实施试点示范建设项目749个，完成投资12.5亿元。启动乡村振兴“十镇百村”（“十”个乡村振兴重点乡镇和“百”个乡村振兴重点村）行动，抓好13个重点乡镇、132个重点村建设。各重点乡镇、特色乡镇各明确1~2个特色产业为主线，打造“串点连线成片”线路18条，展示乡村“五个振兴”（产业振兴、人才振兴、文化振兴、生态振兴和组织振兴）经验典型。芗城区天宝镇、龙海区东园镇、诏安县梅岭镇、东山县陈城镇4个乡镇创建省级乡村振兴示范乡镇，55个村创建省级乡村振兴示范村。

（黄 斌）

【农村环境整治】 2023年，漳州市新改建农村卫生厕所265户，新改建镇、村公厕36座。推进6个县区实施乡镇生活污水市场化，完成乡镇污水配套管网176.6千米，完成漳浦县、云霄县、诏安县、东山县和古雷开发区30条农村黑臭水体试点项目治理，基本消除水体黑臭。推动龙文区、长泰区、东山县以县（区）级为单位将村庄保洁、垃圾转运、农村公厕管护等进行市场化运营管理。推进10个乡镇落实垃圾分类机制。开展农村水系综合整治，中小河流治理完成10.14千米，安全生态水系建设综合治理河长56.19千米，治理水土流失面积1.65万公顷。推进城乡供水一体化建设，全市完成投资17.58亿元，启动建设规模化水厂6座，铺设管网长度978.9千米，受益人口25.45万人。全市农村公路建设完成438.04千米，320个村庄设立村庄清洁日，推动13个村庄参加省级美丽宜居村庄培育工作。

（林振福）

【休闲农业】 2023年，漳州市新增全国休闲农业重点县1个（华安县）、中国美丽休闲乡村1个（东山县樟塘镇港西村）、省级休闲农业示范点3个、福建省美丽休闲乡村6个。截至2023年年底，全市有全国休闲农业和乡村旅游示范县2个、全国休闲农业和乡村旅游示范点3个、全国休闲农业重点县2个、中国美丽休闲乡村9个、中国美丽乡村休闲旅游行精品景点线路6条，福建省美丽休闲乡村24个，省级休闲农业示范点45个（存留36个）、省级休闲农业示范乡镇6个、市级休闲农业示范点48个，漳州市十佳休闲农业示范点10个。全市各类休闲农业经营主体604个，比上年增长4.86%；休闲农业从业人数4.11万人，比上年增长4.82%。接待人数955.15万人次，比上年增长22.4%；营业收入30.3910亿元，比上年增长11.41%（其中农副产品销售收入17.62亿元，比上年增长11.02%）。

（林惠琼）

2023年8月25日，东山县樟塘镇港西村上榜中国美丽休闲乡村公示名单。图为东山县港西村沙生植物园 （东山县融媒体中心 供图）

【厦漳山海协作项目建设】

2023年，漳州市获2023年度厦门市厦漳山海协作帮扶资金300万元，用于漳州市农村基础设施建设、村居环境整治、公共服务提升等。安排27个基础设施建设项目，总投资838.39万元。

（苏英顺）

【农村建设品质提升】 2023年，漳州市农村建设品质提升5类21项重点任务完成投资71.83亿元。漳州市批复村庄规划编制1149个，整治既有裸房1.7万栋，提升历史文化名镇名村和传统村落6个，新改建农村公路441.42千米。启动建设农村规模化水厂6处，完成铺设管网1008.73千米；完成中小河流治理河长项目3个，完成农村安全生态水系建设54.30千米，治理水土流失面积1.33万公顷。完成33条农网10千伏线路改造，新建改造541个供电台区，新建设3个乡村电气化试点。治理农村通信线违规搭建232.9千米、农村广播电视线违规搭建548千米。完成31个农产品产地冷藏保鲜设施建设，新改建乡镇商贸中心2个，建设美丽乡村庭院1100户、美丽乡村微景观641处、美丽乡村小公园147个、美丽田园36片、美丽乡村休闲旅游点20个。平和县南胜镇欧寮村样板示范提升工程完成投资3528万元，东山县陈城镇、长泰区坂里乡、平和县长乐乡完成集镇环境整治样板投资1.56亿元。

（林添晖）

【农房整治与危房改造】 2023年，漳州市完成裸房整治1.70万栋，完成率全省第一。15个县（区）编制完善村镇住宅通用图集并经县级政府审查发布实施，13个县（区）完成示范房建设。年内，印发《关于加强农村低收入群体等重点对象住房安全保障工作的通知》，完成农村低收入群体重点对象危房改造82户，危改档案录入全国农村危房改造信息管理系统。

【闽台乡建乡创】 2023年，漳州市11个项目引入台湾建筑师（含文创）团队，提供乡建乡创陪伴式服务，获省级财政资金补助850万元。平和县欧寮村作为2023年度省级乡建乡创样板村，在福建省农村建设品质提升专项行动中排名第一。

（侯伟超）

·乡村产业振兴·

【概况】 2023年，漳州市农业农村局通过特色产业发展、种业发展，种养加一体化现代农业产业园区建设等方式，推动乡村产业振兴。芗城区天宝镇利用闲置空间建设移动智慧菇房，发展食用菌种植特色庭院经济；漳浦县溪坂村打造休闲观光产业链。漳浦县入选国家现代农业产业园创建名单，南靖县入选全国优势特色产业集群建设名单。

2023年，国家级传统村落南靖县书洋镇曲江村与闽台设计团队签约，由闽台设计团队负责挖掘曲江村内涵提升品质。图为摄于2023年11月14日的曲江村夜景 （南靖县住建局 供图）

【特色产业振兴】 2023年，漳州市农业农村局实施特色现代农业培育计划，发展水果、蔬菜、茶叶、水产、食用菌、畜禽、花卉、林竹、中药材和乡村旅游、乡村物流“9+2”特色产业。新增绿色有机食品28个，诏安八仙茶、漳浦乌石荔枝、石榴铁皮石斛、前亭花蛤4个产品入选全国名特优新农产品名录。龙海区东园镇、长泰区岩溪镇、诏安县太平镇、南靖县书洋镇等4个乡镇被认定为首批国家农业产业强镇。

【种业振兴】 2023年，漳州市农业农村局联合多个单位印发《漳州市推动种业高质量发展“六条措施”》，加强种质资源保护和新品种培育。推广农业优新品种，13个重点乡镇所辖行政村及132个重点村均引进2个以上优新品种，带动全市新建优新品种基地121个，新增产值23.79亿元。建立农业优新品种基地458个、产值超52.83亿元。万辰生物、傲农集团2家种业企业入选农业农村部企业重点实验室。

【种养加一体化现代农业产业园区建设】 2023年，漳州市农业农村局推进种养加一体化现代农业产业园区建设，延伸产业链条。平和县蕉路村利用稻田蛙立体循环生态种养模式，年均公顷产值60万元以上。漳浦县石榴镇延伸发展下游屠宰、加工、预制菜等产业链条。

（漳州市农业农村局）

·乡村文化振兴·

【概况】 2023年，漳州市文旅局完善乡村公共文化服务体系，实施文化惠民工程，推动乡村旅游，实现乡村文化振兴。南靖县、华安县入选福建省文化产业赋能乡村振兴试点县。

【乡村公共文化设施建设】 2023年，漳州市文旅局开展农民文化公园、乡村戏台的调查摸底和建设工作，完成乡村戏台提升建设33个，建设农民文化公园27个。开展示范性旅游厕所和旅游服务中心扶持工作，向上争取补助120万投入补助（其中旅游厕所3座、旅游服务中心1个）。

【乡村传统文化保护利用】 2023年，漳州市文旅局制定《进一步加强非物质文化遗产保护工作的实施方案》，争取省级以上非遗保护专项资金1011.4万元、市级配套资金200万元。指导各县（区）举办非遗购物节等活动25场。475个市级非文物革命遗址入选福建省革命老区非文物遗址数据库。

【乡村文旅人才培育】 2023年，漳州市文旅局与市农业农村局联合开展文旅融合高素质农民培训班，培训人数118人次。开展乡村文化和旅游带头人推荐，3人获评省级文化和旅游带头人。漳州市妇联开展“产业兴•巾帼行”—漳州市乡村振兴“十镇百村”巾帼新农人素质提升培训、电商直播技能培训班等涉农培训34场，培训人数8550人次。

（漳州市文旅局）

【乡村广电建设】 2023年，漳州市广电网络集团开展智慧广电服务乡村振兴专项行动，做好700兆赫频率迁移，做好地面数字电视700兆赫频率迁移项目单频网组网、测试与优化工作，建设广电5G应用平台。完善县级及以上广播电视无线发射台站基础设施，建设规范化、标准化、智慧化的广播电视无线发射台站。

（漳州市广电网络集团）

·乡村组织振兴·

【概况】 2023年，漳州市委组织部出台《关于进一步壮大村务工作者队伍力量助力乡村振兴的意见（试行）》《漳州市激励村干部担当作为推动乡村全面振兴十条措施》，评选确定四星级以上农村党组织697个。发挥驻村第一书记、乡村振兴工作队、乡村振兴指导员、试用期满新录用公务员和党建金融指导员5支队伍力量作用，其中，431名驻村第一书记帮助驻点村落实资金19.07亿元，实施项目3826个。

【乡村治理】 2023年，漳州市委组织部围绕乡村振兴、人居环境整治、倡导文明新风等方面，分类制定评定标准，按月公示积分、按季评比表彰，推进乡村群众共建共治共享。831个行政村推广运用“积分制”；龙文区郭坑镇在口社村推行“五和联创”（和善村民、和睦邻里、和煦村落、和谐社会、和畅乡风）积分制，依据积分排名情况评选“文明家庭”“最美家庭”等。

【村级集体经济发展】 2023年，漳州市委组织部推进全国红色美丽村庄试点村建设7个，发展跨村联建等模式，发展村级集体经济。截至2023年年底，成立跨村联建联村党组织100个，覆盖370个村、54个社区。用好“三资”（在集体所有制下，农村集体所有的货币资金、资产和资源）清理整治成果，推动村集体和村民增收。福建省农村集体“三资”管理现场推进会在云霄县召开。

（漳州市委组织部）

责任编辑： 林松英

生态环境

·综述·

【生态环境保护督察】 2023年，漳州市生态环境局制定出台《漳州市中央、省级生态环境保护督察问题整改落实机制（试行）》，建立督察等突出生态环境问题重点盯办问题清单管理机制和驻守督导工作机制，组建5个驻守督导组和8个行业专家组每月蹲点推动解决重点盯办问题。第一、第二轮中央生态环境保护督察1253件信访件全部销号，反馈的39个问题中完成整改38个，平和县花山溪饮用水水源地风险突出问题经福建省政府同意延期整改。福建省生态环境保护督察反馈的47个问题中完成整改24个，266件信访件全部完成整改。

【环境保护宣传教育】 2023年，漳州市生态环境局开展国际生物多样性日主题现场宣传活动、全国低碳日福建主场活动等环境主题宣传。漳州东墩污水处理有限公司、漳州环境再生能源有限公司、福建省储鑫环保科技有限公司、闽南师范大学县前直街空气自动监测站4家环保设施和城市污水垃圾处理设施单位运用网络面向社会征集参与者715人，开展线下开放活动30次。

【绿盈乡村建设】 2023年，漳州市完成1479个绿盈乡村创建工作，占漳州市村庄数量的90.07%。其中创建高级版绿盈乡村57个，占漳州市村庄数量的3.47%；提升中级版绿盈乡村212个，占漳州市村庄数量的12.91%；创建初级版绿盈乡村1178个，占漳州市村庄数量的71.74%。

（陈　静）

·环境质量·

【概况】 2023年，漳州市生态质量为一类，生态环境质量指数73，自然生态系统覆盖较高，人类干扰强度低，生态多样性丰富，生态结构完整，系统稳定，生态功能完善。

【水环境质量】 2023年，漳州市主要流域国省控断面I–III类水质比例95.9%，比上年下降2.1%。I~II类水质比例32.7%，比上年提升12.2%。12个地表水国家考核断面I~III类水质比例91.7%；I~II类水质比例25%，其中九龙江流域（漳州段）I~II类水质比例43.3%，比上年提升20%；主要湖库南一水库、峰头水库水质保持优良；小流域省考断面I~III类水质比例88.9%，劣V类水体全面消除。市、县两级集中式生活饮用水水源地水质和农村“千吨万人”水源水质良好，水质达标率100%。

【大气环境质量】 2023年，漳州市市区环境空气质量符合国家二级空气质量标准，空气质量年综合指数2.9。全年环境空气质量达到或优于二级的天数360天，空气质量优良率为98.6%，比上年提升3.5%。全年超标天数5天，均为臭氧超标。AQI（空气质量）首要污染物统计，按大小顺序排序依次为：臭氧、可吸入颗粒物、细颗粒物、二氧化氮。影响漳州市大气环境质量主要污染因子为：臭氧、可吸入颗粒物、细颗粒物、二氧化氮。各县（区）空气质量保持稳定，综合指数变化范围为1.96~2.94，华安县最优为1.96；达标天数比例范围98.1%~100%，其中华安县、南靖县100%达标。

【声环境质量】 2023年，漳州市城市区域声环境质量总体等级为三级，区域环境噪声昼间平均等效声级为59.2分贝。市区环境噪声昼间、夜间平均等效声级为61.8分贝、50.6分贝，质量等级均为四级；全市城市道路交通噪声昼间平均等效声级64.6分贝，质量等级为一级。全市各类功能区共监测18点次，昼间总点次达标率100%；夜间总点次达标率94.4%，4A类功能区夜间噪声超标1次。

【土壤环境质量】 2023年，漳州市重点建设用地安全利用率100%，危险废物综合处置利用率101.38%（含利用处置往年贮存量）。

【海洋环境质量】 2023年，漳州市近岸海域水质质量级别优，优良水质（一类、二类）面积比94.3%，比上年提升0.8%；站位比90%，比上年提升4%。厦门港（九龙江口）、九龙江口招银水质跨类别提升，诏安湾下西坑西、诏安湾中部、漳州九龙江口海门岛北消除劣Ⅳ类。

【地下水环境质量】 2023年，漳州市21个地下水省考点位Ⅱ类（水质良好）占比9.5%，Ⅲ类（水质较好）占比23.8%，Ⅳ类（水质较差）占比42.8%，Ⅴ类（水质极差）占比23.8%，与上年相比水质有所提升。

【辐射环境质量】 2023年，漳州市辐射环境质量总体良好。环境电离辐射水平处于本底涨落范围内，环境电磁辐射水平在国家规定的公众暴露控制限制内。

（陈 静）

2023年12月，九龙江流域（漳州段）山水林田湖草一体化保护和修复工程进入收尾阶段。图为摄于2023年12月30日的九龙江流域一隅

（漳州市生态环境局 供图）

·水资源和海洋资源保护·

【概况】 2023年，漳州市持续深入打好碧水、碧海保卫战，其中实施碧水工程项目26个、碧海工程项目16个。实施东山湾、诏安湾海洋生态修复、九龙江口整治与红树林保护修复等海洋生态修复项目，云霄县海洋生态保护修复工程项目通过自然资源部竞争性评审，获得中央财政奖补资金。东山县南门湾—马銮湾获评第二批国家级美丽海湾优秀案

例，东山湾古雷湾区获评首批省级美丽海湾优秀案例。

（陈 静）

【水资源管理】 2023年，漳州市水利局开展取水在线监测计量系统建设，新接入109个在线监测站点。做好在线监测站点维护工作，落实“双随机、一公开”（监管过程中随机抽取检查对象，随机选派执法检查人员，抽查情况及检查结果及时向社会公开）监管制度，依托“互联网+监管”平台，对17家取水户进行取用水行为监管。精简取水许可申报材料，压缩办理时限至法定时限的7%。完成取水许可证申请106本、核发112本、换发103本，征收水资源费4485万元。万元GDP用水量比2020年下降34.8%，万元工业增加值用水量比2020年下降61.9%。

【河湖治理】 2023年，漳州市市、县（区）、乡（镇）三级河长累计巡河3万余次，河道专管员巡河38.7万余次，推动解决问题5万余个。开展全市水质提升工作及九龙江流域水环境治理情况专项督查，组织开展九龙江西溪、北溪流域及南一、峰头水库水环境联合巡查执法，解决水环境问题23个。核实确认河湖“四乱”（乱占、乱采、乱堆、乱建）问题647个，完成整改销号647个，整改率100%。完成全市流域面积50平方千米以上的81条河流管理范围划定工作。

2023 年 8 月 28 日，东山县南门湾—马銮湾获评第二批国家级美丽海湾优秀案例。图为马銮湾

（漳州市生态环境局 供图）

【河湖治理成效】 2023年，漳州市及南靖县河湖长制工作成效获2022年度福建省正向激励，在全省河湖长制年中工作分析会议及太湖流域片河湖长制工作交流会议上作典型交流。漳州市九十九湾连通水系幸福河湖建设项目以全国最高分通过水利部验收。在水利部第五届“守护幸福河湖”短视频征集活动中，1部作品获评优秀奖。长泰区枋洋水利风景区、漳浦县永清溪两帝师水利风景区获评省级水利风景区。

（黄天娇）

【水土保持】 2023年，漳州市投资1.55亿元完成水土流失治理面积2万公顷；水土保持生态清洁小流域建设（安全生态水系）13.19千米。在全省率先开展“人为水土流失问题”排查整治专项行动，排查整治问题347个，面积7610公顷，整改率100%。审批水土保持方案报告书（表）633件，征收水土保持补偿费3359.76万元，其中市级审批的生产建设项目水土保持方案报告书（表）6件，征缴入库水土保持补偿费619.59万元，征收率100%；开展生产建设项目现场检查726次，检查项目706个，印发整改通知213份，立案查处2件。长泰区获评2023年度国家水土保持示范县。平和县、云霄县水土保持率90.05%、90.01%，达到退出省级水土流失重点县标准。

【节水工作】 2023年，漳州市完成373家公共机构节水型单位建设，获福建省机关事务管理局和省水利厅联合认证。开展全市第二批公共机构节水型单位建设工作，东山县完成县域节水型社会达标建设，通过福建省水利厅行政验收。

（黄天娇）

【海洋渔业环保】 2023年，漳州市制定《海域养殖生态保护管理办法（草案）》，规范水产养殖秩序。通过中央资金、涉海工程生态补偿资金等渠道在全市海域增殖放流大黄鱼、黄鳍鲷、真鲷、日本对虾等鱼、虾、贝类苗种29.7亿尾（粒）。推动诏安湾沿岸2861个、九龙江南溪流域2960个水产养殖主体开展尾水治理设施试点建设。综合实施“天、逻、地、网”攻坚海域超规划养殖，加密卫星遥感监测频次，完成卫星监测通报6次、全海域巡查6次，督促属地清退86.85公顷。

（沈悦 陈静）

·土地和矿产资源保护·

【概况】 2023年，漳州市完成耕地耕作层土壤剥离再利用面积162公顷。市自然资源局开展部卫片和省“天地网”图斑动态执法保护耕地。年内，自然资源部合计下发漳州市卫片执法图斑9078个，监测面积6198公顷。完成上年度非油气矿产资源开发利用统计和矿产资源储量统计工作，完成2023年矿业权人勘查开采公示信息实地核查工作情况。按照2021—2025年矿产资源总体规划要求，加强对矿业权数量管控。截至2023年年底，全市有持证矿山53个，其中建筑用石料21个，地热12个、矿泉水2个，其他矿种18个。

【耕地保护】 2023年，漳州市完成补充耕地面积548.4公顷、水田及旱改水面积390.8公顷，恢复耕地面积1133公顷。根据自然资源部及福建省自然资源厅“三区三线”（三区指城镇空间、农业空间、生态空间三种类型的国土空间；三线分别对应在城镇空间、农业空间、生态空间划定的城镇开发边界、永久基本农田、生态保护红线三条控制线）划定工作要求，划定永久基本农田面积6.54万公顷（含异地代保面积113.3公顷），比上级下达任务面积6.49万公顷（含异地代保面积113.3公顷）增划面积500公顷。全市完成耕地耕作层土壤剥离再利用面积162公顷。

【农村乱占耕地建房问题整治】

2023年，漳州市自然资源局开展新增农村乱占耕地建房问题整治。确认新增农村乱占耕地建房问题969个，完成整改931个，整改率96.08%。

【矿产资源管理】 2023年，漳州市自然资源局加强矿产资源管理，完成采矿权新立1宗，延续登记2宗，顺延4宗；探矿权延续2宗。全年动态执法图斑核查率100%，矿产资源涉及5个单项指标中，矿山异常率、阳光矿政系统投诉举报、矿山巡查率、动态图斑核查率均排名全省第一。

【“洗洞”盗采金矿打击】

2023年，漳州市自然资源局常态化开展打击“洗洞”（将含有剧毒氰化物的溶液喷洒、浇灌至金矿废矿、尾矿溶解矿石，进而提炼出黄金）盗采金矿，全年排查发现各类矿产资源非法违法行为25起，采取立案等形式查处23件；其中，行政处罚执行23件，罚没款62.79万元；移送公安机关2件。

（吴承钢）

·森林资源保护·

【概况】 2023年，漳州市完成植树造林面积9800公顷、森林抚育面积2.7万公顷、封山育林面积6930公顷。建成云霄县和平乡“互联网+全民义务植树”基地、漳浦中西国有林场国家级相思良种基地、华安西陂国有林场国家级木荷良种基地、华安金山国有林场省级红锥良种基地，华安县竹种园省级竹类种质资源库。南靖县书洋镇石桥村猴欢喜、华安县马坑乡贡鸭村红锥2个古树群获评“福建省最美古树群”，长泰区枋洋镇、华安县华丰镇建成珍贵树种造林示范区，云霄县下河乡、南靖县书洋镇、华安县仙都镇、华安县马坑乡创建“福建省森林乡镇”，长泰区岩溪镇珪前村等14个村庄创建“福建省森林村庄”。

【森林资源管理】 2023年，漳州市推进平和花山溪退果还林面积234.29公顷。推进森林督查工作，2022年森林督查违法图斑完成查处整改100%。查处林业行政案件845件，罚没款918.37万元。年内发生森林火灾1起，森林火灾整体保持历史低位。

【林长制推行】 2023年，漳州市设立市、县、乡、村四级林长、副林长4826人、森林警长810名，组建专职护林员队伍990人；设立市、县、乡三级林长办公室159个，落实机构人员编制；全省首创“集中办公机制”“党建+林长制”“提示交办督办警示制度”和红黄绿“三色预警”管理体系，在全省首届护林员职业技能竞赛中获5项奖项，排名全省第一。

【林业有害生物防治】 2023年，漳州市林业局防治有害生物，松材线虫病疫区数量、疫点数量呈下降趋势，云霄县拔除疫区。全年，全市清理松枯死木面积9697株，完成除治性采伐面积67.8公顷，完成预防性采伐面积123.47公顷；完成以菌治虫面积3061.33公顷，完成药物防治面积1503.33公顷。

（胡 为）

·自然保护地和生物多样性保护·

【概况】 2023年，漳州市坚持开展“绿盾”专项行动、疑似问题图斑遥感监测核查工作，推进自然保护地强化监督，管控自然保护地范围内非生态活动。年内，全市划定陆域生态保护红线面积2830.32平方千米，完成复萌及新入侵互花米草除治面积592.21公顷，推进红树林生态修复面积103.67公顷。南靖虎伯寮保护区、东山珊瑚保护区等4家单位入选第一批省级自然教育基地。截至2023年年底，全市有63个自然保护地，总面积8.44万公顷，生态基础较好，生态质量一类。

（陈静 胡为）

【“绿盾”自然保护地监督】 2023年，漳州市开展“绿盾”自然保护地强化监督工作，采用卫星遥感影像图与现场核查等形式，对云霄漳江口红树林国家级自然保护区、东山珊瑚省级自然保护区、龙海九龙江口红树林省级自然保护区和平和灵通山风景名胜区等自然保护地问题整改情况进行核查，督促推动问题整改到位。截至2023年年底，福建省生态环境厅下发的435个问题点位完成整改销号422个。

【国际生物多样性日科普宣传】 2023年，漳州市生态环境局在福建天柱山国家森林公园开展第23个国际生物多样性日科普宣传，主题为“从协议到协力：复元生物多样性”，普及外来入侵物种及多样性保护等知识，提高社会大众生态保护意识。

（陈 静）

【虎伯寮国家级自然保护区】 2023年，虎伯寮国家级自然保护区总面积3001公顷，保护区内分布有维管束植物224科807属1781种，野生动物625种。国家重点保护野生植物有木荚红豆、短萼黄连、刺桫椤、鹅掌楸等33种，国家重点保护野生动物有穿山甲、小灵猫、黑鹿、黄腹角雉等47种，是中国南亚热带东部沿海低纬度、低海拔唯一保存较完整、大面积的南亚热带雨林森林生态系统，属全球同纬度具有雨林特征的、残存的、较原始的森林生态系统。虎伯寮自然保护区入选第一批省级自然教育基地。

【漳江口红树林国家级自然保护区】 2023年，漳江口红树林自然保护区总面积2360公顷，保护区内主要分布红树植物有秋茄、木榄、白骨壤、桐花树、老鼠簕5种，鸟类15目38科154种，国家重点保护动物有中华白海豚、游隼、蟒蛇等30种，拥有泥蚶、锯缘青蟹、缢蛏等优良水产品种质资源库，是福建省迄今为止种类最多的红树林天然群落。年内，漳江口红树林自然保护区入选第一批省级自然教育基地。

【东山珊瑚省级自然保护区】

2023年，东山珊瑚自然保护区总面积3680公顷，保护区内分布有我国大陆沿岸最北端发育和保存较好的造礁石珊瑚群落，以块状的蜂巢珊瑚科标准蜂巢珊瑚、锯齿刺星珊瑚和木珊瑚科的盾形陀螺珊瑚为主要优势种。自然保护区内分布的8种造礁石珊瑚均属于《濒危野生动植物种国际贸易公约》的保护物种。国家重点保护野生动物有绿海龟、玳瑁、棱皮龟、中国鲎、石珊瑚5种。年内，东山珊瑚自然保护区入选第一批省级自然教育基地。

【龙海九龙江口红树林省级自然保护区】 2023年，九龙江口红树林自然保护区总面积420.2公顷，红树林面积288公顷，主要有红树林、滨海盐沼、滨海沙生植被3类植被型，分布的红树植物有秋茄、桐花树、老鼠簕、白骨壤、木榄5科7属10种。野生脊椎动物54科211种，国家重点保护野生动物有黄嘴白鹭、小青脚鹬、卷羽鹈鹕、海鸬鹚、小天鹅、草鸮、褐翅鸦鹃等28种。年内，九龙江口红树林自然保护区入选第一批省级自然教育基地。

（胡　为）

·节能减排·

【概况】 2023年，漳州市坚持降碳、减污、扩绿、增长协同推进，实施节能减排重点工程，出台《漳州市“十四五”节能减排综合工作实施方案》，强化污染物总量控制，推动能源利用效率提升，主要污染物排放总量持续减少，完成年度节能减排任务。

【工业节能】 2023年，漳州市制定《漳州市“十四五”冶金、建材、石化化工重点领域企业节能降碳技术改造总体实施方案》，推动全市工业重点领域节能降碳和绿色转型。年内，对19家省级工业企业、26家市级工业企业开展年度工业节能监察工作，实现全市高耗能行业重点领域企业监察全覆盖。由冶金工业规划研究院、漳州市工业和信息化局、芗城区人民政府、中国节能协会冶金工业节能专业委员会等联合主办的“节能服务进企业”暨钢铁行业能效提升研讨会在漳州举办。全市创建国家级绿色工厂25家、绿色工业园区3个、绿色供应链企业1家；省级绿色工厂47家、绿色工业园区3家、绿色供应链企业3家。

（陈伟坤）

【建筑节能】 2023年，漳州市通过施工图审查绿色建筑项目598项，建筑面积2190.03万平方米；竣工民用建筑面积795.18万平方米，其中竣工绿色建筑面积793.76万平方米，全市城镇绿色建筑占新建建筑99.82%。推动绿色建筑标识认定，年内，漳州康山小学、林内小学、上坂小学3个项目申报二星级绿色建筑标识，均通过福建省住房和城乡建设厅二星级绿色建筑标识认定。组织推荐福建漳龙建投集团有限公司和中工建设集团（福建）有限公司2家施工企业申报福建省企业技术中心（建筑施工企业）。

（侯伟超）

【邮政节能】 2023年，漳州市符合标准的快件包装材料比例92.8%；不再二次包装率96%，设有回收装置网点781个，使用循环快递箱（盒）362万个，回收纸箱305万个。快递新能源汽车保有量206辆，龙海区、台商投资区、长泰区274辆快递专用电动三轮车完成规范上牌。

（漳州市邮政管理局）

【排污权指标建设】 2023年，漳州市生态环境部门核定3家排污单位排污权；收储31个项目排污权，合计化学需氧量37.2吨/年、氨氮8.22吨/年、二氧化硫123.82吨/年、氮氧化物8320.80吨/年；出让储备排污权化学需氧量394.57吨/年、氨氮12.3吨/年、氮氧化物1068.25吨/年给2个福建省重点建设项目。

（陈 静）

·污染防治·

【概况】 2023年，漳州市出台《漳州市深入打好污染防治攻坚战实施方案》，开展细颗粒物和臭氧污染协同防控、柴油货车污染治理、九龙江流域保护修复、流域突出问题综合整治、城市黑臭水体治理、陆海河湾“四源齐控”、古雷半岛—泛东山湾美丽湾区建设等十大环保攻坚战。年内，漳州市印发《漳州市2023年“蓝天、碧水、碧海、净土”四大工程行动计划》《漳州市生态环境领域重大工程任务清单（2023—2025）》，实施重点项目114个、总投资189.9亿元，策划2023—2025年漳州市生态环境领域重大工程任务149个，总投资411.5亿元。

【近岸海域污染防治】 2023年，漳州市生态环境局开展近岸海域污染防治工作，全市近岸海域国省控优良水质面积比和点位比分别为94.3%和90%，水质量级别优。推进入海排放口分类整治，实施一批提水式海水养殖尾水治理试点，排查入海排污口626个，达标率77.6%，339条入海沟渠全部消除黑臭。强化诏安湾和九龙江口等重点海湾综合治理，诏安湾水质总体评价从Ⅳ类提升至Ⅱ类，九龙江口“厦门港（九龙江口）”“九龙江口招银”水质从劣Ⅳ类提升至Ⅱ类。实施海漂垃圾综合治理项目，投资3510.56万元，出动打捞船舶717艘次，参与打捞人员11.3万人次，清理海漂垃圾2.04万吨，海漂垃圾分布密度比上年下降46%。

【入河排污口整治】 2023年，漳州市生态环境局组织开展九龙江、东溪、漳江、鹿溪4条重点流域入河排污口排查整治。截至2023年年底，除漳州开发区没有河流外，其余15个县（区）、开发区（投资区）均开展入河排污口排查、监测、溯源调查等工作，基本完成入河排污口初步排查，排查入河排污口679个，完成整治389个，无需整治165个。

【农村生活污水治理】 2023年，漳州市投资3.89亿元推进农村生活污水提升治理，以漳浦县、云霄县、诏安县、东山县、南靖县、古雷开发区、漳州台商投资区为重点，实施75个村庄农村生活污水治理项目，新建生活污水处理站30座、污水收集管网598.17千米。

【锅炉污染整治】 2023年，漳州市推进工业企业废气治理，实施蓝天工程行动计划，协同推进减污降碳，以高污染燃料小锅炉整治为重点，推动构建清洁低碳、安全高效的能源利用体系，年内完成对2蒸吨及以下燃煤锅炉和重点区域内10蒸吨及以下燃煤锅炉淘汰。

（陈 静）

·环境监管·

【概况】 2023年，漳州市办理环保类行政处罚案件330件，处罚金额2421.9万元，办理配套案件115件，其中查封扣押82件，移送行政拘留22件，涉嫌刑事犯罪案件11件；查处在线监控数据弄虚作假案件7件，其中涉及刑事案件4件，涉及行政拘留案件3件，处罚金额38万元；查处第三方环保服务机构弄虚作假违法行为24件，其中构成违法行为的立案11件、第三方环保服务机构业务不规范的13件。全年办结12369环保投诉件544件，按时办结率100%。办理上级转办、督办信访件和群众来信来访64件，办结率100%。

【环评审批】 2023年，漳州市完成环评审批605件，其中实行告知承诺制项目20个。完成531家排污许可证质量复核，256家排污许可执行报告规范性审核。抽取63份环评文件开展质量复核，对存在问题的36家环评机构和36位环评工程师进行失信记分。

【“三线一单”落地运用】 2023年，漳州市生态环境局否决31个在环评咨询中不符合“三线一单”（生态保护红线、环境质量底线、资源利用上线和生态环境准入清单）管控要求项目。完成“三线一单”生态环境分区管控动态更新，完成生态环境分区管控与国土空间规划衔接试点工作。

（陈 静）

·生态修复·

【海洋生态修复】 2023年，漳州市自然资源局完成漳州市第一个中央专项资金补助的海洋生态修复项目东山湾、诏安湾海洋生态修复项目，清退养殖池塘面积54.2公顷、养殖网箱面积1.26万格、竹筒排110格、筏式吊养面积25.6公顷，改造重要湿地生境面积497.9公顷，红树林种植面积246公顷，海岸带保护修复2674米。

【废弃矿山生态修复】 2023年，漳州市完成3个废弃矿山生态修复，漳州台商投资区龙湖碎石场—大碑头花岗岩矿废弃矿山生态环境综合治理工程，治理面积44.53公顷；诏安县金星古关何亚狗石场矿山地质环境保护与治理恢复工程，治理面积7.8公顷；长泰区吴田山下生态修复工程，治理面积2.13公顷。完成30个历史遗留矿山图斑变更核查，生态修复面积92.2公顷。

【九龙江流域（漳州段）山水林田湖草一体化修复】 2023年，漳州市完成九龙江流域（漳州段）山水林田湖草一体化保护和修复工程5大类30个子项目，投资41.23亿元，完成生态修复总面积312平方千米，其中湿地修复面积144.4公顷，河道修复长度209.97千米，岸堤修复230.86千米，土地整理面积1.26万公顷，森林修复面积1937.19公顷，废弃矿山修复1个。

【东山八尺门海域综合治理生态修复】 2023年3月，东山八尺门海域综合治理生态修复工程竣工验收。清退海堤两侧1千米范围内养殖网箱，拆除八尺门海堤上的光缆、电缆、渡槽、引水渠及356米海堤，清除八尺门两侧淤泥139万立方米，完成八尺门大桥10座桥墩防冲保护、海堤两端海岸160米防护施工及海堤两侧7.2千米的岸线整治修复和护坡工程，并绿化美化海堤两侧海岸景观。

（吴承钢）

·环保执法·

【概况】 2023年，漳州市生态环境局向排污许可管理平台提交1251家企业排污许可执行报告。核实全市5座垃圾焚烧发电站在线装树联情况，调度废水、废气自行监测、监督性监测报告。督促农村饮用水水源地新设置标识标牌、地理界标362个，新建保护区隔离设施围网5920米，新设置视频监控设施28套，投资547.37万元。推动水电站下泄流量整治工作，检查水电站481座次，发现问题水电站15座，全部整改到位。

【饮用水水源地排查】 2023年，漳州市生态环境局开展全市饮用水水源地排查，排查问题101个，其中一级保护区66个、二级保护区23个、保护范围12个。

【养猪场执法检查】 2023年，漳州市生态环境局对全市1382家养猪场进行执法检查，发现问题51个，下发责令整改通知书42份，完成行政处罚39件。

【矿产执法检查】 2023年，漳州市生态环境局通过查阅资料、现场检查、无人机航拍、查看卫星图片等执法方式加强对矿产、自然保护地执法监管，先后对全市63个自然保护地、24个风景名胜区、4处废弃矿山、3个县（区）图斑进行核查。

2023年3月7日，漳州市生态环境局开展污染物排放执法检查。图为执法人员指导企业填写现场勘查笔录

（漳州市生态环境局 供图）

【“清水蓝天”专项执法】

2023年，漳州市生态环境局联合市公安局印发“清水蓝天”专项方案，配合福建省生态环境厅开展三轮省级交叉帮扶行动，出动执法人员2001人次，帮扶企业703家次，发现环境问题135个，立案查处111件，处罚金额829.98万元，查封扣押12件，行政拘留5件，涉环境污染犯罪2件，取缔关闭5家次，情节轻微责令整改22家次。结合“清水蓝天”专项行动，组织全市开展严厉打击危险废物环境违法犯罪和重点排污单位自动监测数据弄虚作假违法犯罪“两打”行动，查处涉危险废物环境违法犯罪案件5件、自动监测数据弄虚作假违法犯罪案件4件。

【生态环境损害赔偿“双案并处”】 2023年，漳州市生态环境局坚持生态环境损害赔偿启动关口前移，与行政执法同步、同频推进，规范运用自由裁量，实施生态环境损害赔偿案件办理与行政处罚案件办理“双立案”“双调查”“双办理”。启动办结生态环境损害赔偿案件132件，案件涉及金额66.64万元，增殖放流54.1万尾鱼苗，补植苗木1.62万棵，复绿面积1.33万平方米，森林维护3.29万元，缴纳赔偿金3.35万元，清理外来物种3761.5千克，种植养护红树林面积1.33万平方米。年内，《以“改”为领 以“新”为擎 全力打造生态环境损害赔偿漳州模式》获评第六届福建省机关体制机制创新优秀案例“百优案例”、漳州市机关体制机制创新优秀案例“十佳案例”。漳州市作为唯一的设区市，代表福建省在全国生态环境损害制度改革培训会上作典型经验介绍。

（陈 静）

责任编辑：张慧华

教育

·综述·

【教育事业年度发展】　2023年，漳州市有各级各类学校2799所（其中幼儿园1745所、小学811所、普通初中133所、特殊教育学校10所、普通高中77所、中等职业学校16所、高校7所），在校学生105.27万人，专任教师6.63万人。年内，漳州市教育局组织高考2.9万人、中考12.32万人、成人高考1.3万人、研究生考试6090人、高中会考16.39万人、高职分类考试1.27万人、专升本考试8686人。组织参加全国高等教育自学考试4.1万人次，全国中小学教师资格考试6.3万人次；福建省新任中小学教师公开招聘笔试2万人次，完成普通话培训测试1.2万人次。

【素质教育】　2023年，漳州市教育局评选20所市级思政课改革创新示范校和首届“十佳思政课教师”，获评省级思政金课16节。开展“扣好人生第一粒扣子”主题实践，开展学雷锋志愿服务、校园读书节等活动。构建家校协同育人机制，获评福建省第四批“一校一案”落实《中小学德育工作指南》典型案例2个、第五批劳动教育特色项目3个、家庭教育特色学校（园）2个、第三批家庭教育典型案例2个、中小学学科德育精品项目10个。举行全市中小学生阳光体育联赛等，漳州八中学生邱祺缘先后获体操世界杯、世锦赛金牌。成立漳州市学校美育与艺术教育研究中心，组织全市中小学生“非遗”进校园、中华经典诵写讲等系列活动，获评“笔墨中国”汉字书写大赛全国优秀组织单位。抽调主城区18名骨干教师成立市级心理健康教育专业工作队伍，提供心理咨询服务600余人次。举办市级线上、线下心理教师专业培训及案例督导业务培训9场，培训教师8486余人次。开展心理健康教育活动563场，参与学生24.62万人次。入选省第四批中小学心理健康教育特色学校5所、名师工作室1个。

【教师队伍建设】　2023年，漳州市完成高中、中职（中职实训指导）教师资格认定3094名，定期注册6087名。完成中职、中小学、幼儿园教师高级职称评定777名。办理教师学历、学位更改226人。遴选68名优秀骨干教师参加省级及以上培训，组织67名研究型名师到西南大学培训、374名学科带头人到闽南师范大学提升培训，组织636名新入职教师参加规范化培训、1.82万名班主任参加职业能力提升培训。建立校长库，入库中小学校级领导2023人。年内，漳州市教育局将师德规范纳入新教师培训课程，召开教师节表彰大会，开展“为教师亮灯”公益活动等。获国家级“双名计划”工作室授牌2人、职业教育教师创新团队1

个，获评福建省优秀教师87人。漳州实验小学党委书记兰臻获评全国教书育人楷模。

【名师培养与管理】 2023年，漳州市教育局印发《漳州市中小学名师管理办法》《漳州市名校长管理办法》，建立名师名校长退出机制。评选确认漳州市第七批中小学骨干教师706人。全市教师入选福建省学科教学带头人41人、职业院校名师名校长专业带头人30人、乡村优秀青年教师培养奖励计划16人。全市63个市级名师工作室吸纳成员589人、学员751人。年内，开展名师送教送培下乡活动1240人次，结对帮扶549对，开展讲座或示范课413场次，惠及乡村学校400余所、师生近8万人。

【教育督导】 2023年，漳州市教育局指导长泰区创建全国“学前教育普及普惠发展县”，通过国家评估认定。聘任新一届市属学校挂牌责任督学，创建教育督导管理信息系统。牵头做好省政府对市政府履行教育职责督导评估工作。完成对龙文区、云霄县、华安县、常山开发区教育“两项督导”（县级政府教育工作督导评估和县级党政主要领导干部教育实绩督导考核）实地督导评估工作，对芗城区、东山县、南靖县、漳州开发区教育开展“两项督导”“回头看”。督促平和县拨付497万元追补2023年9—12月教师公积金，东山县追补2022年度教师考核奖3399.84万元，常山开发区追补教师绩效考核奖和相关教育经费2993.43万元，南靖县追补2019—2021年度征收的教育费附加投入和终身教育等专项经费182.8万元，漳州开发区追补教师继续教育经费、在校生均一般公共财政预算教育支出等3198.8万元。

【教育审批服务】 2023年，漳州市教育局调整审批服务相关办事指南和权责清单40余个，实现即办率50%、网办率70%以上。开展教师资格认定一件事联办服务，将“幼儿园入学一件事”延伸至“入学一件事”。办理涉及教育行政审批和公共服务事项4691件，接待来电、来访群众500余人次，事项办结率100%，“好差评”群众满意度100%。

【学校法治建设】 2023年，漳州市教育局组织120多名教育行政执法人员进行培训，梳理规范性文件54件、“双随机”检查事项清单4项，推进一体化大融合行政执法平台应用。聘请法治副校长1276名，组织61.55万名中小学生参加第八届全省学生“学宪法讲宪法”网上学习活动，获优秀组织奖。健全矛盾纠纷排查化解机制，答复“12345”平台诉求5245件、登记转办信访280件。

【学校安全管理】 2023年，漳州市市、县（区）两级教育部门联合相关部门开展学校安全督导68场次，参与人员394人次，组织安全隐患排查2983场、6235人次，排查整治隐患417处。定期开展反欺凌与暴力等专题教育，建立驻点守护、周边巡逻、视频巡查相结合的立体校园安全防控网络，完善涉校涉生敏感案（事）件信息互通工作机制和涉校未成年人安全工作联动调处机制。整治学生配餐和食堂食品安全问题。加强校园国家安全宣传教育，举办学生网络安全技能竞赛。

（张文忠）

·学前教育·

【概况】 2023年，漳州市新建、修缮公办幼儿园18个，新增公办幼儿园学位2790个。截至2023年年底，有幼儿园1745所，招生4.89万人，在园幼儿16.47万人，幼儿入园率99.27%，普惠率96.68%，公办幼儿园在园幼儿占比62.36%。

【幼小衔接】 2023年，漳州市教育局做好幼儿园与小学科学衔接工作，开展幼小协同科学衔接专项课题申报，其中“幼小双向衔接中儿童学习品质培养实践研究”等25个课题立项。

【学前教育规范管理】 2023年，漳州市教育局开展各级示范性幼儿园创建和乡村学前教育办学点评估工作，漳州市龙海区月港幼儿园获评省级示范性幼儿园。截至2023年年底，有省级示范性幼儿园19所。评估认定市级示范性幼儿园7所、乡村学前教育办学点20个。

【漳州城市职业学院附属托育园举行揭牌】 2023年12月29日，漳州城市职业学院与漳州市凌波康养托育服务有限公司共建的漳州城市职业学院附属托育园举行揭牌仪式。托育园位于漳州市芗城区菜市路13号，设有感统训练室、母婴室、养育照护门诊、亲子阅读室、儿童活动房、营养厨房、户外儿童活动区等功能用房，设立托大班、托小班、乳托班，可提供120~150个托位。主要招收6个月至3周岁的婴幼儿。

（张文忠）

·义务教育·

【概况】 2023年，漳州市有小学811所，招生8.35万人，在校学生45.81万人；普通初中133所，招生5.91万人，在校学生18.21万人；九年义务教育阶段巩固率100%。年内，市直民办小学、初中停止招收一年级学生（除体育、艺术、外语类外），各县（区）民办招生计划实现总量只减不增，全市压缩民办义务教育学校办学规模9900人。

【“双减”政策落实】 2023年，漳州市教育局开展寒、暑假校外培训治理、中小学生校外培训“安全守护”等行动，出动检查人员1777人，检查校外培训机构475家，发现问题110家，全部责令整改到位。完善部门协作机制和定期会商机制，构建课后服务体系，开展课后服务学校931所，其中城区179所学校全覆盖开展，参加课后服务学生数23万余人，参与率78.5%；城区学校开展“2+3”（2项基本服务+3项拓展服务）课后服务模式学校99.44%。全市214条“双减”（减轻义务教育阶段学生作业负担、减轻校外培训负担）信息被人民网等20多家媒体报道，遴选推出9期33个市级课后服务典型案例，《漳州市芗城区探索学校“轻盈餐厅”》案例入选福建省教育厅“双减”典型案例。

【义务教育资助】 2023年，漳州市对全市城乡所有义务教育阶段学生免除学杂费5.65亿元，提供免费教科书价值8846.78万元、免费作业本价值2072.03万元。发放全市义务教育阶段建档立卡家庭经济困难学生生活费补助1132.29万元，受益学生3.62万人次。公办寄宿制学校困难寄宿生生活补助219.56万元，受益学生4121人次。农村公办寄宿制学校学生营养改善计划补助2667.20万元，受益学生5.33万人次。

【义务教育管理】 2023年，漳州市教育局举办中小学教育教学开放活动和教改基地校、小学乡村温馨校园、优质小学教育资源孵化工程教学成果展示等专项活动34场次。入选省义务教育教改基地校10所，创建省“义务教育管理标准化学校”68所。认定小学乡村温馨校园163所，覆盖56%的农村小学。获评全省第五批“乡村温馨校园建设典型案例学校”4所。

（张文忠）

·普通高中教育·

【概况】 2023年，漳州市有普通高中77所，招生3.43万人，在校学生9.87万人，高中阶段毛入学率96.56%。

【“优生早培”工程】 2023年，漳州市实施“优生早培”工程，13人进入全省文理科前150名，24人被清华大学、北京大学录取，分别比上年增长62.5%和60%。本科录取率55.2%，“双一流”高校录取1647人，比上年增长12.7%。

【公办高中学校教育质量提升】 2023年，漳州市出台《新时代漳州市普通高中高质量发展行动方案》，实施县（区）一中振兴工程，漳州第一中获评“第十批全国民族团结进步示范区示范单位”“北京大学博雅人才共育基地”。云霄一中被确认为省级示范性普通高中。闽南师范附属中学、诏安一中、东山一中新晋升为省一级达标高中，全市省一级达标高中占比从17%提高到21.2%。发挥漳州第一中学、漳浦一中等9所省级普通高中特色示范项目学校示范引领作用，各结对帮扶至少1所学校。

【高中“十校联盟”成立】 2023年，漳州第一中、厦门大学附属中学、漳浦一中、龙海一中、南靖一中、云霄一中、厦门双十中学漳州校区、漳州实验中学、漳州立人学校、漳州正兴学校组建漳州市高中“十校联盟”。联盟校以“整合共享、融合共生、联合共进、联动共赢”为基本原则，整合联盟内各校优质办学资源，开展互补性合作，提升联盟学校办学质量。

（张文忠）

·特殊教育·

【概况】 2023年，漳州市教育局联合市发改委等部门印发《漳州市“十四五”特殊教育发展提升行动方案的通知》，推动漳州市特殊教育发展。漳州市阳光学校在全国特殊教育学校联盟换届暨特殊教育论坛上做典型经验交流。截至2023年年底，全市在校特殊学生4024人，其中10所特殊教育学校在校学生1466人。

【基础能力建设】 2023年，漳州市加大特殊教育基础投资力度，全市所有县（区）均成立特殊教育资源中心，龙文区实验小学、长泰区岩溪中心小学、长泰区枋洋中心小学、华安县华丰中心小学、漳州台商投资区实验小学5所学校设有特殊教育班。年内，漳州市芗城蓝天学校、诏安县阳光特殊教育学校通过福建省特殊教育标准化学校评估。

【特殊教育财政支持】 2023年，漳州市级财政将市属特教学校（班）寄宿生生活补助标准提高到每生每年3000元（每年按10个月计算），寄午的学生按寄宿生补助标准的一半给予补助。

【首次特殊教育学校教育教学开放活动举办】 2023年12月12—14日，漳州市首次特殊教育学校教育教学开放活动在漳浦县特殊教育学校举办。活动由漳州市教育局主办，漳浦县教育局、漳浦县特殊教育学校承办。漳州市各县（区）校长、特教班负责人、各特殊教育学校教师代表近100人参加活动。教育教学开放活动开展公开课8节，涵盖生活语文、生活数学、生活适应、唱游与律动、绘画与手工、运动与保健等学科。

（张文忠）

·职业教育·

【概况】 2023年，漳州市有中等职业学校16所，高校附设中职班4所，招生1.26人，在校学生4.03万人。全市中职学校高职分类考试，本科上线185人，比上年增长17.83%；专科上线7430人，比上年增长5.83%。

【职业技能比赛】 2023年，漳州市在全国全省职业院校技能大赛中获奖643个。其中，在全国职业院校技能大赛教师教学能力比赛和中职学校班主任能力比赛中，漳州市获一等奖1个、二等奖4个、三等奖3个。漳州高新职业技术学校承办全国职业院校技能大赛中职组电子商务运营项目获金牌，企业经营沙盘模拟比赛获金牌。举办“水仙有约 圆山筑梦”“互联网+”大学生创新创业大赛。

【产教融合】 2023年，漳州市教育局指导职业院校，增设精细化工技术、材料成型与控制、康复、婴幼儿托育等专业，批复8所中职学校增设工业机器人技术应用等13个中职专业点。古雷开发区、漳州职业技术学院、福建福海创石化公司、厦门大学古雷石化研究院、闽南师范大学化学化工与环境工程学院等20家单位组建漳州古雷石化产教联合体。推动4个高校职教联盟服务漳州市经济发展。

【职业教育办学支持】 2023年，漳州市教育局编制中等职业教育发展行动计划。对照职业院校达标建设指标制订全市职业院校达标建设实施方案。推进漳州职业技术学院创建本科院校工作。推动漳州城市职业学院高新校区建设。

【职业教育办学管理】 2023年，漳州市教育局根据漳州理工职业学院、漳州科技职业学院、漳浦职校等院校存在的宿舍安全、档案管理、招生等隐患，下发整改通知书，责令学校限期整改到位。指导加快漳州理工职业学院南靖校区工程建设。

（张文忠）

·高等教育·

【概况】 2023年，漳州市有高校7所，其中省属本科院校2所、市属高职院校5所，招生3.79万人，在校学生10.73万人（其中本科3.80万人、专科6.72万人、硕士2043人、博士41人），高等教育毛入学率63.41%。年内，组织全国计算机等级考试1.6万人次，全国大学英语四、六级考试5.59万人次。

【高等教育支持】 2023年，漳州市支持市属高校采取灵活政策引进培养高层次人才，漳州职业技术学院、漳州城市职业学院、漳州卫生职业学院等学校3所市属公办高校公开招聘岗位急需人才98人，其中博士12人。发放高校国家助学金2651.77万元、受益学生1.5万人次（其中退役士兵助学金343.87万元、受益学生2051人次）。国家励志奖学金779万元、受益学生1558人。国家奖学金51.2万元、受益学生64人。

【漳州市大学生网络安全技能竞赛举行】 2023年4月25日，漳州市大学生网络安全技能竞赛在漳州职业技术学院举行。闽南师范大学、漳州职业技术学院、等9所学校的16支代表队48位选手参加比赛。漳州职业技术学院（第二队）获第一名，闽南师范大学（第二队）获第二名，漳州职业技术学院（第一队）获第三名。

（张文忠）

【闽南师范大学】 2023年，闽南师范大学有在校全日制普通本科生、研究生2.18万人。专任教师1381人，其中具有高级职称教师733人，具有硕士、博士学位教师1198人。享受国务院政府特殊津贴专家、百千万人才工程国家级人选、全国优秀科技工作者、国家有突出贡献中青年专家等国家级高层次人才10人；海军高新人才工程、福建省引才“百人计划”、百千万人才工程省级人选、“雏鹰计划”青年拔尖人才等省部级高层次人才189人。学校有博士学位授权点1个（中国语言文学）、服务国家特殊需求博士人才培养项目1个（闽南文化与两岸交流研究），硕士学位授权点19个。

2023年，闽南师范大学有国家级一流本科专业建设点7个，省级一流本科专业建设点14个。化学学科进入ESI（基本科学指标数据库）全球排名前1%。第二专业主干课程实现非师范专业全覆盖，开设卓越教师、卓越法治人才、卓越企业管理人才、卓越闽南文化人才4个实验班。开设闽台文化交流相关课程15门，毕业台籍博士1人。

2023年，闽南师范大学引进高层次人才、境内博士12人，聘用客座教授、校外专家231人次。入选福建省高层次人才15人，入选2023年“闽江学者奖励计划”讲座教授3人，入选福建省“雏鹰计划”青年拔尖人才1人。

2023年，闽南师范大学获

批国家级一流本科课程5门、省级一流本科课程15门，教育部产学合作协同育人项目6项，省级其他本科教学类项目（含优秀教学案例）31项。教师教学创新大赛获国家级三等奖1项，学生获“互联网+”大学生创新创业大赛国家级铜奖1项。

2023年，闽南师范大学获批纵向科研项目345个，其中国家级项目20个，总立项经费1876.22万元，首次获国家艺术基金人才培训项目。获福建省社科成果奖3项，其中一等奖2项；福建省科学技术奖4项，其中一等奖1项；发表中、外文期刊论文553篇，资助著作29本。乡村振兴战略研究院入选福建省委重点建设智库，两岸一家亲研究院入选福建省委重点智库培育单位。

2023年，闽南师范大学培育思政工作精品项目15个，入选高校原创文化精品项目、高校学生心理健康教育指导典型案例各1个，获研究生课程思政示范项目省级立项3个。开展“思想领航计划”系列活动105个，获福建省学习马克思主义理论“一‘马’当先”知识竞赛研究生组团体三等奖、本科生组团体三等奖。情景剧《梦·寻》获第六届全国高校心理情景剧二等奖。

2023年，闽南师范大学与漳浦、诏安、平和、漳平、寿宁5个县（市）以及福建省大数据集团有限公司、亚视未来数字传媒（深圳）有限公司等企业签订战略合作框架协议，签订横向技术合同416项，合同经费1.46亿元，到账经费8777.5万元；获授权专利58项，单项技术转化经费超400万元。

2023年，闽南师范大学新签订校际合作协议8份，国（境）外姐妹校总数86所，新增签约印尼育德学校、菲律宾侨中学院等海外汉语教学实习基地7个。年内，获批中英双学位联合培养项目，入选“中美人才培养计划”等跨国教育交流平台，入选中美省州大学产教融合联合会创始会员单位、中国—东盟数字教育联盟首批成员单位。

2023年，闽南师范大学获批对台单招试点院校，策划编撰的《台湾通史》获中华优秀出版物图书奖和福建省第十五届社会科学优秀成果一等奖。

（李书勤）

【漳州职业技术学院】 2023年，漳州职业技术学院开设专业51个，全日制在校生1.54万人，录取新生6280人，毕业生数4860人，2023届毕业生去向落实率98.1%。教职工868人，其中，中高级职称550人、博士40人、双师型教师619人、全国技术能手1名。引进外聘教授8名，客座教授5名。有校级教师企业实践基地15个，教学科研仪器设备资产总值3.1亿元，纸质图书资源量116.19万册。获评全国职业教育信息化标杆学校建设单位。

2023年，漳州职业技术学院获厅级以上课题立项56项，开展横向科研项目144项，合同金额近3900万元，到账金额2812万元，其中重大合同3项、科技备案25项、授权专利49项，技术成果对接转化服务企业50家以上，成果转化项目数30个以上。

2023年，漳州职业技术学院立项建设省级专业资源库6个，获省级精品在线课程认定36门，入选“十四五”职业教育国家规划教材4部。获国家教学成果奖二等奖1项，全国职业院校技能大赛教学能力比赛二等奖、三等奖各1项，福建省教师教学能力比赛一等奖6项。

2023年，漳州职业技术学院组织参加金砖国家职业技能大赛，获世界级一等奖2项、三等奖4项。组织参加“互联网+”大学生创新创业大赛，获国家级金奖1项、铜奖1项；组织参加全国职业院校技能大赛，获二等奖5项、三等奖6项；组织参加第十届海峡两岸暨港澳大学生职业技能大赛，获一等奖18项、二等奖22项、三等奖20项；组织参加福建省职业院校技能大赛，获一等奖19项、二等奖19项。

2023年，漳州职业技术学院社会培训项目审批备案150多项，创收1548万元。组建全国数字工业、休闲食品、半导体光电

3个产教融合共同体，组建漳州古雷石化市域产教联合体，机械设计与制造专业群入选教育部国际合作与交流司“TÜV莱茵数字创新赋能计划”建设单位，“校企共建真实性教学酒店实践中心”项目入选全国文化艺术职业教育和旅游职业教育提质培优行动计划。新增省内首家市级巾帼学院、“警、校、企”共建网络安全教育基地和漳州市工艺美术传习中心。

2023年，漳州职业技术学院获批“中国—菲律宾经贸创新发展示范园区”职教项目承接高校，开展“外国友人中国文化系列培训班”，到校参观学习200多人次；为塞尔维亚、赞比亚等国企业及有关机构开展“中文+职业技能”培训超2000人次。漳州职业技术学院（神悦科技学院）意大利职业技能培训基地在意大利挂牌成立，招收非学历教育国际学生（汉语学习）7人。

2023年，漳州职业技术学院全国基地入选“职业教育信息化标杆学校”和“信息化支撑职业院校校企合作专业共建项目”，投入1.3亿元推进“我为师生办实事”建设项目15个，风雨综合体育场、漳大书店等工程投入使用。

（蒋水金）

【漳州城市职业学院】 2023年，漳州城市职业学院有全日制学生、高素质农民（新型职业农民）专科学历教育、在联办中职就读的“三二分段”五年专学生，共计1.06万人。教职工486名，专任教师333名，其中具有副高级以上职称112名、取得硕士以上学位298名。设有教育研究院等研究（院）所11个和产业学院3个。建有多功能一体化的校内实训中心9个、各类校内实验室183个。

2023年，漳州城市职业学院小学教育高水平高职专业群通过福建省教育厅中期验收。6门课程立项为省级在线精品课程。

2023年，漳州城市职业学院组织参加全国职业院校技能大赛（高职组）市场营销赛，获三等奖1项；组织参加福建省高校“一马当先”知识竞赛，分获团体一等奖、个人一等奖；组织参加福建省职业院校技能大赛，获一等奖2项、二等奖9项、三等奖16项；组织参加福建省高校师范生教学技能大赛，获一等奖2项、二等奖1项、三等奖4项。女子足球队获福建省大学生足球联赛冠军，女子篮球队获福建省大学生篮球联赛一等奖，学生书法作品《欧阳修论书》获全国大学生书法一等奖。

2023年，漳州城市职业学院《学前儿童感觉统合训练》入选首批“十四五”职业教育国家规划教材。立项厅级以上纵向科研项目22个，其中，中华职业教育社一般课题1项，福建省教育厅中青年教师教育科研项目重点项目1个、社科类5个、基础教育研究类2个，福建省教育科学“十四五”规划常规课题2项，福建省教育会计学会一般课题2项。新增国家专利授权11项。

2023年，漳州城市职业学院“溪坂村学习型乡村建设”项目获评2023年福建省终身教育提质培优实验项目，职业培训人数1.8万多人次，比上年增长34%，1名教师获评2023年福建省“百姓学习之星”。

（张佩琳）

【漳州卫生职业学院】 2023年，漳州卫生职业学院有全日制在校生1.1万余人，校内教职工452人，招生录取率100%，为社会输送适用型技术技能人才3547名，就业率97.80%。设有护理、临床医学、口腔医学、康复治疗技术等7个专业群23个专业，其中有国控专业5个、福建省高等职业教育高水平专业群2个，教学科研设备总值1.43亿元，实习教学基地216家。“林巧稚医德文化”入选全国职业院校校园文化建设“一校一品”典型案例。2023年，漳州卫生职业学院引进高层次人才3名，公开招聘工作人员26名，聘任产业教授5名。建立校级教师实践基地2个、“双师型”教师实践基地1个。年内，中药学教师团队入选第三批国家级职业教育教师创新团队，医学技术类“双师型”教师培训基地入选福建省“双师型”教师培训基地，课程思政教学研究示范中心入选福建省第三批课程思政教学研究示范中心，“创新创业基础”课程及团队分别入选福建省第三批课程思政示范课程、教学名师和教学团队。

2023年，漳州卫生职业学院立项厅级以上纵向项目46个，开展横向项目77个；获授权发明专利6个，发表SCI论文9篇、中文核心期刊论文8篇。

2023年，漳州卫生职业学院组织教师参加2023年福建省职业院校技能大赛教学能力比赛，获一等奖5项、二等奖5项、三等奖4项；组织教师参加福建省大中小学思想政治课金课遴选，获一等奖2项、二等奖2项。组织学生参加职业院校技能大赛，获国家级二等奖1项、三等奖2项；组织学生参加第九届海峡两岸暨港澳大学生职业技能大赛，获一等奖1项、三等奖3项；组织学生参加福建省首届运动促进健康知识技能大赛，获团体一等奖。

2023年，漳州卫生职业学院入选教育部社区教育“能者为师”实践创新项目2个、2023年全国新时代“终身学习品牌项目”1个、福建省“终身学习品牌项目”2个、2023年福建省终身教育提质培优项目14个。

2023年，漳州卫生职业学院开展培训养老护理员、育婴员、健康管理师职业技能培训14万人次；组织各类社会考试2.54万人；开展社区教育、老年教育，服务居民8万多人次。

（蔡敏燕）

2023年5月16日，漳州卫生职业学院在体育活动中心举行庆祝5·12国际护士节暨第十五届护士授冠仪式活动。图为活动现场

（陈福 摄）

【漳州科技职业学院】 2023年，漳州科技职业学院在校师生数超1.6万人，开设专业38个，下设二级学院7个。年内，入选第二批全国学校急救教育试点学校。

2023年，漳州科技职业学院“中华茶艺”课程获评职业教育国家在线精品课程并入选农业农村部乡村振兴“名师名课”项目，“校企命运共同体视角下天福茶产业学院构建与实施”案例入选2022年福建省省职业教育改革发展典型案例，茶叶生产加工技术、市场营销2门课程入选福建省第三批课程思政示范项目。

2023年，漳州科技职业学院组织参加福建省“互联网+”大学生创新创业大赛，获银牌1枚、铜牌1枚；组织参加福建省民族乡村“三创促三交”十佳活动，获创意组三等奖1项；组织参加“创客中国”福建省中小企业创新创业大赛暨第六届“创响福建”大赛，获创客组优秀奖1项。

2023年，漳州科技职业学院承办“一带一路”培训班4期、援外培训39期。

（陈智慧 黄小容）

【漳州理工职业学院】 2023年，漳州理工职业学院招生6970人，其中五年专736人。

2023年，漳州理工职业学院组织参加第六届“国青杯”全国高校艺术设计作品大赛，获一等奖9项、二等奖10项、三等奖12项；组织参加职业院校技能大赛，获护理技能赛项（高职组）团体二等奖；组织参加第15届全国大学生广告艺术大赛，获三等奖；组织参加第十五届全国高等院校学生“斯维尔杯”BIM－CIM创新大赛，获二等奖；组织参加第25届CUBAL（中国大学生篮球联赛）三级联赛福建基层赛，获男子组二等奖；组织参加第九届海峡两岸暨港澳大学生技能大赛，获一等奖。

2023年，漳州理工职业学院开展纵向科研，获中华职业教育社规划委托课题1项、福建省教育科学“十四五”规划课题3项。

（傅丽华）

·成人教育·

【概况】 2023年，漳州市各类成人高考报名1.3万人次，自学考试报名1.52万人、4.14万科次。开放大学系统招生3591人。全市有国家级“百姓学习之星”5个、省级“百姓学习之星”21个，国家级“终身学习品牌项目”5个、省级“终身学习品牌项目”20个。

（张文忠）

【社区教育】 2023年，漳州市依托市开放大学设立社区学院、社区教育指导中心等终身教育机构，开展社区教育指导和服务，全市参加社区教育13.03万人次。年内，漳州市设立文庙“国学堂”、漳州市图书馆、漳州茶厂、晓风书屋、漳州市布袋木偶传承保护中心等14个市民学习体验中心（福开学堂），开展“百门优秀课程进社区”“书香漳州”等系列活动，线上线下参与人数超6万人次。截至2023年年底，全市有国家级社区教育示范区1个，省级学习型社区19个、学习型团队59个。

（余础础）

【老年教育】 2023年，漳州市有老干系统老年大学12所，学员1.1万人、1.94万人次，兼职老师243人。12所老年大学有班级362个，设置象棋、乒乓球国画、民乐、舞蹈等课程248门。截至2023年年底，全市共有省级老年大学示范校10所。

（梅　杲）

【漳州开放大学】 2023年，漳州开放大学本科学生数1096人，专业15个；专科学生数878人，专业15个；在编教职工64人。年内，漳州开放大学完成专业技术人员继续教育1.46万科次。组织参加国家开放大学首届新商科创新创业大赛作品赛，获二等奖。组织参加福建省“互联网+大学生”创新创业大赛，获铜牌2枚。《赓续红色血脉 传承红色基因——红军攻克漳州90周年“丹霞文化园”人文游学活动》入选国家级社区教育“能者为师”实践创新项目“社区教育数字化转型”主题启动名单，《“古城微光”——以非遗之光点亮千年古城》入选福建省“终身学习品牌项目”，“丹霞文化园”被列入省级创新基地项目。

（吴子悦）

【漳州市老年大学】 2023年，漳州市老年大学设总校1所，教学点4个，开设8个系40门课程106个班级，以及书法、诗词等8个专业学会，聘用教师68人，注册学员3000余人，参加学习超7000人次。年内，举办“黄道周书法奖”第四届全市老年大学学员书法大赛。《〈画你〉藏族舞蹈教学》等3件作品分获福建省老年大学网络精品课件一等奖、二等奖、三等奖，《新时代老年教育高质量发展的几点思考》获福建省老年教育学术论文评选二等奖。

【漳州市老年科技学院揭牌成立】 2023年10月23日，漳州市老年科技学院在漳州市老年大学揭牌成立。漳州市老年科技学院主要面向老年群体开展科技知识普及教育和培训，为老年群体打造科技教育平台。

（梅　杲）

责任编辑：蔡婉玲

科学技术

·综述·

【科技项目立项与实施】 2023年，漳州市获国家级、省级科技项目立项115项，争取资金3358.43万元。其中，中央引导地方发展专项资金9项，经费620万元。兑现401家企业研发投入分段补助资金14647.42万元（其中省级资金4470.99万元、市级资金4625.7万元、县级资金5550.73万元）。下达市级自然科学基金计划项目50个，安排科技经费120万元。

【科技创新项目奖励】 2023年，漳州市科技局兑现《漳州市人民政府关于进一步支持和促进创新驱动发展八条措施的通知》《漳州市促进科技成果转移转化若干规定》《漳州市支持研发创新平台建设八条措施》3项政策，合计补助企业575家次，补助资金1.11亿元。

【漳州市首获省级“揭榜挂帅”项目】 2023年9月，漳州市“完全自主可控的大功率变流集成控制芯片”项目获福建省科技厅安排的2023年度“揭榜挂帅”科技计划项目（将需要的关键核心技术和创新服务项目张榜公布，谁有本事谁揭榜）经费880万元，是漳州市首个获省级“揭榜挂帅”立项的项目。项目聚焦解决能源变换领域大功率电能变换装备变流控制芯片的“卡脖子”关键技术难题，研制具有ADC（模拟数学转换器）转换性能突出、算力资源丰富、安全可靠和自主可控的大功率变流集成控制芯片。

（蔡志强 洪韬亮）

·高新技术及新兴产业·

【概况】 2023年，漳州市通过科技型中小企业评价企业598家，新增省级科技“小巨人”企业39家，新认定国家级高新技术企业307家。截至2023年年底，全市有漳州科能电器有限公司、漳州市利利普电子科技有限公司等国家级高新技术企业885家。全市规模工业高技术行业增加值134.41亿元，高技术行业增加值占全部增加值比重8.38%，纳入统计高技术企业145家。

【科技创新创业基地】 2023年，漳州市高新技术创业孵化基地引进4家企业入驻，在孵企业34家，新增海峡股权交易中心挂牌6家。全市有国家级科技企业孵化器2家，省级科技企业孵化器6家，国家级众创空间6家、省级众创空间32家、市级众创空间20家；国家级星创天地3个、省级星创天地12个。

【孵化基地设立大学生创业园】

2023年，漳州市高新技术创业孵化基地设立大学生创业园。创业园面积1162.3平方米，为大学生创业团队提供免租公共工位或低租独立场地，促进普通高等学校毕业生就业创业。漳州市高新技术创业孵化基地由漳州市科技开发服务中心运营，是全市唯一的国有公益省级科技企业孵化器，面向初创型科技企业提供场地、政策申报、技术合同认定登记、创投等各种创业服务。

【孵化基地在孵企业首次在海交中心挂牌】 2023年3月17日，漳州市高新技术创业孵化基地在孵企业福建联创同盟智能科技有限公司挂牌，企业代码192673，是漳州市首家在海峡股权交易中心挂牌的孵化基地在孵企业。根据市科技开发服务中心修订《漳州市高新技术创业孵化基地管理规定（试行）》，制定考核与奖励办法，对在孵期间登陆海峡股权交易中心科创板挂牌企业，给予面积最大不超过333平方米、免6个月场地租金的奖励。

（蔡志强 洪韬亮）

·科技服务·

【概况】 2023年，漳州市科技局开展“双创之星”（创业之星、创新之星）、“首席科技官”评选等科技人才扶持工作，实施市委市政府为民办实事项目“深化新时代科技特派员服务百企千村工程”，创新组建闽南师范大学、厦门大学嘉庚学院2个R&D（研究与试验发展）科技特派员团队，辅导企业R&D研发项目科学管理、研发支出规范归集，服务企业1000多家次。年内，漳州市科技局选派科技特派员挂钩帮扶271家企业及1479个行政村，组建“特色中药材种植与产业化技术团队”等科技特派员团队163个，开展科技特派员志愿服务活动4场，开展“科技大讲堂”线上培训活动4期。

【科技服务农业】 2023年，漳州市科技局组织实施“七指毛桃繁育与高效栽培技术研究及产品开发与利用”等省级设区市农科所专项项目3个、“福建省滩涂性贝类主要经济种固碳除磷生态效益研究与养殖示范”等农业类省级区域发展项目2个、“杏鲍菇先进瓶装工厂化生产稳定性关键技术研究与示范应用”等星火计划项目6个，向上争取科研经费480万元。

【科技服务企业】 2023年，漳州市科技局推行“科技贷”（银行为支持科技型中小企业和高新技术企业的发展而提供的专项贷款产品），指导市高新技术企业协会与人保财险漳州市分公司签订合作协议，为全市86家科技型企业发放“科技贷”119笔、金额6.25亿元，缓解中小微企业融资难融资贵问题。

【科技特派员工作】 2023年，漳州市科技局选任省级个人科技特派员260人、市级个人科技特派员375人、县级个人科技特派员1047人，组建省级团队（法人）科技特派员99个、市级团队（法人）科技特派员74个，科技特派员创业和技术服务覆盖所有行政村。实施“抑制产毒霉菌中草药的筛选及其抑霉效果研究”等省级科技特派员后补助项目13个、中港（福建）水产食品有限公司“海翔智谷星创天地”等省级星创天地后补助项目3个，争取省级科技经费490万元。截至2023年年底，全市科技特派员组织实施科技开发项目380多个，完成科技培训活动1341场次，引进或推广应用新品种、新技术、新工艺等593项，申请或获得授权专利314个，服务群众4.06万人次。

【“双创”人才扶持】 2023年，漳州市科技局组织科技人才参与国家级、省级各类科技人才评审，全市有4名科技人才获评第四批省级“创业之星”，占本批次省级“创业之星”人数的40%。通过第一批和第二批省级“双创之星”中期考核人才6人。全市10名人才获人才补助资金1000万元，获人才补助资金额位居全省设区市第一。组织申报并参与全市第六批市级“双创之星”和“首席科技官”，遴选出

“双创之星”8人、“首席科技官”6人。

（蔡志强 洪韬亮）

·科技交流与合作·

【概况】 2023年，漳州市科技局加强闽宁合作，选派科技特派员到宁夏挂职，组织“黄芪根腐病预防及防治”技术解决方案参加宁夏科技成果转化暨人才交流合作大会等活动，组织开展“宁夏海原果园套种草本类中药材的技术研究”“中草药提取物对海原中药材主要病害的预防技术研究”2项闽宁合作科技专项。全市共获省科技厅对外合作项目立项5项，中科院STS（科技服务网络计划）配套项目立项3项。

【“蓝火计划”实施】 2023年，漳州市科技局实施“蓝火计划”（漳州市人民政府与教育部科技发展中心共同推进的漳州市与国内高等院校产学研科技协作）。组织企业参加火炬科技成果直通车、海南国际健康产业博览会、中国国际高新技术成果交易会、闽京科技成果对接会、中国海峡项目成果交易会等活动。组织漳州人才发展集团、漳州信息产业集团及有关企业到深圳、武汉、北京、天津等地开展产学研对接、科技招商活动，促进技术合作，达成合作意向30项。召开智能制造领域科技成果发布暨产学研对接大会、“人才漳州月”产学研对接会等专场对接活动，达成合作意向40多项。

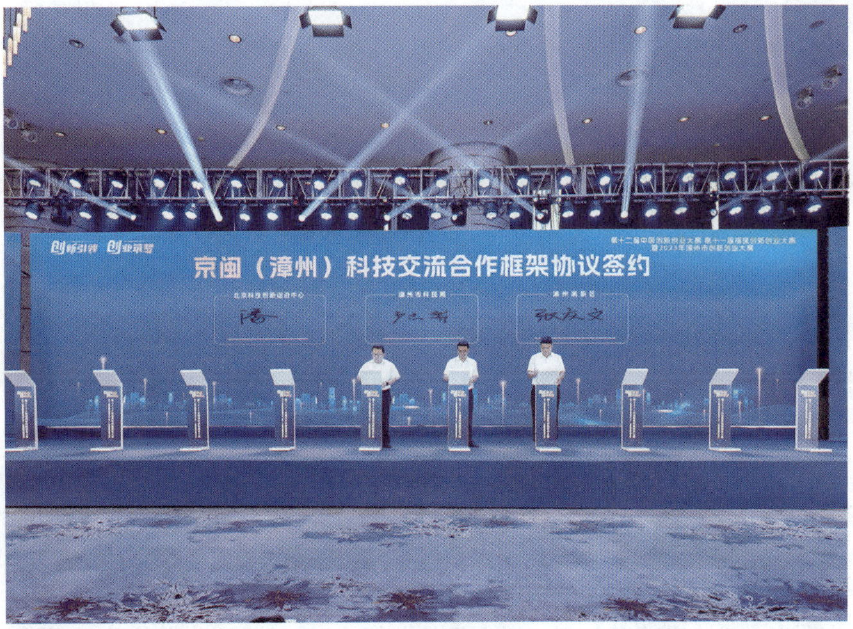

2023年8月2日，北京科技创新促进中心、漳州市科技局、漳州高新区管委会三方共同签订“京闽（漳州）科技交流合作框架协议”。图为签约仪式现场

（漳州市科技局 供图）

【福州大学科技成果对接】 2023年8月，漳州市科技局举办以“数字赋能文化遗产、科技点亮乡村振兴”为主题的“院士专家八闽行”福建漳州行暨福州大学科技成果对接活动。福州大学组织面向漳州市产业发展的专场科技成果推介、对接会，30名专家教授与漳州企事业单位对接，签订校企框架协议6项，技术开发、技术服务、技术咨询、技术转让合同13项。

（蔡志强 洪韬亮）

·科技成果·

【概况】 2023年，漳州市科技局推动科技成果奖励申报，获评2022年度福建省科学技术奖优秀成果15项。其中，科学技术进步奖一等奖4项、二等奖1项、三等奖9项，自然科学奖一等奖1项。

【技术市场建设】 2023年，漳州市科技局推进全市技术市场建设，汇聚科技成果5.46万项，技术专家7046位，高校科研院所155所，举办各类创新活动33场，入驻技术转移机构11家，技术经纪人31人、科技专员50人，累计服务企业逾1000家（次），促成技术交易项目75

2023 年 8 月 3 日，以“创新引领 创业筑梦”为主题的 2023 年漳州市创新创业大赛在漳州佰翔圆山酒店举行　（漳州市科技局 供图）

个，初步形成技术转移协同服务体系。

【技术市场交易】 2023年，漳州市有省级技术转移机构11家，市级备案技术转移机构21家，组建创新联合体2家。年内，完成合同登记438项，其中技术开发合同197项、技术转让合同2项，技术咨询合同171项、技术服务合同40项、技术许可合同28项，合同金额32.15亿元，成交金额增长736.82%。

【创新创业大赛举行】 2023年，漳州市科技局以中国创新创业大赛福建漳州分赛区的方式举行漳州市创新创业大赛，全市报名参赛企业106家，连续两年位居全省第一，25家企业共获奖金230万元，18家企业晋级省赛，获省赛一等奖1项、三等奖1项、决赛优胜奖3项。1家企业获国家新一代信息技术全国赛（成长组）优胜奖。配套开展科技成果发布暨产学研对接大会和招商签约大会，签约项目30个、计划总投资104.6亿元，发布智能制造领域科技成果106项，初步达成合作意向15项。

（蔡志强　洪韬亮）

·地震·

【概况】 2023年，漳州市有地震台站（点）187个，其中基准站17个、基本站11个、一般站128个，全球导航卫星系统8个、台阵1个(含16个子台)，伸缩仪观测台1个、重力仪观测台1个、地磁观测台2个、倾斜仪观测台1个，体应变仪观测台1个、地下流体观测台1个。

【地震活动】 2023年，漳州市及其沿海地区发生1.0级以上地震101次，其中1.0~1.9级地震90次，2.0~2.9级地震10次，3.0级以上地震1次，最大地震为2月4日漳浦县海域3.2级地震，地震主要分布在东山县至漳浦县海域。对漳州市有影响的邻区地震为10月23日发生在广东南澳海域的5.0级地震，震中距离诏安县城49千米，距离东山县城43千米，距离漳州市区138千米，全市大部分地区震感明显，尤其东山、诏安等地震感强烈。

【漳州市第十二个防震减灾宣传月启动】 2023年5月12日，漳州市地震局联合市应急局、教育局、卫健委、科协、消防支队、红十字会、气象局等部门在漳州古城北广场启动第十二个防震减灾宣传月。活动设置防灾减灾知识有奖问答、《地震逃生自救歌》表演等环节，通过设置展板、发放宣传资料、悬挂灯谜、展示应急救援装备、现场急救演示等形式，向社会公众集中宣传防震减灾、安全生产、应急避险、自救互救等科普知识。

【漳州土楼保护地震安全研讨会举行】 2023年12月23—25日，漳州市地震局在南靖县举行漳州土楼保护地震安全研讨会。专家学者及相关部门代表到裕昌楼、绳庆楼等土楼楼群，围绕“提升土楼工程结构震动特性、地震灾变过程监测能力措施、土楼地震灾害风险防治对策”等方面研讨交流。

（黄志乾）

·气象服务·

【概况】 2023年，漳州市气象部门有效应对21场暴雨、7场强对流过程、4个影响台风（1个登陆）。年内，漳州市气象局率先在福建省启动首个台风、暴雨“双I级”应急响应。开展增雨作业103场次，发布决策服务气象产品4066份，预警信号3519期，短信785万条。

【气象预报预测】 2023年，漳州市气象局建立集成学习与深度学习的融合订正模型，每日4次生成未来12小时短时强降水逐时分类预报产品。开展复杂地形下雷达发展演变特征分析。参加并获福建省气象部门天气预报职业技能竞赛团体第三名。“2023年第11号台风‘海葵’及持续强降水”获全国气象部门预报员联盟2022—2023年度优秀预报预测一等奖。

【气象监测建设】 2023年，漳州市气象局新增自动站16个，更新老旧站点21个，新增微波辐射计1套、毫米波雷达1部。完成平安海上气象监测预警提升项目一期建设，首批船舶站选址建设10个，弥补海上观测盲区。完成国家级漳州海洋观测试验外场业务科研楼主体建设，外场内11类新型观测设备数据实现共享，新建雾滴谱、气溶胶激光观测仪，承担中国局3型号云雷达和两种雾滴谱仪观测试验任务。台风“海葵”期间，联合上海台风所、台海中心在试验外场开展观测试验，形成的探空产品及融合产品首次应用于全国天气会商。年内，与民航厦门空管站签订X波段雷达合作协议，在漳州布设X波段雷达和配套业务平台3部，完成雷达安装2部。

【气象公共服务】 2023年，漳州市气象有推行“气象+旅游+科普”方式，南靖县获评中国天然氧吧。完成“漳州好气候福地走透透”专题片8部，“五一”假期接待人数排名前五的景区有3个为气候福地。为市自然资源局、市海事局等14个行业部门提供气象服务，联合市交通运输局研发综合交通气象服务系统。

【气象服务乡村振兴】 2023年，漳州市气象局开发智慧农业气象服务平台，制作《节气·漳州》微视频，打造二十四节气文化与特色农产品推介融合新模式，开展走进气候好产品直播3场，观看量267万人次。开展3种水果气候品质认证，为2个乡镇、11个基地颁发“气候优质农产品证书”、贴标防伪二维码53万枚。设计福建省首单林木台风气象保险指数，为259.07公顷林木提供388.6万元保障。

【气象科技创新】 2023年，漳州市气象局年度获批课题立项33个，包括预报司复盘专项1个、省局科技项目2个、市自然基金项目3个、闽西南区域协同发展专项2个。利用国内首创的探测技术助力海雾探测技术研究，近3年数据准确率93.85%。组建2支创新团队，开展海洋气象灾害和特色农业气象科学研究。建立基于多种机器学习方法的海雾预报模型落地试运行。“‘早钟6号’枇杷气候品质评估技术服务”获福建省百万职工“五小”（小发明、小创造、小革新、小设计、小建议）创新大赛二等奖，入选福建省科技厅“科特派”成果汇编。

【气象治理】 2023年，漳州市气象局开展重点企业气候可行性认证，对易燃易爆场所、危化企业开展防雷安全检查全覆盖，发出限期整改通知书23份，均督促完成整改；与漳州空军指挥所等有关单位联合开展升放气球安全巡查4次。

（陈锦鹏）

责任编辑：蔡钰臻

文 化

·综述·

【文化事业发展】 2023年，漳州市实施“用闽南文化点亮千年漳州古城”行动计划。编制《漳州市涉台文物古迹管理办法》，出台《进一步加强非物质文化遗产保护工作的实施方案》，构建文化遗产保护体系。漳州古城“漳州闽南书院”、闽南文化展示交流中心揭牌，许地山文学艺术馆、龙海月港海丝新馆开馆。举办“文化和自然遗产日”福建非遗宣传展示主会场活动暨漳州闽南文化周等文化活动。开展“我们的中国梦”文化进万家、优秀线上文艺作品展播展演等文化服务近百场。

【文化项目建设】 2023年，漳州市出台《漳州市推进文旅经济高质量发展行动计划（2022—2025年）》，编制《国道228线漳州段滨海风景道沿线旅游策划及概念性规划》，推进国道228线滨海风景道、八闽不夜城、开漳圣王文化园等文旅项目建设。

【文化宣传推介】 2023年，漳州市组织“行走中国·海外华文媒体漳州行”主题采访、“寻访海丝印记 读懂中华文明”国际人文交流“行走福建”漳州站等活动。做好中菲经贸创新示范园区建设推进会暨招商大会、2023年海峡两岸农博会·花博会等重要活动宣传工作。举办第九届海峡两岸（福建云霄）开漳圣王文化节等活动，其中“月是故乡明—2023海峡两岸（漳州）中秋晚会”在20多个新媒体矩阵账号进行直播，播放量超1.3亿人次。

（魏晓颖）

·公共文化·

【概况】 2023年，漳州市围绕公共文化服务总要求，落实文化惠民、文化志愿工作，提升全市公共文化服务水平。截至2023年年底，全市有公共图书馆11个，其中一级馆2个、二级馆3个、三级馆3个；总建筑面积7.16万平方米，总藏书293.3万余册。艺术馆（文化馆）12个，其中一级馆3个、二级馆4个、三级馆3个；总建筑面积7.5万平方米。博物馆（纪念馆）13个，其中二级博物馆1个，三级博物馆2个；总建筑面积7.7万平方米。

【公共文化服务体系建设】 2023年，漳州市完成市图书馆新馆建设，新馆附属楼新型空间试运行。推进县级图书馆、文化馆总分馆制建设，支持公共图书、文化服务向基层延伸，累计建设县级图书馆分馆54个、文化馆分馆74个。开展社区图书馆建设，市图书馆在西苑湖公园、霞漳书屋、行政服务中心、艺术馆少儿活动室、龙文区中骏蓝湾社区设置5个分馆。启动社区图书馆开馆暨全市捐书捐款启动仪式，首批21家社区图书馆挂牌。截至2023年年底，全市有乡镇（街道）综合文化站127个，村（社区）基层综合性文化服务中心1657个。

【群众性文化活动】 2023年，漳州市组织文化艺术活动900多场，线上文化展播活动上百场。举办漳州市迎新春线上文艺会演、海峡两岸（漳州）中秋晚会、芗剧现代戏《烽火侨魂》等，芗剧、锦歌、木偶戏在漳州古城演出近200场。举办“闽山青翠·福建省美术家协会山水画艺委会作品展”等展览活动60多场。

【全民阅读】 2023年，漳州市开展全民读书月活动，开展漳州作家群体创作特色研讨交流会、“古城书香”嘉年华、“朱子文化与漳州”学术交流、“光明书香节”公益文化活动、亲子阅读活动、古城说古沙龙等，推动全民阅读。开展第二届全民阅读大会最美农家书屋和乡村阅读推广人推荐工作，长泰区岩溪镇湖珠村农家书屋获评“第二届全民阅读大会·最美农家书屋”。

【漳州市图书馆】 2023年，漳州市图书馆馆藏图书近44.5万册（件），总流通30万人次，外借图书35万册次。年内，漳州市图书馆整理出版《闽南墓志拓片释录》。举办“书香文旅 悦读益漳”换书会活动、首届福建省“阅向未来”青少年漳州赛区演讲比赛等活动200余场。

2023年12月20日，“大汉雄风——汉代楚国文物精品展”在漳州市博物馆开展。图为展区一隅（漳州摄影协会 供图）

【漳州市博物馆】 2023年，漳州市博物馆馆藏文物1.27万件，其中一级文物82件、二级文物236件、三级文物1844件。累计接待参观近49.2万人次。举办“5·18”国际博物馆日、文化和自然遗产日等系列活动，举办临时交流展览16场、社教活动40场，引进“大汉雄风——汉代楚国文物精品展”“舰证强军——中国百年名舰展”等展览。

【漳州市艺术馆】 2023年，漳州市艺术馆接待参观10万余人次，接待团体参观167场次，为学生提供免费讲解和志愿服务8736人次，为漳州市留守儿童、贫困儿童、盲人、孤寡老人提供特定文化服务。围绕非物质文化遗产保护、漳州本地民俗等主题举办临时展览14期，展出内容涉及绘画、书法、漳绣、剪纸、木版年画等。以传承闽南文化、非遗展演等为主题组织开展演出活动76场次，受众超100万人次。举办免费开放公益培训课，培训范围涉及戏剧、美术、摄影、书法等门类。开办暑期公益课程46门，报名人数近1400人，周培训上千人次。

【漳州市美术馆】 2023年，漳州市美术馆馆藏中国画（写意与工笔）、金石碑帖、油画、篆刻等作品544件。举办“传拓古今 赓续文脉——金石碑帖展”等线下展览10场，展出书画、摄影作品903件，展期245天，接待观展8.6万人次。举办线上展览11期，展出书画、摄影作品296件，微信公众号点击量2万人次。全年举办“当代楷书创作现状与发展刍议”专题讲座等公共教育活动12场。周末和重要节假日延时开放，增加开放108天，工作日错时延时新增时长1193.5小时。

【闽台美食文化节】 2023年，漳州市举办两届闽台美食文化节。其中，2月25—27日举办的首届美食文化节有400多家企业、3000多种美食参展，客流50多万人次，消费总额1000多万元。12月22—24日举办的第二届闽台美食文化节，设置2个会场，4个主题展区，600个展位，3000种美食品类参展，客流45.16万人次。

【漳州文旅直播中心揭牌】 2023年7月14日，漳州文旅直播中心开播仪式在漳州古城举行。该中心位于漳州古城文庙泮池旁，设置漳州文旅会客厅、非遗表演直播区、文旅直播带货大厅、网红直播打卡点。年内，漳州文旅直播中心获评广播影视业融媒体建设示范单位。

【汉代楚国文物精品展开展】 2023年12月20日，“大汉雄风——汉代楚国文物精品展”在漳州市博物馆开展，展出徐州博物馆馆藏玉器、印章、兵马俑、歌舞俑等各类型文物217组286件，其中金缕玉衣、银缕玉衣为首次联合外展，参观人数3.4万人次。

【社区图书馆开馆】 2023年12月22日，漳州市首批21家社区图书馆开馆暨全市捐书捐款启动仪式举行。活动接受个人及团体捐赠书籍1万册，金额70万元。

（张周鸿）

·文学艺术·

【概况】 2023年，漳州市以歌仔戏（芗剧）、布袋木偶戏、潮剧等国家非物质文化遗产项目为载体，创作一批芗剧现代戏，芗剧《谷文昌》作为福建省唯一参演节目亮相2023年全国新年戏曲晚会。芗剧小戏《说亲》获第九届“全国优秀小戏小品展演”优秀剧目和组委会特别推荐剧目，为福建省唯一获奖剧目。组织参加第十五届福建音乐舞蹈节，获二等奖4个、三等奖2个，优秀指挥奖1个、优秀组织奖1个、入围奖7个。

【文艺创作】 2023年，漳州市打造芗剧现代戏《烽火侨魂》、传统芗剧《新嫁娘》《一代相国蔡新》《龙江新曲》、木偶剧《戚继光》《军号手》、潮剧《黄道周》等一批戏剧精品。在第八届福建艺术节暨第28届戏剧会演期间，漳州市获奖作品34个。在福建省第29届戏剧会演剧本征文中，漳州市获奖作品6部，其中一等奖3部，一等奖数量居福建省各地市首位。锦歌《唱尚书》获福建省第五届曲艺丹桂奖专业组节目二等奖，木偶现代小戏《祝寿》获中国皮影大赛“最佳节目奖”。

【文艺人才建设】 2023年，漳州市加强文艺人才队伍建设，张玉惠、周旸、林玉梅、汤志义、艾青、林勇潮、吴荣华7位漳籍书画家作品获福建省第十届百花文艺奖，其中林玉梅获个人一等奖。在福建省中青年演员比赛中，漳州市获金奖2个、银奖5个、铜奖10个。在第十六届福建省戏剧水仙花奖比赛评奖中获一等奖2个、二等奖4个、三等奖8个。

【《家风》获金奖】 2023年11月17日，漳州市艺术馆、东山县潮剧传承保护中心创排的潮剧小戏《家风》在第四届“华东六省一市现代地方小戏大赛”中获金奖。《家风》通过谷文昌在东山任职期间故事，表现谷文昌的党性修养。

（张周鸿）

·文化遗产保护·

【概况】 2023年，漳州市已登记不可移动文物4731处，其中世界文化遗产1处5个点、世界文化遗产预备名录2处，全国重点文物保护单位27处39个点，省级文物保护单位151处，市、县（区）级文物保护单位1036处，涉台文物点306处。漳州市有非物质文化遗产项目229个，其中国家级16个、省级71个；非物质文化遗产传承人315名，其中国家级11名、省级67名。年内，新认定公布55名漳州市非物质文化遗产代表性传承人，其中歌仔戏非遗传承人陆逸红、木偶戏非遗传承人洪惠君、剪纸非遗传承人高少萍、客家土楼营造技艺非遗传承人张羡尧入选第六批国家级非物质文化遗产代表性传承人推荐名单。

【文物保护修缮】 2023年，漳州市文旅局拨付文物保护专项资金2460万元，用于31个项目保护修缮和利用。完成全国重点文物保护单位庄上土楼、蓝廷珍府第等修缮工程。赵家堡—诒安堡（史堂）、诒安堡城墙抢救性修缮工程、福建土楼—河坑土楼群之春贵楼、白礁慈济宫维修加固工程等8个项目通过福建省文物局验收，市级文物保护单位潘尚书府周边环境整治工程、林釬墓迁移保护工程2个项目通过竣工验收。实施全国重点文物保护单位诏安歪嘴寨闽粤边区乌山游击队指挥部旧址保护修缮工程，开展福建临时省委旧址保养维护，南靖麟埜乡工农革命委员会旧址、南靖十字岭战斗遗址之畲埔大厝完成初验，漳州一中新华楼（中国工农红军东路军司令部旧址）修缮保护工程通过验收。新增5处不可移动文物入选福建省第二批革命文物名录。

【非遗保护传承】 2023年，漳州市组织芗剧、木偶戏、大鼓凉伞等非遗公益演出936场，其中“小木偶大世界”非遗文化文艺志愿服务项目获福建省新时代文明实践志愿服务项目大赛决赛金奖。组织非遗项目进监狱展演和互动体验，在民主与法制网推介报道，并作为全省监狱系统典型经验推广。制作推出非遗传承人生活专题片《守艺传承》7集，举办非遗宣传展示展演及培训活动300多场次，其中漳浦剪纸公益传承活动参与人数超2000人。

【圣杯屿元代沉船遗址考古】

2023年，漳州圣杯屿元代沉船水下考古工作完成船载所有文物提取工作，累计出水文物1.73万件，主要为龙泉青瓷和陶罐、铅锤、印章等船上生活、航海相关文物。漳州圣杯屿元代沉船遗址位于古雷开发区古雷半岛东侧的圣杯屿海域水下30米处，主体区域残存木质船体和成摞摆放的船货堆积，范围300平方米。圣

2023年6月11日，2023年“文化和自然遗产日”福建非遗宣传展示主会场活动暨漳州闽南文化周启动仪式在漳州高新区三馆市民文化广场举行。图为漳州非遗传承人展示漳浦剪纸 （漳州市文旅局 供图）

杯屿元代沉船遗址考古被国家文物局列为“考古中国”重大项目，为福建省首个“考古中国”重大项目。湖南卫视《丝路上的水下考古》首期推出漳州圣杯屿专辑《丝路遗珍》，单集点击量超50万人次。“圣杯屿遗珍出水”入选“海上丝绸之路中国影响力城市年度榜单（2023）”影响力关键词。

【漳州闽南文化周】　2023年6月10—12日，2023年“文化和自然遗产日”福建非遗宣传展示主会场活动暨漳州闽南文化周举行。活动期间举办“天下红绿彩——古代红绿彩瓷暨晚明漳州窑红绿彩瓷特展”“漳州窑红绿彩瓷”专题学术交流、现场鉴宝、“跟着文物去旅行——漳州市首届文博短视频大赛”“文之新·物之潮——漳州市首届文博创意产品设计大赛”颁奖、藏品捐赠仪式等系列活动。

【“漳州非遗”抖音号发布】　2023年1月22日，漳州人民广播电台与漳州市文旅局闽南文化保护中心合作“漳州非遗”抖音号发布。全年发布视频50期，介绍国家级、省级、市级非遗代表性项目、传承人或传统工艺。

（张周鸿　胡小玲）

·开漳圣王文化·

【概况】　2023年，漳州市开展与开漳圣王文化相关的寻根谒祖、族谱对接、文化交流等海峡两岸文化交流。开漳圣王文化祖地云霄县被中共中央台办、国务院台办设立为“海峡两岸交流基地”。截至2023年年底，漳州市举办9届海峡两岸开漳圣王文化节，约500万名两岸同胞参加。组织开漳圣王后裔到台湾开展族谱对接活动20余次，每年台胞回祖庙寻根谒祖5000余人次。

2023年4月15日，开漳圣王文化祖地“海峡两岸交流基地”授牌仪式在云霄县将军山公园归德楼广场举行。图为授牌仪式上开漳圣王主题文艺演出

（云霄县　供图）

【开漳圣王信俗文化研讨会召开】　2023年3月6日，纪念开漳圣王诞辰1366周年庆典暨“开漳圣王信俗文化在两岸”研讨会在云霄县召开，台湾宗亲百人团组、大陆各地以及海外宗亲庙团宗祠学者代表参加活动。庆典仪式后召开“开漳圣王信仰民俗文化在两岸”线上研讨会，两岸与会者就传承弘扬开漳圣王文化等议题开展交流。

【开漳圣王文化祖地“海峡两岸交流基地”授牌】　2023年4月15日，开漳圣王文化祖地“海峡两岸交流基地”授牌仪式在漳州市云霄县将军山公园举行。云霄县为漳州的发祥地、开漳圣王将士后裔的原乡故地、台湾开漳圣王文化信仰的香缘祖地。云霄县以开漳圣王文化为纽带，建设集历史古迹、民俗信仰、文化传承于一体的对台文化大走廊，拓展寻根谒祖、族谱对接、文化交流等民间民俗活动。

【第九届开漳圣王文化节举行】 2023年6月18日，由漳州市人民政府主办的第十五届海峡论坛·第九届海峡两岸（福建云霄）开漳圣王文化节在云霄县开幕。此次文化节以“根系开漳情、福泽两岸亲”为主题，推出涵盖产业对接、祭祀民俗等领域16项节庆活动。云霄、台湾两地代表达成开漳圣王信俗文化研讨合作意向，两岸多家茶企达成茶文化交流和经贸合作。

（张 琳）

·社会科学·

【概况】 2023年，漳州市社会科学界联合会（简称漳州市社科联）组建青年法治人才智库、新时代“漳州110”创新发展研究、漳州海洋文化研究、闽南文化研究、非遗文化研究等专家团队，专家库涵盖27个研究学科，平均年龄46岁，高级职称占88.9%。《创新建立“全链条”社科规划管理机制 引领全市哲学社会科学高质量发展》获评第六届全市机关体制机制创新优秀案例。

【社科研究成果转化】 2023年，漳州市社科联立项120项，103项课题结项，比上年增长8.4%；2022—2023年开展的两类重点课题11个项目结项。开设“卫生健康”和“职业教育与漳州经济社会发展”两类专项课题，立项26项。设立“习近平法治思想研究与实践”“财审联动机制与漳州财政预算绩效管理高质量研究报告”等专项课题。年内，漳州市社科联与市中级人民法院签订法治建设合作框架协议，开展法治建设合作，为福建省社科联系统首创。

【社科知识普及】 2023年，漳州市有省级社科普及基地6个、市级社科普及基地16个，全市11个县（区）社科普及基地全覆盖。年内，漳州市社科联首创市级社科讲坛下基层，开展“芝山讲坛”百场分讲坛宣讲活动，精选《漳州“110”——以快制快守护百姓》《向东渠 初心渠》等16个市级优秀宣讲作品及客家山歌、潮音潮剧等130多个特色宣讲节目到全市各地巡回宣讲。举办黄道周文化学术研讨会，征集论文52篇。开展“传承发展中华优秀传统文化”等10个主题系列活动，举办活动131场、讲座讲坛37场次，社科专家学者参与289人次，受众7万多人。

【社科学会工作】 2023年，漳州市社科联组织学会开展年检工作，18家学会通过年检初审；市客家研究联谊会获评4A等级。推进漳州市档案学会、漳州市心理学会、漳州市蔡新研究会、漳州市钱币学会4家学会换届，督促4家僵尸型学会注销。

（沈钰冰）

·文化交流·

【概况】 2023年，漳州市组织布袋木偶戏与美国“z世代”线上讲座活动。举办“趣淘”漳州文化周活动，与美国艺术家代表团同台演出，获中国驻美大使谢锋点赞。布袋木偶戏、木版年画作为福建省代表赴美国旧金山展出。组织漳州非遗项目参加中国人民对外友好协会在北京主办的2023“友好日”活动。

【海峡两岸（福建·漳州）融晴文化艺术展启动】 2023年8月28日，海峡两岸（福建·漳州）融晴文化艺术展在漳州市长泰区启动。艺术展以“融融两岸情 闽台一家亲”为主题，推出“曲同调·两岸好声音”海峡两岸大型闽南语曲艺文化交流活动、漳州市“最佳影视外景拍摄地”推介会、《根在海这边》海峡两岸同名村同名镇系列视频展播等8大系列活动，涉及文化、影视、微电影、短视频、非遗等领域，活动持续至12月。

【“福建土楼 活化利用”展览在法国开展】 2023年11月16日，“福建土楼 活化利用”展览在法国国家建筑博物馆开展。该展览展示平和县宾阳楼、寨河旧楼，南靖县翠美楼、进士楼、诗德楼，华安县昇平楼、启丰楼7座试点土楼活化利用成果，包括模型、图片、视频、征集的实物桌椅和夯筑的土楼片段墙等，展示中国土楼建筑的文化内涵和活化利用成果。

（张周鸿）

·文化产业·

【概况】 2023年，漳州市推进漳州古城保护开发、长泰闽台非遗谷等重点文化产业项目建设。全市规模以上文化企业284家，营业收入214.4亿元，比上年增长29.2%，排名福建省第一。漳州市恒丽电子有限公司获评第十二届“福建省文化企业十强”。

【文化产业基地建设】 2023年，漳州市华安土楼旅游发展有限公司、福建新特新金属工业有限公司2家企业入选福建省文化产业示范基地。截至2023年年底，全市有省级文化产业示范基地13家。

【文化品牌创新培育】 2023年，漳州市强化“福”文化研究阐释和宣传推介，举办第二届福建“福”文化嘉年华活动和第四届漳州市文创设计大赛，打造一批富有地域性、原创性的“福”文化精品出版物。实施“用闽南文化点亮千年漳州古城”行动计划，打响“福满乾坤 开漳大吉”文化品牌。建设闽南书屋、闽南书院、闽南文化街区、闽南小剧场等“闽南系”文化重点项目。

【重点文化产业升级】 2023年，漳州市出台《漳州市推进文旅经济高质量发展行动计划（2022—2025年）》，培育影视旅游、摄影旅游等新业态，打造具有漳州特色的外景拍摄地，争取全国政法题材影视基地落户漳州。推进工艺美术与数字产业融合发展，支持传统手工艺元素植入影视、动漫产品，带动传统手工文化传播和衍生产品开发销售。推进创意设计产业融合发展，办好文创赛事，搭建漳州市文化创业产业发展联盟平台及文化创意和传统手工艺融合发展交易平台，推动创意设计与本地工业、农业、新零售等产业结合。

【文化产业资金扶持】 2023年，漳州市开展2023年度市级文化产业专项资金项目推荐申报工作，通过项目29个；开展漳州市“文化企业十强”“最具成长性文化企业”推荐申报评审工作，认定2023年度漳州市“文化企业十强”10家，漳州市“最具成长性文化企业”6家，累计下达资金1000万元。争取上级资金支持，培育指导芗城区、长泰区、诏安县获批省级文化产业发展专项资金支持，累计向上争取800万元。

（林　烽）

【图书印刷】 2023年，漳州市网上年检印刷企业380家，工业总产值123.85亿元。其中，外商投资企业13家，工业总产值39.5亿元，年印刷总产值5000万元以上印刷企业39家，工业总产值97.3亿元。数字印刷企业3家，上市印刷企业2家，绿色印刷企业2家，绿色印刷认证企业总营业收入4.6亿元。年内，漳州市文旅局推动全市实体书店、印刷行业发展，漳州众望图书有限公司、漳州市诏安县翰林书屋获评“第三届福建省示范书店”，漳州吉马彩印有限公司获评“第三届福建省示范印刷企业”，漳州市书刊发行协会在出版物发行业职业技能大赛中获优秀奖。组织参加福建省平板印刷工职业技能大赛，其中职工组获三等奖1名；学生组获一等奖1名、二等奖2名、三等奖1名。

（张周鸿）

·媒体融合·

【概况】 2023年，漳州市加快市级媒体融合发展步伐，《闽南日报》打造“芝山时评”“芝山观察”等品牌栏目，开办“芝山微关注”融媒栏目，漳州电视台上线“手机台—N直播”24小时直播频道，漳州人民广播电台推进“在漳州”客户端项目建设。长泰区、漳浦县、云霄县融媒体中心获评2023年“全省优秀县级融媒体中心30强”。

（魏晓颖）

【媒体传播】 2023年，漳州市人民广播电台与中央广播电台总台“云听”客户端、蜻蜓FM客户端等平台合作，开展“发力新媒体”行动。“享听漳州”“漳州广播”“漳州综合广播”“漳州交通广播”微信公众号发布推文260多篇，“享听漳州”原创视频号、抖音号发布视频570多条，开展“文明漳州 一路有你”慢直播29场。漳州市委宣传部、漳州电视台、中共东山县委宣传部协助央视摄制的《中国脊梁》之《绿色丰碑谷文昌》于央视四套中文国际频道《国家记忆》栏目播出；中央广播电视总台华语环球节目中心与漳州电视台联合摄制主题纪录片《一渠清水向东流》；与中央电视台合作采编新闻《福建漳州：古城非遗展演庆元旦 闽南特色文创美食迎新年》在中央电视台《第一时间》《经济信息联播》栏目播出；《第二届福建“福”文化嘉年华活动在漳州举行》在中央电视台《中国新闻》栏目播出；与中央电视台合作采编新闻《2023我们共同度过》在中央电视台《第一时间》栏目以及新闻频道跨年特别节目中播出。

【新闻出版】 2023年，漳州市文旅局组织开展印刷企业、出版物发行单位年度核验工作，371家印刷企业、375家出版物发行单位完成年度核验。12家侨刊乡讯完成换证工作。全市版权作品自愿登记6.9万件，增长率全省第一。开展院线电影版权保护、青少年版权保护季、杭州亚运会和亚残运会版权保护、“剑网2023”4个专项行动，出动执法人员3547人次，检查单位1534家次，办结著作权（版权）行政案件2件。举行“品味书香漳州 共享美好生活”等宣传活动。

【闽南日报社】 2023年，闽南日报社有报纸《闽南日报》、漳州新闻网2家漳州市委主办的党媒，形成报纸、网站、网络视频直播室、APP客户端“闽南云报”、“学习强国”漳州学习平台、闽南日报强国号、“闽南日报”微信公众号、“漳州新闻网”微信公众号以及微博、抖音号等全媒体传播矩阵，入驻包括新华社现场云、人民日报人民号、央视频等多个央级媒体平台。《闽南日报》每周56个版，深化习近平文化思想宣传，推出“新思想微宣讲”系列报道，开设“芝山时评”“芝山观察”“芝山微关注”等“芝山”品牌栏目，推出《知漳》《早安，漳州》《打卡漳州》《烟火漳州》等系列短视频栏目，创设“县区要闻”“健康周刊”等专刊。承建运营漳州多个县域新闻网站，多个市直部门和国有企业的网站、微信。在2023年度福建微信影响力排行榜中，《闽南日报》、漳州新闻网2个微信公众号分别排在福建地市党报第二、地市党网第一。漳州新闻网获评“福建十大文明网站”；《缅怀漳州英雄张晓杰》入选中国正能量网络精品，是全国地市级党报唯一入选作品。年内，成立闽南日报文创院。

（张周鸿 戴岚岚）

【广播电视】 2023年，漳州市广电系统加强舆论宣传引导、精品创作生产、广播应急预警平台和“智慧广电”公共服务建设，以及乡村振兴试点村应急广播系统建设。截至2023年年底，通过地面无线方式提供16套，在直播卫星公共服务覆盖地区，通过直播卫星提供电视47套、广播78套，广播覆盖率99.75%，电视覆盖率99.76%。全市“智慧广电”乡村工程建设16个村，服务1.46万个家庭，完成光纤网络建设1169.36千米，完成市级应急广播总、分平台建设。年内，漳州人民广播电台开设《新时代新征程新伟业——深入学习宣传贯彻党的二十大精神》《学思想、强党性、重实践、建新功》《传承弘扬“四下基层”优良传统》《深学争优、敢为争先、实干争效》《产业发展项目建设提升年”活动和“七比一看”竞赛》《学思想 强党性 重实践 建新功》等专栏。《汉字美学》获评国家广电总局2023年第二季度广播电视创新创优节目；《“闽南声工场”创融媒新“声”》获评福建省广电局2023年广电媒体融合创新案例，36件电台作品在各级各类作品评奖中获奖。漳州电视台选送的电视评论《若要“摊”不“难” 关键要有这“手”》获中国人大新闻奖三等奖；《沉睡七百年 风起圣杯屿——圣杯屿元代沉船考古纪实》获福建省新闻奖一等奖；《同名村心连心 花开两岸情》获福建省广播电视艺术奖对台闽南话一等奖；纪录片《我们的乡村不一样》、党课《一渠润两县 向东映初心》获第十七届福建省党员教育电视片一等奖；《寻福记》获评第二届福建省电视节目创新大赛三类扶持项目；《驻村书记》获2023年度“光影记·福建新故事”优秀电视短纪录片三类扶持。

【全国百城百媒看漳州采访活动举行】 2023年11月14—16日，中国广播电影电视报刊协会第六届三次会员代表大会暨“百城百媒体看漳州”大型采访活动在漳州开幕。来自全国100多家广播电视台与广播影视报刊社主要负责人就广播电影电视报刊的机遇与发展进行交流研讨，对漳州市海洋文化、文旅经济等领域进行调研采访。

（张周鸿 许培玲 胡小玲）

·文化市场管理·

【文旅行业安全生产】 2023年，漳州市文旅局印发《漳州市文旅行业安全生产标准化提升专项行动方案》，提升全市文旅企（事）业安全生产标准化运行水平。开展文旅系统消防安全培训演练，做好元旦、“五一”国际劳动节、国庆等假日安全生产工作。开展重大事故隐患专项排查整治。组织文旅领域做好台风“杜苏芮”等防范工作。

【审批服务】 2023年，漳州市文旅局实现无特殊环节的审批件即办，上报件及有特殊环节的审批件合理压缩时限，72项审批事项承诺时限（112个工作日）压缩至省级承诺时限（553个工作日）的20%，国家法定时限的7.4%，办结率100%。

【执法普法】 2023年，漳州市文旅局累计出动执法人员5737人次，检查经营单位2285家次，办理案件90件。开展文物保护法、知识产权保护法、未成年人保护法等法律宣传，举行知识产权宣传周暨漳州知识产权协同保护中心签约揭牌仪式，举办“护助少年儿童健康成长，拒绝有害出版物及信息”“护苗·网络安全课”“奋进新征程，同心护未来”等普法宣传活动。

（张周鸿）

责任编辑：张慧华

卫生健康

·综述·

【医疗卫生机构】 2023年，漳州市有医疗卫生机构4057家（含第909医院），其中医院93家（二级以上医院41家，三级医院10家），专业公共卫生机构44家。全市有民营医疗机构68家，床位数8606张。年内，6个专科被确定为第八批省级中医重点专科建设项目。成立59个市级质量控制中心，40个市级临床重点专科建设通过验收。

【卫生人才队伍】 2023年，漳州市有医疗床位3.05万张（不含第909医院），卫生技术人员3.55万人，其中执业医师1.28万人、注册护士1.55万人。千人均执业（助理）医师2.52人、千人均注册护士3.06人。

【医疗科研】 2023年，漳州市组织开展福建省卫生健康科技计划项目申报工作，按照申报条件择优推荐项目17个、立项项目7个。完成省级继续医学教育项目申报49个、市级继续医学教育项目计划212个。漳州市医院获批科研项目65个，其中省级项目24个、市级项目18个。全年累计获授权专利12项，其中发明专利2项、实用新型专利10项，科研人员发表学术论文270篇，其中被SCI（科学引文索引）收录42篇、核心期刊收录13篇。

【医药卫生体制改革】 2023年，漳州市引入北京协和医院、中国中医科学院望京医院，分别与市医院、市中医院签订战略合作协议，成立北京协和医院—漳

2023年，漳州市卫健委加强5G智慧急救平台建设，使用平台协同救治急救患者1.82万人次。图为漳州市急救中心工作人员使用急救调度指挥系统调度医疗资源 （严洁 2023年12月3日摄）

州市医院海峡远程医疗中心。漳州市中医院与福建医科大学孟超肝胆医院合作共建，建立肝病与肝癌防治联盟。漳州市医院与广东省妇幼保健院签署闽粤出生缺陷防治与产前诊断技术合作协议并建立专科联盟。

【心理援助热线“968995”启动】 2023年，漳州市卫生健康委员会（简称漳州市卫健委）以市第四医院作为重点建设单位，将原有的心理援助热线（“6613580”和“6677995”）整合为短号“968995”，举行心理援助热线启动仪式，开通全市心理援助热线“968995”，接听1600余通电话，服务1600人次。

【5G智慧急救平台建设】 2023年，漳州市卫健委加强5G智慧急救平台建设，市域急救协同模式覆盖卒中、胸痛、产科、新生儿科等专科领域，全市接入20家医疗机构、47辆救护车，使用平台协同救治急救患者1.82万人次。该模式获2023年福建省改革创新项目第二名。

（潘丹丹）

·基层医疗卫生·

【概况】 2023年，漳州市有基层医疗机构3915家，其中，乡镇级医疗机构149家，村卫生所室2874家，门诊部、诊所、医务室等892家。基层医疗卫生机构诊疗量1672.03万人次。29家基层医疗卫生机构在“优质服务基层行”活动中达到医疗服务能力推荐标准，120家基层医疗卫生机构达到基本标准（含推荐标准），23家基层医疗卫生机构达到社区医院建设标准，占全省社区医院数量的20.72%。年内，漳州市卫健委优化重组家庭医生团队1610支，划分家庭医生服务网格1.89万个。常住人口签约率53%，重点人群签约率86.43%。4个案例入选国家卫生健康委基层卫生健康司举办的“2022年基层卫生健康优秀创新案例”。

【基本公共卫生】 2023年，漳州市基本公共卫生服务项目人均经费从84元提高到89元。全市65岁及以上老年人城乡社区规范健康管理服务率79.88%，高血压患者基层规范管理服务率93.99%，2型糖尿病患者基层规范管理服务率93.98%，位列全省第一。

【千名医师下基层服务】 2023年，漳州市实施千名医师下基层服务，从县级以上医院抽调227名中高级职称医师到131家社区卫生服务中心和乡镇卫生院进行驻点帮扶，累计服务群众3.51万人次。组织开展义诊活动周，派出医务人员1047人，义诊4933人次，减免患者费用8.15万元。联合福建省卫健委组织省立医院、漳州市医院组成一支30人医疗队，到平和县、南靖县巡诊。

【漳州市家庭医生签约服务入选国家基层典型案例】 2023年，漳州市家庭医生签约服务入选国家基层卫生综合改革典型案例。漳州市围绕筑牢基础设施、人力资源、长效机制、组织领导4道保障线，做好医生签约服务。截至2022年年底，全市家庭医生签约服务常住人口签约率46.82%，重点人群签约率80.68%。

（潘丹丹）

·医疗卫生与服务·

【概况】 2023年，漳州市卫健委巩固3个省级临床重点专科项目，指导在建1个国家级临床重点专科、12个省级临床重点专科和7个福建省县级医院临床重点专科建设。40个市级临床重点专科建设通过验收。全市规模较大的30家二级以上医疗机构平均满意度98.22%，比上年增长0.82%。

【医疗机构服务】 2023年，漳州市医疗卫生机构总诊疗量2777.94万人次、门急诊量2623.25万人次。其中，全市二级及以上公立医院总诊疗量990.27万人次（门急诊人次984.59万人次）。

【医疗机构基础项目建设】 2023年，漳州市实施医疗工程项目38个，总投资219.44亿元，年度投资24.1亿元。其中在建项目29个，总投资138.85亿元，年度投资20.63亿元；新建项目9个，总投资80.58亿元，年度投资3.48亿元。截至2023年年底，竣工项目10个，总投资62.61亿元，年度投资6.24亿元。

【社会办医】 2023年，漳州市卫健委制定《漳州市社会资本办医级别管理办法》，规范社会资本办医管理。截至2023年年底，全市社会资本办医疗机构68家，床位数8606张，占全市医疗机构床位总数的28.24%。7家社会资本办医获持续运营补助资金355.27万元。

【分级诊疗】 2023年，漳州市推进分级诊疗制度建设。全市上级医疗机构接收基层转诊24.95万人次，经过上级医疗机构治疗稳定后向基层转诊3.64万人次，县域内住院量占比62%。

【医疗帮扶】 2023年，漳州市医院和漳浦县医院被列为省级区域医疗中心建设单位，分别与北京协和医院、福建医科大学附属协和医院签订帮扶协议。漳州市医院、第909医院派出医疗专家驻点托管医院和医联体医院开展医疗服务。三级医院采取院包院、院包科等方式对口帮扶县级医院，福建省立医院对口帮扶云霄县医院，福建医科大学附属协和医院对口帮扶漳浦县医院，厦门市第一医院、厦门市中山医院对口帮扶诏安县医院、华安县医院、长泰区医院、南靖县医院。全年帮扶医院派出帮扶人员37人，门诊诊疗9766人次，住院诊疗7336人次，培训医务人员2971人次，开展新技术21项，新成立5个科室。

【医学鉴定】 2023年，漳州市接受由各县（区）人民法院、卫生行政部门委托的鉴定案件24例，组织完成鉴定22例。

（潘丹丹）

·疾病预防与控制·

【概况】 2023年，漳州市报告法定传染病23种6.73万例，无甲类传染病报告，全市传染病诊疗机构网络报告质量综合率99%以上。发现登革热病例11起，均为输入性病例，其中本地发现报告6起、外地通报（报告）5起。设置狂犬病暴露预防处置门诊37家（另有33家预防接种门诊提供狂犬病疫苗接种服务）、成人接种门诊1家。

【疫苗接种】 2023年，漳州市常规预防接种门诊137家，建成数字化、规范化预防接种门诊118家（其中数字化门诊94家）。年内，漳州市卫健委举办漳州市产科预防接种和狂犬病暴露预防处置培训班、免疫规划监测培训班。确认云霄县云陵社区卫生服务中心作为云霄县免疫规划实践教学基地。组织开展加强国家免规苗接种率督导，其中脊灰疫苗第4剂、白破疫苗、A+C群流脑疫苗第2剂等加强针接种率从3月21日的93.86%、83.63%、86.36%分别提高至12月31日的96.02%、92.21%、93.06%，其他基础针疫苗接种率一直保持在95%以上，国家免疫规划疫苗各剂次疫苗接种率持续保持在较高水平。

【慢性病防治】 2023年，漳州市卫健委组织开展“三减三健”（减盐、减油、减糖，健康口腔、健康体重、健康骨骼）专项行动，做好全国高血压日、全民健康生活方式行动宣传月等宣传，推进各县（区）做好健康支持性环境建设及复审工作。指导龙海区建设国家级慢病综合防控示范区，推动云霄、南靖、华安、平和及诏安5个县建设省级慢性病综合防控示范区。

【艾滋病防治】 2023年，漳州市卫健委新建艾滋病筛查实验室2家、艾滋病抗体抗体监测点3家。截至2023年年底，全市设置确认实验室1家、筛查实验室48家、检测点4家。年内，开展艾滋病防治宣传教育“进社区、进企业、进医院、进校园、进家庭”活动。芗城区4所高校安装安全套自检试剂发放一体机。

【病媒生物防治】　2023年，漳州市开展登革热媒介伊蚊监测，全市5—11月采样布雷图指数法监测14次，调查2.95万户，调查积水2.07万处，蚊蚴阳性积水3156处，平均布雷图指数10.7。

（潘丹丹）

·卫生监督·

【概况】　2023年，漳州市卫健委加强卫生执法监督，全年立案198起，罚没款302.38万元。实施城乡居民饮用水卫生安全联合行动，城镇饮用水综合合格率100%。农村饮用水综合合格率59.2%。完成17家集中消毒餐饮具生产企业两轮全覆盖督查，对9家违法企业予以行政处罚。

【医疗质量监管】　2023年，漳州市制定下发《漳州市全面提升医疗质量行动计划工作方案（2023—2025年）》，明确提高基础质量安全管理、强化关键环节和行为管理、织密质量管理网络三方面29条具体措施。重新调整成立59个市级医疗质量控制中心，在龙海、漳浦、云霄、东山、平和、南靖6个县（区）成立49个县级医疗质量控制中心。

【职业安全健康监管】　2023年，漳州市卫健委开展第21个“职业病防治法”宣传周活动，组织宣讲活动11场、现场职业健康咨询37场。设立漳州市职业健康检查质量控制中心。组织开展健康企业现场评估，评定漳州市健康企业9家。

（潘丹丹）

·妇幼保健·

【概况】　2023年，漳州市实施适龄女性人乳头瘤病毒疫苗免费接种项目，累计接种5.77万人次。年内，漳州市卫健委推动“出生一件事”套餐服务事项办理。截至2023年年底，通过“出生一件事”系统办理出生医学证明5897件，落户手续5159件。

【妇幼健康服务】　2023年，漳州市有妇幼保健机构12家。年内，漳州市卫健委实施妇幼保健规范化门诊建设项目，完成专科门诊规范化建设18个（其中儿童眼保健专科门诊8个、儿童口腔保健门诊5个、孕期营养专科门诊5个）。建立危重症孕产妇转诊救治制度，明确市医院、市中医院、第909医院分片承担县区转诊危重症孕产妇救治任务。强化新生儿救护网络建设，截至2023年年底，市、县两级有儿童重症监护室10家和新生儿重症监护室4家。以市医院新生儿科为牵头，建立儿科医联体。开展妇女“两癌”防治等妇幼公共卫生服务项目，组织做好适龄女性人乳头瘤病毒疫苗接种项目，开展全省艾滋病、梅毒和乙肝母婴传播消除评估工作。

【婴幼儿照护托育服务】　2023年，漳州市建设省、市普惠托育机构30家，按照每个托位补助1万元标准，落实补助资金1375万元。龙海区妇幼保健院、南靖县妇幼保健院、漳州圆山发展有限公司3家单位入选“全国爱心托育用人单位”，漳州市龙海区妇幼保健院托育中心、龙文区悦芽托育服务中心获评“福建省托育服务示范机构”。

（潘丹丹）

·老龄健康·

【概况】　截至2023年年底，漳州市有169家医疗机构开展老年友善服务，实现二级及以上医院全覆盖。155家一级以上公办医疗机构全部设置老年人绿色通道，所有社区卫生服务中心和乡镇卫生院能够提供老年人康复服务。年内，漳州市卫健委巩固提升全国第二批医养结合试点市工作经验，培育云霄县马铺乡龙镜村等5个全国示范性老年友好社区，芗城区获评“全国第一批医养结合示范县（区）”。“漳州市将医护人员在养老机构的服务按双倍服务量计算，工作绩效纳入年终考核”工作经验获国家卫健委、民政部联合发文推广。

【基层老龄医养】 2023年，漳州市有6个建制村将村卫生所整体搬迁至乡镇敬老院，382个农村幸福院与村卫生所同址建设，467个农村幸福院与卫生所毗邻建设距离在200米以内。全市建成基层中医馆131个，为老年人开展针灸、推拿、拔罐、三伏贴等特色中医药健康养老服务。

【医联体建设】 2023年，漳州市卫健委加强医联体建设，组织对口帮扶，由市级医疗单位定期下派各类专科专家，开设专家门诊和基层名医工作室。特殊病种诊治在社区卫生服务中心享受市级医院同等政策。天福医养老产业园等医养结合项目开工建设。

（潘丹丹）

·中医药事业·

【概况】 截至2023年年底，漳州市有三级中医院4家，二甲中医院5家，中医类别执业（含助理）医师2839人，中医类医疗机构床位数3735张，省级精品中医馆建设单位9家，6个名医工作室入驻漳州市中医院，国家级中医重点专科3个、省级中医重点专科15个，国家级基层中医特色专科4个、省级基层中医特色专科19个。年内，漳州市启动《漳州市名老中医学术菁华》编写工作。举办海丝国际中医药文化论坛暨产业发展大会，成立闽台中医文化交流中心。在全省率先开展市级中医药科研课题评审工作，立项33项。

2023年3月14日，漳州市市级医疗卫生专家在平和县坂仔镇为老年群众义诊

（漳州市卫健委 供图）

【名医入漳】 2023年，漳州市卫健委起草《漳州市实施“名医入漳”推动海峡两岸中医药融合发展行动方案（试行）》，探索实施“名医入漳”“名院进漳”“名药兴漳”“名企进漳”“名品聚漳”五大工程。实施“名医、名科、名院、名馆”发展战略，引进国家级名中医入漳10名，培育福建省第三届名中医2名、第八批省级中医重点专科建设项目6个。

【中医药科研】 2023年，漳州市中医院申报35项不同等级课题，立项39个，其中国家自然基金项目1个，省自然基金项目11个，省卫生健康科技计划项目2个，市卫健委中医药课题14个，市自然基金项目3个。发表学术论文36篇，其中被SCI（科学引文索引）收录1篇，CSCD（中国科学引文数据库）收录2篇。

【中医联盟】 2023年，漳州市中医院与中国中医科学院望京医院签订战略合作协议，与福建医

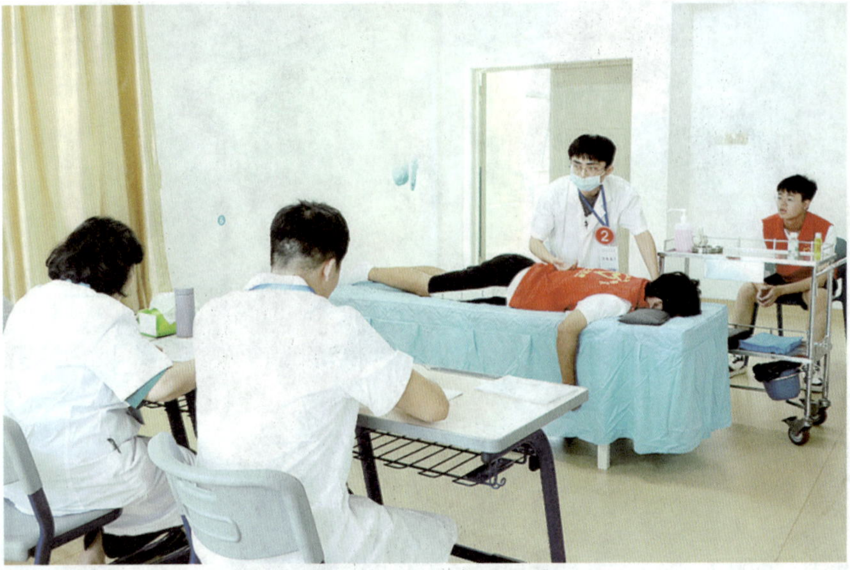

2023 年 9 月 23 日，漳州市中医药针灸推拿适宜技术技能竞赛在漳州卫生职业学院举办。图为选手进行实践操作　　（林强 摄）

科大学孟超肝胆医院合作共建肝病与肝癌防治联盟。

【名医名师带徒平台打造】　漳州市建设名中医工作室25家，国医大师（唐祖宣）工作室落户片仔癀名医馆。实施基层名老中医药专家师承带徒和老中医药专家学术经验继承工作，鼓励名中医下基层带徒弟，促成60余对师徒结对。

【中医药针灸推拿适宜技术技能竞赛】　2023年9月23日，漳州市卫健委、漳州市总工会联合在漳州卫生职业学院举行中医药针灸推拿适宜技术技能竞赛，15支代表队参赛，竞赛内容包括针灸和推拿2个部分。漳州市中医院代表队获团体一等奖，长泰区医院代表队和东山县中医院代表队分获团体二等奖和三等奖。

【中医药文化教育试点】　2023年，闽南师范大学龙文附属小学、漳州台商投资区白礁小学、南靖县船场中心小学、漳州第一中学、龙海区海澄镇溪北小学5所小学入选第二批福建省中医药文化教育试点学校。

【海丝国际中医药文化论坛在漳州举行】　2023年12月21日，以“海丝传韵 漳药流芳”为主题的海丝国际中医药文化论坛暨产业发展大会在漳州举行。大会组织开展企业现场签订合作意向书、中医药等相关领域和项目推介等商贸对接推介活动。

（潘丹丹）

·爱国卫生运动·

【概况】　2023年，漳州市举办第35个爱国卫生月宣传活动和第36个世界无烟日宣传活动。推进国家卫生城市复审迎检工作，在建成区组织开展7轮明查暗访并通报整改。龙海区浮宫镇、长泰区岩溪镇、云霄县和平乡3个国家卫生乡镇创建单位通过评估。年内，全市获命名省级卫生乡镇14个、省级卫生村152个、省级卫生社区185个。

【世界无烟日活动】　2023年，漳州市开展第36个世界无烟日活动，联合市教育部门开展无烟学校建设活动。开展烟草危害科普宣传，组织中小学校参与青少年控烟绘画征集活动。

【夏秋季爱国卫生运动】　2023年，漳州市推进以防蚊灭蚊为重点的夏秋季爱国卫生运动，组织出动专业防治人员5035人次，出动大型消杀器械717台次，治理“四害”（苍蝇、蚊子、老鼠、蟑螂）孳生地1.35万个，累计使用灭蚊蝇蟑药物19.89吨、灭鼠药物25.02 吨。

（潘丹丹）

责任编辑：林倩

体育

·综述·

【体育组织建设】 2023年，漳州市体育总会成立。年内，新成立市级单项体育协会1个和兼合式党支部2个，撤销协会5个，注销协会4个。

【体育基地建设】 2023年，漳州市被国家体育总局评为“国家体育后备人才基地”单位5个，其中，漳浦县少体校被评为国家重点高水平体育后备人才基地，漳州市少体校、漳州市臻冠青少年羽毛球俱乐部被评为国家高水平体育后备人才基地，龙海区少体校、漳州市竹林中等体育运动学校被评为国家体育后备人才基地。漳州市臻冠青少年羽毛球俱乐部被中国羽毛球协会评为全国羽毛球后备人才基地。

【漳州市体育总会成立】 2023年8月23日，漳州市体育总会第一届会员大会暨成立大会在漳州宾馆召开。会议审议通过《漳州市体育总会选举办法》等。会议选举产生第一届漳州市体育总会领导机构，漳州市体育局局长杨素萍当选会长。新成立的漳州市体育总会不再与市体育局实行“两块牌子、一套班子”管理，转为在市民政局登记的非营利性体育社会组织。

（黄荣才 谢志坚 吴志坚）

·群众体育·

【概况】 2023年，漳州市体育场地1.61万个，体育场地面积1473.03万平方米，人均体育场地面积2.91平方米。全市学校体育场所向社会开放52所。经常参加体育锻炼人数比例41%。《国民体质测定标准》达标率93.4%。

【体育设施建设】 2023年，漳州市制定《2023年漳州市全民健身场地设施建设项目实施方案》，完成龙文区、平和县2个续建智慧体育公园，完成龙文区、南靖县、高新区4个游泳池和芗城区、龙文区、漳浦县3个多功能运动场建设，新建云霄县、东山县、诏安县3个智慧体育公园。截至2023年年底，全市建成智慧体育公园8个。

【全民健身活动】 2023年，漳州市组团参加福建省第二届红色运动会，获一等奖2个；组织参加福建省首届运动促进健康知识技能大赛，获一等奖；组织参加福建省全民健身运动会羽毛球联赛总决赛，获第一名；组织参加福建省残疾人运动会暨第七届特奥会，获金牌45枚、银牌43枚、铜牌33枚，金牌榜排名全省第三，奖牌榜排名全省第二。组织参加福建省第4届少数民族运动会，获金牌1枚、银牌8枚、铜牌7枚。长泰气排球队获2022—2023年气排球诞生38周年暨超级杯全国气排球联赛总决赛男子青年组、中年组和女子中年组3个组别冠军。在中华人民共和国第十四届运动会未完赛群众赛事气排球项目决赛中，长泰区代表队、漳州卫生职业技术学院代表队分别获男子组和女子组冠军。漳州市农体协代表队参加第六届2023年中国农民丰收节农民体育健身大赛，以团体总分第一的成绩获一等奖。

【健身指导】 2023年，漳州市组织一期二级社会体育指导员培训，100名社会体育指导员参加。选送7名社会体育指导员参加国家一级社会体育指导员培训。截至2023年年底，全市社会体育指导员1.2万人。

（黄荣才 谢志坚）

·竞技体育·

【概况】 2023年，漳州市体育局制定《2023—2026年漳州市青少年竞技体育发展布局方案》，组织开展市级青少年体育锦标赛。组织全民健身赛事活动300场次。漳州籍运动员参加世界级体育比赛，获金牌6枚、银牌2枚；参加亚洲级体育比赛，获金牌5枚、银牌1枚；参加国家级体育比赛，获金牌12枚。漳州体育代表队参加福建省青少年体育锦标赛，获团体金牌6枚。

【竞赛体制改革】 2023年，经漳州市体育局与漳州市教育局联合部署，首次将市级中小学生运动会成绩纳入全市中小学生健康教育评价体系，全面启动青少年体育锦标赛、中小学生运动会、阳光体育联赛三赛合一平台。

【品牌赛事】 2023年，长泰区举办第三届海峡两岸暨港澳地区汽车场地越野挑战赛、2023年中国·长泰乡村气排球公开赛。东山县举办2023中国风筝板巡回赛东山站、2023首届宁泉·福建东山岛泳渡挑战赛暨铁人三项赛。平和县举办漳州市第五届闽西南气排球特色赛。南靖县举办省自行车联赛（南靖站）暨首届“福建土楼 五福南靖”全国自行车骑游大会。华安县举办“奔赴山海·直通厦马”2023年厦门马拉松联赛华安站暨2023华安土楼半程马拉松。古雷开发区举办多特蒙德“欢乐岛杯”青少年足球友谊赛。

2023年5月28日，漳州市运动员邱祺缘在全国体操锦标赛中获女子平衡木个人项目冠军。图为邱祺缘参加平衡木比赛

（中国体操协会 供图）

【漳州籍体操运动员邱祺缘登冠军榜】 2023年，漳州籍体操运动员邱祺缘参加国际体联体操单项世界杯赛巴库站女子高低杠项目，获冠军；参加世界体操锦标赛女子高低杠项目，获冠军。参加第十届体操亚锦赛，获女子团体、个人全能、高低杠三项冠军。参加全国女子体操锦标赛，获全能、高低杠、平衡木三项冠军。年内，邱祺缘在中国体操队世界冠军登榜仪式暨建队70周年纪念活动中登世界冠军榜。

（黄荣才 谢志坚 吴志坚）

表 9　　2023 年漳州市运动员参加国家级以上比赛获奖一览表

运动员	项目分类	赛事名称	名次
邱祺缘	体操	国际体联体操单项世界杯赛巴库站女子高低杠项目	冠军
		全国女子体操锦标赛全能项目	冠军
		全国女子体操锦标赛高低杠项目	冠军
		全国女子体操锦标赛平衡木项目	冠军
		第十届体操亚锦赛女子团体项目	冠军
		第十届体操亚锦赛女子个人全能项目	冠军
		第十届体操亚锦赛女子高低杠项目	冠军
		世界体操锦标赛女子高低杠项目	冠军
粘施言	体操	第一届全国学生（青年）运动会女子体操项目	团体冠军
欧烜屹	羽毛球	苏迪曼杯世界羽毛球混合团体锦标赛	冠军
		亚运会羽毛球男子团体赛	冠军
韩悦	羽毛球	世界大学生运动会羽毛球女子单打项目	冠军
		世界大学生运动会羽毛球混合双打项目	亚军
		亚运会羽毛球女子单打项目	亚军
郑益昕	排球	亚运会女子排球项目	冠军
庄宇珊、殷小岚	排球	U21 女排世锦赛	冠军
庄宇珊	排球	世界大学生运动会女子排球项目	冠军
刘昊狄	游泳	全国青年游泳锦标赛 50 米仰泳、100 米仰泳、200 米仰泳	冠军
		世界泳联青年游泳锦标赛男子 4×200 米自由泳接力赛	亚军
		第一届全国学生（青年）运动会男子 50 米蝶泳	冠军
高洲旋	举重	全国青年举重锦标赛女子 45 公斤级比赛	冠军
钟秀彪	皮划艇	全国青年皮划艇（静水）U19 锦标赛 1000 米男子单人划艇项目	冠军

·学校体育·

【概况】　2023年，漳州市举办全市中小学生阳光体育联赛、田径运动会等。年内，入选福建省武术进校园试点学校3所。漳州市选手在首届学生（青年）运动会羽毛球决赛中获铜牌1枚，漳州一中蝉联全省中学生羽毛球联赛初、高中组团体冠军，漳州三中获全省中学生排球锦标赛高中男子组一等奖。漳州八中学生邱祺缘获体操世界杯、世锦赛金牌。

【52所学校体育场地免费开放】

2023年，漳州职业技术学院、漳州市实验小学腾飞校区等52所学校体育场地向社会免费开放。开放体育场地中，包括市属学校2所、芗城区学校2所、龙文区学校1所、龙海区学校2所、长泰区学校5所等。开放学校体育场地工作采取“有条件开放、限时限流管理”方式，按照分级管理原则，推动大中小学校逐步在寒暑假、双休日和法定节假日等非教学时间，以预约方式向社会开放。

【漳州市中小学生运动会暨阳光体育联赛举办】　2023年，漳州市教育局、漳州市体育局联合举办2023年漳州市中小学生运动会暨阳光体育联赛，各县（区）和市属中职、中小学校代表队近7000名选手参加。联赛包括田径、游泳、足球、篮球、排球、三人篮球、乒乓球、羽毛球、啦啦操、定向越野、围棋、体育舞蹈比赛12项，龙海区获团体总分第一名，漳浦县获团体总分第二名，台商投资区获团体总分第三名。

【漳州市中小学生田径运动会举行】 2023年12月15—17日，漳州市教育局和漳州市体育局联合举办2023年漳州市中小学生田径运动会在漳州市体育场举行。全市17支代表队、超千名选手参加。田径运动会分4个组别比赛，东山县代表队获小学组团体总分第一名，南靖县代表队获初中组团体总分第一名，诏安县代表队获高中组团体总分第一名。

（张文忠）

·体育产业·

【概况】 2023年，漳州市实施体育产业区域招商，以长泰区、台商投资区、漳州高新技术开发区等产业园区为产业转移承载空间，对接体育用品制造业、体育赛事运营转移。出台《漳州市体育产业发展专项资金管理办法》。举办品牌赛事30余场，现场吸引观众超20万人次，拉动消费近5亿元。

【体育招商引资】 2023年，漳州市体育局对接厦门市、泉州市、广东省等地进行体育招商，组织10多家企业参加2023年中国国际体育用品博览会。推动李永波全民健身体育公园项目在2023年“9·8”贸洽会上签约，签约额5亿元。

【体育产业融合发展】 2023年，漳州市体育局指导体育旅游示范基地通过体育赛事聚集人气，植入体育项目吸引客流。鹭凯生态庄园体育旅游全年接待游客超28万人次，长泰漂流水陆空景区全年接待游客27万人次，漳州欢乐岛国际足球训练基地全年接待13万人次（其中足球项目接待10万人次）。长泰漂流龙凤谷小黄山被国家体育总局认定为2022年国家体育产业示范基地。安攀体育用品有限公司获产品专利3项，杜客健康科技（福建）有限公司获专利1项。

（吴志坚）

·中国女排“娘家”·

【概况】 2023年，漳州市举办弘扬新时代女排精神“六进”（进机关、进企业、进社区、进校园、进农村、进网络）活动4场，联合多家媒体刊发女排精神相关文章，承办福建省漳州体育训练基地成立50周年暨弘扬女排精神座谈会，传承弘扬新时代女排精神。年内，《闽南风》杂志专刊出版《特殊的感情 特殊的理解 特殊的支持——中国女排与漳州“娘家”半个世纪的情缘》。

【福建省漳州体育训练基地】

2023年，福建省漳州体育训练基地承办中国女子排球超级联赛第二至第四阶段比赛、2023年全国青少年U19男子排球锦标赛、第一届学生青年运动会（公开组）女子排球18岁组预赛、全国青少年U17女子排球锦标赛、“一起向未来”全国青年女排锦标赛、全国第一届学生（青年）运动会（公开组）16岁以下组女排决赛、福建省中学生排球锦标赛（高中组）、福建省中学生排球锦标赛（初中组）等赛事。国家男排、国家男排青年队、国家女排、国家女排青年队、国家沙排青年队、国家沙滩女排、国家沙滩男排、U17女排希望队到福建省漳州体育训练基地开展封闭集训。其中，国家男排、国家男排青年队年内各赴漳州集训2次。

【中国女排第49次回漳州集训】

2023年4月7日至5月17日，中国女排主教练蔡斌带领中国女排一行23人回到福建省漳州体育训练基地进行封闭式集训，备战世界女排联赛、巴黎奥运会女排资格赛、杭州亚运会等多项赛事。该集训是中国女排第49次回“娘家”漳州。其间，中国女排以“学思想 回娘家 创佳绩”为主题，开展学习贯彻习近平新时代中国特色社会主义思想主题教育漳州行系列活动，到华安县竹种园、仙都镇先锋村的“四对比五算账”群众路线教育纪念馆、先锋村希望小学、世界文化遗产华安二宜楼等地，了解生态文明建设、党的群众路线教育实践活动、“世遗”文化保护与发展等情况。开展“续红色血脉·扬优秀传统”活动，走访参观漳州古城、漳州市消防救援支队、漳州三中、闽南（漳州）革命历史展览等，围绕传统文化传承与保护、红色革命历史教育、消防安全等方面开展研学。

【漳州中国女排精神展示馆开馆】 2023年5月25日，漳州中国女排精神展示馆开馆。该馆位于漳州市“中国女排娘家”基地，占地面积1300平方米，总建筑面积2580.7平方米，建筑高度14.15米，设展厅3个，展陈面积2000平方米，展线600米，再现中国女排40多年来的光辉历史和拼搏之路，以及漳州与中国女排同呼吸、共命运、心连心的特殊感情。开馆仪式上，中国女排队长袁心玥向漳州市赠送中国女排签名球，活动现场还举行微雕《拼搏印迹》和油画《万人空巷》的揭幕捐赠仪式。

2023 年 5 月 25 日，漳州中国女排精神展示馆建成开馆

（漳州市文旅康养集团 供图）

【漳州体育训练基地成立50周年暨弘扬女排精神座谈会举行】

2023年12月16日，由福建省体育局、中共漳州市委、漳州市政府、中国排球协会主办的福建省漳州体育训练基地成立50周年暨弘扬女排精神座谈会在漳州举行。国家体育总局、总局排球运动管理中心、中国排球协会、福建省政府、省直有关部门、漳州市委、市政府等领导及省内外排球代表队等参加会议。座谈会上，新老女排代表张然、陈忠和、孙晋芳、侯玉珠、冯坤、徐云丽、郑益昕，专家代表省社会科学院历史研究所所长麻健敏、福建师范大学体科院院长许文鑫作交流发言。

【2023年全国排球高水平后备人才训练营（女线）在漳州开营】

2023年7月31日，2023年全国排球后备人才基地训练营（女线）开营仪式在福建省市体育训练基地中国女排腾飞馆举行，来自全国后备人才基地18支队伍的近200名运动员、教练员参加此次训练营活动。训练营期间，运动员、教练员开展日常训练、身体形态、素质测试、技术评定和专业技术示范课等，举办教学比赛、专题讲座。

（漳州市体育局 福建省漳州体育训练基地）

责任编辑：林 倩

社会生活

·人口与家庭·

【概况】　截至2023年年底，漳州市总人口524.05万人，比年初增加0.07万人。出生人口3.15万人，比上年增加0.09万人，人口出生率6.02‰，人口自然增长率0.01‰。初婚1.47万人，比上年增加0.07万人。15~49周岁育龄妇女117.35万人，比上年减少1.33万人，占总人口22.39%，其中已婚育妇83.59万人，比上年减少2.8万人，占总人口15.95%。已婚育妇综合避孕节育率52.68%，长效避孕节育率41.39%。

（潘丹丹）

【家庭发展】　2023年，漳州市城镇居民平均每户家庭人口3.57人，平均每户家庭就业人数1.72人，平均每户就业面48.04%，平均每个就业者负担人口2.08人，平均每人住房建筑面积46.71平方米；漳州市农村居民平均每户常住人口3.16人，平均每户整半劳动力2.25人，平均每个劳动力负担人数1.4人，平均每人住房建筑面积66.34平方米。

（曾　恒）

表 10　　2015—2023 年漳州市城镇居民家庭基本情况表

年份	平均每户家庭人口（人）	平均每户就业人数（人）	平均每户就业面（%）	平均每个就业者负担人口（人）	平均每人全年可支配收入（元）	平均每人消费性支出（元）	平均每人住房建筑面积（平方米）
2015	3.35	1.94	57.89	1.73	28092	19978	40.50
2016	3.46	1.90	55.00	1.82	30726	21467	40.90
2017	3.43	1.90	55.39	1.81	33359	22359	41.25
2018	3.69	1.88	51.04	1.96	35997	24202	45.51
2019	3.74	1.82	48.57	2.06	38975	26590	48.28
2020	3.77	1.74	46.03	2.17	40008	26015	49.75
2021	3.69	1.79	48.60	2.06	43309	28907	51.70
2022	3.68	1.78	48.37	2.07	46380	30865	52.45
2023	3.57	1.72	48.04	2.08	48736	32831	46.71

表 11　　2015—2023 年漳州市农村居民家庭基本情况表

年份	平均每户常住人口（人）	平均每户整半劳动力（人）	平均每个劳动力负担人口（人）	平均每人全年可支配收入（元）	平均每人全年生活消费支出（元）	平均每人全年食品烟酒支出（元）	平均每人全年教育文化娱乐支出（元）	平均每人住房建筑面积（平方米）
2015	3.48	2.52	1.38	13866	10055	4071	910	41.90
2016	3.42	2.45	1.39	15320	11006	4381	917	43.29
2017	3.40	2.44	1.39	16676	11946	4432	1002	44.14
2018	3.48	2.39	1.45	18186	12752	4699	1071	48.88
2019	3.39	2.39	1.42	19885	13830	5279	1227	51.55
2020	3.34	2.40	1.39	21103	13804	5530	997	53.02
2021	3.43	2.41	1.42	23582	16409	6238	1558	54.70
2022	3.37	2.37	1.42	25789	17714	6728	1841	61.07
2023	3.16	2.25	1.40	27788	18977	7193	1879	66.34

【流动人口】　2023年，漳州市有流动人口84.77万人，比上年下降31.98%，其中芗城区17.52万人、龙文区14.25万人、龙海区4.05万人、长泰区5.14万人、云霄县5.35万人、漳浦县6.1万人、诏安县1.7万人、东山县2.71万人、南靖县2.39万人、平和县2.01万人、华安县2.73万人、漳州开发区3.83万人、古雷开发区1.42万人、台商投资区11.67万人、漳州高新区3.21万人。

（林美华）

【婚姻登记管理】　2023年，漳州市办理结婚登记2.1万对，办理离婚登记7125对。

（陈雪云）

【优生优育】　2023年，漳州市计生协会建成优生优育指导中心12个、向日葵“亲子小屋”120家，优生优育指导中心开展活动795场、入户访视指导403场、健康大讲堂云课堂直播10期，覆盖群众19.7万人，在中国计生协“向日葵亲子小屋”辅导员培训班现场会上作“亲子小屋”项目管理实操工作经验介绍。年内，漳州市计生协会以4个中国计生协青春健康项目高校为示范，加强建设联动、督导联合、活动联办、课题联审，举办首届高校青春健康文化节和嘉年华活动，在福建省计生协青春健康高校项目管理能力提升暨青春健康省级师资认证活动上作项目管理经验介绍。

【家庭健康服务驿站】　2023年，漳州市计生协会在福建省率先试点探索建设家庭健康服务驿站，全市建立驿站58个，服务覆盖群众26万人。

（林瑞雪）

【殡葬管理】　2023年，漳州市开工建设生命公园203个，其中完工43个，新增公益性墓位4.53万个。漳州市殡仪馆一期工程项目投入使用，总建筑面积7788.33平方米，主要建设骨灰楼、停车场及配套设施等。

（陈雪云）

·就业创业·

【概况】　2023年，漳州市城镇新增就业人数4.21万人。年内，漳州市人力资源和社会保障局（简称漳州市人社局）获评“世界技能大赛特别赛参赛工作突出贡献单位”“第二届全国博士后创新创业大赛优秀组织单位”。《创新“1335”党建工作法，解锁人社服务新模式》入选第六届全省机关体制机制创新“百优案例”。年内，获评全国和谐劳动关系创建工作先进个人1人，省三方四部门（三方指政府、雇主及雇主组织、工人及工会组织，四部门指人力资源和社会保障局、总工会、企业家和企业家联合会、工商业联合会）评选认定金牌劳动关系协调员11人。

【工资集体协商制度建立】 2023年，漳州市人社局建立工资集体协商制度，已建工会企业集体协商建制率动态保持在85%以上，职工百人以上的建会企业集体协商建制率保持在90%以上。

【国有企业工资改革】 2023年，漳州市人社局推进国有企业负责人薪酬制度改革，推进国有企业工资决定机制改革，制订技能人才薪酬分配指引专项工作方案，推动企业开展“能级工资”集体协商。

【稳岗稳就业服务】 2023年，漳州市人社局出台春节期间稳工稳产促就业12条措施和经济向好势头一揽子、优化实施稳就业政策15条措施，重启一次性扩岗补助。申报省、市级大中专毕业生创业资助项目158个，16个优秀项目获省级资助，42个项目获市级资助，培育特色劳务品牌。截至2023年年底，全市有劳务品牌11个，带动就业规模11.18万人。结合“人社发力 助企纾困”“百名人社干部进企送服务”等活动，推广“人策匹配机器人”，创新“免申即享”“直补快办”等经办模式，兑现稳就业政策补贴1.04亿元、惠及企业1713家、4.56万人。

【毕业生就业帮扶】 2023年，漳州市人社局建立校地联动机制，制定出台高校毕业生等青年就业创业10条措施，实施“促进毕业生就业创业十大专项行动”，开展“书记市长送岗留才进校园”“人社局长访企拓岗”活动，为毕业生等青年群体储备提供就业岗位1.2万个次。落实困难毕业生包干制，开展“就业红娘”结对帮扶。截至2023年年底，全市离校未就业毕业生15949人，实名制登记就业15927人，登记就业率99.86%，困难毕业生实现100%就业。

【脱贫人口就业帮扶】 2023年，漳州市人社局首次开启“跨州市区县联动”模式，与云南、湖南等地签订15份劳务协作协议，设立6个市、县两级劳务协作站。实施“131”（为有需要的农民工提供至少1次职业指导、3个适合的岗位信息、推荐至少1个合适的培训项目）就业服务，建立“2473”（对新增有就业意愿、培训意愿的脱贫劳动力，在24小时内对接了解具体就业、培训需求，7个工作日内提供首轮就业服务，3个月内帮助达成就业、培训目标）就业帮扶响应机制，新增有就业意愿未就业脱贫劳动力和零就业家庭保持动态清零，对市场化难以实现就业脱贫劳动力给予公益性岗位兜底安置，全市脱贫人口务工规模24202人，就业规模保持稳定。

【公共就业服务】 2023年，漳州市人社局建成启用17个实体零工服务中心（就业驿站），上线灵活就业公共服务平台。在全省率先开展就业夜市，融合人才招引、企业招聘、政策咨询宣传等业务，组织引导“9+5”产业、重点企业、商贸业企业以及有用工需求的单位进场招聘。全市线上线下举办招聘会505场、参与企业7000多家次，提供岗位15.41万个次。

【根治欠薪系列专项行动】 2023年，漳州市人社局组织开展根治欠薪冬季专项行动，排查工程建设领域项目249个、制造业和其他企业171户，为852名劳动者追讨工资811.05万元。对全市613个在建工程项目工资支付情况进行隐患排查，组织在建项目季度履约评价4次。开展“点题整治”，组织对全市开展8轮工作督导，规范在建项目用工管理，发现施工单位未按时足额支付农民工工资问题274个，为1212名工人追讨工资1167.08万元。

【劳动关系“和谐同行”三年行动计划】 2023年，漳州市人社局开展“和谐同行”千户企业培育共同行动计划，培育109家企业。开展万户新企用工计划，为1105户新企提供用工服务指导。开展重点企业用工指导计划，服务指导走访重点企业408家。开展金牌劳动关系协调员打造计划，培育劳动关系协调员50人，选树金牌劳动关系协调员11人。开展金牌协调劳动关系社会组织打造计划，协调劳动关系社会组织培育15个，申报1个金牌协调劳动关系社会组织。开展企业薪酬指引计划，对19家企业进行技能人才薪酬分配指导服务等。

（刘璐 王丽萍）

·收入与消费·

【概况】 2023年，漳州市居民人均可支配收入38727元，比上年增长6.1%。居民人均可支配收入中，工资性收入21523元，比上年增长5.9%；经营净收入9762元，比上年增长6.6%；财产净收入2412元，比上年增长5.0%；

2023年12月5日，漳州市人社局在漳州古城开展就业夜市招聘活动。图为就业夜市招聘会现场 （漳州市人才集团 供图）

转移净收入5030元，比上年增长6.3%。居民人均生活消费支出26212元，比上年增长6.7%。八大类生活消费支出中，居民食品烟酒支出增长6.0%；衣着支出增长6.1%；居住支出增长5.6%；生活用品及服务增长11.9%；交通通信增长6.3%；教育文化娱乐增长7.9%；医疗保健增长9.6%；其他用品和服务增长9.2%。漳州市消费者价格指数（市辖区）比上年下降0.5%，消费品价格总指数比上年下降1.0%。

【居民收入】 2023年，漳州市居民人均可支配收入38727元，比上年增长6.1%。按常住地分，城镇居民人均可支配收入48736元，比上年增长5.1%；农村居民人均可支配收入27788元，增长7.7%。城乡居民人均可支配收入比值为1.75，比上年缩小0.05。

【居民支出】 2023年，漳州市居民人均消费支出26212元，比上年增长6.7%。按常住地分，城镇居民人均消费支出32831元，比上年增长6.4%；农村居民人均消费支出18977元，比上年增长7.1%。居民恩格尔系数34.9%，其中，城镇33.2%，农村37.9%。

【社会消费品零售总额】

2023年，漳州市社会消费品零售总额2080.09亿元，比上年增长9.2%。其中，限额以上消费品零售额496.40亿元，比上年增长9.4%；限额以下消费品零售额1583.70亿元，比上年增长9.2%。按消费类型看，限额以上批发业销售额比上年增长21.0%，限额以上零售业销售额比上年增长15.4%，限额以上住宿业营业额比上年增长31.8%，限额以上餐饮业营业额比上年增长35.4%。按商品类别来看，限额以上新能源汽车商品零售额比上年增长32.6%，限额以上计算机及其配套产品商品零售额比上年增长29.4%，限额以上可穿戴智能设备商品零售额比上年增长12.6%。

（曾 恒）

·社会保险·

【概况】 2023年，漳州市参加职工基本养老保险人数165.56万人，比上年增加14.88万人。参加失业保险人数60.1万人，比上年增加3.74万人。参加生育保险人数57.24万人，比上年增加1.09万人。享受城市最低生活保障1.53万人，享受农村最低生活保障8.85万人。

【机关事业单位养老保险】 截至2023年年底，漳州市执行机关事业单位养老保险制度在职参保人数10.46万人、离退休人数5.45万人。全年机关社保经办机构养老保险基金收入37.10亿元、支出35.76亿元，收入与支出分别比上年增长11.58%和7.07%，结余12.83亿元。机关事业单位退休人员基本养老金调整于2023年7月底完成，待遇全部发放到位，惠及全市5.23万名机关事业单位退休（职）人员。

【企业职工养老保险】 2023年，漳州市企业职工基本养老保险在职参保职工129.81万人，基本养老保险费征收63.72亿元，比上年增长13.02%。全市参保企业离退休人员19.84万人，比上年增长7.53%。全年基本养老保险待遇支出61.96亿元，比上年增长8.11%，基金结余15.92亿元。全市工伤参保职工93.65万人，比上年增长0.47万人；享受工伤保险待遇6034人，比上年下降1.74%。全年工伤保险基金总收入4.06亿元，工伤保险基金总支出4.76亿元。

【城乡居民养老保险】 2023年，漳州市提高城乡居民基本养老保险基础养老金标准，每人每月提高10元，调整后基础养老金省定最低标准为每人每月150元。截至2023年年底，77.87万人待遇发放到位，提高部分养老金发放9321.1万元。

【社保基金监管】 截至2023年年底，漳州市社会保险基金管理巩固提升行动问题整改率96.07%，基金追讨率88.45%。全年市本级利用金保二期社保基金监管专网和福建省人社数据共享平台开展非现场监督11次，产生预警数据10998条。社保经办机构核实处理预警数据10707条，通过停发待遇、追回待遇形式予以制止并挽回损失。

【退休档案提前预审】 2023年，漳州市人社局创新实施退休档案提前预审，提前确定退休人员相关信息，针对档案不完整、信息记载不全、养老保险转移接续未到位等问题，提前研究解决办法。全年提前审阅预退休人员档案717份。

（刘璐 王丽萍）

·医疗保障·

【概况】 2023年，漳州市基本医疗保险参保人数474.23万人，其中职工医保参保人数85.09万人，城乡居民医保参保人数389.14万人。职工医保基金（含个账）收入45.58亿元，基金支出29.41亿元，当期结余16.17亿元。城乡居民医保基金收入37.46亿元，基金支出34.71亿元，当期结余2.75亿元。签订医保定点协议有医疗机构383家、零售药店1145家、村卫生所1621家。

【医保筹资标准调整】 2023年7月1日起，漳州市职工医保（含生育保险）月缴费基数上限调整为21060元，下限调整为4212元，补缴基数按4212元/月执行，城镇灵活就业新增参保人员缴费基数为4212元/月。2023年度城乡居民医保参保个人缴费标准为360元/年，政府补助标准为680元/年。

【补充医疗保险】 2023年，漳州市城乡居民大病保险起付标准为16909元，全年赔付居民大病保险3.91亿元。职工医保统筹基金支付超10万元以上部分进入大额医疗费用补助支付范围，全年赔付职工医保大额医疗费用补助9920.12万元。

【精神疾病医保】 2023年，漳州市医疗保障局、漳州市卫生健康委员会、漳州市财政局联合下发《关于调整和完善精神疾病住院医疗保障工作的通知》，统一职工和城乡居民精神病住院收费标准，自5月1日起在漳州市精神病专科医院住院，对患者按医疗机构等级和治疗情况采取分级分段收费，按住院天数划分，明确一个参保年度内，同一患者第二次和之后的住院，按第三段定额收费标准执行，统一执行床日收费；基金支付不计起付标准，第一、第二段支付比例90%，第三段支付比例85%。

【医保支付方式改革】 2023年，漳州市医疗保障局（简称漳州市医保局）对符合条件186家定点医疗机构实行DIP（按病种分值）付费和基金清算，提前一年完成DIP医保支付方式改革全覆盖目标。DIP病种目录库病种数6361个，基层病种数141个，中医优势病种数22个，其中中医优势病种数全省最多。建立特殊病例单议处理机制，评议通过特殊单议病例429例。医疗机构居民、职工医保次均住院医疗费用分别比上年下降11.4%、10.92%，居民、职工医保市域内次均住院天数分别比上年下降1.77%、4.41%。

【药品耗材集中带量采购】

2023年，漳州市医保局开展药品耗材集采品种分别为541种、30类，医疗机构2023年度通过带量采购政策节省药品采购费用约6.84亿元，高值耗材采购费用约3.01亿元。

【医疗服务价格管理】 2023年，漳州市医保局调整急诊等68个医疗服务项目价格，整合规范27个口腔种植类医疗服务价格项目，在三级公立医院试行药学服务政策，在漳州市医院神经内科、神经外科及骨科三个科室试点开展无陪护病房整体护理项目收费政策。无陪护病房整体护理按住院患者自理能力实施按每床每日分档收费，分别为90元/每床每日、144元/每床每日、207元/每床每日，按住院时长分段计费，实际住院床日小于等于15天的按规定标准收取，大于等于16天小于等于30天按收费标准的95%收取，大于30天按收费标准的90%收取。收费标准的30%由参保人个人先行自付后，剩余的70%按规定纳入基本医保报销范围。

【住院分娩医保报销】 2023年，漳州市在全省率先施行住院分娩医保报销倾斜待遇政策。在医院住院分娩人员，按病种相

2023年8月19日，漳州市医保局开展全市DIP（按病种分值）付费改革业务培训班。图为培训班现场 （漳州市医保局 供图）

关定价，不设起付标准，二级及以下医院分娩基金支付比例100%，其他三级医院分娩基金支付比例90%，三级甲等医院分娩基金支付比例80%。年内，享受住院分娩医保报销倾斜政策待遇2.19万人次，医保基金支付1.03亿元，其中享受住院免费分娩待遇8958人次，医保基金支出4106.1万元。

【医保经办服务】 2023年，漳州市医保局推进医保经办服务下沉，制定第二批下放事项清单7项，累计下放21项医保服务事项至镇（街）办理，占全市医保服务事项数（34项）60%以上。推进“互联网+医保”服务，定点医药机构均支持医保电子凭证扫码结算，全市12家三级定点医疗机构均开通医保移动支付，5家二级以上定点医疗机构和12家定点零售药店上线电子处方。

（林芳芳）

·住房保障·

【概况】 2023年，漳州市开工建设城镇保障性安居工程项目8113套，排名全省第三，其中保障性租赁住房1535套、城市棚户区改造6578套；年度基本建成7529套，排名全省第二；年度计划投资39.62亿元，实际完成投资41.82亿元，排名全省第三。漳州市和诏安县分别被福建省住房和城乡建设厅评为城镇棚户区改造绩效优异的市县，市棚户区改造工作排名全省第一，获激励资金600万元。全年计划发放廉租住房租赁补贴450户，实际发放租赁补贴578户。

【公租房管理】 2023年，漳州市在全省率先推进全市全域公租房常态化申请受理，漳州市公租房在线申请审核被省数字办入选评为地市公共数据应用十佳优秀案例。开展直管公房专项整治，完成整改1610户，签订新合同续租3488户。完成市级首批人才公寓第一期线上申请审核工作。

【棚户区改造】 2023年，漳州市向上争取各类保障性安居工程专项补助资金和政府专项债券13.77亿元，全市公积金增值收益提取5600万元专项用于棚户区改造项目。

【风险楼盘处置】 2023年，漳州市探索实践龙海白塘湾项目债转股、漳浦泰禾香山湾项目信托计划持股等经验，获住房和城乡建设部肯定。出台《市直管项目商品房预售资金监管实施细则（2023版）》，新增商品厂房项目预售资金监管额度，规范预售资金收存、使用，保障资金安全并专款用于工程建设。

【住房公积金缴存】 2023年，漳州市新开户单位1728家，新开户职工3.92万人，实缴单位11611家，实缴职工38.24万人，缴存额73.08亿元，缴存总额581.54亿元，缴存余额189.83亿元。全年全市实现增值收益1.82亿元，贷款风险准备金余额6.83亿元。年内，漳州市新增公积金跨省通办服务事项2个，13个住房公积金高频服务事项实现跨省通办。

【住房公积金归集使用】 2023年，漳州市15.46万名缴存职工提取住房公积金，提取公积金56.62亿元。全市发放公积金贷款0.72万笔37.47亿元。截至2023年年底，住房公积金贷款余额170.71亿元。

【公积金政策惠民】 2023年，漳州市实施购买商品住房提取公积金支付首付款政策，全市提取住房公积金5.04亿元用于支付购房首付款，支持购房4046套。实施降低申请使用公积金购买新建商品住房首付比例措施，因降低首付比例申请住房公积金贷款2163笔，发放贷款12.57亿元。实施按照国家生育政策生育二孩或三孩职工家庭使用公积金贷款的，其最高可贷额度在现行政策基础上另加5万元政策，全市生育二孩或三孩家庭申请住房公积金贷款1093笔，发放贷款金额6.26亿元。

【漳州在全省率先开展逐月冲房租业务】 2023年4月28日起，漳州市在全省率先推出住房公积金逐月冲房租业务，实现一次签约，租金按月自动到账，全年办理逐月冲房租业务28笔。10月1日起实现逐月冲还贷每月的5日、15日、25日“一月三冲”模式，解决因单位延迟汇缴公积金，导致缴存职工错过每月固定15日冲还贷问题。

【跨中心冲还贷业务上线】 2023年5月18日，漳州市住房公积金中心联合省直、福州、莆田、龙岩、平潭5个住房公积金中心开通省内跨中心冲还贷业务，全年办理跨中心冲还贷业务69笔、金额65.1万元。

【住房公积金个人证明事项在线服务】 2023年9月1日起，漳州市住房公积金缴存人通过实时在线开具、后台自动查验的方式，以统一电子码代替原有开具职工缴存证明、异地贷款缴存使用证明、贷款结清证明3项纸质证明，实现住房公积金个人证明事项在线办理。

（侯伟超）

·社会福利·

【概况】 2023年，漳州市民政局推进社会福利各项工作。截至2023年年底，全市有儿童福利院1家，设置儿童床位208张，在院抚养弃婴、孤残儿童和特困对象101名。有各类老年福利机构（含福利院、福利中心、敬老院、老年公寓等）144家，各类养老床位（含日间照料室床位）3.68万张。

【儿童福利】 2023年，漳州市持续实施福蕾行动计划，开展留守儿童、困境儿童关爱服务项目24个，落实593名农村留守儿童，1.83万名各类困境儿童监护责任。提高孤儿、事实无人抚养儿童基本生活保障标准，集中供养每人每月2100元，散居每人每月1700元发放基本生活保障金。全年发放孤儿、事实无人抚养儿童生活保障金3277.26万元，惠及孤儿263人、事实无人抚养儿童1779人。

【残疾人福利】 2023年，漳州市困难残疾人生活补贴每人每月120元、重度残疾人一级护理补贴每人每月150元、重度残疾人二级护理补贴每人每月107元，全年发放困难残疾人生活补贴9158万元、惠及6.3万人；重度残疾人护理补贴1.03亿元、惠及7.17万人。

【漳州市社会福利院】 2023年，漳州市社会福利院供养弃婴、孤残儿童81名（财政供养60名、各县区寄养21名），做好接收、救助、康复、特教、国内外收养、国内家庭寄养、上学等工作。供养“三无”（无劳动能力、无生活来源、无赡养人和扶养人）老人83名，做好接收、安置、救治等供养工作。

【慈善管理】 2023年，漳州市有慈善组织（基金会）34家，其中17家取得2023－2025年度税前扣除资格，2家取得2022—2024年度税前扣除资格，14家获公开募捐资格证书。开展“慈善手拉手”专项行动，策划实施慈善项目158个，受益群众15.2万人次。推动慈善助老超市建设，芗城区、华安县2家慈善助老超市投入运营。

（陈雪云）

【福利彩票】 2023年，漳州市有福利彩票电脑票投注站589个，销售彩票金额4.39亿元，比上年增长26.13%，募集公益金1.37亿元。

（陈小燕）

·社会救助·

【概况】 2023年，漳州市城乡低保标准10584元/年（芗城区、龙文区）、9780元/年（其他县区），全市低保平均标准9926元/年，是最低工资标准的45%。截至2023年年底，全市低保人数

10.39万人，低保覆盖率1.97%，发放城乡低保金5.12亿元。特困供养人员1.16万人，发放特困供养金1.96亿元。实施临时救助3.13万人次，发放临时救助金5488万元。低保边缘家庭对象2.51万人。

【流浪乞讨人员救助】 2023年，漳州市救助生活无着流浪乞讨人员1041人次，其中站内救助757人次、街面救助284人次，寻亲成功7人，护送返乡68人次，落户安置3人。

【精神障碍患者救治】 2023年，漳州市新收治精神障碍患者特困集中供养对象13人，新收治强制医疗对象6人，接收“110巡警”及公安派出所送来肇事肇祸精神病患者91人次。

（陈雪云）

【最低生活保障】 2023年，漳州市享受城市最低生活保障1.53万人，享受农村最低生活保障8.85万人，享受农村特困人员救助供养1.05万人。

（漳州市统计局）

【重特大疾病医疗保险和救助制度实施】 自2023年1月1日起，《漳州市健全重特大疾病医疗保险和救助制度实施办法》施行。医疗救助筹资标准由每人每月400元调整为每人每月600元；明确医疗救助对象为符合救助条件的困难职工和城乡居民，将救助对象由原先四类调整为五类；调整救助对象待遇，城乡居民大病保险实行倾斜支付，统一门诊特殊病种和住院救助起付标准、比例及限额，继续实行倾斜定额救助。全年医疗救助86.68万人次，包括资助参保、门诊救助、住院救助在内救助金额1.86亿元。

（林芳芳）

·社会组织管理·

【概况】 2023年，漳州市新增注册登记社会组织169家，注销社会组织551家，撤销社会组织19家。截至2023年年底，全市有社会组织3342家，其中社团1520家（市本级395家）、社会服务组织1811家（市本级124家）、基金会11家（市本级6家）。

【社会组织整治规范】 2023年，漳州市有2887家社会组织提交年报，其中市本级462家，列入市级社会组织年报活动异常名录12家。漳州市民政局印发《漳州市社区社会组织备案管理办法（暂行）的通知》，出台《关于建立社会组织第三方评估机制的通知》。

【社会组织监管】 截至2023年年底，漳州市完成339家僵尸型社会组织清理整治工作，其中，市本级99家、县级240家。组织开展社会组织等级评估工作，40家社会组织参评，评选出5A级社会组织6家。

（陈雪云）

·社区建设·

【概况】 2023年，漳州市新增社区12个。截至2023年年底，全市有村（社区）2092个，其中村1556个、社区536个。

【村规民约（居民公约）制定】 截至2023年年底，漳州市1556个村中除新成立社区外，其余524个社区制定村规民约（居民公约）。年内，市级评选优秀村规民约10篇，其中村规民约7篇、居民公约3篇。

【社工服务】 2023年，漳州市有持证社工5453人，社区社工2338人，实现每个社区至少有1名社会工作人才服务，社工服务机构总数52家。122个乡镇（街道）社会工作服务站规范化建设覆盖率和合格率均100%。

【志愿者服务】 截至2023年年底，漳州市有“全国志愿服务信息系统”注册志愿者87.28万人，全国志愿服务信息系统登记人数人口占比17.22%。

【常态化城乡社区协商工作机制建立】 2023年，漳州市探索建立常态化社区民主协商工作机制，推动全市社区（村）设立民主议事厅2080个。漳浦县大埔村、东山县石埔村村级议事协商创新实验试点完成总结任务。全市首次组织评选优秀民主协商案例8篇。

（陈雪云）

·老龄事业·

【概况】 2023年，漳州市60岁及以上人口102.3万人，65岁及以上人口69.3万人。年内，漳州市卫健委首次与闽南师范大学法学院联合开展漳州市年度老龄事业发展课题研究，历经2个多月调研，形成《2022年漳州市老龄事业发展公报》。

（潘丹丹　王雪军）

【养老服务】 截至2023年年底，漳州市有养老机构144家。其中福利中心11家、特困人员救助供养机构105家（含乡镇敬老院104家、乡镇卫生院1家）、其它养老机构28家（含嵌入式机构2家、森林康养机构7家）。全市有社区养老服务机构和设施2279个，其中养老服务照料中心67个、社区居家养老服务站384个、农村幸福院1313个、老年活动中心402个、长者食堂108个、其它全托服务机构5个。各类养老床位3.68万张，其中养老机构床位1.38万张，护理型床位8820张，占比63.6%。

（陈小燕）

【老龄医养】 2023年，漳州市卫健委培育云霄县马铺乡龙镜村等5个全国示范性老年友好社区，芗城区入选“全国第一批医养结合示范县（区）”。龙海区石码镇解西社区、南靖县山城镇和贵社区、诏安县梅岭镇田厝村、东山县埔美镇钱岗村委会入选2023年国家级老年人心理关爱项目点。

（潘丹丹）

·民族事务·

【概况】 2023年，漳州市下达中央、省、市各级扶持民族资金2677万元，比上年增长14.6%。年内，漳州市民族与宗教局（简称漳州市民宗局）创新推行金融民族同心卡、经济合作社2.0工作、民族乡村振兴市场共同体数字化平台等金融助力民族乡村振兴做法被福建省民宗厅作为典型在全省推广。

【民族团结进步】 2023年，漳州市民宗局加强在漳西藏生服务管理，漳州一中获全市首个“全国民族团结进步示范区示范单位”称号，漳州市芝山中心小学、漳浦县赤岭畲族乡人民政府等4家单位入选2023年福建省民族团结进步重点区重点单位培训对象名录。举行第十六个民族团结进步宣传月活动。举办全市“福籽同心爱中华”青少年学生演讲大赛，选送优秀作品参加全省比赛，在福建省“三月三”节及县级融媒体展播。

【民族交往交流】 2023年，漳州市组织参加福建省第十届少数民族传统体育运动会，获金牌1枚、银牌8枚、铜牌7枚，奖牌总数16枚，排名全省第三。组织参加首届福建民族乡村“三创促三交”（创新、创业、创造促进各民族交往、交流、交融）训练营活动，6个参评项目获创业组一等奖、“十佳人气”等奖项。

（洪婉琳）

·宗教事务·

【概况】 2023年，漳州有佛教、道教、天主教和基督教4种宗教。市级爱国宗教团体5个；县（区）级爱国宗教团体30个，其中佛教10个、道教6个、天主教4个、基督教10个。登记管理宗教活动场所494处，其中佛教234处、道教78处、天主教29处、基督教153处，有信教群众44.2万

2023年6月30日，第三十二届海峡两岸（福建东山）关帝文化旅游节开幕式在东山县举行。图为开幕式上诗歌朗诵《东山陆桥》

（李林 摄）

人。民间信仰团体3个，50平方米以上且有人管理的民间信仰宫庙约3000座，其中被确定为市级对台交流重点寺庙、宫庙78座。整理宗教典籍，出版《漳州市佛教历史资料·人物卷》。

【宗教政策宣传】 2023年8月，漳州市民宗局开展宗教政策法规学习月活动，举办漳州市宗教团体负责人学习教育培训班，近百名宗教界代表人士参加。培育宗教界法律明白人500名。开展宣传活动60余场次，发放宣传材料2000余份。指导5个全市性宗教团体分别举办政治理论和宗教政策法规学习培训班。

【民间信仰管理】 2023年，漳州市民宗局建立完善开漳圣王、关帝、妈祖民间信仰对台交流数据库。开展优美民间信仰活动场所和文明进步和谐生态（美丽）寺观教堂评选活动，相关经验做法在全省民间信仰工作现场会上做交流发言。鼓励支持宗教界开展公益慈善活动，截至2023年年底，全市宗教、民间信仰领域支持公益慈善事业850万元。

【宗教交流】 2023年，漳州市宗教界接待台湾交流团近200批次。在东山、云霄、芗城、平和、南靖等县（区）举办第三十二届海峡两岸（福建东山）关帝文化旅游节、第九届海峡两岸（福建云霄）开漳圣王文化节、“情系保重、融合两岸”保生大帝文化交流会、闽台城隍文化交流活动等。东山关帝庙、云霄开漳圣王文化祖地入选国家级海峡两岸交流基地。

（洪婉琳）

责任编辑：蔡婉玲

应急管理

·综述·

【应急预案体系建设】 2023年，漳州市形成“分类管理、分级负责、条块结合、属地为主”应急管理体制。截至2023年年底，形成总体预案、专项预案、部门预案、企业单位预案4级预案体系，市、县两级包括总体预案17个，完成修订6个；专项预案416个，完成修订286个；部门预案320个，完成修订179个。

【应急管理指挥体系建设】 2023年，漳州市应急管理局推进应急管理综合业务平台数据汇聚工作。根据“防台防汛”等工作需要，接入公安部门雪亮工程视频、海洋渔业部门“海上漳州”、住建部门远程视频监控、自然资源部门地质灾害监测系统等部门应急数据资源，与相关职能总站形成应急响应期间数据对接机制，启动应急响应时，接入各部门数据，确保应急指挥时直接查看各地各类监控资源，掌握现场情况。

【应急救援力量建设】 2023年，漳州市在全省率先出台《漳州市社会应急救援队伍补助奖励办法（试行）》《漳州市建立健全应急救援力量联调联战工作机制的实施意见》，召开漳州市社会应急救援力量建设工作座谈会，将漳州市17支社会应急救援队伍纳入系统管理。

（周瑜婧 吴宏伟）

·安全生产监督管理·

【概况】 2023年，漳州市应急管理局出台《漳州市安全生产委员会成员单位安全生产工作任务分工》，按照“谁主管谁牵头、谁为主谁牵头、谁靠近谁牵头”原则，明确各有关部门对职能交叉和新业态新风险的监管责任，未出现因灾引发的次生事故，实现汛期零死亡，森林零火灾。全年发生生产安全事故53起，死亡38人，比上年分别下降13.1%和11.6%，未发生较大及以上事故。

【安全生产监管执法】 2023年，漳州市应急管理局出台《漳州市应急管理服务型执法十二项措施》《行政处罚案件回访制度》，创新出台年度应急管理综合执法重点项目指引，明确55个具体科目，划清企业落实主体责任及危险化学品、烟花爆竹和非煤矿山、工贸等方面执法侧重点。全市抽查检查企业761家次，发现重大隐患117处，责令停产停业整顿企业6家，完成行政处罚220次，曝光违法违规企业103家，公布典型执法案例68个。

【安全生产隐患排查治理】 2023年，漳州市应急管理局出台《漳州市重大事故隐患专项排查整治2023行动总体方案》，将重大事故隐患整治工作纳入平安综治、安全生产考核巡查，实行一月一会商、一月一考核、一月一通报。开展重大事故隐患专项排查整治，全市排查重大隐患总数1950个，整改1900个，整改率97.44%；一般隐患6.3万处，整改6.19万处，整改率98.25%。

【安全生产宣传教育】 2023年，漳州市应急管理局推进福建省“五个一百”（应急避灾示范点、应急物资储备站、微型消防站、安全主题公园、安全宣传教育体验场所各达到100个）公共安全保障提升工程，确定全市9个子项目选址并做好项目申报工作。开展线上安全生产月知识有奖竞答等活动，截至2023年年底，开设专题栏目19个，张贴宣传海报、展板4118张，发放宣传手册2.2万份，其他宣传方式推广安全生产3905次，覆盖生产经营单位7070个、社区921个。

（杨彧 王冕 廖延庆）

·防灾减灾·

【概况】 2023年，漳州市因各类灾害受灾人口70.67万人，紧急避险转移人口22.89万人，紧急转移安置人口7.95万人，农作物受灾面积1.16万公顷，倒塌房屋33间，严重损坏房屋46间，一般损坏房屋579间，造成直接经济损失约26亿元。其中，住房及居民家庭财产损失4708.6万元，农林牧渔业损失18.2亿元，工矿商贸业损失6300.03万元，基础设施损失6.24亿元，公共服务损失2199.32万元，其他损失2436.03万元。无因灾死亡、因灾失踪。

2023年10月12日，漳州市减灾办联合芗城区减灾办开展国际减灾日“进社区”宣传活动。图为居民在活动现场了解防灾减灾知识

（漳州市减灾办 供图）

【防汛抗旱】 2023年，漳州市防御21场强降雨和4次台风，发布气象预警信号4282期、山洪预警182期、地灾预警139期、台风防御宣传短信2.75亿条。组织驻乡包村干部下沉一线10.22万人次，转移陆上危险区域群众22.37万人次，撤离渔船2422艘次、乡镇管理船舶2.39万艘次和渔排劳动力1.17万人次。

【自然灾害防治】 2023年，漳州市应急管理局组织召开自然灾害综合风险普查成果应用研讨会，形成全市自然灾害综合风险普查报告。召开漳州市自然灾害风险评估与区划技术报告专家验收会，对省级专家做出的自然灾害风险普查技术报告提出建议和意见。指导各地区、各成员单位抓好普查数据成果的日常应用管理工作。

（陈忻 蔡雪娇 周瑜婧）

【地质灾害排查】 2023年，漳州市查明地质灾害点282处，高陡边坡1644处，发放防灾明白卡3852张，避险明白卡6816张，补充更新警示标识牌282个。组织开展地质灾害隐患巡查、排查工作，出动专业技术人员246组，群测群防1.82万人次，累计排查隐患点1.045万处次，提前转移受地质灾害威胁群众7812人次。

（吴承钢）

·卫生应急处置·

【概况】 2023年，漳州市卫健委牵头修订《漳州市防汛抗旱防台风卫生应急预案》，制定《接待任务疫情防控及医疗卫生保障工作方案》，执行级别接待、重大会议等活动保障73场次。处置交通事故、人员坠落等各类突发事件17起，救治伤员（病人）169人。

【《漳州市防汛抗旱防台风卫生应急预案》印发】 2023年8月24日，漳州市卫健委牵头组织修订印发《漳州市防汛抗旱防台风卫生应急预案》。按暴雨、洪水、台风、干旱等灾害的严重程度和影响范围，将应急响应级别从高到低划分为I、II、III、IV四级响应分级，明确各医疗机构、疾病预防控制机构、卫健监督机构、现场指挥组职责，并明确各种保障机制，以做好暴雨、洪水、台风、干旱等灾害及其引发的次生衍生灾害可能造成的公众健康危害的预防和卫生应急处置工作。

【化学中毒卫生应急处置综合演练】 2023年10月23—25日，漳州市卫健委联合市地震局、市消防救援支队等部门在东南花都举办“健康使命－2023”漳州市化学中毒卫生应急处置综合演练。漳州市医院、市中医院、市疾控中心、市急救中心和市第四医院及各县（区）卫生应急队伍326名队员参演。

2023年10月25日，漳州市卫健委与市地震局等在东南花都组织开展“健康使命—2023”漳州市化学中毒卫生应急处置综合演练。图为演练现场

（漳州市卫健委 供图）

（潘丹丹）

·消防救援·

【概况】 2023年，漳州市消防救援支队接警出动4607起，抢救疏散被困人员488人，抢救保护财产价值近2.3亿元。

【消防组织】 2023年，漳州市消防救援支队提请漳州市政府成立119应急救援联动办公室，运行应急救援力量联调联战工作机制，成立全国首支消防主管的公益捕蜂队。《漳州市社会应急救援队伍补助奖励办法（试行）》被福建省应急管理厅发文推广。

【消防执法】 2023年，漳州市消防救援支队开展消防安全重大风险隐患专项排查整治行动，检查单位1.54万家次，督改隐患1.16万处，责令“三停”（停止施工、停止使用、停产停业）169家，临时查封148家，行政处罚943家，罚款822.05万元，挂牌督办重大（区域性、行业性）火灾隐患单位84家。提请漳州市委市政府将全市6.8万户低收入群体居住环境消防安全提升工程纳入为民办实事项目，推动11个县（区）政府落实消防执法赋权，115个乡镇（街道）办理行政处罚案件965起。提请市政府

2023年4月13日，漳州市消防救援支队开展城市地下综合管廊应急处置实战拉动演练和桌面推演。图为演练现场 （郑伟帅 摄）

出台《漳州市火灾事故调查处理规定》，开展火灾延伸调查，对30名公职人员进行问责处理。

【消防演练】 2023年，漳州市消防救援支队调整力量编配14个中心站，推动国家危险化学品应急救援古雷队建设。完善基地化、专业化训练体系，建成LNG（液化天然气）、LPG（液化石油气）、CNG（压缩天然气）三类槽罐车灭火救援及地下有限空间两个省级实战化教学点，支队综合训练基地挂牌进驻，支队危险化学品救援综合训练基地被命名为福建省应急救援培训基地。自主研发建设全市统一的联勤联调可视化指挥调度平台，成立全省首个消防无人应用专勤站。

【森林防灭火】 2023年，漳州市开展森林火灾隐患排查整治和打击林区违法用火行为专项行动，排查隐患210个，整治210个，整改率100%；查处、制止野外违规用火127起。组织森林防灭火督导服务8次，下发整改提示函（通报）3份，督促整改存在突出问题10个。组织春季和秋冬季森林防灭火宣传月活动。批准野外用火200起，发布高森林火险预警信号4次、发布禁火令2次，核查国家卫星林火热点18个（均为非火灾）。全市发生森林火灾1起，受害森林面积11.33公顷，火灾起数和受害森林面积保持低位运行，未发生重特大森林火灾和人员伤亡事故。

【消防宣传】 2023年，漳州市消防救援支队牵头4所高校成立消防志愿联盟，探索建立高校消防学分制、志愿者挂钩村（居）机制，推进全生命周期消防安全宣传教育培训，举办全市行业系统消防安全管理授课、基层宣导员消防宣传比武竞赛，创新推出漳州特色瓜果系列消防宣传形象，曝光各类火灾隐患单位125家。

（叶贵宏）

责任编辑：杨少毅

县区概览

·芗城区·

【概况】 芗城区位于漳州市西北部。2023年辖2个镇、8个街道、1个开发区。辖区面积264.59平方千米。年末户籍人口50.59万人，自然增长率-7.49‰。常住人口64.36万人。

【经济社会发展】 2023年，芗城区生产总值872.78亿元，比上年增长7.3%。其中：第一产业增加值11.13亿元，比上年增长2.8%；第二产业增加值347.6亿元，比上年增长7.9%；第三产业增加值514.05亿元，比上年增长6.9%。规模以上工业总产值752.38亿元，比上年增长1.3%。农林牧渔业总产值20.48亿元，比上年增长3.01%。固定资产投资260.91亿元，比上年增长8.12%。社会消费品零售总额331.62亿元，比上年增长5.9%。外贸出口额74.59亿元，比上年增长8.15%；实际使用外资完成1695万美元。一般公共预算总收入36.98亿元，比上年增长11.1%，其中地方一般公共预算收入22.48亿元，比上年增长11.3%。规模以上工业增加值比上年增长1%。

【重点项目】 2023年，芗城区新签约项目103个，总投资227.1亿元，其中10亿元以上项目6个；民翔半导体存储、闽西南新能源产业生态云谷、科华高端电能变换装备产业园等项目签约落户。71个市级以上重点项目完成投资288亿元，海量消防设备生产、辉源金属制品深加工等39个产业项目开工建设，三宝1780毫米热轧特殊钢卷板生产线、万利达生活电器厂房扩建等13个项目竣工投产。全年完成土地报批面积68.53公顷，新增土地供应面积111公顷，处置批而未供用地面积70.33公顷，清理盘活闲置土地面积18.8公顷。争取省级以上资金超7亿元、政府专项债券资金16.55亿元。

【城乡建设】 2023年，芗城区实施81个城建项目，改造老旧小区67个，新建口袋公园10个、绿道10千米，提升北环城路、厦门路、丹霞路，百里弦歌片区、龙溪遗址公园建成开放，西湖生态园开园。纠治占道经营、占道施工等违规行为2.2万余起，查处车辆违停16万起，处置"两违"（违法用地和违法建设）面积43万平方米。新建垃圾分类亭50座。推进城乡供水一体化项目建设，铺设管网150千米；新改建农村公路8千米，通过省级"四好农村道路"（把农村公路建好、管好、护好、运营好）示范区验收，整治裸房1317栋。浦南镇双溪村入选省级美丽宜居村庄培育对象。

【社会事业】 2023年，芗城区推进教育项目建设23个，西桥中心小学、巷口中心小学等15个项目竣工，新增学位9630个。创新“轻盈餐厅”课后服务模式，入选全省第七批落实“双减”工作典型案例。实施医疗卫生项目15个，芗城区获评“全国医养结合示范区”。推动漳州市人民医院与福建医科大学附属第一医院成立医疗健康联合体。

【社会民生】 2023年，芗城区超八成财政支出投入民生领域，完成31件为民办实事项目。审核配租公租房2294套，推进配售限价房342套。新增就业人数8253人，失业再就业3177人，发放就业创业补贴2141万元。实施“万才聚漳”行动计划，搭建跨省劳务协作平台。为2989名困难群众代缴基本养老保险，发放各类救助保障资金4255万元。芗城区军粮仓储物流中心投入使用。

【生态文明建设】 2023年，芗城区推进“蓝天、碧水、净土”三大工程，全区空气优良率98%、比上年改善3%。九龙江流域（芗城段）山水林田湖草沙一体化保护和修复工程竣工投用。推进西区污水处理厂三期扩建，完成省级开发区“污水零直排”任务，地表水国控、省控断面水质均值达标。加强饮用水水源地管理，水质达标率100%。在全市范围内率先完成南美白对虾“兑淡”养殖专项整治，完成16个村庄污水治理验收任务。

【西湖生态园开园】 2023年1月5日，漳州西湖生态园开园。漳州西湖生态园位于芗城区西部，利用沿九龙江近4千米的江岸线自然落差建设面积100公顷的水体公园。项目建设主要实施清淤疏浚、湖体建设、公园建设、景观绿化、生态补水、生态护岸、基础配套设施等。

2023年1月5日，西湖生态园开园。图为西湖生态园全景

（郑文典 摄）

【漳州市望湖小学投入使用】

2023年8月31日，漳州市望湖小学投入使用。该学校占地面积3.39公顷，投资2.55亿元，建有行政综合楼1栋、教学综合楼3栋，可容纳学生1620名。配备音乐教室、舞蹈教室、阅览室、劳动技术教室、室内体育馆以及可容纳1000多人就餐的食堂。

（许舒琪 蔡昕妤）

·龙文区·

【概况】 龙文区位于漳州市中部。2023年辖1个镇、5个街道、1个省级经济开发区。辖区面积126平方千米。年末户籍人口22.52万人，常住人口30.76万人。人口自然增长率1.05‰。

【经济社会发展】 2023年，龙文区生产总值454.65亿元，比上年增长6.6%。其中，第一产业增加值4.96亿元，比上年增长6.1%；第二产业增加值167.82亿元，比上年增长5.6%；第三产业增加值 281.87亿元，比上年增长7.1%。人均地区生产总值148023元，比上年增长6.3%。规模以上工业总产值293.55亿元，比上年增长5%。农林牧渔业总产值8.51亿元，比上年增长6.3%。固定资产投资271.71亿元，比上年增长6.1%。社会消费品零售总额276.18亿元，比上年增长9.4%。外贸出口额61.22亿元，比上年增长0.01%；实际利用外资304万美元，比上年下降83.67%。一般公共预算总收入21.35亿元，比上年下降2.1%；其中地方一般公共预算收入14.29亿元，比上年下降11.2%。城镇居民人均可支配收入55642元，比上年增长4.9%；农村居民人均可支配收入29884元，比上年增长7.8%。

2023年2月14日，国家级非物质文化遗产“打铁花”在闽南水乡上演 （龙文区融媒体中心 供图）

【重点项目】 2023年，龙文区签约产业项目119个，总投资126.11亿元，其中签约总投资10亿元以上的项目2个。集中开竣工项目135个，总投资386.3亿元；推进科技产业园、恒丽智能产业园、漳州工业互联网产业园、裕廊高端智能制造产业港、盈科智谷产业园建设，签约企业22家。石英钟表产业集群入选国家中小企业特色产业集群，获评漳州市“突出工业、突破工业”十件大事。恒丽钟表工业园获评“2023年国家工业旅游示范基地”，天辰纸品包装入选“2023中国印刷包装企业100强”。

【城乡建设】 2023年，龙文区新开工城建领域重点项目24个，总投资125.2亿元。实施城乡品质提升项目138个，完成投资55.18亿元。加快建元、东屿、上美湖新社、九十九湾四季花海开发建设。完成17条道路、10个路口、26个渠化岛改造和7条背街小巷整治，新增改造道路12.26千米、停车泊位301个。新增吾悦广场、特房T・ONE等城市综合体、商业街区，晟育投资入选“2023中国服务业企业500强”。启动第一期涉及36个小区城市更新及老旧小区改造项目；福隆社区入选全国“完整社区”建设试点社区。

【社会事业】 2023年，龙文区建成投用龙溪学校、通源学校2所九年一贯制学校，龙文区第一幼儿园文昌府园区等3所小区配套幼儿园竣工并交付使用，新增学位7710个。新增智慧体育公园、社区多功能运动场、公共游泳池各1处，健全“15分钟健身圈”。举办首届“花朝节”、“打铁花”非遗表演等活动，建设“光明书吧”6个，漳州市恒丽电子有限公司获评2023年度“福建省文化企业十强”，《昨天的故事》等3件作品入选“第五届全国中国画展览”。

【社会民生】 2023年，龙文区民生支出17.74亿元，比上年增长14.97%；38个为民办实事项目完成投资19.53亿元。全年城镇新增就业7517人，失业再就业2250人，城镇登记失业率低于全年控制目标。全区城乡居民社会养老保险基金支出6038.2万元；城乡居民社会养老保险基础养老金由155元/月提高至165元/月；城乡居民社会养老保险参保人数7.62万人，困难群体社保帮扶代缴1455人，代缴完成率100%，为困难群体减免社保费29.1万元；发放社会救助资金

2060.69万元，救助4276人次。新增示范性长者食堂1个、城市餐厅2个、社区居家养老服务站4个。建设棚户区改造项目5个，套数3500套；建成投用长福片区等安置小区5个，套数5814套；完成荣兴小区、永兴小区2个项目2109户的安置房不动产权登记。新增省级营养健康食堂（餐厅）4个，景山街道社区卫生服务中心通过国家“优质服务基层行”推荐标准验收和社区医院建设标准验收。

【生态文明建设】 2023年，龙文区恢复耕地面积34.47公顷、永久基本农田补划面积14.6公顷，耕地保护工作排名全市第一。新配套口袋公园8处，完成九龙江流域山水林田湖草沙一体化保护和修复工程。开展市容环境提升、生活垃圾分类等专项行动，创评一批美丽街区、美丽社区、美丽乡村。

【乡村振兴】 2023年，龙文区依托海峡物流城、“供销e家”等平台，提升汐浦猴照山甜茶、郭坑树葡萄等特色农产品品牌，扩大恒坑果苗直播基地。加快4个现代农业项目、25个乡村振兴“十镇百村”试点示范项目建设。郭坑镇口社村获评“第三批全国乡村治理示范村”，大闽食品等5家企业入选“首届福建省农业产业化龙头企业100强”名单，郭坑镇2个家庭农场获评2023年“福建省休闲农业示范点”。

【郭坑镇文明乡风做法入选全国典型】 2023年，龙文区郭坑镇探索打造“百姓大舞台、全民村TV”品牌，举办“村TV”18场，参与群众2万余人次。“全民‘村TV’让文明乡风遍地开花”入选农业农村部第四批全国“文明乡风建设”典型案例。

【第十五届海峡两岸中华武术大家练活动在龙文举行】 2023年10月8日，第十五届海峡两岸（福建·龙文）中华武术大家练活动在龙文区吾悦广场举行。活动以“情系两岸 武会龙文”为主题，台湾、漳州300名武术爱好者表演精品传统武术节目，获中央电视台、中国新闻网、人民网、中国经济网等媒体报道。

（陈建杉　林珺　杨伟强）

·龙海区·

【概况】 龙海区位于漳州市东部。2023年辖8个镇、1个街道、2个乡、1个场。辖区面积979平方千米。年末户籍人口59万人，常住人口53万人。人口自然增长率2.8‰。

【经济社会发展】 2023年，龙海区生产总值632.88亿元，比上年增长5.3%。其中，第一产业增加值63.82亿元，比上年增长6.4%；第二产业增加值337.35亿元，比上年增长4.3%；第三产业增加值231.71亿元，比上年增长6.6%。规模以上工业总产值578.87亿元，比上年增长5.0%。农林牧渔业总产值121.37亿元，比上年增长6.5%。固定资产投资163.08亿元，比上年增长10.3%。社会消费品零售总额201.83亿元，比上年增长9.5%。外贸出口额30.86亿元，比上年降低1.41%。实际利用外资869万美元，比上年增长231.68%。一般公共预算总收入31.77亿元，比上年增长34.5%；其中地方一般公共预算收入22.17亿元，比上年增长11.7%。规模以上工业增加值比上年增长4.7%。

【重点项目】 2023年，龙海区签约项目（含省市重点项目）94个，总投资702.92亿元，年度完成投资222.87亿元。12个省级重点项目完成投资45.79亿元，占比124.92%。新增入库项目170个，完成投资252.03亿元。召开“拢来龙海·给你精彩”招商推介会5场，签约项目116个，总投资365亿元，国药弘域智谷产业园、糖巢零食等项目落地。落实项目前期资金超3亿元，向上争取专项债12.29亿元、增发国债1211万元、专项补助资金超10亿元。推进海新肉食品等29个项目实现交地即交证、拿地即开工、竣工即投产。

【城乡建设】 2023年，龙海区实施城市建设品质提升项目80个，完成投资54.4亿元，老旧小区改造超5300户，沿街外立面改造超3万平方米。智慧停车项目、智慧路灯管理系统投用，完成口袋公园改造4处。锦江大道三期、南溪大道基本完工，省道219线雩林至翠林段提升改造工程主线贯通。实施乡村振兴“十镇百村”试点三年行动，谋划78个项目，年度计划投资额1.53亿元；全区165个行政村全部实现年经营性收入10万元以上。推进17个省级乡村振兴试点示范村建设，东园镇和白水村等5个村分别被评为省级乡村振兴示范乡镇和示范村。完成“两违”处置面积76万平方米。

【社会事业】 2023年，龙海区实施文旅体项目2个，总投资2.89亿元。漳州市第二医院急诊内科综合楼工程完成主体施工，海澄卫生院新院区建成投用。举办第二届“鹭凯”杯福建漳州汽车场地越野挑战赛、福建省青少年建筑模型锦标赛暨“共筑家园”全国青少年建筑模型教育竞赛（福建省）选拔赛等；举办全民健身活动26场，投资132.3万元。成立奖教助学促进会，筹集教育发展基金超7000万元，落实奖教助学资金800万元。实施教育补短板项目，总建设面积5.1万平方米，总投资2.9亿元，新增学位4830个。

2023年9月30日，龙海区西溪水闸除险加固一期工程完成施工并投入使用。图为西溪水闸鸟瞰图 （黄伟鹏 摄）

【社会民生】 2023年，龙海区民生支出占一般公共预算支出80%以上，完成为民办实事项目36个，全年民生支出超31亿元。梳理民生领域6大类12个问题，推动浯屿岛供水陆上工程基本完工，东泗供水管网改造部分村庄实现通水，省级重点水利项目西溪水闸除险加固工程合拢，悦港康桥项目实现交房、闽南院子复工，完成保交楼任务3545套。新增城镇就业3300人，落实各类困难群众救助资金9000万元。

【生态文明建设】 2023年，龙海区策划实施水环境治理项目16个，总投资53.74亿元；除治互花米草面积167.47公顷，修复种植红树林面积44.8公顷，治理水土流失面积超666.67公顷；实施森林质量提升工程，完成造林化面积726.53公顷、森林抚育面积1424.53公顷、封山育林面积438公顷。全面清退海上超规划养殖。县级集中式饮用水水源、九龙江河口、南溪浮宫桥国控断面水质达标。全区重点建设用地安全利用率100%。推进农村生活污水收集处理PPP（政府和社会资本合作模式）项目，南溪流域沿线乡镇设置沉淀池741口、面积151.3公顷。做好第三轮中央生态环保督察交办信访件办理，制定《漳州市龙海区2023年生态环境保护攻坚考评方案》。空气质量排名比上年上升4个位次，空气优良率、扬尘指标均达到考核目标，国控断面九龙江河口、南溪浮宫桥水质均值均为Ⅲ类，小流域汤溪2个断面水质均值均为Ⅳ类，达到考核目标，各级饮用水水源水质达标率100%。

【弘扬“龙江风格”60周年系列活动举行】 2023年6月21日，龙海区在龙江文化生态园举行弘扬“龙江风格”60周年系列活动启动仪式，活动以“龙江风格谱新曲，扬帆龙海振雄风”为主题，举行纪录片《国家记忆》之《龙江颂歌》纪录片开机仪式、“龙江风格”传承研究会授牌、“龙江风格爱国主义教育研学基地”项目奠基、举行《追寻龙江风格历史轨迹》赠书仪式。弘扬“龙江风格”60周年理论成果交流会。年内，“龙江风格”展示馆被列为省级社科基地。

【石码撤镇设街道仪式举行】

2023年9月3日，龙海区石码街道举行撤镇设街道揭牌仪式。石码街道办事处所辖行政区域及驻地与原石码镇所辖行政区域及驻地相同，石码街道辖区面积5.26平方千米，下辖16个社区和4个村，人口7.01万人。

【“零碳”产业园招商推介会】

2023年11月6日，龙海“零碳”产业园招商推介会暨项目集中签约仪式举行，集中签约项目12个，总投资123.75亿元，项目涵盖零碳深冷产业园、深海装备养殖、冷能梯次利用、食品加工等产业领域，其中投资30亿元项目2个。

（洪志锋）

·长泰区·

【概况】 长泰区位于漳州市东北部。2023年辖4个镇、1个乡、1个开发区、1个旅游区、2个办事处。土地面积900平方千米。年末户籍人口20.94万人，常住人口26.78万人，人口自然增长率-1.56‰。

【经济社会发展】 2023年，长泰区生产总值406亿元，比上年增长5.2%。其中，第一产业增加值22.8亿元，比上年增长5.6%；第二产业增加值270.3亿元，比上年增长4.9%，其中工业增加值201.5亿元，比上年增长3.1%；第三产业增加值112.9亿元，比上年增长5.6%。三大主导产业实现产值440亿元、创税10.8亿元，对规模工业贡献率分别达88%、89%。新增新上规模工业企业51家，工业投资52.2亿元，比上年增长7%。规模以上工业总产值497.9亿元，比上年增长3.6%。农林牧渔业总产值45.1亿元，比上年增长5.7%。固定资产投资115.9亿元，增长4.3%。社会消费品零售总额113.1亿元，比上年增长7.3%。一般公共预算总收入27.85亿元，比上年增长18.1%，地方一般公共预算收入18.6亿元，比上年增长13.1%；农林牧渔业总产值增长4.5%；社会消费品零售总额增长7%；城镇居民人均可支配收入50733元，比上年增长4.8%；农村居民人均可支配收入29108元，比上年增长7%。

【重点项目】 2023年，长泰区新签约项目66个，总投资188.3亿元。培育省级中小企业特色产业集群——新型电子元器件产业集群。年内，电子信息、智能制造、新材料三大主导产业实现产值437.3亿元，占规模工业产值的87.8%。新增规模以上工业企业51家，工业亩均税收增长11.8%，长泰经济开发区通过省级高新区专家评审。联十一线A段全线开工、B段启动建设，后坊隧道贯通。第二水源地湖珠水库被列入国家“十四五”中型水库规划。160个区级重点项目中，鸿星尔克智慧物流产业园等80个项目投入使用，锐腾继电器配件等42个项目当年开工、当年建成，金嘉华等81个项目开工，开发启用长泰智慧项目管理平台。争取上级资金10亿元，保障岩溪工业集中区等基础设施资金需求。政银企对接会达成融资意向30.78亿元、落实率81.2%。全区土地征收面积172.27顷、报批面积106.67公顷，林地报批面积71.2公顷、供地面积124.73公顷，保障61个项目用地需求。

【城乡建设】 2023年，长泰区召开城市建设发展大会，策划城建项目46个，推进后庵片区城市更新项目，启动历史街区建设。泰景园、玉锦园、广荣花园3个老旧小区完成改造，打造碧桂园文澜府西侧公园6个口袋公园。文体中心商户签约率100%、入驻率96%，举办“全闽乐购·畅享长泰”音乐美食节等活动，获评全国首批县域商业领跑县，8个项目获县域商业体系奖补资金千万余元。实施乡村振兴大走访三年行动，举办“村书记大讲堂”，跨村联建，设立联村党委16个。“十镇百村”项目建设完成投资7916万元。林溪村入选全国乡村治理示范村。

【社会事业】 2023年，长泰区被列入省级基础教育综合改革实验区。年内，建成投用4所幼儿园，新增学位1530个。松霖家居等3个健康项目入选全国优秀实践案例。区医院新建工程主体封顶，中医院二期竣工。文化馆、博物馆完成搬迁，图书馆获评全国县级以上一级公共图书馆，龙人古琴研究院获批国家级海峡两岸交流基地。出版《长泰历代文献辑刊》《千年古邑话长泰》等书籍。举办全国乡村气排球公开赛，长泰队获男中、男青、女青三个组别冠军。

【社会民生】 2023年，长泰区民生支出占财政支出80%，15件27项为民办实事项目完成投资11.68亿元，马洋溪中心幼儿园、龙津溪水环境提升工程（一期）等项目竣工投入使用，新建改造农村公路57.14千米。征集群众“金点子”231条，完成143条。城镇新增就业4716人，大学生就业创业700余人。启动实施“爱满龙津”救助帮扶解困活动，受益人群7.44万人次。区公墓、残疾人康复服务中心开工建设，社会福利中心投入使用，人和社区获评全国老年友好型社区。设立“老中医”调解专家库、和事佬调解法律服务中心，开展信访“治重化积”工作，获评全国信访工作示范区。启动实施“市县主战、派出所主防”警务机制改革。

【生态文明建设】 2023年，长泰区推进开发区智慧管网等24个水环境治理项目，完成投资3.77亿元，探索工业污水“一图两端三监管”体系，国控洛滨断面均值达标并创5年来最高水平。启动实施大气污染治理预报预警机制，空气质量创2016年有监测记录以来最好。新增造林面积601.33公顷、森林抚育面积1566.67公顷，获评国家水土保持示范县。吴田山废弃矿山完成面积25.6公顷示范区生态修复。

2023年11月25日，首届中国·长泰乡村气排球公开赛在长泰区文体中心体育场举行。图为开幕式现场 （李林 摄）

【长泰区学前教育普及普惠工作接受全国评估验收】 2023年12月13—15日，长泰区代表福建省接受国家督导评估组一行县域学前教育普及普惠实地核查。年内，新建11所公办园、新增学位3690个；推动全区学前教育普惠性占比100%、公办园幼儿占比70.7%，各项指标达到或超过国家标准。

【长泰区承办2023年中国·长泰乡村气排球公开赛】 2023年11月25—27日，长泰区承办2023年中国·长泰乡村气排球公开赛，该公开赛为全国首个“村气排”，来自北京、浙江、广东等地的101支代表队910人参赛，配套举办“花样漳州”嘉年华活动。线上线下观看人数超3000万人次，抖音主话题“长泰乡村气排”播放量突破8900万人次。

（李　文）

·漳浦县·

【概况】 漳浦县位于漳州市东南部。2023年辖13个镇4个乡。土地面积2148.84平方千米。年末全县（含古雷）户籍人口94.25万人，常住人口85.25万人。人口自然增长率1.32‰。

【经济社会发展】 2023年，漳浦县（不含古雷开发区，下同）实现地区生产总值500.27亿元，比上年增长6.6%。其中，第一产业增加值80.86亿元，比上年增长4.4%；第二产业增加值164.52亿元，比上年增长8.4%；第三产业增加值254.89亿元，比上年增长6.0%。三次产业比例为16.2∶32.9∶50.9。工业增加值129.48亿元，比上年增长9.1%；建筑业增加值35.20亿元，比上年增长5.2%；农林牧渔业总产值150.63亿元，比上年增长4.6%；固定资产投资157.90亿元，比上年增长16.6%，其中房地产投资16.77亿元，比上年下降39.6%，工业投资103.02亿元，比上年增长39.9%。全年社会消费品零售总额230.51亿元，比上年增长10.1%。

【重点项目】 2023年，漳浦县110个重点项目完成投资208.2亿元，华煜城汽配、国嘉防火门等市级以上重点项目开工，天福医院、万辰金针菇等市级以上重点项目投入使用。联盛项目一期项目基本建成。策划生成项目350个，总投资510.8亿元，新策划项目转化率98.3%。全年新增入库项目308个，总投资额333.4亿元。

【城乡建设】 2023年，漳浦县出台县城中心区风貌管控规定，县城区房屋征收扫尾工作推进，打通金鹿南路等4条断头路。发展乡村特色产业，入选国家级现代农业产业园、国家乡村振兴示范县。消除黑臭水体192条。实施水利高质量发展三年行动和公路建设高质量发展五年计划，朝阳水库复工重启，港城大道延伸段、沈海高速万安出入口项目开工，国道外甩项目建设用地获国务院批复。

【社会事业】 2023年，漳浦县推动深土卫生院等基层卫生院迁改扩建项目和职校新校区等教育项目建成投入使用，漳浦一中高考本科上线率保持在98%以上。县医院获评省级区域医疗中心，绥安卫生服务中心、官浔卫生院创建全国“社区医院”。

【社会民生】 2023年，漳浦县承接市委、市政府为民办实事项目32项，投资8.18亿元；推进县委县政府七大领域18项为民办实事项目，完成投资9.29亿元。提升改造三星级农村幸福院21所，建成社区长者食堂4个和村级公益性生命公园6个。

【生态文明建设】 2023年，漳浦县制定出台《漳浦县海洋生态环境保护突出问题立行立改工作方案》，推动中央生态环境保护督察通报问题整改。推进鹿溪流域4条支流村庄污水改造工程，完成大南坂工业园污水处理厂、绥东溪污水处理站建设。加强大气污染防治，全年空气优良天数比例99.2%。落实耕地保护和粮食安全党政同责，省储备粮管理直属库、县粮食储备库开工。推动整改耕地图斑900宗、面积59.71公顷，完成补充耕地83.07公顷、恢复整治面积193.33公顷，建成高标准农田面积1.87公顷。

【文旅产业发展】 2023年，漳浦县举办“第八届中国漳浦·乌石荔枝文化节”等专场活动，深六线“白改黑”、火山岛旅游连接线改造等旅游景区道路提升项目投入使用。全年接待旅客952万人次，实现旅游收入124.6亿元，分别比上年增长58.5%、67.6%。

【营商环境】 2023年，漳浦县出台《漳浦县进一步促进民营经济高质量发展实施意见》等政策措施，开展“百名干部挂百企”挂钩帮扶机制。开展历史遗留问题化解专项行动，排查台企、民营企业、民生、自然资源4个领域119项历史问题，化解53项。

【漳浦剪纸在中央电视台戏曲频道演出】 2023年1月25日，漳浦县剪纸艺人高少萍、黄丽蓉、魏琴、陈敏蓉在中央电视台戏曲频道《一鸣惊人》栏目春节特辑——《春风里中国年》节目演出漳浦剪纸。高少萍带领3位剪纸艺人剪出《福满乾坤》《喜上眉梢》《金玉满堂》《一起向未来》等作品。演出结束后，高少萍等剪纸艺人携漳浦剪纸用闽南语“爱拼才会赢”向全国电视观众拜年。

2023年1月25日，漳浦县剪纸艺人高少萍、黄丽蓉、魏琴、陈敏蓉在中央电视台戏曲频道《一鸣惊人》栏目春节特辑——《春风里中国年》节目表演

（漳浦县剪纸协会 供图）

【芗剧《一代相国蔡新》在厦门市演出】 2023年7月16日，漳浦县新时代廉洁文化题材——芗剧《一代相国蔡新》在厦门市闽南戏曲艺术中心演出。芗剧《一代相国蔡新》讲述蔡新纠正乾隆晚年所施行的“议罪银”弊政、整肃官场风气、减轻百姓负担等历史事件。此剧入选国家艺术基金资助项目、全国第36届“田汉”戏剧奖剧本一等奖、第28届福建省戏剧会演剧本征文一等奖、福建省舞台艺术精品工程重点剧目等奖项。

（陈瑜玲）

·云霄县·

【概况】 云霄县位于漳州市南部。2023年辖6个镇、3个乡、1个经济开发区，县域面积1020.03平方千米（不含常山）。年末户籍人口46.36万人（含常山），常住人口约41.33万人（含常山）。人口自然增长率-0.33‰。

【经济社会发展】 2023年，云霄县地区生产总值262.24亿元，比上年增长6.5 %。其中，第一产业增加值60.08亿元，比上年增长5.4%；第二产业增加值90.41亿元，比上年增长10.1%；工业增加值58.16亿元，比上年增长5.7%，规模以上工业增加值比上年增长6.5%；第三产业增加值111.75亿元，比上年增长4.0%。规模以上工业总产值95.17亿元，比上年增长6.8%。农林牧渔业总产值105.64亿元，比上年增长5.6 %。固定资产投资162.92亿元，比上年增长13.3%。社会消费品零售总额123.98亿元，比上年增长8.1%。实际利用外资418万美元，完成率27.9%。一般公共预算总收入14.14亿元，比上年增长16.9%。其中地方一般公共预算收入10.45亿元，比上年增长14.4%。

【重点项目】 2023年，云霄县核电用海、抽蓄用地获国务院批准，抽水蓄能电站完成征迁面积372公顷，陈岱5万千瓦渔光互补项目实现并网发电，中核汇能列屿光伏项目、浙能东厦光伏项目获115万千瓦光伏指标。

【城乡建设】 2023年，云霄县投入36亿元，实施91个城市建设品质提升项目，莆下（一期）实现交房，下港闽南水乡、01地块安置房完成选房，南湖印、云锦里等住宅建成，将军大道以西、滨北、南湖三大片区业态落地。滨北路全线贯通，演武亭小区北侧道路、溪云路南段、人和路等建成通车，农商城配套道路、环湖路、山美路相继启动建设改造。实施智慧交通管理（一期）项目，推进城乡供水一体化工程，第二污水处理厂竣工。

【社会事业】 2023年，云霄县实施教育补短板项目8个，创建省级义务教育管理标准化学校5所。新增2家名医工作室，新县医院进入装修扫尾，新中医院启动征迁，和平乡获评国家级卫生乡镇。开漳圣王文化祖地获批国家级“海峡两岸交流基地”，向东渠纪录片在中央电视台《国家记忆》栏目播放，举办文体惠民、全民健身等活动110场。

2023年8月29日，云霄县陈岱镇5万千瓦渔光互补项目实现并网发电
（林应涛 摄）

【社会民生】 2023年，云霄县民生支出23.08亿元，占全县一般公共预算支出的79.37%。渡头嘉园、尚都花园等17个项目3081户具备登记办证条件。新增城镇就业1535人，城镇登记失业率稳控在4%以内。改造提升全县7961户低收入群体居住场所消防安全，发放各类救助金7800万元，低保、特困供养、临时救助平均标准及范围均比上年增长3%以上。新增普惠性托位80个，改造幸福院7所，4所长者食堂投入使用，9所乡镇敬老院全部完成公建民营改革，龙镜村被评为全国示范性老年友好型社区。30个村级生命公园开工建设。

【生态文明建设】 2023年，云霄县两轮中央生态环保督察反馈24项问题整改完成，第三轮中督19件信访件实现整改。完成东升埭海堤加固，实施漳江水闸中型灌区续建改造工程，漳江山水工程入选国家生态文明试验区补助项目。整治违规生猪养殖240家、牛蛙养殖163场。城区向北溪—五板桥段消除重度黑臭，阳下港等9条黑臭水体完成治理，173座农村生活污水处理站投入使用。

新建生态水系22千米，造林绿化面积800.47公顷、森林抚育面积1950公顷、推广沉香等珍贵树种面积1.33万公顷，实现松材线虫病疫区“摘帽”，水土流失率降至10%以下。全县地表水国省控断面I－III类水质比例100%，城市空气质量优良率99.7%。

【云霄枇杷文化节开幕】 2023年3月10日，“漫步云霄 乐悠和平”2023年云霄枇杷文化节在和平乡棪树村启动，现场集中签约项目17个，涵盖农产品产供销大数据平台建设、枇杷系列产品触网销售、红色文旅、青少年研学基地共建等项目。

【向东渠主题纪录片在《国家记忆》播出】 2023年11月9—10日，向东渠主题纪录片《一渠清水向东流》在中央电视台中文国际频道《国家记忆》栏目播出，讲述云霄县、东山县5万多位建设者劈岩凿壁、移山填壑、拦河截流、架槽铺管，耗时2年半建成全长85.81千米的生命之渠，解决两县百姓千百年来的工农业和生活用水难题的故事。

（吴若阳）

·诏安县·

2023年10月9日，诏安文化艺术中心投入使用。图为诏安文化艺术中心

（诏安县融媒体中心 供图）

【概况】 诏安县位于漳州市最南端。2023年辖10个镇5个乡1个省级工业园区，217个行政村、36个社区。辖区面积1916.84平方千米。年末户籍人口67.74万人，常住人口55.17万人。人口自然增长率-0.02‰。

【经济社会发展】 2023年，诏安县地区生产总值356.32亿元，比上年增长5.4%。其中：第一产业增加值63.47亿元，比上年增长5%；第二产业增加值165.59亿元，比上年增长5.2%，其中工业增加值142.23亿元，比上年增长4.1%；第三产业增加值127.26亿元，比上年增长5.7%。人均地区生产总值64411元，比上年增长6.2%。规模以上工业总产值298.62亿元，比上年增长5.6%。农林牧渔业总产值117.19亿元，比上年增长5.1%。固定资产投资69.06亿元，比上年增长9.9%。社会消费品零售总额129.77亿元，比上年增长10.1%。外贸出口额57.44万元，比上年增长20.18%。实际利用外资2429万美元，比上年增长80.46%。一般公共预算总收入12.05亿元，比上年增长44.5%；其中地方一般公共预算收入8.03亿元，比上年增长37.3%。规模以上工业增加值比上年增长5.3%。

【重点项目】 2023年，诏安县229个县级以上重点项目完成投资196.86亿元。实施“诏商回归”工程，围绕冶金新材料、装备制造等产业，签约项目87个，计划总投资169.45亿元。推动进境肉（种）牛隔离场和南方肉牛集散中心规划建设。完成6个成片开发方案报批，处置批而未供土地面积70.7公顷，获批新增专项债券项目3个，额度1.45亿元，获首批增发国债资金1.33亿元。

【城乡建设】 2023年，诏安县实施“大城关”战略，规划城市空间布局，完成县级国土空间总体规划编制。推进61个城市建设品质提升项目，诏安大酒店、文化艺术中心投入使用，开展漳汕高铁诏安南站主线工程征迁，新旧城区主干道东墘路、南侨东路完工，2个城市“口袋公园”和城内、中山公园等3个公共停车场投入使用。开展“城管进社区”等城市综合管理行动。

【社会事业】 2023年，诏安县开展教育项目历史遗留问题攻坚扫尾，江滨教育综合体项目动工，诏安一中晋升福建省一级达标高中学校。与中国初级卫生保健基金会签订战略合作协议，霞葛中心卫生院通过省级“社区医院”评审。实施“一季一现场、一月一拉练、一周一活动”的文明实践常态化工作机制，县新时代文明实践中心入选“2023—2024年度全国维护青少年权益岗创建单位”。

【社会民生】 2023年，诏安县民生相关支出占财政支出比重81%，68个省市县为民办实事项目完成投资7.6亿元。年内，做好高校毕业生、退役军人等重点人群就业帮扶，城镇登记失业人员再就业率64.97%，居民人均储蓄存款余额比上年增长11.71%。发放各类低保、特困人员救助金9380.1万元、残疾人补贴2185.7万元。

【生态文明建设】 2023年，诏安县支持配合第三轮中央生态环境保护督察，做好典型案例通报问题和交办信访件查改工作。推进农村黑臭水体治理试点工程、农村生活污水治理一体化等项目建设，关停牛蛙等违规“四场”养殖226家，诏安湾水质综合评价由IV类提升至I类，空气优良率99.7%。创建省级乡村振兴示范乡镇1个、示范村11个，14户庭院获评省美丽乡村庭院之星。

【中菲经贸创新发展示范园区诏安片区建设】 2023年，诏安县编制完成中菲经贸创新发展示范园区诏安片区产业发展总体规划、空间概念规划，策划对接39个总投资超1900亿元支撑项目，推动进口肉（种）牛隔离场等16个项目签约总投资43.81亿元。推进诏安港区深水码头、漳汕高铁诏安南站建设，杭深铁路诏安站开通货运业务及扩建提升获国铁集团支持，哈溪水库被纳入国家“十四五”中型水库建设方案，霞宫高速被纳入省中长期高速公路网规划。

【新时代文明实践智慧服务】 2023年，诏安县新时代文明实践中心创新使用智慧服务平台，云平台集结理论政策宣讲、文化文艺服务、助学支教、医疗健身等8类常备服务和创建省级文明县城、书画艺术、爱心义工3个特色志愿服务。年内，上榜2023—2024年度全国维护青少年权益岗创建单位名单。

（傅伯宇）

·东山县·

【概况】 东山县位于漳州市南部沿海。2023年辖7个镇。土地面积243.46 平方千米。年末户籍人口22.2万人，常住人口22.07万人。人口自然增长率-1.22‰。

【经济社会发展】 2023年，东山县生产总值273.91亿元，比上年增长8.2%。其中，第一产业增加值52.72亿元，比上年增长4.8%；第二产业增加值104.63亿元，比上年增长8.4%，其中工业增加值73.46亿元，比上年增长9.5%；第三产业增加值116.55亿元，比上年增长9.2%。人均地区生产总值123968元，比上年增长8.2%。规模以上工业总产值256.06亿元，比上年增长14.2%。农林牧渔业总产值110.83亿元，比上年增长4.9%。固定资产投资85.97亿元，比上年增长10%。社会消费品零售总额100.89亿元，比上年增长11.2%。外贸出口额128.24亿元，比上年增长1.1%；实际利用外资1687万美元。一般公共预算总收入21.98亿元，比上年增长8.5%；其中地方一般公共预算收入15.78亿元，比上年下降3%。城镇居民人均可支配收入4.83万元，比上年增长4.9%；农村居民人均纯收入3.22万元，比上年增长7.7%。

【重点项目】 2023年，东山县开发全市首个项目代办管理系统，累计为总投资290.4亿元的47个重点项目开展全流程代办服务。实施123个县级以上重点项目，投资超110亿元，新开工重点项目62个，建成或部分建成48个。旗滨光伏基板材料两条生产线点火，一道新能源二期、太阳海缆投产。参与中国—菲律宾经贸创新发展示范园区招商大会、长三角地区招商推介会等招商活动，新签约项目80个、总投资125亿元。完成征地面积112.4公顷、供地面积121.2公顷，处置批而未供土地面积58.07公顷、闲置土地面积13.47公顷。新增“四上”企业超100家，12家企业获评全市“亩均论英雄·标杆企业”。

【产业发展】 2023年，东山县新材料新能源产值近百亿，一道新能源公司获评福建省工业龙头培育企业；预制菜产业总产值超50亿元。建成高标准农田80公顷，补充耕地6.27公顷、恢复耕地39.73公顷，新增粮食播种面积超千亩，粮食生产面积1460公顷；推广紫红莲雾、蓝圆鲹等优新品种40个，新增产值超4亿元；全县水产品总产量超47万吨，获评“中国鲍鱼种苗之乡”，被纳入国家级沿海渔港经济区建设试点。

【城乡建设】 2023年，东山县布局建设“五个一体化”（交通一体化、供排水一体化、供电一体化、绿化一体化、环卫一体化），推动智慧城管、智慧水务、城乡环卫一体化服务中心等项目建设，率先在全省实现“城乡污水一张网收集处理”。漳汕高铁东山段及配套项目开工建设，坑北至后林段、西前路等7条道路投入使用，新建城市公共停车泊位300个、污水管网74.32千米，获评“四好农村路”全国示范县、国家第三批“城乡交通运输一体化示范创建县”。

【社会事业】 2023年，东山县有普通中学8所，在校生1.03万人；小学33所，在校生1.90万人；幼儿园114所，在园幼儿6944人。全县中小学教职工2057人。东山职专迁建工程开工，第五实验幼儿园投入使用，新增幼儿园学位360个。有医疗卫生机构184家，卫技人员1334人，千人均6人；执业（助理）医师486人，千人均2.18人。全县编制病床数1216张，千人均 5.46张。新县图书馆、档案馆投入使用。新

2023年6月7日，太阳海缆（东山）有限公司第一条海底电缆生产线试生产。图为公司生产车间 （东山县融媒体中心 供图）

县中医院投入使用。成立全国首个地方县级医院军人服务科，新建市级名医工作室2家。

【社会民生】 2023年，东山县财政民生支出占比超8成，20个为民办实事项目完成投资4亿元。发放各类稳就业补贴930万元，城镇新增就业1100人。发放无力参保老年生活保障金2780万元，城乡居民基础养老金调升至每月170元，惠及群众3.6万人。第二吊唁堂、骨灰堂开工建设，投入使用10个长者食堂。成立县镇村三级调解组织113个，37件“治重化积”积案、2188起纠纷均100%化解，县道路交通事故损害赔偿纠纷调解委员会获评“全国模范人民调解委员会”。搭建“海上安安行”平台，获评“全国渔业平安示范县”。

【生态文明建设】 2023年，东山县八尺门海域综合治理生态修复工程通过验收，诏安湾水质消除劣四类。改造塑胶渔排5.64万口、筏式浮球面积2373.33公顷，南门湾—马銮湾段被生态环境部评为全国第二批美丽海湾优秀案例。陈城、杏陈2个安全生态水系项目开工建设，完成水土流失综合治理面积501公顷，整治黑臭水体6处，种植红树林面积206.4公顷。实施乡村振兴“十镇百村”试点示范项目43个，全县所有村级集体经济收入超10万元、16个村超百万元，陈城镇获评省级乡村振兴示范乡镇，樟塘镇获评省级全域生态旅游小镇，澳角村获评第三批全国乡村治理示范村，港西村入选中国美丽休闲乡村、农家乐特色村。

【旅游产业发展】 2023年，东山县提升铜山古城、苏峰山等景区，全县首家五星级标准酒店福莱喜大酒店运营，南门湾夜间经济一条街入选国家级夜间文化和旅游消费集聚区名单，东山关帝庙获批国家级“海峡两岸交流基地”。举办纪念东山保卫战70周年、第十五届海峡论坛·第32届关帝文化旅游节等活动。全年接待游客856.9万人次，旅游收入109.09亿元，分别比上年增长63.8%、76.4%。

【东山县上榜国家级沿海渔港经济区试点名单】 2023年6月，东山县渔港经济区入选2023年国家级沿海渔港经济区试点名单。东山国家级渔港经济区建设涵盖智慧渔港、平安渔港、绿色渔港、产业渔港、人文渔港等内容，包含东山县水产品集散基地项目、大澳中心渔港扩建项目、樟塘古港二级渔港工程项目等8个子项目，总投资超18亿元。该项目采用“一心两翼三片区”的空间布局结构，“一心”为大澳中心渔港，“两翼”为东山湾渔旅融合发展翼和诏安湾蓝色产业发展翼，“三片区”则为大澳渔港核心区、南部渔港经济发展区、北部产业园发展区。

【南门湾—马銮湾段获评全国优秀案例】 2023年8月28日，东山岛南门湾—马銮湾段被生态环境部评为全国美丽海湾优秀案例。南门湾—马銮湾段位于东山岛主岛东岸，水质优良，海湾洁净，湾区分布有中国鲎、海马、绿海龟等重要生物物种，拥有以造礁石珊瑚群落为主的珊瑚生态系统。马銮湾风景区为国家AAAA级旅游景区，拥有中国帆船帆板训练基地、马銮湾海滨浴场（国家级海滨浴场）。

（黄克桐 陈锦生）

·平和县·

【概况】 平和县位于漳州市西南部。2023年辖10个镇、5个乡、1个国营农场、1个工业园区。土地面积2309.54平方千米。年末户籍人口58.96万人，常住人口45.41万人。人口自然增长率0.34‰。

【经济社会发展】 2023年，平和县地区生产总值318.18亿元，比上年增长6.7%。农林牧渔业总产值119.86亿元，比上年增长6.5%；规模工业总产值完成188.95亿元，比上年增长6.9%，规模工业增加值增长6.6%；固定资产投资完成92.77亿元，比上年增长9.1%；社会消费品零售总额完成120.48亿元，比上年增长10.4%。进出口总额完成6.82亿元，比上年增长74.35%。一般公共预算收入12.92亿元，比上年增长23.8%；地方一般公共预算收入9.17亿元，比上年增长14.3%；城镇居民人均可支配收入41544元、比上年增长5.1%，农村居民人均可支配收入26955元、比上年增长7.2%。

【重点项目】 2023年，平和县推进西三线闽粤支干线、东坑储备粮库扩建等重点项目，官峰水库被列入国家“十四五”中型水库规划，主体工程开工建设，梨仔坑应急水源工程试通水。全年固定资产投入入库项目147个，投资额135亿元。新增新上规模工业企业45家，工业投资完成38.1亿元、比上年增长8.7%。

【蜜柚产业】 2023年，平和县实施蜜柚产业高质量发展规划，蜜柚出口超18万吨，“平和琯溪蜜柚”品牌价值189亿元。举办“三平杯”白芽奇兰暨首届柚香奇兰茶王赛，参加北京“三茶统筹”高峰论坛，联合中国茶叶研究所成立全省首个县级“陈宗懋院士团队平和工作站”，全县涉茶产值5.6亿元。柚香奇兰茶产量突破20万千克，柚花用量超50万千克，新增产值1.2亿元。举办“柚香飘北京·产业促振兴”等展销活动，新增限额以上贸易企业70家。

【城乡建设】 2023年，平和县编制完善国土空间总体规划和道路、排水防涝等专项规划。建成智慧体育公园，新建绿道11.5千米、公园绿地面积5.33公顷，县城绿化覆盖率44.66%，获评省级园林县城。推进工业园区标准化建设，纵三路、西南地块九道路建成通车；改造供水管网48千米，完成7个商住小区、8个公建单位供水替换。新建改造雨污分流管网10.8千米。整治卫片图斑，处置“两违”面积52.86万平方米。实施文峰高速至三平、九峰互通至镇区路面等改造，安厚农场至安厚互通连接线工程建成通车，3个安全生态水系投入使用。实施“十镇百村”试点示范工程项目77个，建设省级“一村一品”示范村6个，改造危桥6座，新建改造农村公路55千米、乡镇污水配套管网12.2千米。编制村庄规划38个，驻村第一书记实现全县各村全覆盖。坂仔镇宾阳楼、五寨乡寨河旧楼作为活化利用试点土楼，赴法国国家博物馆参展，获2023年豪瑞可持续建筑大奖赛亚太地区唯一金奖。芦溪镇秀芦村获评中国传统村落，南胜镇欧寮村成为省级闽台乡建乡创合作样板村。

【社会事业】 2023年，平和县推进金华小学扩建等14个项目建设，追加教师公积金财政配套资金1480万元，补充新任教师121名。推进县公立中医院组建，搭建数字公共卫生服务一体化平台。

【社会民生】 2023年，平和县完成11个为民办实事项目。累计新增就业2666人。推进“公建民营”“医养结合”改革，完成3家敬老院和3家区域性养老服务中心建设，建成2个长者食堂，政府购买居家养老服务6万余人次，新东社区入选“全国示范性老年友好型社区”。开通5条“定制班车进校园”线路。生命公园建成4个、开工建设33个。成立全市首个县级社会治理中心，矛盾纠纷化解率92.04%。与闽南师范大学合作共建“信访+社会治理服务中心”，初信初访和积案化解取得成效。

【生态文明建设】 2023年，平和县落实花山溪整改倒排工期实施方案，流域水质稳定达标，县城饮用水水源达标率100%。第三轮中央生态环保督察问题立行立改。2个国控断面、9个省控断面水质达标率100%；空气质量优良率99.1%。10个村庄农村生活污水处理设施投入使用。加强县城及“千吨万人”饮用水水源地规范化建设，强化水质监测预警。与永定区、大埔县建立水生态环境保护新模式，造林绿化面积6606.67公顷。探索种养加一体化生态循环农业，总结“菜—稻—菜”等模式，新陂村建成全省首个生态环保型高标准农田。

【平和县全域生态旅游开发】 2023年，平和县引进三平康养小镇项目，高峰谷入选2023年福建省职工疗休养示范基地名单，大芹威士忌观光园获评福建省观光工厂，灵通山景区创成国家AAA级旅游景区。与大埔县签订《闽粤边区红色旅游战略联盟合作框架协议》。启动“琯溪有点田 缤纷乡村旅”2023年春耕开耕活动，推进霞寨镇全域旅游开发项目等项目建设，完成大溪镇大松梯田、坂仔镇山边村、国强乡高坑村“花溪梦田”等田园景观提升。2023年12月1日，平和县获评第四批福建省全域生态旅游示范县。

【纪念“平和暴动”95周年活动举行】 2023年3月8日，平和县举行纪念“平和暴动”95周年暨传承红色文化系列活动。该系列活动包括向平和暴动烈士纪念碑敬献花篮仪式、红色文化展演活动、闽粤边区红色旅游战略联盟框架协议签字仪式、闽南师范大学红色文化与乡村振兴研究基地和平和县青少年革命传统教育基地授牌仪式、平和党史故事文集《峥嵘岁月》（第三辑）首发式等，开展线上党史知识和国防教育知识有奖竞答、向革命老区新时代文明实践站赠书等活动。

（刘小珠）

2023年3月8日，纪念“平和暴动”95周年暨传承红色文化展演活动在平和县长乐乡举行。图为舞蹈表演

（平和县 供图）

·南靖县·

【概况】 南靖县位于漳州市西北部。2023年辖11个镇、1个国家级高新园区、1个土楼管委会，有185个村（居）（不含划归漳州高新区的18个村）。土地面积1962平方千米。年末户籍人口34.52万人（含高新区18个村），常住人口30.09万人，人口自然增长率-1.31‰。

【经济社会发展】 2023年，南靖县地区生产总值379.8亿元，比上年增长0.1%。其中：第一产业增加值89.3亿元，比上年增长7.3%；第二产业增加值147.2亿元，比上年下降7.3%；第三产业增加值143.3亿元，比上年增长4.0%。人均地区生产总值13.41万元，比上年增长1.2%。规模以上工业总产值187.6亿元，比上年下降19.3%。农林牧渔业总产值154.1亿元，比上年增长7.3%。固定资产投资91.5亿元，比上年增长2.6%。社会消费品零售总额130.8亿元，比上年增长11.8%。外贸出口额35.3亿元，比上年增长88.38%；实际利用外资1128万美元，比上年增长75.2%。一般公共预算总收入17.1亿元，比上年增长21.7%；其中地方一般公共预算收入12.6亿元，比上年增长25.2%。城镇居民人均可支配收入44419元，比上年增长5.1%；农村居民人均纯收入26939元，比上年增长8.0%。

【重点项目】 2023年，南靖县103个县级以上在建重点项目完成投资138亿元，占年度计划的110%。45个项目被列为全市重点项目开竣工活动。引进项目57个，总投资48.8亿元，其中亿元以上项目22个。实现工业税收5.08亿元，比上年增长16.83%。新增新上规模工业企业32家，新增国家级高新技术企业27家。品翔电子入选国家知识产权优势企业，万利达智能车间获评国家智能制造优秀场景，豪士食品入选省级企业技术中心名单。新增新上限上贸易企业77家、规模服务业企业3家。获批项目用地面积69.81公顷，处置批而未供土地面积53.6公顷、闲置土地面积11.31公顷，落实耕地进出平衡面积106.27公顷，补充耕地面积63公顷。向上争取资金7.1亿元，8个项目获批专项债资金5.7亿元；土地运作收入3.9亿元，县属国有投融资平台融资12.6亿元。

【城乡建设】 2023年，南靖县实施55个城市建设品质提升项目，完成教育路等5条市政道路

2023年11月21日，南靖云水谣休闲古街区入选第二批省级旅游休闲街区名单。图为云水谣一隅 （南靖县 供图）

“白改黑”。县道马山线竣工通车，城市中轴中山北街全线贯通。新改建城区供水管网、污水管网21.9千米，新增公共停车场2个、停车位270个、垃圾分类屋亭78座，改造提升人行步道6.3千米。拆除“两违”面积42万平方米，整治裸房650栋，新改建农村生活污水管网200千米，农村污水PPP项目投入使用。新改建农村公路43.2千米，实施养护工程67.5千米，获评“四好农村路”全国示范县。新改建输电线路64.9千米、配电网台区47个，龙山110千伏变电站建成投用，农村供电可靠率提升至99.97%。实施南坑镇、丰田镇全镇域农村生活垃圾“干湿”分类试点。实施“十镇百村”试点示范项目，竣工项目71个，完成投资5723万元。创建美丽庭院90户、美丽乡村微景观65个、美丽田园4个。南坑镇南高村获评“福建省美丽休闲乡村”。田螺坑土楼群、田中赋、泓净生态茶园入选全国乡村精品旅游线路，土楼星空入选全国第二批“天气气候景观观赏地”，南靖县云水谣休闲古街区入选第二批省级旅游休闲街区名单，梅林镇获评省级“全域生态旅游小镇”。

【社会事业】 2023年，南靖县投资9.5亿元，实施南靖县中医院迁建、城乡供水一体化等19项县委县政府为民办实事项目。县医院旧病房大楼改造、南靖县实验小学兰湖校区、南靖县实验幼儿园荆东园区等11个项目完成，新增学位3870个。全县友善医疗机构数达到公立医疗机构的80%以上，重点人群家庭医生签约人

数8.9万人，签约率87.7%，每千人口拥有婴幼儿托位数4.1个。南靖一中获评“全国小平科技创新实验室建设学校”，船场中心小学入选“福建省中医药文化教育试点学校”。

【社会民生】 2023年，南靖县完成殡仪服务中心改扩建工程，开展主城区“集中治丧”试点前期工作，建设生命公园。新增运营敬老院2个，建成长者食堂4个，购买居家养老服务8500人。山城镇江滨社区获评“2023年全国示范性老年友好型社区”。老年大学云水谣分校挂牌福建省首个“省级老年大学游学基地”。年内，南靖县设立南靖县法律援助中心，建立社区矫正敬老公益活动基地5个。发放小额信贷565万元，惠及脱贫户194户。城乡低保覆盖率提升至1.93%。城镇新增就业1484人，促进失业人员再就业595人。

【生态文明建设】 2023年，南靖县落实第三轮中央生态环保督察反馈问题。全年靖城桥国考断面水质均值为III类，县级饮用水水源地水质达标率100%，县城空气质量优良率100%。山水林田湖草沙一体化保护和修复工程建设完成，治理水土流失面积1266.67公顷，完成造林绿化面积1066.67公顷、森林抚育面积2266.67公顷、封山育林1066.67公顷、矿山生态修复面积1.33公顷。与龙岩市永定区构建九龙江支流西溪源头“河长+检察长”跨区域协作机制，水政执法、河长制等工作在水利部太湖流域经验交流会上作典型发言。创建省级森林城镇1个、省级森林村庄4个。书洋镇入选省级森林康养小镇，静心山居入选省级康养基地。

2023年3月16日，南靖县被中国气象局授予2022年度“中国天然氧吧”称号。图为河坑土楼群　（张志坚 摄）

【现代农业】 2023年，南靖县完成粮食生产任务面积5933.33公顷、粮食产量3.8万吨，新建和改造提升高标准农田面积1733.33公顷。发展兰花、金线莲等九大特色产业，入选全国优势特色产业集群建设名单。新认证“三品一标”绿色食品4个、有机产品10个，新增省级“一村一品”示范村3个、市级“一村一品”示范村9个。书洋镇获评全国首批农业产业（茶叶）强镇，龙山镇设施蔬菜基地获评全国种植业“三品一标”基地，船场镇高联村地块获评天然富硒土地，南坑镇国家级高山茶种植标准化示范区项目通过验收。明成食品获评国家林业重点龙头企业。葛园金线莲科技小院入选省科协科技小院名单。百汇绿海入选省农业产业化龙头企业百强名单。

【南靖县获评“中国天然氧吧”】 2023年3月16日，南靖县被中国气象局授予2022年度“中国天然氧吧”称号。南靖县山清水秀，水功能区水质为II类标准，空气质量良好，AQI（空气质量指数）年均值为46，全年空气质量达标率99.7%，年平均负氧离子浓度值为4011个/立方厘米，获评福建省首批“国家生态县”“全国森林康养建设试点示范县”、全国第五批国家生态文明建设示范区，拥有虎伯寮国家级自然保护区和福建南靖土楼国家森林公园两张国家级生态名片。

【南靖县文旅经济发展大会召开】 2023年7月6日，福建土楼（南靖）申遗成功15周年系列活动暨南靖县文旅经济发展大会在南靖县举行。南靖土楼景区发布旅行社年度激励政策，将1万张套票作为旅行社年终奖励，折合人民币220万元；邀请南靖籍旅美青年钢琴演奏家阮扬扬作为福建土楼（南靖）旅游形象大使；发布南靖“十大福游打卡点”、南靖精品旅游路线；举行10个文旅项目集中签约仪式，总投资28.46亿元；福建省文旅特派员与梅林镇坎下村等5个旅游特色村签订合作协议；举行2022年文旅品牌授牌仪式；为闽人智慧——世界文化遗产福建土楼工作站揭牌；为南靖土楼营造技艺大赛获奖选手、首届福建土楼（南靖）国际摄影大赛获奖选手颁奖。

（洪少辉 蔡锐巽）

·华安县·

【概况】 华安县位于漳州市西北部。2023年辖6个镇3个乡。辖区面积1315 平方千米。年末户籍人口15.70万人，常住人口13.18 万人。人口自然增长率-1.71 ‰。

【经济社会发展】 2023年，华安县生产总值220.83亿元，比上年增长4.6%。其中，第一产业增加值39.7亿元，比上年增长5.8%；第二产业增加值117.41亿元，比上年增长3.0%，第三产业增加值63.72亿元，比上年增长6.6%。人均地区生产总值166288元，比上年增长5.5%。规模以上工业总产值210.57亿元，比上年增长0.4%。农林牧渔业总产值67.14亿元，比上年增长5.9%。固定资产投资76.06亿元，比上年增长9.1%。社会消费品零售总额47.95亿元，比上年增长10.3%。外贸出口额9.27亿元，比上年下降21.34%；实际利用外资999万美元。一般公共预算总收入11.13亿元，比上年增长31.4%，其中地方一般公共预算收入7.76亿元，比上年增长29.3%。规模以上工业增加值比上年增长0.1%。

【重点项目】 2023年，华安县39个市级在建重点项目完成投资55.8亿元。其中，福能新材华安机制砂项目投产，改建铁路鹰厦线华安城区段外移工程完成静态验收和动态验收。

【城乡建设】 2023年，华安县实施城乡环境项目建设，78个项目完成投资6.61亿元。实施平湖路二期夜景提升工程，改造城区老旧小区100幢，提升燃气户内设施1892户，新增微型口袋公园9个，城市绿地率41.98%，城市人均公园绿地面积27.94平方米。投放首期城市客运巡游出租汽车10辆，新改建3个农村综合运输服务站，启用3处科技治超点，新改建农村公路45千米，全县行政村100%通客车。实施九龙江（华安片）重点流域水环境治理提升与生态廊道建设等项目，治理河道68.3千米，新建堤防和护岸4.5千米，新改建生态护岸近10千米，亲水步道5千米。农村生活污水处理设施PPP（公私合作模式）项目进入运营期，镇村生活污水治理基本完成县域全覆盖。打造美丽乡村庭院200户，建成微景观58处，整治农村裸房1181栋。华安县入选全国休闲农业重点县公示名单。

【社会事业】 2023年，华安县投入6300万元，完成第二实验幼儿园迁建等5个校园建设项目。义务教育阶段学校推行课后服务“5+2”模式，惠及学生近1.5万人。重启华安一中与福建师范大学附属中学共建帮扶。启动县第二医院项目前期工作，县中医院运动康复与失眠专科等医疗机构项目建设，丰山镇卫生院上榜2023年“优质服务基层行”活动国家推荐标准名单。

2023年7月10日，《漳州华安奋力打造全域美丽乡村“山区样板”》一文刊登在《福建改革财经情况》。图为样板之一的官畲村景区内茗香古道项目施工现场 （华安县 供图）

【社会民生】 2023年，华安县民生支出累计17.47亿元，占一般公共预算支出77.82%。实施为民办实事项目38个，累计完成投资7.09亿元。实施债务化解方案，消除债务橙色预警。全年全口径财力比2020年增加近一倍，实现公积金大口径发放，2021—2023年，补齐教师工资不低于公务员9095万元，增加退休人员生活补助5809万元。在全市设立开发区医保服务点，打造工业园区“一刻钟医保服务圈”。完善社会化养老服务体系，平湖社区入选2023年全国示范性老年友好型社区。省级文明县城创建工作巩固提升，被省委文明办确立为首批“城乡精神文明融合创建试点县”。发放各类社会救助金2277万元。“七无讼”（无讼村居、无讼茶区、无讼景区、无讼侨乡、无讼农场、无讼台胞聚居区、无讼少数民族同胞聚居区）全域全链治理新模式经验做法入选全省优化营商环境工作典型，获省营商办推广。中央信访联席办交办第三批治重化积信访事项全部提前办结，化解率100%。

【生态文明建设】 2023年，华安县九龙江（华安段）水环境功能区达标率100%，2个国控断面（华安利水、浦南水文站）水质均提升至Ⅱ类。空气质量综合指数累计值为1.96。全年创建69个初级版、12个中级版、8个高级版“绿盈乡村”，创建率97.8%。仙都镇、马坑乡创建省级森林乡镇，岛濑村、芹岭村创建省级森林村庄。《漳州华安奋力打造全域美丽乡村“山区样板”》发表在《福建改革财经情况》。

【华安县获评第七批生态文明建设示范区】 2023年10月27日，华安县获评第七批生态文明建设示范区。华安县域面积1315平方千米，森林覆盖率65.11%。华安县坚持生态立县，工业集中到南部的华安省级经济开发区，其余乡镇发展文旅康养和现代农业，辖区内水质达标率100%，水土保持率90%以上，人均公园绿地面积27.94平方米。

【福建华安抽水蓄能电站项目获核准批复】 2023年12月14日，福建华安抽水蓄能电站项目获福建省发展和改革委员会同意核准批复。该电站计划投资91.29亿元，装机容量140万千瓦，安装4台单机容量35万千瓦的可逆式水泵水轮发电机机组。

（郑雪慧）

责任编辑：江细珍

人物 荣誉

全国五一劳动奖章获得者

陆伟大 江苏省新沂市人，1984年出生，中共党员，大学本科学历，福建福船一帆新能源装备制造有限公司制造一部部长，高级技师。陆伟大脚踏实地、埋头苦干、始终如一，身先士卒，为福船一帆生产制作趟出一条富有特色、科学有效并且切合福船一帆生产实际的路子。他坚持抓安全、抓技术、抓创新、抓管理，改善和创新各项工艺工法，大幅提高生产效率、缩短产品制作周期，推动企业降本增效工作，获国家新型专利17项，在企业抢装潮的关键时期做出突出贡献。他凭着一颗强烈的事业心和责任感，为福船一帆的风电制造创新发展做出突出贡献，赢得广大干部职工的普遍好评，2021年被省国资委党委授予“省属企业优秀共产党员”，2022年被福建省总工会授予福建省“五一劳动奖章”。2023年被中华中国总工会授予“全国五一劳动奖章”。

林俊发 福建省仙游县人，1984年出生，中共党员，大学本科学历，漳州通正勘测设计院有限公司总经理助理，高级工程师。林俊发作风优良、业务精湛、工作认真，具有较强的团队领导和协作能力，为公司发展做出贡献。他以政治上高标准、思想上高境界、业务上高水平、工作上高成效为目标，讲求学习实效，不断提高理论素养和业务技能，获漳州市“劳动模范”、福建省“五一劳动奖章”、福建省“劳动模范”等荣誉。他爱岗敬业、求真务实，先后完成桥梁检测、加固设计两百多座，多次参与公路灾害抢险救援工作，为保障道路畅通做出贡献贡献。近年来，他担任多个省市重点项目设计负责人，主持完成无人机在桥梁检测中运用及BIM技术在设计中的应用等课题研究，为公司科技创新发展作出重要贡献。2023年被中华中国总工会授予“全国五一劳动奖章”。

（漳州市总工会）

道德模范人物

黄建宏 1970年7月出生，中共党员，龙海锦江大桥管理站站长。他20多年坚守大桥，处理大桥交通事件近50起，纵身跃江和爬上桥塔救起轻生者20多名，多次冲入火海扑灭火灾，多次救助护送走失、受伤等突遇意外的老人回家，资助外来务工人员和本地困难人员9人，共计6000元。多年来，其救人事迹屡获各级媒体报道，成为“英雄网红”，群众称他是大桥的守护者，生命的“救护神"。2020年先后获评见义勇为“福建好人”“中国好人”。2023年获评第八届福建省见义勇为道德模范。

（漳州市委文明办）

2023年漳州市获全国五一劳动奖状、奖章的集体和个人名单

全国五一劳动奖状

国家税务总局漳州市税务局

全国五一劳动奖章

陆伟大　福建福船一帆新能源装备制造有限公司制造一部部长，高级技师

林俊发　漳州通正勘测设计院有限公司总经理助理，高级工程师

全国工人先锋号

福建三宝钢铁有限公司人力资源部

漳州统实包装有限公司制盖生产部压盖课

福建古雷石化有限公司生产运行部化工一部

（漳州市总工会）

2023年漳州市获评福建省劳动模范和先进工作者名单

劳动模范

于　娟*　漳州片仔癀药业股份有限公司研究院常务副院长

方绍东　国网福建省电力有限公司云霄县供电公司发展建设部主任

卢溪河　平和县霞寨镇高寨村党支部书记、村委会主任

江银盛　百威雪津（漳州）啤酒有限公司技术服务部专员

许志典　嘉文丽（福建）化妆品公司生产总监

苏鹏程　福建华安土楼旅游发展有限公司营销部经理

杨志军　漳州市长泰区城关供销合作社技术员

吴有林　福建傲农生物科技集团股份有限公司党委书记、董事长

何世杰　福建华电福瑞能源发展有限公司华安水力发电厂集控中心值长

沈晓妹*　中国建设银行股份有限公司诏安支行营业部副总经理

张群毅　福建东山城投集团副总经理

张鹭媛*　漳州鑫展旺化工有限公司甲类生产车间主任、工会主席

陈朱池　福建龙溪轴承（集团）股份有限公司特种产品研究所所长

陈恋凤*　凯盛（漳州）新能源有限公司人力资源专员

陈祺芳*　中国农业银行股份有限公司诏安县支行营业部副主任

林　雄　漳州市东山县春秋餐饮管理有限公司厨师长

林达三　中核国电漳州能源有限公司抽蓄项目部副处长

林婉彬　东山县西埔镇冬古村村民

罗荣毅　国网福建省电力有限公司平和县供电公司运维检修部副主任

周建喜　漳州天骏茗风生态农业发展有限公司总经理

洪百中　长泰县金仑家庭农场负责人

洪精明　福建省漳州城投集团有限公司总审计师

翁保环*　龙海海昌食品有限公司果蔬车间主任

黄子欣　漳州万宝能源科技股份有限公司研发工程师

梁加辉　福建省四通物流有限公司董事长

梁兴木　漳州宾馆有限公司餐饮部副经理

曾奕彰　漳州科华技术有限责任公司企业技术中心副总经理

曾惠兰* 漳州万利达科技有限公司培训项目主管

蔡秋平 福建省海新集团有限公司副总裁

廖建坤 中国移动通信集团福建有限公司漳州分公司网络部家支中心副经理

熊　丽* 漳州科能电器有限公司副总经理

薛从福 焙之道食品（福建）有限公司董事长

先进工作者

卞国平 漳州市芗城区人民法院执行局局长

朱平然 国家税务总局漳州市龙海区税务局党委书记、局长

朱栩焕 国家税务总局漳州市龙文区税务局第二税务分局局长

纪文洋 漳州市第二医院主任医师

李　玉* 福建省漳州第一中学教研室副主任

李阿池 漳州市林业规划设计队副队长

杨晓娟* 中共漳浦县委组织部副部长

吴勇江 云霄县应急管理局执法员

林淑贞* 平和县妇幼保健院副主任医师

洪树棠 漳州市公安局长泰分局党委委员、政工室主任、一级警长

黄庆永 漳州市公路事业发展中心平和分中心黄井公路站站长

黄惠珠* 南靖县第一中学艺术组组长

高险峰 福建福船一帆新能源装备制造有限公司副总经理

说明：标 * 为女性。

（漳州市总工会）

2023 年漳州市获五四奖章的集体和个人名单

全国五四红旗团委

福建省漳州市南靖县龙山镇团委

全国五四红旗团支部

福建省漳州市云霄县启飞社会工作服务中心团支部

全国优秀共青团员

陈乐湛* 福建省东山第二中学 2020 级学生

2022年度“福建省五四红旗团委”

漳州技师学院团委

漳浦县前亭镇团委

漳州驻京团工委

2022年度“福建省五四红旗团支部”

南靖县梅林镇科岭村团支部

龙海区紫泥镇绿新（福建）食品有限公司团支部

2022年度“福建省优秀共青团员”

吴若萱* 漳州城市职业学院 2021 级小学教育专业学生

雷会颖* 漳州职业技术学院经济管理学院 2022 级大数据与会计专业学生

林　佳 厦门双十中学漳州校区 2020 级学生

朱林若* 福建省东山第二中学 2020 级学生

2022年度“福建省优秀共青团干部”

吴叶妍* 诏安县建设乡团委书记

吴永君* 漳州市第三中学团委书记

刘　越* 漳州市实验小学团支部书记

董帝辉 漳州市医院团委书记

第20届“福建青年五四奖章”集体

廖红平和蜜柚科技小院团队（标兵）

漳州市长泰区消防救援大队

漳浦未检浦小卫团队

漳州市城市展示馆

漳州古雷港经济开发区海盾见义勇为救援队

第20届“福建青年五四奖章”个人

阮沈滨（标兵） 漳州市龙溪搏击健身有限公司总经理

施晓健（标兵） 漳州市公安局龙文分局刑侦大队大队长

颜丽芳* 中共漳州市委组织部派驻东山县前楼镇下西坑村第一书记
黄家晖* 小未来中英亲子图书馆创始人
王保成 漳州市龙海区石码消防救援站站长助理
叶一凡 漳州东山海事处东山海巡执法大队副大队长
俞丁凌 漳州市国有企业评审中心负责人、漳州市国资委改革发展科负责人
陈妙娜* 云霄县人民检察院第五检察部副主任（主持工作）
徐晓雯* 漳州市芗城区人民法院行政与生态环境审判庭副庭长
范　霖 福建省体育用品服务中心贸易科科长、省体育局派驻南靖县和溪镇坂场村党支部第一书记
陈楚翰 瑞士百达银行助理副总裁

说明：标 * 为女性。

（漳州团市委）

2023 年漳州市获评三八红旗集体、三八红旗手的集体和个人名单

2023年度全国三八红旗集体

福建省漳州市妇联

2022—2023年度福建省三八红旗手标兵

张明理 漳州市云霄县农业农村局经作站站长、农业推广研究员

2022—2023年度福建省三八红旗手

梁小梅 漳州市凯盛环境服务集团有限公司监事
张正根 大闽食品（漳州）有限公司行政科科长
廖映苹 漳州市龙海区卫健局党组书记、局长
陈燕治 福建聚芝林医药连锁有限公司总经理
杨彬珍 漳州市长泰区总医院重症医学科护士长
林鸿斌 漳州市漳浦县中医院护理部主任
吴小妙 漳州市云霄县下河乡巾帼志愿服务队负责人
沈杰珍 漳州市诏安县总医院院感科科长
方雪萍 漳州市东山县妇联主席
李庆丽 福建省润和集团党支部书记、副总经理
张雯婷 中共南靖县委组织部副部长、部务会成员
吕燕雅 福建立兴食品股份有限公司总经办秘书处经理
游婉瑜 漳州市财政局党组成员、二级调研员
吴春风 漳州市医院儿科护士长
蔡淑丽 福建开度律师事务所律师
范凌燕 漳州市实验小学教导处副主任
杨秀灵 漳州市九龙江集团有限公司高级审计师
朱淑凤 漳州市平和县育英小学教研室主任
刘惠琴 福建福海创石油化工有限公司工会副主席、女职委主任
邱　榕 漳州市芗城区东铺头社区卫生服务中心党支部书记

2022—2023年度福建省三八红旗集体名单

漳州市芗城区人民检察院
漳州市龙文区步文街道龙江社区居委会
漳州市长泰宾馆有限责任公司
漳州市漳浦县绥安镇绥南社区居委会
漳州市云霄县机关幼儿园
漳州市诏安县梅岭镇南门哨所
漳州市东山县西埔镇中兴社区居委会
漳州市南靖县船场镇“稻花香”巾帼宣讲队
漳州市华安县华丰镇新村社区居委会
漳州市重点少年儿童业余体育学校
福建福海创石油化工有限公司 QHSE 部化验检测团队 PX 化验室

（漳州市妇联）

2021—2023年漳州市获二等功（含二级表彰）及以上人员情况表

表12　　2021—2023年漳州市获二等功（含二级表彰）及以上人员情况表

序号	姓名	性别	籍贯	现服役部队	立功情况
1	林光耀	男	龙海	中国人民解放军某部	2021年获个人二等功1次
2	叶毅敏	男	长泰	中国人民解放军某部	2021年获个人二等功1次
3	林裕昌	男	华安	中国人民解放军某部	2021年、2022年各获个人二等功1次
4	蔡条阳	男	漳浦	中国人民解放军某部	2021年、2023年各获个人二等功1次
5	颜国庆	男	芗城	东部战区空军某场站	2022年获个人二等功1次
6	方晓翔	男	云霄	火箭军某部	2022年获个人二等功1次
7	曾学亮	男	平和	中国人民解放军国防大学	2022年获军队二级表彰
8	倪文智	男	漳浦	中国人民解放军某部	2022年获个人二等功1次
9	吴颜辉	男	诏安	空军某部	2022年获个人二等功1次
10	沈培辉	男	诏安	中国人民解放军某部	2022年获个人二等功1次
11	杨艺标	男	诏安	中国人民解放军某部	2022年获个人二等功1次
12	陈抒	男	东山	第73集团军某旅	2022年获个人二等功1次
13	蔡旭华	男	东山	中国人民解放军某部	2022年获个人二等功1次
14	陈旭亮	男	平和	中国人民解放军某部	2023年获个人二等功1次
15	叶忠源	男	长泰	中国人民解放军某部	2023年获个人二等功1次
16	戴江忠	男	南靖	中国人民解放军某部	2023年获个人二等功1次
17	洪泓滨	男	漳浦	新疆生产建设兵团某师	2023年获个人二等功1次
18	赖锦程	男	平和	中国人民解放军某部	2023年获个人二等功1次
19	林莉君	女	漳浦	第80集团军某旅	2023年获个人二等功1次

（漳州市退役军人事务局）

首届漳州市“最美退役军人”一览表

表 13　　首届漳州市“最美退役军人”一览表

序号	姓名	工作单位及职务（职称）
1	王丽华*	漳浦县旧镇八一希望小学音乐教师
2	王修国	中共漳州市委办公室四级调研员
3	甘志勇	龙海区东园镇南边村党总支书记兼村委会主任
4	卢锦盛	中国邮政集团有限公司平和县寄递事业部副总经理
5	汪文华	芗城区东铺头街道办事处副主任
6	吴文典	福建省丰恩水产养殖有限公司董事长
7	苏泗江	华安县仙都镇退役军人服务站站长
8	陈明伟	福建省泷澄建设集团有限公司董事长
9	陈林钦	福建名盛美洁环境工程有限公司董事长兼总经理
10	林华彪	东山伊诺特玩具有限公司总经理
11	周建喜	漳州天骏茗风生态农业发展有限公司总经理
12	林福财	漳州市风景园林中心江滨公园管理处副主任
13	高明珠*	漳州市公安局巡特警支队二大队副大队长
14	蒋先超	漳州市综治中心副主任
15	戴林斌	长泰区曙光救援队队长

说明：标 * 为女性

（漳州市退役军人事务局）

责任编辑：蔡婉玲

附 录

漳州市部分机构及负责人名录

漳州市委

书　记　王进足

副书记　魏　东　吴卫红*

常　委　张慧德　张　鸿　陈文聪　廖卓文　胡栋良　季光明　陈　超　郑立敏

秘书长　张　鸿

副秘书长　翁耀琪　陈喜平　郑燕娟*

漳州市委工作机关及直属单位

市委办

主　任　翁耀琪

副主任　李　琳*　方志活　冯旺木　罗宏坤　洪智强

纪检监察组组长　黄秋杭

纪检监察组常务副组长　郑煜辉

组织部

部　长　季光明

副部长　刘跃光　陈四象　卢　锋　郭丹川　林炳仁

纪检监察组组长　方明聪

纪检监察组常务副组长　蔡惠安

宣传部

部　长　吴卫红*

副部长　周伟辉　陈惠贞*　黄仲芳*　何金才　池　毅　胡红光　林伟强

纪检监察组组长　陈义良

统战部

部　长　胡栋良

副部长　王金狮　陈东海　黄文龙　潘海鹰*

纪检监察组组长　吴国州

政法委

书　记　张慧德

副书记　肖申华　李铁军　施金城　袁晓东　郭少聪

改革办

主　任　张　鸿

常务副主任、政研室主任　翁耀琪

副主任、政研室副主任　卢连发　黄力军

网信办

主　任　池　毅

副主任　邹高辉

编办

主　任　郭丹川

副主任　林炳清　杨　毅

台港澳办

副主任　黄林晖　许达武

市直机关工委

书　记　季光明

常务副书记　戴学平

副书记　李恒超

纪检监察工委书记　张丹玲*

巡察办

主　任　张建兴

副主任　李坤毅

巡察一组组长　王永光

副组长　吴海映　叶燕亮

巡察二组组长　王文智

巡察三组组长　梁　军

副组长　黄瑞全

巡察四组组长　陈　斌

副组长　江永辉

巡察五组组长　郑凤义

副组长　许亚货

老干部局

局　长　陈四象

副局长　黄良谋　张添贵

文明办

主　任　林伟强

副主任　汪振瑞　陈婉儿*

党校（行政学院、社会主义学院）

校　长　季光明

常务副校长　王毅伟

副校长　魏育生　庄建平　翁鸿超

党史和地方志研究室

主　任　朱建池

副主任　陈坤山

档案馆

馆　长　蔡文忠

副馆长　郑文福　李龙章

市委、市政府接待处

处　长　李　琳*

副处长　钟昭容*

讲师团

团　长　朱志锐

漳州市人大常委会

党组书记、主任　李东河

党组副书记、副主任　林俊德　方木荣

副主任　吴芳华*　沈茂欣　李亚树

秘书长　欧阳元成

副秘书长　胡进辉　林勇一　王建洋

漳州市人大常委会办事机构、工作机构和市人大专门委员会

人大办

主　任　胡进辉

研究室

主　任　郑智平

人事代表委

主　任　张哲青

副主任　张燕秋*

监察和司法工委

主　任　戴平忠

副主任　田乾顺

财经委

主　任　丁建木

副主任　张凯祥

农经委

主　任　蓝武汉

教科文卫委

主　任　林金波

副主任　张智远

侨台民宗委

主　任　杨文辉

副主任　苏勇军

城环委

主　任　黄榕城

副主任　李水春

法工委

主　任　洪耀中

人大法制委员会

主任委员　林俊德

副主任委员　洪耀中　简清溪

人大财政经济委员会

主任委员　李亚树

副主任委员　王建洋　丁建木

人大社会建设委员会

主任委员　林秋生

副主任委员　蓝武汉　欧阳建福

人大监察和司法委员会

主任委员　方木荣

副主任委员　戴平忠　林如凤*

纪检监察组

组　长　李华英*

漳州市人民政府

党组书记、市长　魏　东

党组副书记、副市长　廖卓文

副市长　郑立敏　兰万安　潘全胜　余向红*　林少金　肖申华　洪泰伟　马涛涛

秘书长　蔡总平

副秘书长　黄佳生　戴晓清　张志祥　戴明利　朱学森　蒋启财　杨勇军

漳州市政府工作部门及直属单位

政府办

党组书记　蔡总平

党组副书记、主任　黄佳生

副主任　林瑞安　黄俊杰　陈良跃　许榆斌*　梁德兴

纪检监察组组长　杨荣武

纪检监察组常务副组长　杨武勤

发改委

党组书记、主任　张永金

党组副书记、副主任　王劲东

副主任　方亚辉　蔡进城　屈　拓　王炳章　陈泽暖

纪检监察组组长　陈快荣

教育局

市委教育工委书记、党组书记、局长　卢炳全

副局长　杜人江　黄勇长　郑　彦*

纪检监察组组长　林　蓉*

纪检监察组常务副组长　蒋林宾*

科技局

党组书记　林　鹭

局　长　陈　琦*

副局长　赖耿生　卢志攀

工信局

党组书记、局长　吴凌真

副局长　郭炎河　林进财　杨毅斌　许开明

民宗局

党组书记　黄志坚

局　长　蓝碰金*

副局长　吴火进　何胜火

公安局

党委书记、局长　肖申华

党委副书记、副局长　梁宣旗

副局长　陈朝松　陈伟强　杨　波　林培利

纪检监察组组长　蔡建成

民政局

党组书记　曾建新

局长、市老区办主任　黄艺敏*

副局长　蔡溪根　陈金生　黄哲慧*

司法局

党组书记、局长　施爱武

副局长　龚少瑜　郭龙庆　杨景德

财政局

党组书记、局长　许毅忠

副局长 张海鹏 施晓莹* 谢志杰
纪检监察组组长 李耀华
纪检监察组常务副组长 简三景

人社局

党组书记、局长 许建华
副局长 吴苏武 林贵达 陈国华 韩瑞发

自然资源局

党组书记、局长 洪维椿
副局长 许德生 林玉彬 卢 骞 郑荣泉
纪检监察组组长 林建盛

生态环境局

党组书记、局长 郭永忠
副局长 谢卫东 谢建龙
纪检监察组组长 方伟林

住建局

党组书记、局长 张明东
副局长 陈琼辉 杨敦旭 林挺峰
纪检监察组组长 周育民
纪检监察组常务副组长 陈宙鸣

交通运输局

党组书记、局长 张其扬
党组副书记、副局长 黄进安
副局长 胡特新 李 雯* 黄志勇 吴汉川 洪陆合
纪检监察组组长 蓝汉义

水利局

党组书记、局长 蔡加立
副局长 杨智聪 刘成城 郭毅强 蓝志远 刘 奇* 何雪艺

农业农村局

党组书记、局长、市委农办主任、市乡村振兴局局长 蔡志斌
副局长 林东坡 林伟华 郭庆亮 林志强
纪检监察组组长 黄启城
纪检监察组常务副组长 林美珠*

商务局

党组书记、局长、市口岸办主任 孙 可
副局长 沈元标 陈秀绒* 黄 真*

文旅局

党组书记、局长、市版权局局长、市文物局局长 刘 晖
副局长 杨勇琦 张云峰 毛佩瑾*
纪检监察组组长 杨跃兴

卫健委

党组书记、主任 黄镇平
副主任 方景伟 叶阿良 王强乔 林丽琴*
纪检监察组组长 陈江丽*
纪检监察组常务副组长 林巧玲*

退役军人事务局

党组书记、局长、双拥办主任 张国海
副局长 黄顺权 杨裕勇

应急局

党委书记、局长 何艳水
党委副书记、副局长 张锦标
副局长 郑清泉 谢栋明

审计局

党组书记、局长 曾妙玲*
副局长 欧阳辉 高振强 陈奕雄

外办

党组书记、主任 杨尚庞
副主任 何华成

国资委

党委书记、主任 赖绍雄
党委副书记 林立鹏 卢宗金
副主任 张伟成 卢海军
纪检监察组组长 曾莉萍*

林业局

党组书记、局长 沈义勇
副局长 苏友聪 曾国容 涂来顺

海洋与渔业局

党组书记、局长 远 洋
副局长 王添文 王秋阳

市场监督管理局

党组书记、局长 朱东风

副局长　许春桥　黄添木　沈洪坤　林丽卿*
　　　　李新长　庄政江
纪检监察组组长　杨跃光
纪检监察组常务副组长　蔡晓军

体育局

党组书记　郭德志
局　长　杨素萍*
副局长　王杰东　黄荣才

统计局

党组书记、局长　林同池
副局长　吴文炳　杨宝茹*

国动办

主　任　唐云珍
副主任　许杰武　陈洪扣　陈宙峰

医保局

党组书记、局长　詹文华
党组副书记、副局长　高文叶*
副局长　林文利

地方金融监督管理局

党组书记　钟连海
局　长　林贤丽*
副局长　林润森　黄志华

信访局

党组书记、局长　林瑞安
副局长　刘宝明　王东兴　郑炳煌

城市管理局

党组书记、局长　卢　坚
副局长　张国华　占国兵　魏爱祥

行政服务中心

党组书记、管委会主任　戴晓清
副主任　方响宏　王云川　陈敏聪

部分漳州市政府直属事业单位

发展研究中心

主　任　张文彬
副主任　朱红李*　张清贤

粮食和物资储备局

局　长　王劲东

新闻办公室

主　任　陈惠贞*

供销合作社

党组书记、主任　陈　志
副主任　许伟明　林阳福

二轻联社

党组书记、主任　林国瑞
副主任　洪文吉　施显天

疾病预防控制中心

党委书记　蔡茂荣

医疗保障中心

主　任　陈汉忠

市医院

党委书记　郭永林
党委副书记、院长　蔡铭智

市中医院

党委书记　张维波
党委副书记、院长　林石明

驻北京联络处

主　任　陈作术
副主任　陈亚俊

驻上海联络处

主　任　罗道琪

驻深圳办事处

主　任　郭景宏

驻福州办事处

主　任　刘昌盛

政协漳州市委员会

党组书记、主　席　吴文团
党组副书记　胡栋良
党组副书记、副主席　陈跃鸿
副主席　黄井南　何伟燕*　戴鹏飞　卢　力

曹　阳* 蔡兴州　陈仁朝
副秘书长　李涌华　曾贵森　林必强

漳州市政协工作部门

政协办
主　任　李涌华
副主任　蒋一芬* 卢钟山

提案委员会
主　任　黄文疆

经济委员会
主　任　林益生
副主任　许艺彬*

农业和农村委员会
主　任　陈庆华

教科卫体委员会
主　任　陈勇谋

社会和法制委员会
主　任　邱晓晖

台港澳侨联络委员会
主　任　许惠勇
副主任　洪佩瑄*

文化文史和学习委员会
主　任　康元泰

人口资源环境委员会
主　任　李明清
副主任　周少勇

民族和宗教委员会
主　任　陈惠红*
副主任　陈　炜

研究室
主　任　陈俊朋

委员工作室
主　任　陈敏聪

纪检监察组
组　长　王国辉

漳州市纪委监委

市纪委
书　记　陈文聪
副书记　李文兴　林毅峰　赖晓勤*
常　委　张建兴　罗云生　林炳阳　郭明星　方云柏

市监委
主　任　陈文聪
副主任　李文兴　林毅峰　赖晓勤*
委　员　罗云生　郭明星　方云柏　庄银辉　李瑞强

漳州市中级人民法院

党组书记、代院长　林忠明
副院长　郑通斌　翁志刚　严春森　陈淑香*
纪检监察组组长　欧阳劲松

漳州市人民检察院

党组书记、检察长　江　莉*
党组副书记、副检察长　周跃武
副检察长　陈　超
纪检监察组组长　蓝苹山

漳州市群众团体

总工会
主　席　张　鸿
党组书记、常务副主席　林百荣
副主席　杨立伟　曾景贤　林美香*

团市委
书　记　刘书佳*
副书记　林　凌* 曾　超

妇　联

党组书记、主席　黄淑红*

副主席　陈琼英*　赵艺清*

科　协

党组书记、主席　蔡丽芬*

副主席　钟志刚　周云强

社科联

主　席　韩水海

副主席　庄姝璠*　王叶青

计生协会

党组书记　林继锋

常务专职副会长　严惠娇*

专职副会长　曹建奇　柯雅婧*

文联

党组书记、主席　林苏洪*

副主席　张清浪　陈晓君

侨联

党组书记、主席　陈　红*

副主席　蔡春山

台联

党组书记　肖永红

会　长　方丽云*

副会长　卢芸艺*

残联

党组书记、理事长　汪清桦*

副理事长　吴燕聪　曾艺彬*

贸促会

党组书记、会长　蓝文华

副会长　李跃祥　邹国财

职教社

主任　陈仁朝

专职副主任　高振灵

副主任　郑　彦*　韩瑞发　陈晋辉　何小海

红十字会

会长　余向红*

党组书记、常务副会长　吴晶晶*

专职副会长　陈宝芬*

关工委

主　任　李天森

执行主任　周亚冷*

副秘书长　许建华

漳州市民主党派 工商联

民革漳州市委会

主　委　戴鹏飞

副主委　黄艺敏*　林美凤*

专职副主委　林丽君*

民盟漳州市委会

主　委　吴芳华*

副主委　陆銮眉*　蓝寿义　林汉钦　张小洪*

专职副主委、秘书长　林连峰

民建漳州市委会

主　委　陈仁朝

副主委　陈惠红*

专职副主委、秘书长　许惠英*

民进漳州市委会

主　委　黄井南

副主委　林必强　陈　琦*　林阳山

专职副主委、秘书长　杨怡静*

农工党漳州市委会

主　委　何伟燕*

副主委　林如凤*　黄金明　张少榕*　张文山

专职副主委、秘书长　陈文礼

致公党漳州市委会

主　委　兰万安

副主委　蔡溪根　蓝碰金*　陈建国

专职副主委、秘书长　杨以茸*

九三学社漳州市委会

主　委　曹　阳*

副主委　黄晓农　严惠娇*　张　健

专职副主委　林喜勇

台盟漳州市委会

主　委　方丽云*

副主委　陈奕颖*　许　钢　饶　滢*

专职副主委　陈红斌

工商联

党组书记　潘海鹰*

党组副书记　张镇山

副主席　张志贤　吴文群

县（区）四套班子领导名录

中共芗城区委

书　记　石振棋

副书记　何才成

常　委　陈　昕*　肖扬权　李昭君*　叶俊霞*
黄平源　戴木典　黄艺群　韩晓东
陈燕惠*

芗城区人大常委会

主　任　李华胜

副主任　刘南煌　雷黄文君*　唐胜春

芗城区人民政府

区　长　何才成

副区长　叶俊霞*　黄艺群　杨志辉　方龙俊
蔡金山　许安娜*　林国栋　周志平

芗城区政协

主　席　刘建英*

副主席　杨美恋*　杨燕明　张雅玲*　郭达璐*

中共龙文区委

书　记　朱　真

副书记　林晓强

常　委　吴维桑　黄庆云　叶文辉　刘蓓晖*
江华泉　林燕真　沈晓辉　黄伟强

龙文区人大常委会

主　任　黄泽奇

副主任　卢蔚霖　刘　敏*　张少鹏　郑德良

龙文区人民政府

区　长　林晓强

副区长　吴维桑　陈姝娜*　林旺盛　黄喆煜
谢　武　刘杏珠*　阿不拉·吾甫尔
陈阿伟　沈　峰

龙文区政协

主　席　叶跃西

副主席　蔡丽池　吴敏燕*　苏钟铿

中共龙海区委

书　记　黄劲武

副书记　陈艺章　张碧兰*

常　委　高国亮　郭建民　蓝振强　林茂成
陈玉生　刘志宏　黄典华　李金雄

龙海区人大常委会

主　任　林文生

副主任　郑亚能　黄全海　陈裕成　丁庆雄

龙海区人民政府

区　长　陈艺章

副区长　林茂成　刘志宏　傅毅琳*　曾润伍
魏毅坤　李海宁　陈志达　陈跃洋
马慧玲*

龙海区政协

主　席　洪海涛

副主席　郭丽瑞　郭翠琴*　阮秀惠*　潘永强
邱子路

中共长泰区委

书　记　胡　滨

副书记　尤宇川

常　委　张海涛　曾进兴　郭武俊　陈贵芬*
蔡艺武　蔡文盛　林调兴

长泰区人大常委会

主　任　周俊雄

副主任　沈龙兴　叶胜发　黄南山　戴标发

长泰区人民政府

区　长　尤宇川

副区长　蔡艺武　叶泳达　吴荣辉　沈生辉

梁　真　郑建和　黄丽坤　徐自力

长泰区政协

主　席　叶水山

副主席　王高发　王　凌　林宝环*　陈建国

中共漳浦县委

书　记　陈爱棋

副书记　吴丁顺　丁晓亮

常　委　戴文利　杨艺明　许建毅　张建华
蓝主保　冯建辉　陈石金　林燕军
石璐璐*

漳浦县人大常委会

主　任　刘达文

副主任　王予军　吴水跃　何北贡　王赐义

漳浦县人民政府

县　长　吴丁顺

副县长　冯建辉　陈石金　陈宜贵　卢秀云*
林　晖　苏诚斌　连少鹏　洪和庭
曾小明　许坤煌　黄松周　林福泉
陈志元　王银军

漳浦县政协

主　席　林兆波

副主席　涂平辉　张少榕*　蓝小红*　陈结定

中共云霄县委

书　记　蓝良木

副书记　沈顺来　方毅强

常　委　徐玮琳　张东洲　陈顺国　郑雯雯*
周志坚　叶　芳*　肖华顺　吴南华

云霄县人大常委会

主　任　林达祥

副主任　何少栋　张永久　董勇贵　方炬宇

云霄县人民政府

县　长　沈顺来

副县长　陈顺国　汤永坚　方锦洲　蔡权城
洪逸峰　王玉潇　陈国海　林治柑
王少华

云霄县政协

主　席　林意纯*

副主席　许师逊　吴淑芬*　汤志远　郭　玲*

中共诏安县委

书　记　李亚容

副书记　黄庆华　张宸珲

常　委　陈龙跃　陈志亮　陈家明　许秀彬*
杨福星　王　锐　李志杰　陈三武

诏安县人大常委会

主　任　陈一森

副主任　张波灏　钟雪英*　陈燕贞*　陈立生

诏安县人民政府

县　长　黄庆华

副县长　陈龙跃　许春燕*　张海潮　黄选谦
杨俊乾　侯志斌　曾占壮　蔡燕海

诏安县政协

主　席　林惠溪

副主席　陈炎林　陈细勇　李毅军　林伍妹*

中共东山县委

书　记　何　霭

副书记　刘兆民

常　委　鲍瑞民　方艺荣　郭颖峰　王朝玲*
曹　威　沈惠勇　林裕辉　李　涛
张　帆

东山县人大常委会

主　任　李　斌

副主任　陈诗泉　周育民　郑慧莉*

东山县人民政府

县　长　刘兆民

副县长　林裕辉　李达生　朱义兴　张荣聪
陈丽蓉*　吴乐章　谢　丹*　关　虎

东山县政协

主　席　朱文挺

副主席　徐惠玲*　陈良海　何方芳*　许锦木

中共平和县委

书　记　蔡绿璇*

副书记　黄永健　郑炎山

常　委　郭毅置　李　真*　林丽玲*　吴志英*
林英强　王国东　戴永福　许晓斌

平和县人大常委会

主　任　朱新丰

副主任　朱顺忠　林慧颖*　钟育辉　张连清

平和县人民政府

县　长　黄永健

副县长　林英强　戴永福　吴映红*　林贵良
吴朝东　林琦志　林方晔　徐荣德
谢钟琛

平和县政协

主　席　李瑞林

副主席　曾文汉　林启明　蔡立保　谢伟宏

中共南靖县委

书　记　李志勇

副书记　蔡铭泉　林　凌

常　委　沈惠平　陈阳升　姚晓明*　胡继城
赖国贤　林清发　卢建明　彭建国

南靖县人大常委会

主　任　林文生

副主任　肖振龙　宋　斌*　陈立平　吴少军

南靖县人民政府

县　长　蔡铭泉

副县长　陈阳升　黄梅玲*　窦秉政　林叶青
简伟翔　潘福宝　陈志明　谢志峰
吴东照　周　镕

南靖县政协

主　席　陈群伟

副主席　杨志成　黄武松　黄阿中　吴建忠

中共华安县委

书　记　叶　毓

副书记　陈敏杰*　何素平

常　委　戴建敏　罗云漳　唐　耿　蔡森成
韩建华　宋秋明　邹家杰　杨增玄

华安县人大常委会

主　任　赖武平

副主任　杨子川　邱龙生　陈锦白

华安县人民政府

县　长　陈敏杰*

副县长　唐　耿　方志伟　蓝　磊　李俊毅
王　鸿*　纪曙宏

华安县政协

主　席　林炎山

副主席　郑木根　吴荆华*　林美发　洪长青

高等院校

闽南师范大学

党委书记　吴彬镪

党委副书记、校长　李顺兴

党委副书记　肖庆伟

副校长　何绍福　蒋一婷*　林致远　张龙海

纪委书记、监察专员　戴福康

漳州职业技术学院

党委书记　康溪顺

党委副书记、院长　林培榕

党委副书记　李秀玲*

副院长　戴延寿　何小海

纪委书记　蔡向东

漳州城市职业学院

党委书记　刘惠河

党委副书记、院长　翁　文

党委副书记　朱镇生

副院长　郑文平　吴锦城　陆志洪*

纪委书记　李德胜

漳州卫生职业学院

党委书记　陈　超*

党委副书记、院长　何　坚

党委副书记　黄乃光

副院长　陈义三　蔡韶滨

纪委书记　宋志海

漳州开放大学

党委书记、校长　詹志灵

党委副书记　林之枫*

副校长　吕峰鹏　陈毅文

漳州科技职业学院

校　长　李奠础

副理事长　黄铁枝

党委书记　韩阿火

副校长　林超融　林炎平

漳州理工职业学院

理事长　林朱江

校　长　支校衡

党委书记　陈恩龙

副理事长、副校长　林达理

党委副书记、常务副校长　张海通

党委副书记　张朝阳

副校长　黄祥庆　聂　敏

漳州市新闻媒体

闽南日报社

党委书记、社长　胡红光

党组副书记、总编辑　吴鹏举

副社长　杨少勇

副总编辑　邓文忠

漳州电视台

台长　陈俊杰

漳州人民广播电台

台长　刘丽贞*

重点开发区（投资区）

漳州招商局经济技术开发区

党委书记、主任　黄强中

党委副书记、常务副主任　蔡志勇

副主任　林朝晖　赵金涛　薛志旺

副主任、纪委书记　牛春忠

常山华侨经济开发区

党委书记　庄跃庆

党工委副书记、主任　阮授智

副主任　沈东生　蔡猛添　薛海州　林志典

纪工委书记、监察组组长　李继军

古雷港经济开发区

党工委书记　郑立敏

党工委副书记、主任　赵　丰

党工委副书记、副主任　张锦标

党工委副书记　陈再顺

常务副主任　朱光勇

副主任　黄一川　林振宗　许晨烨　蔡小彬　陈艳华

纪工委书记、监察工委主任　吴妙辉

漳州台商投资区

党工委书记　谢宏坤

党工委副书记、主任　张延能

党工委副书记　罗永生

副主任　游瑞辉　杨英明　王上飞　张清顺　杨少寅

纪工委书记、监察工委主任　王晓武

漳州高新技术产业开发区

党工委书记　陈建进

党工委副书记、主任　周绍斌

党工委副书记　林培兴

副主任　林远鹏　张庆文　黄伟斌　陈映煌　吴毅锋　蔡　靖　黄一峰

纪工委书记、监察工委主任　林仁振

漳州市属重点国有企业

漳州市九龙江集团有限公司

党委书记、董事长　林柳强

党委副书记、总经理　何惠川

党委副书记、监事会主席　魏育健
副总经理　赖文宁　石金塔　李伟国　陈左耘　曾毓前　刘艺飞
纪委书记　杨秀灵*

漳龙集团有限公司

党委书记、董事长　吴子毅
党委副书记、总经理　欧阳黎明
党委副书记、副董事长　陈海波
党委副书记、监事会主席　庄仁龙
副总经理　张毅宾　钟舜杰
纪委书记　林树勇

漳州发展股份有限公司

党委书记、董事长　赖小强
党委副书记、总经理　陈毅建
党委副书记、监事会主席　韩金鹏
副总经理　杨智元　李　勤　林惠娟*
纪委书记　曾高武

漳州市国有资本运营集团有限公司

党委书记、董事长　林柳强
党委副书记、总经理　张小兵
党委副书记、监事会主席　陈德慧
副总经理　周月萍*　颜有清　吴智明　朱建美*
纪委书记　洪安乐

漳州城投集团有限公司

党委书记、董事长　曾凡沛
党委副书记、总经理　吴国伟
党委副书记、副董事长　吴学恒
党委副书记、监事会主席　陈明松
副总经理　黄木顺　林也坚
纪委书记　黄一鹏

漳州片仔癀药业股份有限公司

党委书记、董事长　林志辉
党委副书记、总经理　黄进明
党委副书记、监事会主席　陈纪鹏
副总经理　洪　绯*　陈鸿辉
纪委书记　陈　强

龙溪轴承（集团）股份有限公司

党委书记、董事长　陈晋辉
党委副书记、总经理　陈志雄
党委副书记、监事会主席　刘明福
常务副总经理　郑长虹
副总经理　张逸青　林通灵　吴岳彬
纪委书记　王志劼

漳州市交通发展集团有限公司

党委书记、董事长　蔡艺良
党委副书记、总经理　林长河
党委副书记、监事会主席　陈　东
副总经理　陈连升　王国华　吴庚晨
纪委书记　黄亚晟

漳州市文旅康养集团有限公司

党委书记、董事长　杨志滨
党委副书记、总经理　方木德
党委副书记、监事会主席　康安伟
副总经理　魏蕙雅*　吴杰彬
纪委书记　胡南海

漳州人才发展集团有限公司

党委书记、董事长、总经理　方泗平
党委副书记、监事会主席　林丽冰*
副总经理　陈钦茂　郑庆祥
纪委书记　蓝小川

漳州信息产业集团有限公司

党委书记、董事长　沈海石
党委副书记、总经理　罗进章

漳州市金盾城市服务集团有限公司

党委书记、董事长　施艺雄

部分驻漳中央和省属机关企事业单位

中国人民银行漳州中心支行

党委书记、行长　周　恒
副行长　林进忠　康佩芬*　林明坤
纪委书记　陆利兴

国家金融监管总局漳州监管分局

局　长　吴向阳

副局长　伊跃峰　林松火　林　彦*

漳州市税务局

党委书记、局长　洪　黎*

副局长　黄富龄　姚　斌　黄珊珊*　陈　敢

纪检监察组组长　詹黎锋

漳州海关

关　长　孙锦先

副关长　林法戴　林　鑫

漳州海关驻招银办事主任　刘聪凛

纪检监察组组长　王其毅

漳州海事局

党委书记、局长　魏金华

副局长　陈木材　黎　云　刘团文

漳州市气象局

党组书记、局长　黄榕城

副局长　刘锦绣*　吴建成　张　磊

纪检监察组组长　徐桂妹*

漳州市地震局

党组书记、局长　王文生

副局长　黄添武　方宏芳*

漳州市通信发展管理办公室

常委副主任　许能文

漳州市邮政管理局

党组书记、局长　李　雯*

漳州烟草专卖局

党组书记、局长、经理　罗万达

副局长　姜传碧　林　炜

副经理　郭艺成

纪检监察组组长　黄闽江

国家统计局漳州调查队

党组书记、队长　喻武东

纪检组组长　何惠红*

漳州无线电管理局

局　长　俞建明

古雷海关

党委书记、关长　邢　东

副关长　王泽雄

漳州海关缉私分局

局　长　朱正文

政　委　吴续峰

副局长　蔡文川

东山海关

党委书记、关长　张　权

副关长　陈长乐

纪检组组长　欧阳丽丽*

漳州边检站

党委书记、站长　温　亮

副站长　王哲恺　郑　飞

厦门港口管理局漳州协调中心

主　任　林奕华

中国电信漳州分公司

党委书记、总经理　张　晨

副总经理　陈　坤　甘忠现　黄小辉

纪委书记　曾志聪

中国移动漳州分公司

党委书记、总经理　沈火平

副总经理　李志勇　钟淑霞*

纪委书记　范荣生

中国联通漳州分公司

党委书记、总经理　王宇坤

副总经理　王春峰　周炜玉*　高丽君*

纪检组组长　吕　平

福建广电网络集团股份有限公司漳州分公司

党委书记、总经理　朱卫东

党委副书记　沈　崑

纪委书记　林艳霞*

国网漳州供电公司

党委书记、副总经理　陈海清

党委副书记、总经理　黄　中

副总经理　林诗贤　温一黄　张　松

纪委书记 庄志民

邮政公司

党委书记、总经理 阮顺利

副总经理 徐 旭 周少雯

纪委书记、副总经理 郭俊勇

中国农业发展银行漳州分行

党委书记、行长 俞火炎

副行长 郑运辉 张正林

副行长、纪委书记 刘瑞渊

中国工商银行漳州分行

行 长 庄文聪

副行长 郭毅晖 徐碧娟*

纪委书记 黄紫鹏

中国农业银行漳州分行

党委书记、行长 王新新

党委副书记、副行长 林丽芳*

副行长 周毅斌* 叶丽云*

纪委书记 张志超

中国银行漳州分行

党委书记、行长 张孟禧

副行长 陈如光 陈元凤 林 珊* 高效田

纪委书记 张昌伟

中国建设银行漳州分行

党委书记、行长 丁映晖

副行长 欧阳曙光 杨建斌 黄灿灿 饶凤蔚

纪检监察组组长 张国振

中国邮政储蓄银行漳州分行

党委书记、行长 李剑斌

副行长、纪委书记 苏文星

副行长 尤德荣 白成彬 丁晓冬*

福建兴业银行漳州分行

党委书记、行长 陈 治

副行长 刘宗发 洪跃峰 陈 强

副行长、纪委书记 林玮欣

中国人民财产保险股份有限公司漳州分公司

党委书记、总经理 陈 璘

副总经理 陈跃峰 苏小琦 杨惠民

中国人寿保险公司漳州分公司

党委书记、总经理 黄瑞金

副总经理 许克武 沈文奇

纪委书记 陈鑫灿

中国太平洋人寿保险股份有限公司漳州中心支公司

党委书记、总经理 金传国

副总经理 沈阿芬*

副总经理、纪委书记 张 辉

（以上综合各单位）

责任编辑：蔡钰臻

说明：1. 标 * 为女性；2. 名单以 2023 年 12 月 31 日在职者为准，相同职务人员做适当归类，不作为排序依据。

漳州市委深入学习贯彻习近平文化思想和习近平总书记对宣传思想文化工作作出的重要指示精神、在文化传承发展座谈会上的重要讲话精神

2023 年 12 月 14 日，漳州市委常委会会议暨市委理论学习中心组学习会召开，深入学习贯彻习近平文化思想和习近平总书记对宣传思想文化工作作出的重要指示精神、在文化传承发展座谈会上的重要讲话精神，贯彻落实全国、全省宣传思想文化工作会议部署，更好担负起新的文化使命，推动新形势下漳州市宣传思想文化工作高质量发展。市委书记王进足主持会议并讲话，市委副书记、市长魏东，市人大常委会主任李东河、市政协主席吴文团和市委常委参加会议。张慧德、张鸿作重点发言，理论学习中心

组其他成员作书面发言。

会议指出，习近平文化思想是习近平总书记在推动社会主义文化发展过程中守正创新、凝练升华形成的，内涵极为丰富，是具有全局和长远指导意义的大智慧、大战略、大思路。这一重要思想深刻回答了新时代我国文化建设举什么旗、走什么路、坚持什么原则、实现什么目标等根本问题，丰富和发展了马克思主义文化理论，构成了习近平新时代中国特色社会主义思想的文化篇。我们要站在坚定拥护“两个确立”、坚决做到“两个维护”的政治高度，深刻把握习近平文化思想的重大意义、丰富内涵和实践要求，深入领会蕴含其中的重大创新观点、科学方法论和关于文化建设的战略部署，确保新时代文化建设始终沿着习近平总书记指引的方向坚定前行。

会议强调，要坚持学以致用，坚定用习近平文化思想统揽宣传思想文化工作。坚持不懈用习近平新时代中国特色社会主义思想凝心铸魂，用党的创新理论统一思想、统一意志、统一行动。聚焦发展壮大民营经济、推动县域经济高质量发展、加快重点片区建设等重大主题、热点话题，开展主题宣传报道，巩固壮大奋进新时代的主流思想舆论。结合广泛宣传“新时代漳州担当者”先进典型事迹，积极培育和践行社会主义核心价值观，大力营造干事创业、团结奋进的浓厚氛围。加快推进闽南文化生态保护区建设，保护好、管理好、利用好漳州文物和文化遗产，推动漳州优秀传统文化创造性转化、创新性发展。深入思考“漳州有哪些故事、通过谁来讲、讲给谁听、听完有什么效果”等问题，讲好漳州故事，全面展示漳州良好形象。

会议强调，要加强组织领导，压实工作责任，勇于改革创新，强化法治保障，建强干部人才队伍，构建党委集中统一领导、党政齐抓共管、宣传部门组织协调、各部门履职尽责，工青妇等群团组织各方面共同参与的大宣传工作格局，推动学习贯彻习近平文化思想走深走实。

（摘自《闽南日报》2023 年 12 月 15 日第一版）

政府工作报告

——2024 年 1 月 10 日在漳州市第十七届人民代表大会第四次会议上

漳州市人民政府市长　魏　东

各位代表：

现在，我代表漳州市人民政府，向大会报告政府工作，请予审议，并请市政协委员提出意见。

一、2023年工作回顾

2023 年，在省委和省政府以及市委的正确领导下，全市上下坚持以习近平新时代中国特色社会主义思想为指导，认真学习贯彻党的二十大精神，完整、准确、全面贯彻新发展理念，突出深学争优、敢为争先、实干争效，扎实开展“产业发展项目建设提升年”活动，全方位推进高质量发展。全市地区生产总值增长 5.9%，一般公共预算总收入增长 19.6%，地方一般公共预算收入增长 11.5%，规模以上工业增加值增长 5.6%，固定资产投资增长 8.1%，社会消费品零售总额增长 9.2%，出口总额增长 5.3%，城镇、农村居民人均可支配收入分别增长 5.1%、7.7%，居民消费价格指数（市辖区）99.5，完成年度节能减排任务，顺利完成市十七届人大二次会议、市十七届人大常委会第二十次会议确定的目标任务。

坚持拼经济、稳增长，发展质效持续提升。深入开展“七比一看”竞赛，出台巩固拓展经济向好势头、促进工业高质量发展、稳外贸稳外资促消费等政策，推动经济运行稳中有进、稳中向好。大抓项目建设，坚持每季度举行项目集中签约、开竣工、招商大会等活动，实施市级以上重点项目876个、完成年度计划投资的116.2%，集中开竣工项目537个、总投资2764.5亿元，新增入库项目2022个、总投资3242亿元；总投资1200亿元的漳州核电1号机组转入调试、2号机组进入安装、3—4号机组取得用地用海手续，总投资711亿元的古雷炼化一体化二期项目正式“入规”，总投资448亿元的中沙古雷乙烯项目进入实体工程建设阶段，总投资192亿元的联盛林浆纸一体化项目一期生产线6月份投产。大力招商引资，举办中国—菲律宾经贸创新发展示范园区建设推进会暨招商大会以及建筑业、海洋渔业、特色现代农业等专场招商活动，赴长江经济带、粤港澳大湾区等地举办推介会并常态化驻外招商，招引项目1032个、总投资3371.2亿元。强化要素保障，发挥项目前期办作用，组建市重大项目跟踪协调服务工作组，全年完成土地报批2.7万亩；处置批而未供土地2.7万亩，清理闲置土地4479亩；争取上级资金78亿元、地方政府专项债券额度132.6亿元；漳汕高铁等两批次22个项目列入国家重大用地项目清单，11个集中式光伏电站项目获批，数量均居全省第一。稳定市场主体，积极落实全省新时代民营经济强省战略，持续开展“千名干部挂千企”帮扶活动，举办首个“漳州企业家日”系列活动，新注册市场主体13.04万户、总量超80万户。

坚持强实体、兴实业，产业集群加速壮大。围绕“9+5”产业集群，深入实施“千百亿产业培育行动计划”。着力二产进，开展产业集群培优扶强专项行动，建立工业龙头企业培育库，新培育省级工业龙头企业5家、市级工业龙头企业35家；开展“十产百场”产业链“手拉手”对接等活动，新增新上规模以上工业企业351家，其中新增108家、居全省第一；石英钟表产业集群入选首批国家中小企业特色产业集群，入围2023年全国先进制造业百强市。着力一产稳，深入实施特色现代农业“1122”工程，省级以上农业龙头企业达243家、总数居全省第一；累计建设农业优新品种基地458个，2家种业企业入选农业农村部企业重点实验室，荣获“中国鲍鱼种苗之都”“中国蛤类种苗之都”称号；漳州国家农业绿色发展先行区顺利通过评估，漳浦县入选国家现代农业产业园创建名单，南靖县入选全国优势特色产业集群建设名单。着力三产优，积极发展现代物流、电子商务、数字服务、金融服务等新业态，开展“消费提振年”行动，举办“全闽乐购”“汽车促消费”等活动，落实购房购车补贴及新能源汽车减免税等政策，新增新上限额以上贸易业企业947家、规模以上服务业企业146家。培育壮大“四大经济”，实施海洋经济高质量发展三年行动，统筹“核、光、风、储、氢、冷、热”绿色经济一体化发展，着力打造“花样漳州”特色文旅品牌，入选省数字经济重点项目数居全省第二。开展高新技术企业“双倍增”行动，新获评国家专精特新“小巨人”企业3家，新增国家级科技企业孵化器2家、实现零的突破。加快县域经济发展，召开全市县域经济高质量发展分析会，推动各县区因地制宜发展“3+X”产业，龙海区、长泰区、芗城区入选2023年度福建省城市发展“十优区”，东山县、漳浦县、华安县入选经济发展“十佳县”。

坚持抓改革、扩开放，动力活力有效增强。持续开展营商环境攻坚提升行动，推出104项改革创新举措。率先在全省建成市级数字化营商环境督导平台，成功创建全国第四批社会信用体系建设示范区。施行《漳州市政务服务条例》，推进“一网好办”改革。推行拿地即开工、验收即办证、竣工即投产“三即”极简审批，提升市场准入便利化水平。深化“亩均论英雄”改革，评选一批标杆企业，完成低效工业用地改造157家，用地面积11907.7亩。在全国率先开展林业数字碳票、海水养殖碳汇核算。优化调整国企结构布局，市属国企已有7家企业获得AA+以上信用评级，九龙江集团首次跻身中国企业500强。建立“校长库”“院长库”，高层次人才队伍进一步壮大，“科特派”工作成效保持全省前列。主动融入“海丝”核心区建设，中国—菲律宾经贸创新发展示范园区获国务院批复设立并进入实质性建设阶段，签约合作项目38个、总投资449亿元；中沙（福建）产业合作区完成总体方案编制，东山经济技术开发区更名为东山湾古雷经济技术开发区。加快国家跨境电商综合试验区建设，积极组织企业参与境外重点展会，推进“B保”“市场采购”等外贸新业态发展，首次上榜中国外贸百强城市。服务和融入两岸融合发展示范区建设，举办海峡两岸现代农业博览会•花卉博览会、关帝文化旅游节、开漳圣王文化节、海峡茶会、海峡两岸中秋晚会等活动，漳州古城、长泰龙人古琴研究院获批国家级海峡两岸交流基地，成立漳州市人才一体化服务中心暨台湾人才一站式服务窗口，全市新设台资企业98家、实际使用台资2.2亿美元。

坚持守底线、防风险，社会大局平安稳定。深入开展重大事故隐患专项排查整治2023行动，深入整治道路交通隐患路段，全市生产安全事故起数、死亡人数呈现“双下降”。积极有效防御“杜苏芮”“苏拉”“海葵”等台风，及时复盘总结经验做法，制定极端天气情况下6小时恢复正常生产生活秩序部门联动工作方案。大力开展城镇燃气安全生产风险专项整治，紧盯“问题气、问题瓶、问题阀、问题软管、问题管网、问题环境”等关键环节，推进31.9万户居民户内燃气设施安全更新改造。巩固拓展全国市域社会治理现代化试点成果，深入开展信访“治重化积”工作，推进乡镇（街道）信访工作联席会议实体化运作、规范化运行。纵深推进常态化扫黑除恶斗争，深入开展夏季治安综合整治行动，严厉打击电信网络诈骗等各类违法犯罪活动，治安和刑事警情均持续下降。深入打好污染防治攻坚战，启动九龙江流域（漳州段）水质提升攻坚，深化花山溪饮用水水源地风险突出问题整治，推进国家农村黑臭水体治理试点项目建设，加快前两轮中央生态环境保护督察反馈问题整改销号，抓好第三轮中央生态环境保护督察问题立行立改，主要流域49个国省控断面I—III类水质达到年度考核目标要求，I—II类水质同比提升12.2个百分点，九龙江西溪入选全国“最美家乡河”。着力防范化解重点企业信贷风险，年末全市不良贷款率保持在合理水平。全市完成商品房销售面积556万平方米。创新“债转股”“信托计划持股”等模式，一盘一策推进21个保交楼项目处置。守牢耕地保护和粮食安全底线，完成补充耕地8226亩、水田及旱改水5862亩，恢复耕地1.7万亩；完成粮食播种面积93.04万亩、产量42.12万吨，油料播种面积13.34万亩。国家食品安全示范城市创建工作有力推进，食品安全和药品安全满意率保持全省前列。

坚持补短板、办实事，民生福祉不断增进。全面完成45项为民办实事项目，财政民生支出达79.9%。在全省率先设立“就业夜市”，启动17个“零工驿站”，招录政策性岗位4684人，城镇新增就业超4.2万人。出台促进教育高质量发展“20条”，成立“漳州市水仙花教育发展基金会”，新增公办幼儿园学位2790个、义务教育学位1.1万个。持续推进名医馆建设，举办海丝国际中医药文化论坛，与北京协和医院、中国中医科学院望京医院等开展合作共建，与海峡两岸医药卫生交流协会等共建海峡两岸医药健康融合发展示范基地、师带徒示范基地和名医联谊基地。推进38个重点医疗卫生项目建设，新增床位600张、卫技人员1283人，漳州市医院、漳浦县医院被确定为省级区域医疗中心建设单位。建成医养结合型养老机构30家，新增养老床位1065张。新建30家普惠托育机构，新增普惠性托位1375个。在全省率先制定住院分娩医保报销倾斜待遇政策。新增长者食堂34所。开工建设生命公园203个。推动化解市区第二批不动产权办证历史遗留问题12563宗、面积116万平方米。举办美食文化节、闽南文化周等活动，加强土楼活化利用，漳州圣杯屿元代沉船遗址的考古发掘取得新成果。中国女排精神展示馆顺利开馆，举办弘扬女排精神座谈会。开展全国首个乡村气排球公开赛，举办全民健身赛事活动300场次。加快漳州高新区“三大片区”等15个重点片区建设，实施城市建设品质提升项目927个，海绵城市建设扎实推进，九龙江流域（漳州段）山水林田湖草沙一体化保护和修复工程项目基本完成，全国文明城市创建工作巩固提升。深入推进乡村振兴“十镇百村”行动，加快建设和美乡村，新建乡镇生活污水配套管网183.1千米，整治裸房1.69万栋，新建农村公路441千米。成立1954个乡贤促进会，831个村推行乡村治理积分制，农村建设品质提升考核综合排名全省第一。

坚持学思想、强队伍，履职效能有力提高。深入开展学习贯彻习近平新时代中国特色社会主义思想主题教育，紧扣“学思想、强党性、重实践、建新功”，把理论学习、调查研究、推动发展、检视整改等贯通起来，精心组织实施，从严从实推进，以主题教育实绩实效赋能高质量发展。全面开展学习型、服务型、法治型、创新型、廉洁型政府建设，不断提升政府系统干部队伍能力。推行无纸化办公，提高办事效率，节约办公资源。严格执行中央八项规定及其实施细则精神，预计全市“三公”经费同比下降1.5%。深入开展干部作风“五不”问题专项整治，从严整治“股长做派”“科长天大”等问题，持之以恒纠治“四风”。认真执行市人大及其常委会决议决定，自觉接受市人大法律监督和工作监督，主动接受市政协民主监督，办理人大代表建议分解件144件、政协委员提案交办件560件，满意率均为100%。实施“八五”普法规划，在全省率先建设规范化行政复议中心。审计监督力度不断加大。妇女儿童、青少年、残疾人、民族宗教、精神文明、档案管理、社会科学、防震减灾、红十字、退役军人事务、国防动员、外事及援藏援疆援宁等各项工作都取得新的进展。

各位代表，回顾过去一年，成绩殊为不易，值得倍加珍惜。这些成绩的取得，根本在于习近平总书记掌舵领航，在于习近平新时代中国特色社会主义思想科学指引，是党中央国务院、省委省政府和市委坚强领导的结果，是全市人民凝心聚力、众志成城的结果。在此，我谨代表漳州市人民政府，向辛勤工作在各个领域的全市人民，向人大代表、政协委员、各民主党派、各人民团体、社会各界人士及离退休老同志，向驻漳中央和省属单位、驻军部队、武警官兵、公安干警、消防救援队伍，以及关心、支持、参与漳州发展的海内外朋友，表示崇高的敬意和衷心的感谢！

我们清醒地看到，进一步推动经济回升向好需要克服一些困难和挑战，国内大循环存在堵点，外部环境的复杂性、严峻性、不确定性上升。我市产业转型升级任务重，社会预期偏弱，部分企业生产经营面临困难；科技创新内生动力不足，高新技术企业数量不多，R&D经费投入强度不够；市区融合水平不高，县域经济实力不强；生态环境保护任重道远，优质教育、医疗、养老等公共服务保障供给仍显不足；政府系统干部担当意识、斗争本领不够，政府自身建设还需加强。对此，我们既要坚定信心，更要正视不足，采取有力有效措施，切实加以解决。

二、扎实做好2024年工作

2024年是中华人民共和国成立75周年，是实施“十四五”规划的关键一年。我们要以习近平新时代中国特色社会主义思想为指导，全面贯彻落实党的二十大和二十届二中全会精神，紧扣“四个更大”

重要要求，坚持稳中求进工作总基调，完整、准确、全面贯彻新发展理念，围绕推动高质量发展首要任务和构建新发展格局战略任务，聚焦建设两岸融合发展示范区重要使命，以科技创新为引领，以改革开放为动力，加快建设现代化产业体系，统筹扩大内需和深化供给侧结构性改革，统筹新型城镇化和乡村全面振兴，统筹高质量发展和高水平安全，深入实施“产业发展项目建设增效年”活动和“七比一看”竞赛，切实增强经济活力、防范化解风险、改善社会预期，持续推动经济实现质的有效提升和量的合理增长，全力打造全省高质量发展新的重要增长极。

主要预期目标是：地区生产总值增长6%左右，一般公共预算总收入增长7%，地方一般公共预算收入增长5%，规模以上工业增加值增长7%，固定资产投资增长6.5%，社会消费品零售总额增长6.5%，出口总额增长5%，城镇、农村居民人均可支配收入分别增长6%、7.5%，居民消费价格指数（市辖区）控制在103左右，完成节能减排任务。新的一年，我们将运用好“十四五”规划实施情况中期评估成果，重点抓好以下九个方面工作：

（一）聚焦实体经济，推动现代化产业体系建设

强化科技创新引领。研究出台加快科技创新政策，加大研发投入，力争R&D增长18%以上。培育创新型企业，壮大高新技术企业集群，力争申报国家高新技术企业数超400家。加快漳州市食品科学研究院等创新平台建设，实施规模以上工业企业研发机构广覆盖行动，新增新型研发机构5家以上。加强产学研深度融合，开展“9+5”产业关键核心技术攻关，新增省级以上各类科技计划项目超20个。推进“科特派+”服务模式，组建一批“一县一业”“一村一品”“R&D”科特派团队。发挥“全国地标第一市”优势，设立知识产权保护中心，加快知识产权转化运用，推进国家知识产权强市建设试点城市工作。深入实施“万才聚漳”行动计划，实施产业人才引进培育和高端人才柔性引进工程，建设青年发展型城市，全面激发人才创新创造创投创业活力。

大力推进新型工业化。实施先进制造业集群发展工程和服务型制造提升行动，完善产业结构优化调整政策体系。实施“三头六臂千手”行动，加快食品加工、装备制造等传统产业智改数转，培育新一代信息技术、生物医药、新能源、新材料等新兴产业，布局人工智能、氢能与储能等未来产业，发展新质生产力。实施“一十百千”数字化转型提升工程，推进“上云用数赋智”行动，推动200家企业接入工业互联网标识解析二级节点、累计超3000家企业“上云上平台”。实施优质企业集聚培育行动，培育一批“独角兽”和“瞪羚”企业，力争新认定专精特新中小企业30家、新增新上规模以上工业企业超200家。

培育壮大民营经济。坚持“两个毫不动摇”，加大民营企业创新转型支持力度，完善促进民营经济高质量发展“1+N”政策体系，打通惠企政策落地“最后一米”。规范实施政府和社会资本合作新机制，聚焦使用者付费项目，推出一批合作项目，拓宽民间投资空间。引导民营企业深度融入全国统一大市场，积极参与基础设施建设、县域经济发展、乡村振兴等领域，加大重点产业、重要区域、重大项目投资。健全优质民营市场主体梯度培育机制，分层分类建立培育库，培优扶强龙头企业。全面推行包容审慎监管，持续办好“漳州企业家日”等活动。

加快发展县域经济。做好“产城人”融合文章，争创更多全省“十强”“十佳”“十优”县（区）。用好福建省《县域重点产业链发展白皮书（2023）》，立足全市“9+5”产业和县区“3+X”产业，着力建设“两园两区”，突出“一县一特色”，宜工则工、宜农则农、宜商则商、宜游则游，加快打造百亿工业链条、千亿产业集群。实施“大城关”战略，推进公共服务、产业配套、环境卫生等设施建设。加快消

费扩容提质，促进人气集聚，以人兴产、以人旺城。积极推动芗城、龙文、龙海、长泰“四区”一体化建设，完善协调工作机制，统筹教育、医疗、交通等设施布局，做大做强中心城区。支持南部县推进新型工业化，加快发展湾区经济。支持北部县发展现代绿色产业，打造绿色经济带，夯实发展的动力支撑。积极构建山海协作新机制，推进产业链群协同、基础设施联通、公共资源共享。

（二）聚焦有效需求，促进投资消费良性循环

积极扩投资。坚持长中短项目统筹、大中小项目配套、央国企民企外企和政府投资项目齐抓，扎实抓好177个省级重点项目和882个市级重点项目建设，全力推进漳州核电等23个百亿项目。强化策划储备，发挥项目前期办作用，新策划项目投资额3160亿元以上、新增固定资产投资入库2000亿元以上。强化要素保障，争取更多预算内投资、地方政府专项债、增发国债向我市倾斜，统筹用地、用海、用林、用能等保障，推动资源要素向优质项目和重点区域集中。

积极促消费。稳定和扩大传统消费，推动制造建造融合发展平台应用，提振新能源汽车、电子产品等大宗消费。大力发展数字消费、绿色消费、健康消费，积极培育智能家居、文娱旅游、体育赛事、国货“潮品”等新的消费增长点。开展“乐购漳州”一月一主题促消费活动，放大“全闽乐购”促消费品牌效应。培育绿色商场、夜间经济聚集示范区、一刻钟便民生活圈、示范商圈等消费载体，不断丰富消费场景。抓住高铁“文旅新红利”，加快构建“快旅慢游”交通系统，完善交通接驳、景区服务和旅游市场管理，加强与互联网头部平台合作，大力推介漳州美景美图美食。健全城乡商贸流通体系，落实县域商业三年行动计划，加大县乡绿色智能产品展销推广，推动智能家居、绿色建材下乡。实施“安商一体化”，精准支持刚性和改善性住房需求，销售商品房面积500万平方米以上，促进房地产市场平稳健康发展。

积极抓招商。打好空间、设施、资金、服务等要素“组合拳”，积极招引“链主型”“引领型”企业，争取更多优质项目落户漳州。突出精准招商，用好产业链招商地图和优质企业图谱，建立产业链招商数据库，推广主导产业“链长制”，紧盯长江经济带、粤港澳大湾区，精准引进一批高关联配套企业、服务企业和重大项目。创新招商模式，发挥国企产业基金作用，完善“基金＋股权＋项目”招商模式，拓展以商招商、商协会招商、乡贤招商等渠道。强化招商落地落实导向，加强项目招引绩效管理，开展招商项目“回头看”，提高落地率、到资率、开工率。

（三）聚焦重点区域，增强集聚发展新动能

打造一流绿色生态石化基地。继续举全市之力发展古雷石化产业，全年完成固定资产投资超220亿元、实现工业产值超千亿元。加快中沙古雷乙烯项目主体工程施工，力争古雷炼化一体化二期项目上半年核准、年内开工。推动总投资超300亿元的南化苯产业链、总投资226亿元的天辰高端聚酰胺、总投资112亿元的海顺德高等级白油等项目加快落地，加快恒海聚酯纤维、台达化学等项目建设，力争海泉化学醋酸乙烯、奇美PC等项目投产。统筹完善港口、路网、管网、环安和水电气热五大体系，加快“智慧古雷”建设，推动“工业互联网＋危化安全生产”平台投用。加快古雷与周边县域联动发展，围绕“油头化尾”，抓好重点化工园区布局和产业协同发展，推动长江经济带石化产业链招商取得新突破。

打造中菲“两国双园”。建立健全中菲“两国双园”沟通联络机制，积极争取支持政策措施。抓好“一园五片区”建设，推动诏安港区万吨级码头、国际粮油食品贸易加工园区建设，加快“零碳”产业园建设，力促中储粮储备库、东南沿海综合通用储备库等项目开工。持续办好中菲招商大会，开展赴菲经贸交流活动，推进海洋渔业、热带农业、绿色矿业、石油化工、林木加工等产业链招商。密切漳菲水果、木材

等贸易往来，对菲律宾进出口贸易额增长 15% 以上。

打造重点产业片区。接续发力漳州高新区，突出“三大片区”开发建设，做强“一智一药”主导产业，做优文旅康养产业，做大总部经济，加快片仔癀美妆园、龙轴机械等项目建设，支持在动车站前建设市游客服务中心。提速建设台商投资区，推进社头、吴宅、灿坤等园区标准化建设，抓好龙池大型工业综合体和角美作业区 1、2# 泊位等项目建设，积极创新体制机制，进一步形成政策洼地、人才高地。加快发展漳州开发区，优化升级后石港区泊位，力促东方风电、天顺风能等项目落地。着力发展常山开发区，推进中菲“两国双园”常山片区建设，盘活闲置资源资产，进一步做好“侨”的文章。

（四）聚焦功能品质，持续提升城市能级

抓畅行促通达。拓展对外通道，推动漳汕高铁等项目开工建设。畅通内部循环，加快沈海线漳州龙海至诏安段扩容工程、漳州通海高速（永漳高速公路华安至漳浦段）、国道 324 线龙海角美大碑头至龙文朝阳漳滨段工程等项目建设，实施国道 228 线滨海旅游风景道示范项目，力促南江滨路与厦漳同城大道互通建成通车。实施中心城区高快一体暨快联快通工程，实现主城区 15 分钟上高速，便捷出行、快速过境。积极申报创建国家公交都市，推动城乡公交一体化发展，提高公共交通出行品质。

抓建设促升级。加快 15 个重点片区开发建设，高品质打造西湖片区、建元片区。实施 805 个城市建设品质提升项目，全域建设海绵城市，系统建设“平急两用”公共基础设施。新改建一批口袋公园、城市绿道，推进圆山福道、山水连城步道规划建设。采取拆除新建、整治提升、拆整结合三类方式，实施城市更新和城中村改造，加快芗城上墩、龙文东屿等片区开发，开工改造 201 个老旧小区，全市基本完成 2000 年底前建成的老旧小区改造任务。

抓治理促宜居。加强城市风貌管控，进一步彰显闽南风、漳州味。持续推进“5G+ 光网”双千兆城市建设，加快智慧城管（二期）建设。完善“城管双员进社区”解难题机制，推进生活垃圾分类，实施中心城区住宅小区低洼配电站房迁移改造。常态化抓好交通秩序、市容市貌、背街小巷、农贸市场等整治，深化全国文明城市创建。

（五）聚焦乡村振兴，加快推进农业农村现代化

发展现代农业。牢牢守住粮食安全和耕地保护底线，坚持稳面积、增单产两手发力，坚决整治乱占、破坏耕地违法行为，开展盐碱地综合改良利用，完成 9.5 万亩高标准农田建设，稳定粮食生产播种面积 93.04 万亩、产量 42.12 万吨以上。推进特色现代农业培育行动，高标准培育一批产业强镇、“一村一品”专业村，把农业建成现代化大产业。深入实施种业振兴行动，建设农业优新品种基地 100 个。加快规划建设 10 个种养加一体化现代农业产业园和一批食用菌产业园，推进东南花都现代农业产业园提质增效。招引一批农产品加工龙头企业落地，拓展农产品精深加工及冷链物流，加强农产品销售市场建设，发展休闲农业、乡村旅游，促进一产接二连三。规范水产养殖，拓展深远海养殖空间，努力打造更高水平的“海上漳州”。

统筹镇村建设。把推进新型城镇化和乡村全面振兴有机结合起来，拓展优化县域发展空间，因地制宜、分类引导镇村发展。开展乡村振兴“十镇百村”典型引领、“百镇千村”共建共富共美行动，实现所有乡村“清沟、扫地、摆整齐”，推动一批乡村“拆旧、拓新、整漂亮”，力促一批有条件的乡村“穿衣、戴帽、扮靓丽”。引导金融和社会资本参与乡村振兴，实施乡村振兴项目 652 个，打造一批乡村振兴典型。开展“污水零排河”专项行动，实现污水就近处理消纳。推进新改建一批农村公路。加快实施城乡供水一体化项目，加强投融资、建设、运行、维护、调度全流程管理，提高农村供水保障水平。

加强乡村治理。持续完善乡贤组织网络和乡贤工作机制，组建、提升“乡贤促进会”，推动乡贤深度参与乡村振兴。增强村集体组织和村民在乡村振兴中的主体作用，提高乡村治理能力。将农村环境卫生、森林保护、水源保护、兴教助学等纳入村规民约，全面推广运用“积分制”，推行农村人居环境治理市场化运营模式。探索乡风评议、好家风建设等模式，促进新时代文明实践站、农家书屋建设，持续推进农村移风易俗。深入实施高素质农民培育计划，引导各类人才在广阔农村大显身手。加强监测帮扶，增强内生动力，持续巩固拓展脱贫攻坚成果。

（六）聚焦提质增效，增创高质量发展新优势

深化重点领域改革。纵深推进新一轮国企改革深化提质增效行动，健全市属国企管理和市场化经营机制，优化企业管理综合考评、绩效考核和薪酬分配机制。推进财政体制改革工作，推动相关领域财政事权和支出责任划分改革，完善市对县区正向激励和帮扶机制。深化集体林权制度改革，完善集体林地“三权分置”实现形式和运行机制，促进地票、林票、碳票融合。完善海水养殖蓝色碳汇核算交易机制，促进渔业养殖绿色转型。深层推进医保、医疗、医药改革联动，推动按病种分值付费支付方式改革、“药价保”集成化改革，推进“无陪护”病房、“家庭病床”等改革试点，改善群众就医体验。

持续提升发展质效。树牢“亩均论英雄”导向，评选标杆企业，强化评价结果应用。推行工业用地“标准地”出让，实行全程协同联动监管。积极开展低效用地再开发试点工作，探索提高土地利用效率的措施和机制。实施产业社区（标准化工业园区）建设专项行动，注重职住平衡，提高工业用地容积率，力争建成产业社区（标准化工业园区）1000万平方米以上、拉动产业项目投资1000亿元以上。探索“股权财政”路径，形成“资金投入－资金回报率提高－资金再投入”的良性循环。全面盘活低效、闲置资产，提升存量资产效益。

全面优化营商环境。开展营商环境提升建设行动，深化“千名干部挂千企”帮扶活动，探索招商落地、开工建设、竣工投产全生命周期“妈妈式”服务模式。推广全市工程项目网上中介服务平台，全面实施“一表申请、一窗受理、一章审批、超时默认、默认追责”审批制度。推行“竣工即投产”改革，按照“一项目一专班”模式，提速项目并联审批。推进电子政务信息化应用，实现企业开办、准营、注销一件事“全程网办”。持续强化惠企政策“免申即享”，让政策精准、直达、快享。

提高对外开放水平。积极融入“海丝”核心区建设，推动一批中菲“两国双园”项目落地见效，力争中沙（福建）产业合作区获批。引导企业布局海外仓，探索开展侨汇结汇便利化试点业务。积极拓展海外市场，推动国际快件监管中心、跨境电商监管中心投入运营。鼓励企业“抱团”出海，组织参加境外重点展会，大力拓展菲律宾等RCEP成员国市场。瞄准世界500强等企业，主动加强精准对接，扩大外资项目储备。加强与东南亚、中东等地区的合作，推动与友好城市的交流。

（七）聚焦漳台融合，打造台胞台企登陆第一家园

坚持以通促融。认真落实中央出台支持福建探索海峡两岸融合发展新路建设两岸融合发展示范区的意见和福建省的实施意见，突出在教育共融、医疗共享、文化共情、经贸共赢、产业共促上先行先试。实施新一轮“漳台产业合作计划”，以石油化工、装备制造、电子信息、文旅康养、现代农业等为重点，推动漳州主导产业与台湾优势产业深度融合发展。开展“大陆台协会会长漳州行”招商活动，支持漳州企业与在漳台企共建企业合作联盟。鼓励台湾农渔民参与漳州农村一二三产业融合发展，争创国家级海峡两岸乡村振兴合作基地。拓展东山5000吨级对台客货码头工程等项目功能，进一步方便漳台经贸往来。

坚持以惠促融。优化在漳台胞“五项服务”，更好便利台胞在漳生活发展。整合对台教育资源，探索与台湾院校合作办学新路。用好市台湾同胞联谊会台胞职业技能培训基地，推动台商投资区争创国家级台青就业创业基地，建设海峡两岸青少年研学基地。实施“名医入漳”圆山计划，加快推进“五大工程”，促进漳台中医药事业融合发展。探索打造“大陆台商康养休闲中心”，吸引更多台商来漳定居落户。

坚持以情促融。提速规划建设世界闽南文化交流中心，加快建设开漳圣王文化交流中心。办好海峡两岸现代农业博览会•花卉博览会等两岸重大交流活动。发挥开漳圣王、关帝、保生大帝等民间信仰精神纽带作用，支持漳台两地各类民间组织开展常态化交流，开展族谱对接、寻根谒祖和民间信俗交流等活动。积极开展与澎湖融合发展实践。

（八）聚焦绿色发展，全力推进美丽漳州建设

狠抓污染防治攻坚。紧盯第三轮中央生态环境保护督察反馈问题，对账销号、举一反三，确保问题整改到位、取得实效。深入打好蓝天保卫战，全面淘汰每小时 10 蒸吨及以下燃煤锅炉，加快重点行业挥发性有机物治理，严格落实工地、道路、裸露地块等抑尘降尘措施。深入打好碧水保卫战，禁止在九龙江北溪、西溪流域新扩建造纸、制革、电镀、漂染等项目，加快花山溪流域农业种植结构调整，深化畜禽养殖污染防治，抓好市政排水管网错接混接改造、雨污分流改造和破损管网修复，促进九龙江流域（漳州段）水质明显提升。深入打好碧海保卫战，加强陆海污染源头治理和联防联控，推进入海排污口整治，抓好提水式海水养殖场尾水治理。深入打好净土保卫战，严格落实农用地和建设用地土壤污染防治，严禁污染地块违规开发利用，强化危废全过程信息化管理。

加强生态保护修复。健全“河湖林长制”，坚持山水林田湖草沙一体化保护和系统治理。深化森林质量精准提升行动，严厉查处违法破坏防护林行为，加快基干林补植、整体复绿，开展植树造林 7.6 万亩、森林抚育 25 万亩，实施珍贵树种造林 3000 亩、松林改造 2.2 万亩。加强“前埂后沟”等保土保水措施，推进水土流失综合治理。实施云霄县、东山县、古雷开发区美丽海湾生态环境治理项目，推进东山县乌礁湾综合治理和云霄县海岸带生态修复，持续抓好互花米草除治管护，强化珊瑚礁和红树林保护。

推动绿色低碳转型。着眼“核、光、风、储、氢、冷、热”绿色经济一体化发展，加快闽南海上风电基地 480 万千瓦先行示范基地前期工作，开工建设华安抽水蓄能电站等项目，推动漳州核电 1 号机组、漳浦六鳌海上风电场二期、漳州 LNG 接收站等项目投产。深化“三线一单”成果落地应用，严把项目准入关口。深化低碳社区、低碳园区等低碳试点示范建设，加快钢铁、建材、造纸等产业绿色转型，力促新获评省级以上绿色制造单位 10 家。

（九）聚焦民生关切，提高群众生活品质

突出就业优先。完善就业促进机制，做好高校毕业生、农民工、退役军人等重点群体就业创业，帮扶大龄、残疾、低保家庭、长期失业等困难人员就业创业，新增城镇就业 3.8 万人以上。实施“人社便民服务年”活动，创建一批本地特色劳务品牌和创业孵化基地，打造“家门口”就业服务站，加大“就业夜市”“零工驿站”推广应用。规范政府补贴性职业技能培训，加大农民工、“4050”人员等群体职业培训。

办好为民实事。实施 38 项为民办实事项目。抓好示范性幼儿园评估工作，推进中小学拔尖创新人才早期培养工程，开展普通高中高质量发展行动和县（区）一中振兴工程，实施职业院校办学条件达标计划，支持闽南师范大学圆山校区、漳州职业技术学院古雷石油化工学院等建设，启动漳州二中扩建、

龙师附小古雷分校等项目建设，推动漳州三中龙文校区等项目投用，新增中小学优质学位5000个。推进全生命周期健康管理高质量发展，实施卫生健康项目47个，新增床位650张。开展家庭病床服务试点工作，力争二级以上公立综合医院设置老年医学科比例达90%。推进农村互助式养老服务，三星级以上农村幸福院达到800个以上。实施积极生育支持政策。完善婴幼儿照护服务支持政策，支持各类主体建设托育机构。推进城市餐厅和长者食堂建设。新开工生命公园300个。大力弘扬漳州闽南文化、海丝文化、红色文化等优秀传统文化，深化“用闽南文化点亮千年漳州古城”行动计划。加大力度保护文化遗产，持续推进漳州圣杯屿元代沉船遗址的考古发掘、保护利用，谋划推动圣杯屿专题博物馆建设。组织150场以上全民健身赛事活动。全面落实社会救助、残疾人补贴、大病保险、职工医疗互助等托底政策，分层分类提供常态化救助帮扶。新筹建保障性租赁住房822套。

筑牢安全底线。深化危化品、燃气、校园、交通运输、建筑施工、消防等重点领域风险隐患排查整治，严格落实安全生产责任制。着力创建安全发展示范城市，强化台风等自然灾害综合监测预警，加快建设“一网统管”信息化平台，按照极端天气6小时恢复正常生产生活秩序的要求，最大限度减少灾害造成的损失。推进社会治安防控体系建设，常态化推进扫黑除恶斗争，集中打击整治群众反映强烈的突出违法犯罪。常态化开展信访“治重化积”工作，全面推进信访问题源头治理。强化食品药品安全监管，争创国家食品安全示范城市。有效防范化解房地产、金融等领域风险，坚决守住不发生系统性风险的底线。

同时，支持驻漳部队建设，做好国防教育、国防动员、军民融合、双拥共建工作，抓好国防动员指挥体系和专业保障队伍建设，加强海防管理，保障军人军属权益，争创全国双拥模范城“八连冠”。更好发挥工会、共青团、妇联等群团组织作用，大力发展妇女、儿童、老龄、残疾人和红十字等事业。扎实做好外事、侨务、港澳台、民族、宗教、人防、气象、地震、档案等工作。认真开展第五次全国经济普查。进一步做好援藏援疆援宁工作，促进各项事业全面进步。

三、全面加强政府自身建设

新时代新征程。我们要胸怀“国之大者”，以“功成不必在我”的精神境界和“功成必定有我”的责任担当，增强战略思维、历史思维、辩证思维、系统思维、创新思维、法治思维、底线思维能力，全面提升政府治理能力现代化水平。

深化学习型政府建设。坚持不懈用习近平新时代中国特色社会主义思想凝心铸魂，巩固拓展主题教育成果，深刻领悟“两个确立”的决定性意义，增强“四个意识”、坚定“四个自信”、做到“两个维护”，不断提高政治判断力、政治领悟力、政治执行力，始终在思想上政治上行动上同以习近平同志为核心的党中央保持高度一致。全面对标对表、落实落细党中央、国务院的决策部署和省委、省政府以及市委的工作要求，以实际行动、实绩实效践行对党忠诚。

深化服务型政府建设。牢记政府前面“人民”二字，积极践行以人民为中心的发展思想。深入开展“问需于民、问计于民、问效于民”活动，深化运用“四下基层”制度，走好新时代党的群众路线。完善“12345热线”等平台，积极回应群众关切。用情用力解决群众急难愁盼问题和身边小事，把群众想干的事当作政府要干的事、政府在干的事变为群众支持的事、政府干成的事成为惠及群众的事。

深化法治型政府建设。深入开展法治政府建设示范创建活动。深化行政执法体制改革，加强基层综合执法队伍规范化建设。落实“八五”普法规划，推进海域养殖生态保护管理、海绵城市建设管理等法规起草工作。自觉接受人大法律监督、工作监督和政协民主监督，大力支持人大代表、政协委员建言献策。主动接受社会和舆论监督，深入推进政务公开，依法全面履行职责。

深化创新型政府建设。加快数字政府建设，持续升级“互联网＋政务服务”，全面推行无纸化办公。践行“马上就办、真抓实干”的优良作风，认真复盘总结，创新体制机制，对定下来的事情抓紧落实，对已部署的工作一抓到底。健全容错纠错机制，进一步激励干部担当作为。坚持守正创新，提升谋划、策划、规划、计划能力，增强推动高质量发展、服务群众、防范化解风险的本领。

深化廉洁型政府建设。深入落实新时代党的建设总要求，严格履行全面从严治党主体责任。锲而不舍落实中央八项规定及其实施细则精神，坚决纠正形式主义、官僚主义，抓文风转作风，持续为基层减负。严控一般性支出，把政府“过紧日子”作为常态化纪律要求。持之以恒推进党风廉政建设和反腐败斗争，突出权力集中、资金密集、资源富集领域廉政风险防控，营造干部清正、政府清廉、政治清明、社会清朗的良好政治生态。

各位代表！实干书写精彩，奋斗开创未来。让我们更加紧密地团结在以习近平同志为核心的党中央周围，在省委和省政府以及市委的坚强领导下，坚定信心，团结奋进，为加快建设现代化滨海城市、全面推进中国式现代化作出更大贡献！

（漳州市政府办）

统计资料

表 14　　2019—2023 年漳州市主要经济指标完成情况表

	单位	2019		2020		2021		2022		2023	
		总量	增长（%）	总量	增长（%）	总量	增长（%）	总量	增长（%）	总量	增长（%）
地区生产总值	亿元	4686.83	6.2	4557.61	–3.9	5248.59	8.0	5443.63	6.0	5728.43	5.9
#第一产业	亿元	480.77	3.5	498.73	3.2	530.29	5.4	571.19	3.8	599.34	5.5
第二产业	亿元	2260.38	5.2	2196.90	–8.8	2607.50	7.7	2590.09	6.3	2694.45	5.5
#工业	亿元	1807.24	5.5	1745.68	–10.8	2044.59	8.4	1968.16	3.7	2009.46	4.0
第三产业	亿元	1945.68	8.1	1861.98	0.6	2110.80	9.1	2282.34	6.2	2434.64	6.5
人均 GDP	元	92534	5.5	90071	–3.8	103625	7.9	107391	5.9	113087	6.0
年末常住人口	万人	506.0	–0.2	506.0	0.0	507.0	0.2	506.8	0.0	506.3	–0.1
农林牧渔业总产值	亿元	882.20	4.0	919.75	3.3	992.57	5.7	1066.35	4.6	1117.88	5.5
固定资产投资	亿元		0.1		–27.8		8.2		10.1		8.1
社会消费品零售总额	亿元	1786.35	9.8	1697.15	–5.0	1804.57	6.3	1904.21	5.5	2080.09	9.2

续表 14

	单位	2019		2020		2021		2022		2023	
		总量	增长（%）	总量	增长（%）	总量	增长（%）	总量	增长（%）	总量	增长（%）
一般公共预算总收入	亿元	356.20	1.2	350.65	–1.6	384.50	9.7	341.03	8.3	407.80	19.6
# 地方一般公共预算收入	亿元	219.41	0.3	218.56	–0.4	246.18	12.6	250.60	16.7	279.30	11.5
一般公共预算总支出	亿元	440.44	2.5	447.76	1.7	420.25	10.6	499.11	18.8	521.77	4.0
金融机构本外币存款余额	亿元	3179.77	6.7	3492.15	9.8	3858.82	10.5	4374.51	13.4	4884.03	11.7
金融机构本外币贷款余额	亿元	2921.94	11.5	3447.42	18.0	4049.87	17.5	4688.8	15.8	5331.2	13.7

表 15　2023 年漳州市分县区部分主要经济指标情况表

	国内生产总值（亿元）			一般公共预算总收入（亿元）			地方一般公共预算收入（亿元）			社会消费品零售总额（亿元）			城镇居民人均可支配收入（元）			农村居民人均可支配收入（元）		
	总量	增长%	位次	总量	增长%	位次	总量	增长%	位次	总量	增长%	位次	总量	增长%	位次	总量	增长%	位次
全市	5728.43	5.9		407.80	19.6		279.30	11.5		2080.09	9.2		48736	5.1		27788	7.7	
芗城区	872.78	7.3	2	36.98	11.1	8	22.48	11.3	8	355.40	7.2	11	54803	5.3	2	27695	7.7	5
龙文区	454.65	6.6	4	21.35	–2.1	10	14.29	–11.2	10	276.18	9.4	8	55642	4.9	7	29884	7.8	3
龙海区辖	632.88	5.3	8	31.77	34.5	2	22.17	11.7	7	201.83	9.5	7	50360	4.7	11	29089	7.7	5
长泰区	406.04	5.2	9	27.85	18.1	6	18.60	13.1	6	113.05	7.3	10	50733	5.1	3	29108	7.8	3
漳浦县辖	500.27	6.6	4	23.46	–16.2	11	18.18	–12.4	11	230.51	10.1	6	49969	4.8	9	30679	7.6	8
云霄县辖	262.24	6.5	6	14.14	16.9	7	10.45	14.4	4	123.98	8.1	9	42970	5.0	6	25461	7.5	9
诏安县	356.32	5.4	7	12.05	44.5	1	8.03	37.3	1	129.77	10.1	5	40999	6.3	1	25106	8.9	1
东山县	273.91	8.2	1	21.98	8.5	9	15.78	–3.0	9	100.89	11.2	2	48301	4.9	7	32165	7.7	5
平和县	318.18	6.7	3	12.92	23.8	4	9.17	14.3	5	120.48	10.4	3	41544	5.1	3	26955	7.2	11
南靖县	379.87	0.1	11	17.14	21.7	5	12.55	25.2	3	130.83	11.8	1	44419	5.1	3	26939	8.0	2
华安县	220.83	4.6	10	11.13	31.4	3	7.76	29.3	2	47.95	10.3	4	44966	4.8	9	26560	7.3	10
漳州开发区	141.17	7.2	3	11.66	–1.2	4	7.80	–7.2	3	20.82	14.3	1	–	–	–	–	–	–
常山开发区	41.20	2.0	5	3.48	16.6	2	2.12	19.3	2	4.43	5.3	5	–	–	–	–	–	–
古雷开发区	183.28	10.9	1	17.81	–	–	16.96	–	–	71.46	10.7	2	–	–	–	–	–	–
台商投资区	460.29	7.4	2	34.70	45.5	1	24.36	28.4	1	82.23	8.8	3	–	–	–	–	–	–
漳州高新区	224.51	4.5	4	17.12	1.5	3	8.37	–18.8	4	70.29	7.1	4	–	–	–	–	–	–

表 16　　2023 年漳州市国民经济主要指标占全省比重一览表

	单位	漳州市	福建省	漳州占全省比重（%）
年末常住总人口	万人	506.30	4183.00	12.1
生产总值	亿元	5728.43	54355.10	10.5
第一产业	亿元	599.34	3217.66	18.6
第二产业	亿元	2694.45	23966.43	11.2
# 工业	亿元	2009.46	18548.27	10.8
第三产业	亿元	2434.64	27171.01	9.0
农林牧渔业总产值	亿元	1117.88	5729.21	19.5
社会消费品零售总额	亿元	2080.09	22109.57	9.4
进出口总额	亿元	1218.10	19743.50	6.2
一般公共预算总收入	亿元	407.80	5907.88	6.9
地方一般公共预算收入	亿元	279.30	3591.87	7.8
一般公共预算支出	亿元	521.77	5868.43	8.9

表 17　　2023 年全省及各设区市居民人均可支配收入表

地区	2023 年	
	总量（元）	增长（%）
全省	45426	5.4
福州市	48861	5.3
厦门市	71062	4.5
莆田市	38867	5.0
三明市	36851	5.3
泉州市	49486	6.0
漳州市	38727	6.1
南平市	34373	5.5
龙岩市	37240	5.2
宁德市	35347	5.6

（漳州市统计局）

索引

说明

一、本索引采用主题词分析法，按主题词首字汉语拼音字母顺序排列。

二、栏目、分目标题用黑体字。“专文”“大事记”“附录”内容不作索引。

三、索引主题词后的数字表示页码，数字后的a、b、c表示栏别左中右。

D

E

F

G

H

J

K

L

P

Q

R

T

W

X

Y

Z